# 2013年度能源软科学研究优秀成果奖

# 证 书

**研究成果**：中国式的电力革命

**完成单位**：国家能源局发展规划司

**完成人员**：吴 疆

**奖励等级**：一等奖

**此证授予**：吴疆

二〇一四年十一月

证书号：NEA-2013-P-1-0401

# 国家能源局文件

国能法改〔2014〕507号

## 国家能源局关于公布2013年度能源软科学研究优秀成果奖获奖名单的通知

各获奖单位：

根据《国家能源局软科学研究优秀成果奖奖励办法》（国能政策〔2011〕268号），国家能源局组织开展了2013年度能源软科学研究优秀成果评选工作。经过各单位推荐申报、专家初评、专家评审、全体评审、国家能源局专题会议审议，网上公示等程序，评出一等奖7项、二等奖14项、三等奖21项。现予公布。

附件：2013年度能源软科学研究优秀成果获奖名单

— 1 —

---

附件

## 2013年度能源软科学研究优秀成果获奖名单

| 序号 | 名称 | 完成单位 | 成果完成人 |
|---|---|---|---|
| **一等奖** | | | |
| 1 | 我国煤电行业大气污染控制及环保电价长期战略研究 | 中国国电集团公司、国电环境保护研究院 | 朱林、朱法华、王圣、孙尚鹏、李亚春、王溪、杨帆、李军、张志勇、陈敏、庞宇 |
| 2 | 能源法律法规体系研究报告 | 国家能源局法制和体制改革司 | 丁志敏、刘琦、熊青山、闻雪文、周凤翔、曹丰中、徐欣、徐子树、梁咖、聂政 |
| 3 | 中亚天然气合作战略研究 | 中国石油天然气集团公司 | 张华林、梁秀秀、何大渊、柳鸿航、吕明、郭焦锋、宋广春、王也、范径强 |
| 4 | 中国页岩气革命 | 国家能源局页岩气展示研究 | 吴疆 |
| 5 | 中巴经济走廊能源规划报告 | 水电水利规划设计总院 | 郑声安、顾斌、孙扬、张锦、彭程、王化中、冯秦、苗新、冯小平、安琪 |
| 6 | 我国煤炭消费总量控制情况研究 | 国家发展改革委员会能源研究所 | 周伏秋、冯升波、杨玉峰、郭秀连、刘虹、李先涛 |
| 7 | 我国碳交易制度研究 | 国家发展和改革委员会能源研究所 | 戴彦德、廉永良、熊小平、赵盟、冯升波、廖夏伟、吕品、张颖、王政、黄楚云 |
| **二等奖** | | | |
| 1 | 大气污染防治行动计划重点地区电力减排研究 | 国家电力规划研究中心、国家能源路线规划和电力规划设计总院、中国国际工程咨询公司 | 吴云、秦言军、任育之、何捷、谭洪江、宋宁、朱宁、韩小琪、徐庚泰、李哲、余丹 |
| 2 | 中国三大区域电网煤炭优化研究 | 国家能源局电力司 | 邢翼腾、张忻、韦志林、覃飞、刘海森、张敏哲、田璐、覃勇、段兴毅、唐人 |
| 3 | 合理控制能源消费总量研究 | 国家发展和改革委员会经济研究所 | 王中朝、袁有为、吴美辰、高虎、胡敬欣、徐新、熊华文、殷方、康俊杰 |
| 4 | 后福岛时代提升我国核电公众接受度的策略和行动研究 | 国家广核集团有限公司、国家发展和改革委员会能源研究所、苏州大学社工系 | 周卫红、彭锐、姚琳、潘洁璇、李彩男、温文全、肖群键、康晓文、鞠聚和、郑军 |
| 5 | 国家电网具体性研究 | 国家电网公司电力专家委员会、国家电网能源研究院 | 张运洲、张运洲、谭显东、单葆国、张全、江红、陈岩、杨琳东、韩新阳、郭剑 |
| 6 | 南方区域电力监管指标体系 | 国家能源局南方监管局 | 郭毅、杨鹏、汪跟长、于国南、史洲英、林韦、钱欣民、冯义、轴朝州 |

# 中国式的电力革命

## （第2版）

吴疆 著

科学技术文献出版社
SCIENTIFIC AND TECHNICAL DOCUMENTATION PRESS
·北京·

图书在版编目（CIP）数据

中国式的电力革命/吴疆著. —2版. —北京：科学技术文献出版社，2015.7
ISBN 978-7-5189-0508-9

Ⅰ.①中…　Ⅱ.①吴…　Ⅲ.①电力体制改革—研究—中国　Ⅳ.① F426.61

中国版本图书馆 CIP 数据核字（2015）第 171573 号

## 中国式的电力革命（第2版）

策划编辑：周国臻　责任编辑：周国臻　赵　斌　责任校对：张吲哚　责任出版：张志平

| 出 版 者 | 科学技术文献出版社 |
|---|---|
| 地　　址 | 北京市复兴路15号　邮编 100038 |
| 编 务 部 | （010）58882938，58882087（传真） |
| 发 行 部 | （010）58882868，58882874（传真） |
| 邮 购 部 | （010）58882873 |
| 官方网址 | www.stdp.com.cn |
| 发 行 者 | 科学技术文献出版社发行　全国各地新华书店经销 |
| 印 刷 者 | 北京时尚印佳彩色印刷有限公司 |
| 版　　次 | 2015 年 7 月第 2 版　2015 年 7 月第 1 次印刷 |
| 开　　本 | 710×1000　1/16 |
| 字　　数 | 327千 |
| 印　　张 | 19 |
| 书　　号 | ISBN 978-7-5189-0508-9 |
| 定　　价 | 128.00元 |

版权所有　违法必究

购买本社图书，凡字迹不清、缺页、倒页、脱页者，本社发行部负责调换

# 再版说明

2012年上一轮电力体制改革十周年之际，深化电力体制改革呼声四起，多项课题研究展开，笔者也参加了中国经济体制改革研究会《深化中国电力体制改革绿皮书》等项目，同时独立完成了《中国式的电力革命》一书。

2013年5月，《中国式的电力革命》由科学技术文献出版社正式出版。因恰逢新一轮电力体制改革而获得较大影响，书中的一些观点得到公开传播，披露的一些数据信息被广泛引用。

2014年11月，在国家能源局"2013年度能源软课题研究优秀成果"评选中，"中国式的电力革命"经由国家能源局规划发展司推荐并最终荣获一等奖，不仅得到业界专家的肯定，同时进一步获得有关部门的重视。

随着新一轮电力体制改革的推进，特别是2014年6月13日习近平总书记在中央财经领导小组第六次会议上关于电力调度交易等属于政府职责的事项仍由电网企业承担，政企不分政府缺位，关于现行能源价格调整滞后于市场，客观上成为屡屡出现的电荒的推手之一等观点，更使本书受到高度的关注。

现经科学技术文献出版社与笔者商量，决定再版本书，除了对原有内容进行进一步的修订，另行增加将近4万字内容，收录笔者2014—2015年关于中国电力体制改革的8篇最新文章，作为代前言以飨读者。

活在当下，一切皆须博弈

无愧历史，人间正道沧桑

吴 疆

2015年7月

代前言之一：中国式电改的政治谱系
代前言之二：深化电力体制改革的价值、动力与策略
代前言之三：调度独立是深化电改的重要突破口
代前言之四：重组电网企业，终结超级垄断
代前言之五：国企国资改革与电力体制改革
代前言之六：2014珠帘半启，2015拭目以待——电力体制改革之年度展望
代前言之七：电改七重风险隐，图穷匕见惊蛰时
代前言之八：电改投资火中栗，十二博弈新回合

# 代前言之一：
# 中国式电改的政治谱系

电力市场化改革，是自20世纪80年代以来的一股世界性潮流。中国的电力体制改革（以下简称"电改"），是世界性电力市场化改革的一部分，同时也具有鲜明的中国特色。

## （一）改革是一种中国式的发展方式

新中国成立以来，中国仅国家层面的管电体制既已历经了11次变革。其中，1978年之前，中国管电体制的沿革，多是围绕专业管理（电力部）还是综合管理（能源委/能源部）、水利为主（水利电力部）还是火电为主（电力部）来进行；而1978年之后，随着改革开放的不断深入，中国电力体制改革顺应国内、国际潮流，明确了市场化的基本指向。表A所示为改革开放以来中国电改的演进轨迹。

表A 改革开放以来中国电改的演进轨迹

|  | 1978—2002年 | 2002年电改 | 新一轮电改 |
|---|---|---|---|
| 背景 | 长期缺电，不适应改革开放 | 亚洲金融危机后短暂不缺电 | 新的历史阶段，要求电力产业发挥更大价值 |
| 目标 | 吸引投资，保障供应 | 提高效率，维护秩序 | 破除垄断，释放生态承载价值/系统整合价值，塑造新经济增长点 |
| 问题 | 独家办电，投资短缺 | 省间壁垒，系统内/外矛盾 | 产业内部制度失衡，削弱中央，排挤地方 |
| 措施 | 政企分开，多家办电 | 厂网分开，市场监管 | 调整产业制度安排，强化国家控制，理顺地方权责 |
| 公权安排 | 调度与发电、供电等相互独立 | 调度与电网企业一体 | 调度与电网企业分离，服务于政府机构 |

续表

| | 1978—2002年 | 2002年电改 | 新一轮电改 |
|---|---|---|---|
| 市场格局 | 各网省电力（局）公司相对均衡 | 国网公司高度集权，一家独大 | 拆分电网至经济规模，形成类似发电的比较竞争格局 |
| 交易分配 | 多发/多购，统一计划分配 | 电网企业独买/独卖 | 对称开放大用户直购，形成多买/多卖市场格局 |
| 供应保障 | 中央/地方分级分权，双重领导 | 央进地退，地方保电责任不明 | 中央/地方错位专营，建立权责对等的地方保电机制 |
| 技术创新 | 要素投入主导，技术含量有限 | 科技推动显著，出现垄断壁垒 | 破除垄断，坐实地方，推进新技术、新产业多元发展 |

表A反映了三个不同时期中国电改的基本任务：

（1）在改革开放初期，中国电改的基本任务是保障供给、吸引投资，主要是通过多家办电、政企分开、保障性电价等政策措施来明晰产权。

（2）亚洲金融危机之后，中国电改的基本任务转向提高效率、引进竞争，主要是通过厂网分开、市场监管、激励性电价等政策措施来提高竞争有效性。

（3）新的历史阶段，中国电改的基本任务将进一步指向破除垄断，通过纠正产业制度的失衡，进一步释放生态承载价值/系统整合价值，塑造新经济增长点，发挥更大的产业价值。例如，在公权安排方面，将调度职能与电网企业分离，更好地服务于政府；在市场格局方面，拆分电网至经济规模，形成类似发电的比较竞争格局；在交易分配方面，对称开放大用户直购，形成多买/多卖市场格局；在供应保障方面，通过中央/地方错位专营，建立权责对等的地方保电机制；而在技术创新方面，则可通过破除垄断、坐实地方，推进新技术、新产业多元发展。

由此可见，中国电改历程的一些基本特点：

一是虽然历经了不同阶段，但中国电改的市场化大方向始终没有改变，对于市场形势的判断特别是对市场化内涵的认识则在不断深入；

二是改革已成为常态，不断深化改革、与时俱进，已成为一种中国特色的发展方式，这是中国独特政治优势的体现，可把更多精力用于"怎么改"而非"为啥改"；

三是中国经济社会发展的阶段性突出，电改亦然，当前所面临的很多问题，仅仅是改革过程中阶段性、试验性的东西，既非行业传统，也非国际通行，绝非不可改变；

四是市场化改革的方向是既定的，但改革方案是暂态的，每一轮次或大或小的电改，具体内容都是可以妥协的，但妄想固化利益格局、谋求千秋万代同样是不可能的。

## （二）电力市场化改革的内涵与范畴

建设有中国特色的社会主义市场经济，是中国共产党领导中国人民所进行的伟大实践，是人类经济社会发展客观规律及其普世价值的体现。电力市场化改革，是自20世纪80年代以来全球电力（能源）领域的重要发展动向，拥有明晰产权、有效竞争等市场经济的基本内涵。其中，明晰产权指企业/消费者/资产保护等私权制度，政府/行业/社会等不同层面的公权制度，均应同等有效；而有效竞争则指，通过规则保障/结构保障/机制保障等建设，为市场主体的竞争行为提供有效的保障体系。

表B所反映的电力市场化改革的基本内涵，明确了电力市场化改革的基本方向，同时也规定了中国电力体制改革的主要范畴：一是价格/准入/国有资产等管电职能方面的改革；二是管电机构在层次/类型/业务范围等方面的调整；三是横向治理/纵向治理/公共治理等产业制度的完善。

表B 电力市场化改革的基本内涵

| | | |
|---|---|---|
| 明晰产权——建立同等有效的私权与公权制度 | 私权制度 | 电力企业——自主经营决策/经营（定价）机制清晰可行 |
| | | 国有资产——合理而可监测的业务边界/经济规模 |
| | | 消费者——实现/保护消费者的知情权/选择权 |
| | 公权制度 | 政府层面——规划/标准/产业政策等能力建设与技术支撑 |
| | | 行业层面——调度/安全体系建设，公器归位 |
| | | 社会层面——民生保障/普遍服务/环境保护制度 |
| 有效竞争——为市场主体的竞争行为提供有效的保障体系 | 规则保障 | 有关法律法规 |
| | | 市场交易规则 |
| | | 安全技术规范 |
| | 结构保障 | 转型国家"人为设计"的历史使命 |
| | | 行业横向结构——相对均衡，可比较，可竞争 |
| | | 行业纵向结构——相对均衡，可比较，可竞争 |
| | 机制保障 | 信息公开——披露制度/市场平台 |
| | | 公共服务——交易/结算等 |
| | | 外部监管——社会性/经济性 |

表C所示为中国电力体制改革的主要范畴。

表C 中国电力体制改革的主要范畴

| 管电职能改革 | 价格——目标、机制、水平、程序<br>准入——科学性、中立性、责任机制<br>国有资产——价值/使用价值、竞争性/垄断性 |
| --- | --- |
| 管电机构调整 | 层次——核心治理、次级监管<br>类型——政策、经济性监管、社会性监管<br>业务——行业监管、混业监管 |
| 产业制度完善 | 横向治理——规模优化、业务组合<br>纵向治理——环节拆分、附加值扩展<br>公共治理——调度/交易/输电等公共组织安排、网络/非网络市场划分 |

由表C可以发现：

一是电力市场化改革的内涵非常丰富，中国电改所涉及的内容更为驳杂，因此，一方面在坚持市场化大方向的同时，宜以实现阶段性成效为主，而另一方面，对于众多电改事项必须有意识地进行比选，追求实效。

二是中国电改的推进还落后很远、缺漏很多，"厂网分开"仅仅是市场化改革的外围动作（纵向切分的方式之一），大多数国家优先处理的调度/交易/输电等行业公共治理核心问题，至今仍未真正触及。

以影响较大的2002年电力体制改革为例：

一方面，取得了提高生产效率、技术水平，凸显比较竞争效益等预期目标，获得了迅速应对预料之外的装机短缺，消化世界范围的一次能源涨价，积极履行越来越多的社会责任等超出预期的成果，体现了市场化改革的效益与活力，证明市场化改革的基本方向值得坚持；

另一方面，由于对市场的内涵认识不到位，重企业重组而轻公权建设，国家对于电力的控制与决策能力下降；由于对电力供应总体形势认识不到位，重引进竞争而轻供应保障，电力供应问题长期未得到根治；由于对产业运行机制认识不到位，市场化改革过程中反而出现超级垄断利益集团，人为放大了垄断的负面效果。

2002年电力体制改革以来，中国电网领域逐渐形成一种超级垄断的业态：一是行业公共权力的垄断，既当裁判员，又当运动员；二是业务规模的垄断，企业规模已经超越"规模经济"的上限；三是业务链条的垄断，既是独家批发商，又做主要零售商；四是技术创新的垄断，既是独家采购商，又是主要供应商；甚至在舆论与学术领域，通过大规模入股财经媒体、投资科研项目，也在抑制与封杀于己不利的新闻信息、学术观点及改革建议……这种罕见的超级垄断业态，在此前中国电力发展史上是没有的，在世界电力能源领域也极罕见，完全是2002年电力体制改革中试验性、阶段性的负产品。

### （三）新的历史时期深化电改的使命

改革开放以来，中国经济取得了举世瞩目的巨大成就，这里既有常被提及的工业化/城市化/国际化等生产关系领域的结构演进因素，同时又不可忽视电气化/信息化/智能化等生产力领域的技术升级因素，不断深化的电改发挥了应有的作用。

而无论发达国家，还是发展中国家，电力供应保障都是一个世界性难题，推进电力体制改革的终极目标必将指向全面提升电力产业的价值——进一步优化电力产业的基础保障价值，有意识提高电力产业的生态承载价值，历史性激发电力产业的系统整合价值。

除了上述经济价值，目前已经启动的新一轮电改，还具有重大的历史价值，肩负丰富的历史使命。

党的十八大以来，中国经济社会进入新的历史阶段。宏观经济增长进入中速阶段，依赖重化工业、房地产拉动经济的老路越走越窄，对民生普遍服务及生态环境方面的要求越来越高。中央/地方关系进入新的博弈阶段，央企成批进入世界500强之后，这种规模化、专业化的发展模式效益已经显著递减，垄断利益集团基础产业寡头甚至成为滋生腐败的渊薮，地方分布式、多元化的发展活力、创新能力亟待释放。而国际金融危机以来全球经济复苏乏力，各种单边主义、贸易保护主义倾向抬头，在新能源等面向未来的新技术、新产业领域竞争日趋激烈，需要更好的基础平台及相应制度安排。

而通过深化电改，促使电网无歧视开放，完善新技术、新产业发展平台，带动提高全社会能效，促进结构调整与转型，在宏观上无疑有利于抢占产业高点，带动发展转型；通过深化电改，实现调度/交易独立，削弱垄断利益集团的影响力，加强对基础产业的中央集权，消除腐败的又一渊薮，在宏观上无疑有利于抑制垄断集团，打破产业割据；通过深化电改，构建多买/多卖市场格局，明确地方能源保障与发展的责任与分工，发挥多方的积极性、创造性，在宏观上无疑有利于梳理央地权责，强化国家治理；通过深化电改，重组电网企业，提高资产效率与透明度，从而提高电力保障水平，实现公共设施与服务均等化，在宏观上无疑有利于保障民生权益，维护社会基本秩序；等等。

总之在新的历史阶段，宏观层面的很多需求，与深化电改都具有高度的内在的默契，或者说，新一轮电改在新的历史时期，具有更加显著的历史价值。因此，在这样的背景下及时启动新一轮电改，将是实现改革红利的重要探索与示范，在新的历史阶段将有效激发新的发展动力并形成良性互动。

一是新技术、新产业发展的动力，电力是发展相关新技术、新产业的公共平台，通过电改打破电网垄断壁垒，鼓励创新与多元参与是新技术、新产业发展的必要条件；

二是地方经济社会发展的动力，通过重组电网企业，下放末端非网络业务，不仅可因地制宜更好满足各地需求，还可进一步形成比较竞争态势，发挥地方积极性创造性；

三是打破垄断解放生产力的动力，目前电网企业集产业公权/市场份额/业务链条/科技创新四重垄断于一身，此超级垄断业态一旦破解，生产力破茧反弹效益可期；

四是加强中央决策力、调控力的动力，通过调度/交易独立，加强对基础产业链中关键性公共环节的监管与利用，可强化对于垄断集团及地方利益集团的制衡；

五是对基础产业深化改革的带动效力，电力、铁路、油气改革属于当前改革的深水区，很多问题带有普遍性（见表D），通过电改的有益探索与示范可在更大范围内解放生产力。

总之，新一轮电改虽然削弱了垄断利益集团，但通过强化中央能力、理顺地方权责、激发市场活力、塑造新经济增长点，必将获得更大的动力与助力。

表D 基础产业领域的热点改革领域

| | 电力 | 油气 | 铁路 |
|---|---|---|---|
| 共同问题点 | 垄断性、网络性 | 垄断性、网络性 | 垄断性、网络性 |
| 网络垄断矛盾态势 | 尖锐而公开 | 网络性逐步积累 | 矛盾公开性不高 |
| 变革态势 | 改革停滞 | 人事变动 | 人事机构双变动 |
| 改革呼声 | 始终热门 | 近期兴起 | 缺乏基础 |
| 方案研究 | 多方案备选 | 研究不充分 | 方案过时 |
| 改革的安全风险 | 最小 | 较小 | 较大 |
| 改革的经济风险 | 较小 | 需一定代价 | 有一定风险 |
| 改革的政治风险 | 较小 | 较小 | 较小 |

通过推动能源生产和消费领域的革命，通过促进工业化／信息化／城镇化／农业现代化同步发展，新一轮电力体制改革可望与20世纪80年代农村经济体制改革一样，成为推进中国现代化进程的又一关键性步骤。

与同为改革深水区的铁路、油气领域相比，电力体制改革不仅透明度高、矛盾尖锐、呼声高涨、研究深入，而安全风险、经济风险、政治风险最小，完全可以再次成为基础产业领域深化改革的先行者。

## （四）中国式电改的政治谱系与科学决策

中国式的电改具有非常鲜明的特点。第一个特点是常改常新，流水不腐，过于畸形的利益格局不可能长期固化。第二个特点是顶层决策，高屋建瓴，除了产业层面价值，更不乏政治大局考量。原国家能源局局长张国宝同志曾向媒体披露，2002年电改决策过程中，当时的中央最高决策层曾经亲自过问，并做出"compromise（妥协）"等具体指示。而目前新一轮电改的启动，同样是顶层推动的结果：

• 2012年，电改十周年之际，深化电改呼声四起，多项课题研究展开，为新一轮电改提供了舆论与技术条件；

• 2012年7月，李克强同志在新华社内参《合理确定目标和路径，推动电力体制改革走向纵深》上批示"电力体制改革的经验需要总结，对存在的突出问题要深入剖析，抓紧论证，统筹考虑，提出建议"，对发改委／电监会／能源局直接部署了电改课题；

• 2012年11月，党的十八大产生新一代领导集体，提出"能源生产与消费革命"等重大思路，为新一轮电改提供了政治与理论条件；

• 2013年3月，全国两会通过国务院机构改组方案，新的能源局成立，为新一轮电改提供了组织与机构条件；

• 2011年11月、2013年5月及9月，刘志军、刘铁男、蒋洁敏等基础性产业的"老虎"纷纷落马，深化改革抑制垄断与惩治腐败肃清渊薮形成互动效应，为新一轮电改提供了人事与心理条件；

• 2014年6月13日，在中央财经领导小组第六次会议上，习近平同志讲话要求"今年（2014年）审议电力体制改革总体方案"，并对新一轮电改提出了若干提示。例如，现行能源体制"价格形成不合理"，"价格调整滞后于市场变化，客观上成为屡屡出现的油荒、气荒、电荒的推手之一"；又如，政府与市场关系"在越位方面，政府仍对发电量实行计划管理，对微观价格和项目实行审批管理，不仅制约能源事业发展，而且很容易产生腐败"；再如，政府与市场关系"在缺位方面，目前电力调度交易、电源项目接入电网、油气管网准入等属于政府职责的事项，仍由电网企业、油气企业承担，政企不分"，等等——鲜明地表达出坚定的市场经济原则及"中间偏左"的价值倾向。

虽然不乏顶层推动，但同样不容否认的是，在中国日益完备的政治体制下，无论最高决策者自身的态度如何，在电改这样的重大改革问题上也都不可能随心所欲，在重大决策过程中都会聆听采集、统筹兼顾不同的声音。

新一轮电力体制改革，无疑依然面临诸多强大的反市场化的力量：一是被改革对象，经过十余年的野蛮生长已经达到垄断业态的巅峰，不仅伸手到传媒与学术领域，甚至在关联产业及一些地方也已形成"斯德哥尔摩症候群"，通过为垄断利益集团敲锣洗地而获得交换空间；二是改革操盘者，2002年厂网分开时，十一家电企集团当年挂牌，但"920"、"647"资产处置的烦琐过程却长达10年，在缺乏体改委/体改办等中立机构的情况下，由改革操盘者自己为自己做方案、下任务，必然大改不如小改、攻坚不如避难，这是古今中外技术官僚群体与政治领袖永远的落差；三是"五号文粉丝"，十余年懒进步却仍贪恋话语权，躬逢盛事赢粮景从不难，与时俱进理性客观不易……

而与此同时，中国电力行业仍然具备诸多呼应高层改革决策的内在有利条件：一是国有资产比重高，集约化基础好，对国家政策执行力较强；二是具有很强的安全意识与社会责任意识，改革的风险可控；三是作为基础产业改革先行者，改革深入人心、舆论强烈支持；四是作为基础性产业平台，电改的外部效益可惠及相关产业；五是电改有利于更好保障民生，直接服务于和谐稳定大局。甚至那些看似坚硬的反方，其实也都不乏破绽：被改革对象身处超级垄断巅峰，只要时间在流逝人在变，就绝非铁板一块金刚不坏；"斯德哥尔摩症候群"更是乌合之众，常态骑墙随时投机；改革操盘者在最高决策者与被改革对象之间永远不会无缝衔接，但腹背受压之际同样会揣摩自己的角色底线，有所为而有所不为；至于"五号文粉丝"，随着公众参与信息透明化势必逐渐被稀释……

由此形成一个立体的中国式电改的"价值谱系"，即如果以"市场化"的价值取向为标准，在电改的每一个问题节点上，凡推动明晰产权、引进竞争者归"左"，凡坚持政企不分、权责不清、维护垄断利益者归"右"，而在左右之间进行调和、奉行阶段渐进者则为"中"，见表E。

表E  中国电力体制"市场化"改革的政治谱系

| | "左"<br>鲜明,一步到位 | "中"<br>调和,阶段渐进 | "右"<br>抵御,固守既得 |
|---|---|---|---|
| 产业公权 | 调度独立 | 交易独立 | 调输一体 |
| 规模经济 | 电网重组 | 维持现状 | 兼并扩张 |
| 业务模式 | 专营输电 | 独立核算 | 独买独卖 |
| 定价机制 | 两头全放 | 抑制涨价 | 行政审批 |
| 交易竞争 | 自由放任 | 保障竞合 | 计划管制 |
| 购电主体 | 输配分开 | 大户直购 | 输配一体 |
| 终端业务 | 错位专营 | 售电放开 | 配售一体 |
| 创新入网 | 需求主导 | 资本主导 | 渠道主导 |

注:此表"左"、"中"、"右"是指相对于"市场化"导向而言的态度倾向,凡推动明晰产权、引进竞争的归"左",凡坚持政企不分、权责不清、维护垄断利益的归"右"。

具体来说,对于产业公权制度安排问题,主张调度独立为左,交易独立为中,调输一体为右;对于电网企业经济规模问题,主张电网重组为左,维持现状为中,兼并扩张为右;对于电网环节业务模式问题,主张专营输电为左,独立核算为中,独买独卖为右;对于电价形成机制问题,主张两头全放为左,抑制涨价为中,行政审批为右;对于电力交易竞争问题,主张自由放任为左,保障竞合为中,计划管制为右;对于购电主体塑造问题,主张输配分开为左,大户直购为中,输配一体为右;对于终端业务模式问题,主张错位专营为左,售电放开为中,配售一体为右;对于推进创新开放入网问题,主张需求主导为左,资本主导为中,渠道主导为右。总之,在电改的每一个问题节点上,偏左者往往态度鲜明,追求一步到位;居中者往往左右调和,奉行阶段渐进;而偏右者则往往抵御改革,固守既得利益。

伟人云:"除了沙漠,凡是有人群的地方,都有左中右,一万年以后还会是这样"。如前所述,市场化内涵很丰富,电改范畴很驳杂,在每一个不同的问题点上,处于不同利益架构中的人,都可能呈现出左中右等不同态度;电改历程漫长,阶段性问题此起彼伏,每个人所处的位置角度是会变化的,其判断选择也必因时而异——张国宝同志曾向媒体披露,2002年电改方案文件出台之前,曾遭遇原国家电力公司等强烈反对,而一旦文件出台,则转而忙于分家卡位展宏图、谱新篇去了。而12年之后,虽然在方案编制过程中,一些专家观点及某些部门意见与习近平同志"613讲话"依然落差显著,但这并非是坏事,只要别假传上意、装神弄鬼，当当正正表明仅仅代表部门意见或个人观点即可，未来还有民主集中制，还有"屁股指挥脑袋"。

总之，在电改这个深水区呈现出复杂的政治谱系，并不是一件了不得的事情。每一庄电改事项的抉择，每一波电改的价值取向，都是上下/左右/内外博弈互动的结果，是此时此刻执政决策能力群体智慧水平的反映，是当下历史时期世势变迁政治风云的映射，谁也不是永远的"右"，"左"也不一定总是对。对于电改这种基础产业领域的体制改革来说，具体到每一项对策措施，是有客观规律可循的，是全世界相通的，是没有绝招秘术的，是可以通过实践与时间来检验的。

因此，一方面，电改需要下定决心、坚定信心、系统设计、顶层推进，需要给压力、给信号；另一方面，电改需要公众参与、舆论监督、公开"PK"、培育智慧，需要更多元、更透明——由此形成中国式电改的第三个特点即充分博弈、公众参与，通过上下/左右/内外的互动来推进科学决策，从密室逐步走进阳光！

# 代前言之二：
# 深化电力体制改革的价值、动力与策略

## （一）深化电改的价值

改革开放以来，中国电力行业完成了举世瞩目的大规模高速度发展，成绩显著；但电力紧张的问题在80%的年份依然没有完全消除，地区性、季节性、时段性的"电荒"甚至有长期存在的趋势。而不独中国，印度等新兴经济体长期遭受着更为严重的缺电困扰，西方发达国家电力发展缓慢，20世纪80年代以来世界范围的电力市场化改革至今没有最终完成，大规模停电事故在各大洲屡见不鲜（详见附表1）。

电力供应之所以成为一个世界性的问题，概因电力基础设施的建设需占用大量资金与资源，归根结底是由全体社会成员来买单，因此其发展态势在根本上取决于其所创造的价值——如果这种价值明显高于各项社会成本，"经济发展，电力先行"自然水到渠成；而如果增值空间有限，在对公共资源的竞争中缺乏显著的比较优势，则往往陷入一种缺之可恼、增之无报的决策尴尬。

传统上，电力是被作为基础产业与公用事业来看待的，但这种定位本身从根本上是对其产业价值进行了一种封顶。在工业化前半程特别是重化工业阶段，单位产值电耗急剧增长，使保障供电的价值较高，于是电力发展众望所归；而当经济社会发展进入更高阶段之后，电力在大多数国家往往成为一种依据短缺损失的负面激励而低水平维持的发展状态（详见附表2）。

因此，推进电力改革的终极目标必将指向全面提升电力产业的价值，即通过体制、机制、流程、架构的深刻改革使电力产业能够为社会奉献更大的价值，进而实现行业自身的持续健康发展，解决电力供应的世界性问题。

### 1. 进一步优化电力产业的基础保障价值

当前,中国工业化、城镇化及农村现代化的发展进程还未完成,不同地区之间发展模式与发展阶段落差显著,电力领域同样存在多种不均衡与不同步。通过推进电力产业的协调发展与责任发展,更好地遵循客观规律、理顺权责机制,有利于在中央层面不断提高科学决策与宏观治理能力,在地方上有效保障民生权益、维护基本秩序,从笼统粗放的电力供需总量平衡,更加因地制宜地兼顾各地各类需求差异,更加与时俱进地维护产业整体发展,在更好满足全面建设小康社会电力能源需求的进程中,实现电力产业基础保障价值的进一步优化。

### 2. 有意识提高电力产业的生态承载价值

随着经济社会发展,资源环境的价值在世界范围不断提升,电力因其对于环境的巨大影响及对资源的大量占用,通过外部成本不断地内部化,不经意间已成为具有越来越高生态价值的庞大载体。近年来,在中国每年高达8000亿元的电力投资中,可再生能源、脱硫除尘、洁净发电等领域已占据越来越多的份额,"十一五"以来煤电建设几乎完全由"上大压小"、热电联产等政策引导(详见附表3)。随着中国生态文明建设的不断深入,通过推进电力绿色发展,有意识地承载并服务于更多资源环境生态价值的实现,将使电力产业自身获得新的价值与发展空间。

### 3. 历史性激发电力产业的系统整合价值

目前,新能源、智能网络等领域面临重大技术突破,电力作为网络性、渗透性最强的基础产业,如果能够面向未来,抓住机遇,主动变革,有望实现产业价值的飞跃——虽然早在40年前美国就提出能源独立的口号,但在全球配置、日益不稳定的现有世界能源市场体系下,主要经济体(美、日、欧)至今都远没有实现能源独立——通过推进电力智能发展,一方面,可以促进多样化、本土化新能源发展,解放需方生产力,缓解一次能源不独立的压力;另一方面,可以智能整合电力能源相关体系(能源生产体系、载能用能体系及相关信息体系),释放系统优化所蕴含的巨大效益;与此同时,通过引领新技术、新产业变革,完成信息化与工业化的深度融合,从更高层面提高国家竞争能力及持续发展能力。

显然,通过推进电力智能发展,将大型经济体保障电力供应的问题上升为一个系统整合能力问题,使能源安全的博弈从地区资源层面的竞争上升为国家能力层面的竞争,这无疑是当下由技术突破产业革命所带来的重大历史机遇!特别是对于中国这样的新兴经济体，通过全面提升电力产业的基础保障、生态承载、系统整合三大价值，不仅可以有效治理电荒，塑造经济新增长点，而且还将使国家的能源安全态势，从目前在既有市场格局中被动地腾挪折冲，转变为在新兴市场领域中主动地弄潮领舞。

现代化进程可以促进生产力领域的技术升级，实现电气化、信息化、智能化；同样，可以促进生产关系领域的结构演进，实现工业化、城市化和国际化。因此，通过推动能源生产和消费领域的革命，通过促进工业化、信息化、城镇化、农业现代化同步发展，新一轮电力改革可望与20世纪80年代农村经济体制改革一样，成为推进中国现代化进程的又一关键性步骤，从一次行业内部改革升级为一场中国式的电力革命。

### （二）深化电改的动力

改革，是全面提升电力产业价值的必须路径，不仅是体制、机制、流程、架构的深刻变革，更涉及重大的利益转移，因此，电力改革必须有充沛而持续的动力。深入分析新中国成立60余年及世界主要国家电力发展与改革的普遍规律，可为在新的历史时期深化电改找到三大驱动力。

#### 1. 问题驱动力

2002年以来，中国电改取得了超出预期的成效，不仅提高了生产效率与科技水平，而且通过多元主体自主经营，迅速应对了预料之外的装机短缺，消化了世界范围的一次能源涨价并积极履行了各项社会责任；发电环节所形成的比较竞争机制，在投入产出、工程造价、劳动生产率等方面带来显著优势，更是体现了市场化改革带来的效益与活力，证明了这个基本方向值得坚持。

但与此同时，电力领域依然存在若干深层次问题：一是对于市场认识不到位，重企业重组而轻公权建设，国家层面决策力、执行力不足，行业层面系统调度、安全机制逐步削弱；二是对于产业运行机制认识不到位，形成集权力垄断、业务垄断、市场垄断于一身的国家电网特殊业态，人为放大了垄断的负面效果；三是对于电力供应总体形势认识不到位，重引进竞争而轻供应保障，对于新型电荒长期难以破解根治，地方上更缺乏民生保电长效机制。

#### 2. 成效驱动力

问题与矛盾，是推动电改的最直接动力，但并非决策的核心依据。新中国成立60余年,"改革开放"已经超过一半时间,管电体制则已历经十次大的调整,无论国家层面还是行业层面,改革已成常态;与此同时,世界范围的电力市场化改革均未最终完成,中国电改亦不可能追求全景式一步到位式的理论模式,而只能在坚持基本方向的同时,以积极探索阶段性成效为主。

深化电改头绪复杂,众说纷纭,但基本可以归结为职能改革、机构调整、产业制度完善这三类路径。通过情景分析与策略比选可见:如果以主要管电职能(如价格)改革,或者电力(能源)管理机构调整作为主线,不仅不易执行到位,在短期内往往更难显现成效、评价效果;而若以优化电力产业制度为改革主线(相关电价改革作为配合),不仅体现了电力技术经济特性,而且相对容易操作,并有利于尽快体现成效,是下一阶段深化电改的合理路径。

### 3. 需求驱动力

"十八大"后中国进入一个新的历史时期,同时也迎来了新的改革窗口期,而电力行业则具备诸多率先启动改革的有利条件——国有资产比重高,集约化基础好,对国家政策执行力较强;具有很强的安全意识与社会责任意识,改革的风险可控;作为基础产业改革先行者,改革深入人心、舆论强烈支持;作为基础性产业平台,电改的外部效益可惠及多个相关产业;深化电改有利于更好保障民生,直接服务于和谐稳定大局。

推进电改,要有利于破解行业难题,有利于体现决策成效,更要服从服务于经济社会发展的新形势与新要求。在新的历史时期,电改要与保障民生权利、梳理央地权责、支撑宏观治理相适应,更应在服务发展转型、探索经济新增长点方面发挥更大作用,全面提高电力产业价值。因此,新一轮电改的新思路,既要促进电力发展、治理行业积弊,又要跳出行业服务大局,重构新的话语体系——系统综合推动电改的问题驱动力、成效驱动力与需求驱动力,形成在新的历史时期深化电力体制改革的目标框架:

- 以全面提升产业价值为核心,通过改革抓住历史性机遇;
- 以调整电力产业制度为主线,携相关电价改革协调并进;
- 以政企分开公权独立为前提,强化科学决策与调控能力;
- 以优化垄断企业规模为切口,进一步提高效率与透明度;
- 以对称开放用户选择为路径,建立多买/多卖的市场格局;
- 以分离电网末端业务为契机,形成权责对等的保电机制;
- 以智能能源网的建设为引领,抢占高点筑新经济增长点。

## （三）深化电改的策略

改革，是全面提升电力产业价值的必须路径，也是一个复杂的系统工程，既需要国家层面的顶层设计与政策支撑，更需要汲取过去10年中国电改的经验教训，注重改革的策略性、逻辑性与可操作性。

根据前述电改目标框架，制订在新的历史时期深化电力体制改革的行动线路，见表F。

表F　深化电力体制改革行动线路

| | |
|---|---|
| 公权独立 | 组建国家电力规划及标准中心 |
| | 组建国家电力调度及交易中心 |
| 巨头拆分 | 重组全国电网企业 |
| 对称放开 | 放开大用户直接购电，建立多买/多卖市场格局 |
| | 组建省级电力营销服务企业，下放销售电价定价权 |
| 基层增值 | 以地方为主力建设智能能源网 |

具体说明如下。

四个步骤：

第一步"公权独立"：继续深化政企分开，将电力行业内特殊的公共职能从企业中独立出来，通过强化专业支撑体系显著提高中央层面的决策力与管制力，并通过提高安全保障级别为电改保驾护航；

第二步"巨头拆分"：拆分重组全国电网企业，实现更佳的规模经济，通过引进比较竞争机制以提高产业效益，通过提高信息透明度来强化政府管制能力，同时也为深化电改进一步消除阻力；

第三步"对称放开"：一方面通过电力消费与生产两侧的对称放开，完成多买/多卖的电力市场建设；另一方面通过电网末端业务经营权与定价权的对称下放，建立权责对等的地方电力（能源）保障机制；

第四步"基层增值"：将电力（能源）发展重心下沉，以城市为结点推进智能能源网建设，促进复合能源网络优化，通过发展能源产销者保障能源安全，形成新的经济增长点并抢占世界产业革命的制高点。

六项任务：

任务①　组建国家电力规划及标准中心，提高宏观决策与控制能力；

任务②　组建国家电力调度及交易中心，推进公权独立维护系统安全；

任务③　拆分重组全国电网企业，实现规模经济效益与比较竞争效益；

任务④　放开大用户直接购电，建立多买/多卖的电力市场交易格局；

任务⑤　组建省级电力营销服务企业，下放销售电价定价权，建立权责对等的地方保电机制；

任务⑥　建设智能能源网，提升电力产业承载服务与引领整合的价值，塑造经济新增长点。

电改是一个热点话题，很多提议与表述表面上似乎大同小异，但内在的依据性、策略性，特别是逻辑性相差很远，势必造成实践效果的巨大差异。上述四个步骤、六项任务的电改行动线路图设计，依据了"分步造势，此消彼长，对称对等，有破有立"的改革推进策略。

所谓"分步造势"，即电力改革涉及复杂的利益博弈，必须充分考虑决策与执行过程中的阻力与变数，努力提高预见与控制能力，避免改革设计的逻辑次序中"细节出魔鬼"：一是每一步骤应有阶段性成果与收益；二是每一步骤要为下一步滚积条件消除阻力；三是须能够承受改革进程中可能出现的拖延与停滞，避免更坏的局面。

所谓"此消彼长"，即以政企分开、（调度）公权独立作为改革的突破口，继之以拆分重组电网企业：一是可使每一步骤都能有阶段性的成果与收益；二是可从制度层面提高电网的安全性与经济性；三是还可为下一步滚积条件制造声势，将使电改执行过程中的阻力越来越小，而动力越来越大。

所谓"对称对等"，即既包含各个层面相关主体的责权利的平衡，又包含有关市场格局/权利格局的平衡：一是电力生产/消费两侧对称放开，实现多买多卖的市场格局；二是发电、输电、营销服务等各类企业均获得更加可持续的经营机制；三是地方政府在被明确电力保障责任及普遍服务标准的同时，获得终端电力业务的经营权与定价权，最大限度实现权责对等的可持续的电力保障机制。

所谓"有破有立"，即在搞活时不忘管制，在放开时不忘增值，在"破"的同时寻求"立"，最终形成双重的"有破有立"的辩证统一：一是电力行业重组的"破"与中央决策支撑体系的"立"并重，在完善产业制度塑造电力市场的同时加强宏观管制能力，即：通过将调度、交易、结算、规划、标准等电力公共权力机构明确上收国家有关部门管理，形成强有力的决策支撑体系，直接提高中央层面的决策力、控制力与权威性，尊重客观规律的同时更好发挥政府作用；二是电力市场开放的"破"与建设智能能源网的"立"并重，在通过改革全面提升电力产业三大价值的同时形成新的经济增长点,即:适应一次能源无法独立的国际挑战,满足2020年再次翻一番,以及全面建设小康社会生态文明的内需要求,通过主动的中国式电力革命启动新的增长引擎,在新的历史阶段重演20世纪80年代农村经济体制改革的辉煌。

# 代前言之三：
# 调度独立是深化电改的重要突破口

2014年6月13日，习近平同志在中央财经领导小组会议上提出"抓紧制定电力体制改革总体方案"。调度/交易/输电（电网）三者的关系，是电力产业制度的核心，也是世界各国电力市场化改革的要害，对于"调度独立"等问题，国内对此既高度敏感又莫衷一是，有必要从理论上进一步厘清。

调度/交易/输电（电网）三者的关系，通常认为可概括为"四种模式、多种选择"。其中"四种模式"包括：英、德、法等欧洲国家的TSO模式（交易机构单独分离，调度/输电保持一体）；美国ISO/RTO模式及阿根廷CAMMESA模式（调度/交易机构打捆分离，输电独立运营）；以俄罗斯、巴西、印度等为代表的调度/交易/输电三者各自独立模式；中国目前的调度、交易、输电三者合一模式。而"多种选择"即认为所谓各国国情不同，因此存在并允许选择不同模式（详见附表27）。

但若进一步研究，虽然各国调度/交易/输电（电网）等电力产业制度安排形式多样且名目各异，但其中也存在若干共性规律——通过对这些客观规律的深入研究分析，前述"四种模式、多种选择"其实可以简化并推进为"两种模式、一种选择"，也就是说，调度/交易/输电（电网）三者的关系存在世界各国已经普遍获得实证的普适模式，中国深化电力体制改革在理论上其实是可以明确方向与路径的。

第一，所谓市场化的改革，最基本的举措就是建立独立、专业、非营利性的电力交易机构，因此交易机构与输电（电网）分开是一种必然，否则没有意义，中国目前连此市场化改革的起始步骤都没有完成；

第二，交易职能本是调度职能的一部分，在与输电（电网）分开之后，是调度/交易各自独立，还是调度/交易捆绑运作，并无绝对的差异，因此，调度/交易/输电（电网）三者制度安排的核心抉择还是调度/输电的分合关系——由此可以简化为"两种模式"（详见正文表16）。

"小国模式"——调输一体。英、德、法等欧洲国家及日本等领土小国，调度机构与输电（电网）一体，交易机构单独分开；

"大国模式"——调输分开。除中国以外所有国土面积比较大的国家，其中，俄罗斯、巴西、印度是调度/交易/输电（电网）三者各自独立，美国、加拿大、澳大利亚、阿根廷则是调度/交易与输电（电网）分开之后打捆运作。

为什么调度/输电的分合模式恰好与国家领土面积高度相关？是否仅仅是巧合？

简单解释，各国电力市场化改革的起点是基本一致的，即从三者合一走向不同程度的分离，实现公共职能的非企业化。而在任何国家推行此类改革都会有成本与阻力，因此调输分开改革的驱动力，其实是取决于维持现状、调输一体的弊端（成本）！

而调输一体的主要弊端在于：可能影响到电网的公平开放，影响到发电厂等其他市场主体的利益，影响到电网的信息公开外部监管。如果一国领土面积较小，电网规模小、结构简单，那么调输一体的弊端多半就比较有限；而如果一国幅员辽阔，电网规模庞大，分层分区情况复杂，跨省跨区交易等情况较多，调输一体显然就会留下很大隐患。于是，世界上所有领土大国（除中国以外）不约而同都选择了调输分开的"大国模式"，这是电力"范围经济"特性的又一体现，即所谓"一种选择"。

进一步可以作为旁证的，是随着欧洲国家之间电网互联的发展，欧盟从"小国模式"也逐渐走向"大国模式"：

一是国家内部的调/输治权分离。在欧盟发布的第三级内部能源市场指令包中，确定了独立输电运行机构（ITO）方案，调/输机构可以从属于同一母公司，但必须独立运作，并通过加强监管来保证电网的公平、无歧视接入；

二是跨国层面的独立调度，最终将形成调度/交易/输电三者分开。随着欧洲各国之间电网互联及电力交易的发展，以"电网联合运营及协调中心（Coreso）"为雏形，逐步形成超越于各输电企业之上的独立调度机构，目前已有德、法、英、意、比利时等多国参加。

总之，调度与输电（电网）是完全不同的职能，类似高速路管理局与养路护路队的差异。世界主要国家中，除了国土面积窄小、电网结构简单且暂时尚无迫切互联需求的日本保持调输一体之外，调输分开之"大国模式"已是一种普适模式，是在世界各国已经普遍获得实证的客观规律，此即"两种模式、一种选择"。

那么，中国电改，能做出真正与大国相称的选择吗？

### （一）调度独立，是世界电网发展的客观规律

从电力发展史看，调度是电力系统中特殊的公共管理职能，包含指挥、规划、配置、准入、交易、信息、技术等丰富内容，随着电网的不断扩展、经济社会的发展，呈现从内向外的发展规律，即从企业内部的专业技术管理，发展到企业之间的商业协议，再进一步提升为获得法律法规支撑的行业公共管理职能。

从国际上看，目前世界上领土面积最大的前8个国家（除了中国以外）调度/输电都是分立的。欧洲国家领土面积较小，普遍采用调度/输电一体；但在跨国联网形成更大的"欧洲电网"的进程中，依然设立了独立于输电企业的调度机构，逐渐走向调度/输电分立模式。

从国内情况看，新中国成立以来，在"电力部"等政企一体的组织机构内，各级调度局、调度所自成体系，与发电/供电/超高压等均分开独立运作，并被赋予行政性权威；仅仅是2002年电改"厂网分开"之后，调度机构才与输供电企业一体，并通过"企业化"、"本部化"、"交易分离"、"调控一体"等手段被不断削弱独立性与公共性，堪称背离客观规律的一段弯路。

"企业化"，即拥有行业公共权力的电网调度机构定位，从服务于产业公共利益降格为服务于企业利益，从服务于全行业降格为仅仅服务于多元市场主体中的一方，从原来的政府管制工具降格为需要特别监管的垄断集团助手；

"本部化"，即电网调度机构的组织形式，从长期以来的独立运行、自成体系甚至拥有成套的行政法规支撑，行政级别高半格，被取消独立建制而分散为各级电网企业内部的若干机关科室，甚至从公司组织机构图中被消失；

"交易分离"，即电网调度机构的职能，从一个有机体系逐渐分解弱化，特别是在电力市场尚未建立阶段，将交易职能单独分出，未经政府明确授权在电网企业内部组建所谓的三级交易机构，作为应对未来调度独立的一个伏笔；

"调控一体"，即电网调度机构的业务性质，从独立的电网指挥机构，人为捆绑原属于变电运行范畴的监控远动等内容，有意打破长期以来很明确的调度指挥与现场操作的界限，通过加大安全风险来增加未来调度独立的难度。

## （二）调度独立，是深化电改的重要突破口

调度独立、电价改革、交易独立、输配分开是坊间对于新一轮电改比较热议的几项内容。由于电网调度强大的公共职能，如果这个最大的行业公器"不独立"，不能成为改革一方的助力，先行启动电价改革、交易独立或输配分开都不容易取得理想的效果。具体如下：

在调度不独立的情况下，如果先行启动电价改革，一是调度/电网企业一体，难以顺利扩展大用户直购规模；二是电网企业独买/独卖，竞价上网对发电企业难以公正；三是电价/税收/补贴等未成体系，电价难以真正走出去；四是电价水平难以确定预期目标，上涨/下降进退失据；五是中国电价问题积重难返，无法在电力行业内部简单解决，而先行调度独立/电网重组有利于推进改革。

在调度不独立的情况下，如果先行启动交易独立，一是调度机构拥有行政性的权威，对市场交易影响巨大，难免电网企业干预；二是交易职能原是调度职能的一部分，单独分离必被掣肘（例如安全校核、合同实施、方式安排等诸多环节）；三是缺乏调度信息系统支持，交易机构的计量/结算等重要职能，难以顺利实施或重复建设；四是机构建设不是目的只是手段，若2002年以来导致电监会建设电力市场失败的阻力因素未根本消除，本次"交易独立"前途并不乐观。

在调度不独立的情况下，如果先行启动输配分开，一是输电/配电并无绝对的稳定的划分标准，短期内难成共识；二是随着智能能源网发展，电网物理结构、交易行为等更加复杂，输电/配电概念受到冲击；三是输电/配电分别拥有调度机构，分开之后博弈关系更加复杂；四是配电批发代理主要代表小、散用户，占电力消费70%的大用户仍未入市。

## （三）调度独立，在操作层面的"风险/成效比"最小

调度独立，不仅是启动新一轮电改的重要突破口，而且在操作层面的效果突出且风险有限，即"风险/成效比"最小。

一是操作便利，调度独立的核心，在于改变上级隶属单位从而明确机构性质，而其本身过去/现在/未来都是整建制机构，且不涉及过多人员/财物/业务的改变；

二是安全加强，电力安全在本质上是超越企业层面的公共需求的，各国均存在从自律向他律的演变，调度独立不仅不会影响安全，而且在很大程度上提升了

电力安全管理的层次、赋予了更高的行政权威，无疑有利于保障电力安全；

三是界面清晰，新中国成立以来中国电力调度机构始终自成体系，与发电/供电/超高压等企业之间相互分立，调度独立并不影响相互之间原有的业务流程及权责界面；

四是管理简便，电网调度是典型的专业执行机构，其运转完全依据相关的法律法规、规程规章与技术规范，只需给予权威支撑及福利保障，而无须涉及过多日常管理；

五是队伍可靠，电网调度是中国电力行业中管理最严、素质最高、安全意识最强的一支队伍，尤其身逢改革，全力维护系统安全稳定是其本分义务；

六是信息公开，电网调度是电力系统核心的信息汇集点，独立之后势必极大提高电力行业的信息透明度，结束电监会8年不能实现《电力监管条例》第22条接入监管信息系统的尴尬；

七是公器易位，电网调度是电力行业最大的"公器"，从企业回归政府之后，有利于政府监管与科学决策，有利于维护市场秩序、落实各项国家政策；

八是改革破题，调度独立是新一轮电改重要的突破口，解决此重大前置问题犹如捅破窗纸，直击要害，震撼人心，擒贼先擒王、首战即决战，推倒这第一张多米诺骨牌，后续改革阻力将越来越小而动力越来越大，走上良性循环的道路。

代前言之四：
# 重组电网企业，终结超级垄断

2002年电力体制改革以来，中国电网领域逐渐形成一种超级垄断的业态，这是之前我国电力发展史上没有的，也是世界电力能源领域所罕见的：一是行业公共权力的垄断，既当裁判员，又当一方运动员；二是业务规模的垄断，企业规模已经超越"规模经济"的上限；三是业务链条的垄断，既是独家批发商，又是主要零售商；四是技术创新的垄断，既是独家采购商，又是主要供应商；甚至在舆论与学术领域，通过大规模入股财经媒体、投资科研项目，也在抑制与封杀于己不利的新闻信息、学术观点及改革建议……

反腐的深层是反垄断，既包括政治领域的权力垄断，又应包括经济领域那些缺乏制衡、难以监督、占据一方、自行其是，甚至被舆论称为"帝国"的垄断利益集团。上述这种罕见的超级垄断业态，作为2002年电力体制改革中试验性、阶段性的负产品，过去没有，今后也不应长期存在，势必成为本轮深化电改的主要改革对象。

## （一）电网超级垄断的主要弊端

一是企业规模不经济。特许垄断经营是电网技术经济特性决定的，但垄断企业的规模大小应符合基本的经济规律，过大或过小都会影响经营效益。目前世界电力行业存在"大国无巨头"的现象，中国国家电网公司的企业规模早已超出世界电力行业的一般规律，但多项财务指标一直远远落后于国际平均水平；与国内的南方电网公司相比，在全面涉及赢利能力、偿债及资产运作能力、劳动生产率、成长性的7年71次指标对比中，也以12∶59系统性地落后——在企业基础条件及领导班子个人努力基本相当的情况下，恰恰证明其作为一个企业已经超越了合理的规模经济临界点，无法实现更佳效益，规模过大勉为其难（详见正文

表12）。

　　二是缺乏比较竞争机制。2002年"厂网分开"，使中国发电环节形成多元竞争市场格局；而电网环节保持垄断经营，十余年后在投入产出、单位造价、劳动生产率等诸多方面显著落后。例如，2011年电源建设投资为2003年的2倍左右，但年度新增装机容量却达到2.5～3倍，增长幅度始终高于投资；而同期电网建设投资为2003年的3.5倍左右，但年度新增规模，无论是110千伏及以上电力线路长度还是变电设备容量，其产出的增长幅度都始终低于投资（详见正文图4）。又如，2010年火力发电工程造价只有2002年的80%左右，在物价普遍上涨的情况下仍显著下降；而同期各电压等级交流送电工程的单位造价却普遍增加五成左右，变电工程除500千伏以外也普遍增长，缺乏比较竞争成为电网工程单位造价普遍提高的公认的制度性因素（详见正文表6）。

　　三是盲目投资扩张。电网环节由于垄断利益驱动而盲目投资，在设备利用率上显著存在浪费。中国输电线路装机比、线路电量比分别只有美国的59%及65%，较日本更远远不如（详见正文图8）。目前中国电力规模完全堪比美国，但美国很多线路设备建成于20世纪五六十年代，至今保持良好运营，而中国在电网设备利用率很低的同时依然长期存在送不出、落不下及"卡脖子"现象。另外，美国、日本、加拿大、巴西等国一回路交流500千伏输电线路的输送功率一般能够达到100万千瓦以上，而目前中国电网的线路利用率普遍只有这一水平的一半左右（详见正文表11）。

　　四是削弱地方供电保障。电力保障属于典型的地方公共事务，新中国成立以来中国管电体制虽多次沿革，但在大多数时间保持了省以下双重管理的体制。2002年以来，中央电网企业以高度集权方式进入地方领域，地方政府逐渐淡出电力特别是电网事务，后者逐渐形成"用户心态"，前者却难以满足全国各地有差异的用电需求。近年来，"十一五"期间全国110千伏及以下低压配电网的线路长度、变电设备容量分别增长23.8%与67.2%，而同期220—750千伏输电网的两项指标则分别增长70.4%与135.4%（详见正文图20），电网央企对于基层供电的投资建设力度始终不足，削弱了地方供电的保障与发展机制。

　　五是放大垄断副作用。新中国成立以来在"电力部"等政企一体的组织机构以内，各级调度局、调度所自成体系，与发电/供电/超高压等均分开独立运作，虽与社会之间存在"独家办电"，但在中国电力行业内部并不存在垄断的基因。2002年电改之后，一方面进入多元化、市场化的新历史阶段，另一方面调度机构与输供电企业一体，行业公器逐步沦为企业牟利的工具，中国电力的垄断问题才迅速凸显——借助强大的公共权力、庞大的企业规模，电网企业不断谋求超额利益，从传统发电企业到新能源企业，从装置企业到地方电力都与其矛盾不断，甚至政府部门与监管机构都对其无可奈何，这种试验性、阶段性的制度安排无疑放大了垄断的负面作用。

对于中国电网领域的超级垄断业态来说，规模垄断是市场基础，业务垄断是制度核心，权力垄断是强力保障，创新垄断是兑付延伸。由此形成其超额垄断利益的五大来源：一是模糊成本，目前全国平均电价中电网环节差价已达1/3左右，收益空间远高于燃料成本占70%的发电环节（详见附表59）；二是灰色交易，在计划外交易、临时交易、跨省跨区交易等国家标杆电价以外的灰色区域，利用独家收购的优势地位侵蚀发电企业利益；三是独家报价，目前特高压工程的单位公里造价已超过1亿元，而且缺乏比较、难以抑制；四是业务延伸，通过强势进入装置产业，借助优势市场地位实现最大利益收割；五是规避监管，通过超过千亿元的大规模海外投资，在转移国内收益的同时规避监管。

### （二）通过电网重组抑制超级垄断

#### 1. 目前中国电网企业的规模设置属于改革决策过程中试验性/阶段性的人为设置

张国宝同志曾向媒体透露：2002年电改经历过复杂的博弈，出现过"一张网"、"四张网"、"六张网"等多个方案，最终通过妥协折中（江泽民同志使用了"compromise"一词），形成了目前国家电网26省/南方电网5省/内蒙电网1省的特殊的市场格局，由此可见，目前中国电网企业的规模设置属于改革决策过程中试验性/阶段性的人为设置。

垄断是一种自然现象，不必否认集权垄断带来的管理效率与企业利益，但更需要强调更高层面的产业效益与社会福利。在绝大多数国家，电网都是特许垄断经营的；但与此同时，各级政府代表社会公众利益对垄断集团进行监管、抑制、制度安排与调整改革，在经济上是常见的，在政治上则是政府必须做且必须不断努力做好的——26∶5∶1的过渡性的格局不应长期没有结论。

#### 2. 国家电网公司的企业规模已超出世界电力行业的一般规律

每年的世界500强排行榜上都有20~30家大型电力（能源）企业。国家电网公司的资产规模、营业收入长期高达世界同行平均水平的2~3倍，员工规模更达10倍左右，而在盈利能力、劳动生产率等多项财务指标方面一直远远落后于国际平均水平（详见正文表15）；即使与国内的南方电网公司相比，在多年多项财务经营指标的对比中，也呈系统性落后的局面。类似的"大≠美"现象同样存在于法国电力、东京电力、意大利电力、美国安然及德国意昂等超大型电力企业（安然已破产）。

目前，世界电力行业存在"大国无巨头"现象，俄罗斯、加拿大、美国、巴西、澳大利亚、印度、阿根廷等领土面积最大的国家（除了中国）目前均很少有超大型电力企业。它们或者不发展全国性超大型电力企业（美国），或者通过改革对原有超大企业进行拆分（俄罗斯、阿根廷）。欧洲的超大型电力（能源）企业较多，但市场高度开放、多元竞争激烈，并受到政府严格监管与社会高度警惕，德国莱茵等著名电力（能源）巨头即被多次实施反垄断调查或制裁。

### 3. 国网公司一家独大的市场地位与世界主要经济体的市场格局反差显著

目前，世界主要经济体的电力（能源）领域都形成了比较均衡的市场格局。其中，美国的市场格局高度均衡，即使是第20名企业的营收规模依然可达第1名的50%；欧洲各国间已高度开放，所有大型电力（能源）企业都难以独占市场，前五大企业均属同一量级；日本电力（能源）企业的数量虽然较少，但即使最大的东京电力公司所占比例也只有32%（详见正文图18）。

而中国电力（能源）产业领域却呈现一种一家独大的畸形市场格局。作为规模第1名的国家电网公司，其营收规模超过了第2~10名企业之和，全国上千家电力（能源）企业中，只有4家能够达到国家电网的1/10，在世界主要经济体中，这样一家独大的市场格局可以说是绝无仅有（详见附表26）。

### 4. 电网拆分，在操作层面的"风险/成效比"最小

重组全国电网企业，应作为本轮深化电改的重要任务，这不仅是对2002年市场化探索负责任的交代，对这一世界电力发展史上最奢华的规模经济实证给予结题，同时具有显著的现实意义，在操作层面"风险/成效比"也最小。

一是规模经济效益，重组全国电网企业，拆分超过"规模经济"合理上限的超大型电网公司，可以直接改善企业经营、获得规模经济效益；

二是比较竞争效益，通过重组在电网环节形成N家规模均衡可比的电网企业，参照2002年"厂网分开"以来发电环节的经验，可直接获得比较竞争效益；

三是合理推进全国联网，打破超大规模的企业垄断之后，有利于在电网规划

环节提高中立性与专业性，特别是在全国联网领域有利于减少利益纠葛，实现科学决策；

四是促进信息公开，N家同类型的特许垄断企业与一家超大规模的垄断企业相比，不但信息更加透明，而且直接增加了可比性，有利于政府的管制与决策；

五是有利电能摊销，打破超大规模的企业垄断之后，各市场主体更加均衡更加平等，可再生能源并网／跨省跨区电能摊销等领域更有利于落实国家产业政策；

六是优化产业格局，打破超大规模的企业垄断之后，产业格局更加均衡而多元化，有利于维护市场秩序，实现电网向新技术、新产业的无歧视开放，也利于改进地方关系保障基层供电；

七是促进发展改革，打破超大规模的企业垄断之后，有利于电网企业更快建立现代企业制度，实现上市融资、混合所有制等多项探索，也利于进一步深化电改；

八是有利决策执行，张国宝同志曾向媒体透露，2002年电改前期"厂网分开"方案的阻力很大，但当决策确定之后有关方面的关注点迅速转向资产划分、人事布局等方面。同理，调度独立／电网重组等项改革的关键，在于决策而非操作层面，而一旦明确决策锐意改革，必将极大地扭转改革博弈的态势，减少阻力、增加助力。

电力市场化改革的核心，就是调度／交易／输电等公共职能的制度安排，为避免形成公共权力的垄断，绝大多数国家对此都采取了不同形式、不同程度的三者分离。而中国由于对市场化改革内涵及产业运行机理认识不到位，在市场化改革过程中反而出现超级利益集团，人为放大了垄断的负面效果，同时造成国家对于电力领域的控制与决策能力下降。在新的历史时期，必须通过进一步深化改革，打破超级垄断，重回市场化改革的正轨。

新中国成立以来，中国管电体制仅国家层面即历经了11次沿革，改革已是常态，任何方案都具有阶段性，但同时应不断进步，任何具体措施都可以妥协，但固化利益谋千秋万代是不可能的。如果说"厂网分开"、"网运分开"代表了十年前改革者的智慧，那么在十年之后就必须增加"分类管制"，特别是对于这十年间形成的超级垄断利益集团，有必要针对性地将其作为改革的主要对象。通过调度独立除其保障，通过企业重组弱其基础，通过重新确立电网企业的功能定位与营利模式来彻底改变其机制，促使其重拾服务性／公益性／基础性／专业性，为经济社会发展贡献应有的正面价值。

# 代前言之五：
# 国企国资改革与电力体制改革

"十八大"以来，我国经济社会进入改革发展的新阶段，为了完善和发展中国特色社会主义制度，推进国家治理体系和治理能力现代化，必须全面深化改革。其中，国企国资改革与电力体制改革是全面深化改革、构建和完善社会主义市场经济体系的重要探索。

## （一）国企国资必须是"有用"的制度安排

随着人类社会的形成，出现了公共事务及其载体（公共资产），或者说，满足公共事务的需求，是促进人类社会组织不断发展的重要动力。国家是最重要的人类组织形式之一，国有资产也成为公共资产的重要形式。国有资产有实物/非实物、企业/非企业、金融/非金融等多种形态，国有企业是其中非常重要的一种形态，在现代法治社会中往往通过特定的制度安排来进行规范与保障。

虽然很多研究似乎都在指向：国企国资的经济效率低于私企民资，但这其实仅仅是不足为奇的一种常见现象。不独社会主义国家或发生"颜色革命"的前社会主义国家，在绝大多数资本主义国家同样存在数量可观的国企国资，在数百年的社会发展历程中，一波私有化浪潮接一轮公有化运动，"右派捞钱、左派撒钱"等私有经济/国有经济的轮回涨落，往往属于经济社会发展的一种常见节奏。因此，相对于私企民资更高的经济效率，国企国资必然具备其他可与之媲美的优势——社会/政治的多元优势——才可能长期生存发展、历久不衰。

特别是对于中国这样的转型国家，其国企国资的重大制度安排大多不是长时间自然发展而成。无论是新中国成立之时学习前苏联计划经济模式，还是改革开放之后逐步走向有中国特色的社会主义市场经济，都有不可忽视的人为因素。因此，中国的国企国资制度安排，必然需要更多有意识的"设计"，并有责任不断地进行自我评价、自我完善乃至自我纠正，此即所谓"改革"。而这一切，则都必须指向"有用"，帮助国企国资发挥出可与私企民资相媲美的多元优势。

发布国企国资的弱势缺陷，其实并不算经济学的重大发现，而通过不断完善制度帮助其更好发挥优势，更好地服务于经济社会发展，才是需要各界共同努力展现智慧之处。

## （二）国企国资只能追求价值与使用价值的结合

国企国资必须是"有用"的制度安排，这种有用，既应包括经济价值，又应包括社会价值/政治价值。而且按照竞争与分工的原则，既然在经济效率方面国企国资往往落后于私企民资，国企国资就更应注重对于社会责任/政治责任的担当。因此，国企国资只能追求价值与使用价值的结合，在与私企民资的竞争中，才可能避短扬长显示出其"有用"的优势之处。

新中国成立以来，中国长期施行前苏联计划经济模式，政企不分，漠视价值规律，不重视经济效益，历史教训惨重。改革开放以来，通过政企分开、国企改制、国资监管等一系列重大改革，初步形成了新型的国企国资体系。但矫枉过正，近年来也逐步出现了过度追求经济利益的现象，个别企业或唯利是图、金钱至上，忽视社会责任/政治责任；或贪婪无度、追逐暴利，滥用垄断地位或倾斜政策；或不择手段、不当谋利，搞利益输送乃至独立王国。

由于代理机制、历史包袱、市场定位等种种原因，在很多时候、很多领域，国企国资的营利能力逊色于私企民资。如果片面追求经济效益，或者过度引导追求业绩数字，往往存在步入歧途的风险。例如，与民争利，侵蚀地方发展空间；又如设卡寻租，借助公用平台腐败；再如误导决策，盲目扩张、圈占资源——过度追求经济利益，不仅使国企国资短板放大，更会带来不利的社会反响与政治影响，价值与使用价值的结合已逐步成为国企国资发展的一种历史必然。

企业是一种相对成熟的人类组织形式，有严密的会计核算制度、丰富的委托代理手段，在实现经济目标方面效率较高——但任何组织形式都只是工具，选择以企业形式替代行政方式来运营国有资产，目的是为了发挥其优势，同时更须有意识地规避其缺陷。

## （三）国企国资分类监管的核心问题在于业务分类

实现国企国资价值与使用价值的"结合"，基础在于分类，不"分"则无以谈"合",近年来国资委所提出的"分类监管"的思路,是符合国企国资发展客观要求的。只有厘清不同业务的经济属性,哪些业务应主要体现使用价值?哪些业务可着力追求经济效益?只有明确各自的特性与使命,才能合理设置不同的组织形式与经营模式,建立并明确不同的考核指标与监管政策,实现国企国资价值与使用价值的结合。

因此,国企国资分类监管的核心,并不是企业的分类,而在于业务的分类。国资委组建之初,曾经对所属国企发文明确过"主营业务",电力等领域经过改革重组也形成了五大发电集团这样典型的单一业务模式。但随着中国经济市场化/国际化的发展,很多领域出现了显著的长周期波动现象,能源领域如习近平总书记2014年6月13日讲话所指"价格形成不合理"、"价格调整滞后于市场变化",这些因素都加剧了国企经营的风险,于是通过"政策跷跷板",很多企业被允许或默许进入新的业务领域,逐步形成多元化的业务组合。

改革开放以来,中国国企国资逐步退出了很多一般性的竞争领域,而更加专注于体现其社会价值/政治价值的特定领域,这种思路也是符合国企国资发展客观规律的。但在现有市场化改革尚未到位的政府管制背景下(例如价格管制),面对市场化、国际化的竞争,很多国企又逐步形成了多元业务混业经营的情况。如果仅仅从企业层面进行分类,显然是无法实现有效监管的;而通过会计单独核算,对于每一个企业(集团)按照业务分类监管,在重组规模不大的情况下,依然可以有效推进国企国资价值与使用价值的结合。

不是所有公共资产都必须成为国有资产,借助国家暴力机制运营公共资产,往往为了更好地实现其非经济使命,而非与民争利;不是所有国有资产都必须实行企业这种组织形式,借助成熟的企业运营方式是为了提高国有资产的经济效率,但绝非唯利是图、不择手段、贪婪无度——国企国资,既不能全面退出市场,又不能成为市场中的"祸害",价值与使用价值结合归根结底还应更偏重于使用价值,业务分类监管是保障发挥国企国资更大使用价值的基础,否则,社会责任/政治责任等本身也会沦为企业谋求超额利益的借口。

## (四)电力体制改革与国企国资改革的共同原则与任务

国企国资按照业务分类监管,同样也是电力体制改革的重要原则与任务。能源产业往往链条较长且环节复杂,2002年电力体制改革通过"厂网分开"实施了纵向拆分,但业务格局并不稳定,监管政策也未到位,暴露出一些问题。

发电集团在现有不合理的价格机制下，被迫走向业务多元化；而且即使同为国企，由于背景条件、市场定位等不同，也出现了显著分化。三峡及核电企业享有倾斜性的营利机制，回报水平较高；华润/国开投等投资型企业在电力领域可进可退，可实施"撇脂战略"；诸多省级投资集团拥有地域优势，并具有交通/能源等组合业务结构；而五大发电集团历史包袱沉重，业务结构单一，不仅在供电方面属于兜底的行业角色，更承担了供热/水利等大量社会责任。

电网企业同样面临价格管制不合理问题，同时为了获得更高经济效益，在多元化道路上走得更远。目前电网企业的业务组合包括输电/配电业务、购电/售电业务、建设施工/装备制造/金融/传媒等，也包括习近平总书记2014年6月13日讲话所提到的"电力调度交易、电源项目接入电网等属于政府职责的事项"，多种企业性/非企业性、营利性/非营利性、竞争性/非竞争性、垄断性、主营/非主营业务混业经营，难以摸清真实成本，识别关联交易，合理考核评价，有效实施监管。

2002年电力体制改革"网运分离"的思路是正确的，但同时也是不够的。根据十余年以来的电改实践，包括国企国资领域的整体发展态势，在新的历史时期进一步深化电力体制改革与国企国资改革，一个共同的原则与任务就是实施"分类监管"，而且是按照业务而不是企业进行分类。通过更多在会计核算等技术细节做文章，进一步厘清业务性质、明确定位使命、规范组织形式、完善营利模式。目前有关部门正在拟订的新一轮电改指导意见（征求意见稿），包括了单独核定输配电价、交易机构独立运行、调整电网企业功能、确立新的营利模式等重要内容，在很大程度上与国企国资分类监管的思路是相通的，并且为按照业务分类监管提供了更好的硬件条件。

总之，目前中国电力领域90%以上均为国企国资，无论哪一类或哪一级电力企业，在履行好国企政治责任/经济责任/社会责任及安全责任方面，都肩负着同样的使命；而无论是电力监管机构，还是国有资产监管机构，在更好实现国企国资价值与使用价值的结合方面，在通过会计/信息等技术手段提高产业透明度方面，在通过体制机制改革为监管工作创造更好的硬件条件等方面，将会殊途同归、不谋而合。

## （五）电力业务分类监管的要害在于产业公共环节

传统上，电力产业可分为发电—输电—配电—售电等产业环节，2002年电力体制改革中实施了"厂网分开"，并在《电力体制改革方案》（"5号文件"）

中明确提出了"输配分开"等改革方向,这些都属于纵向拆分的产业制度安排。但经过十余年的实践,不仅输配分开推进受阻,"厂网分开"也毁誉参半、功过不明:一方面在发电环节,虽然通过比较竞争机制有效提高了生产效率与产业透明度,但超大规模单一业务的经营模式面临着市场波动的巨大风险;另一方面在电网环节,形成了集公共权力/企业规模/业务链条/技术创新,甚至舆论与学术等多重垄断于一身的超级垄断集团,整个产业格局极度畸形。

作为改革的深水区,电力产业具有普遍联系、快速响应、分层交易、多边实现,超前投资、有限竞争,基础服务、公共管制等很多独特而鲜明的技术经济特性,导致对于公共管理、公共服务大量的内在需求,从而形成了调度、交易、电网(输配电)等独特的电力产业公共环节——诚如习近平总书记2014年6月13日讲话所提到的"电力调度交易等属于政府职责的事项"——这是世界各国电力市场化改革的核心,也是电力业务分类监管的要害。

一是世界各国电力市场化改革中,普遍将调度、交易、电网三大公共环节的制度安排作为最核心的内容,例如,英、德、法等欧洲国家采取了交易机构独立的TSO模式,美国、阿根廷采取了调度、交易打捆独立的ISO/RTO模式、CAMMESA模式,俄、印、巴西等国则将调度、交易、电网三者各自独立,等等。

二是随着电网规模扩展,为了更好地保障系统安全,维护市场秩序,实现基础网络平台无歧视开放,调度从电网企业分离已经成为一种"大国模式",世界上国土面积超过300万平方公里的大国(除中国以外)全部实现了"调输分开",欧洲在跨国联网过程中也组建了超越各国电网企业的独立调度机构(Coreso)。

三是对于不同形式分离的调度、交易、电网机构,各国普遍实行了有针对性的监管政策,对于调度、交易机构普遍通过合约规章法令法规等进行规范,甚至通过国家公权力来给予保障,对于电网企业大多采取独立过网费的经营模式及投资准入等监管措施,至于发—输—配—售的纵向拆分则不拘泥于绝对的产权拆分,而采取了多种形式的相对拆分。

由此可见,在新一轮深化电力体制改革中,有必要在"厂网分开"的基础上将改革的重点放在"电网企业"——即调度、交易、电网这三大公共环节——的制度安排上。例如,将调度、交易机构从企业中分离,上升为独立、专业、非营利的公共机构;重组全国电网资产,形成体现规模经济效益、产业透明度更高的比较竞争格局;单独核定过网费,取消电网企业购、售电职能;对称培育购电主体,成批开放大用户入市,下放终端非网络业务,等等。这些,无疑都将成为国企国资分类监管改革最鲜活、最丰富的案例,使占中国电力领域90%以上的国企国资更好实现其价值与使用价值。

总之,电力体制改革与国企国资改革既有共同的原则与任务,又具有独特的技术经济特性与制度安排要害,可互相呼应、融会贯通,在新的历史时期成为全面深化改革,推进国家治理体系和治理能力现代化,构建和完善社会主义市场经济体系的重要探索。

代前言之六：
# 2014珠帘半启，2015拭目以待
## ——电力体制改革之年度展望

从2012年电改十周年开始，经过两年的暗流涌动、多重互动，时至2014年，新一轮电力体制改革终于正式破题。

然而，从2014年6月13日习近平总书记在中央财经领导小组第六次会议上讲话部署电改任务开始，历经半年的博弈之后，新一轮电改其实依然处于犹抱琵琶的状态，在一场热闹之下尚未真正露出庐山真面目。

在"6·13"讲话中，要求2015年审议"电力体制改革总体方案"（以下简称"方案"），但目前为止出台的仅仅是2015年3月15日中共中央国务院发布的《关于进一步深化电力体制改革的若干意见》（中发〔2015〕9号，以下简称"若干意见"）。中国文化讲求一个名正言顺，这"方案"与"若干意见"之间，显然存在极大的不确定性。

从文字上看，"若干意见"与"方案"相比，显然更加原则性、模糊性，而缺乏可操作性、可执行性，其中若干要害内容必然还需要至少6~7个配套操作性文件——这才是一般意义上的电改"方案"。

汉语博大精深，差之一字可能失之千里，同样文字也可能有不同的解读，因此在目前阶段，仅此"若干意见"，而操作性方案这般高束焉、庋藏焉，一不见诸最高决策者，二不见诸社会公众，那么其到底是真改假改、大改小改、好的改坏的改……难道不应在头脑中打上个问号？

即使不纠结这些主观因素、政治因素，单从技术层面分析，目前各路专家、各方媒体所披露出来的"若干意见"相关内容，同样存在若干值得质疑困惑而非欢欣鼓舞之处。例如，所谓电力体制改革，涉及面广、内容驳杂，这次的"若干意见"同样也是架构宏大、面面俱到，社会舆论所关注的电改热点——除了调度独立、电网重组，均有所点到。

但电改之所以成为中国基础产业改革的深水区，有其特殊的技术经济特性，各项电改任务之间的逻辑关系、步骤次序尤为关键。如果逻辑通、步骤顺，则每一步改革可为后续任务创造条件、减少阻力；而若不讲逻辑、次序颠倒，轻则可能步履维艰、推进困难，重则可能滞留在更坏的阶段，产生更坏的局面，2002年电改之后电网超级垄断业态的崛起就是不远的失败案例。

"若干意见"虽也提到整体设计、分步实施、规范有序、稳妥推进等套语，但在众多电改任务之间，特别是对于关键性的输配电价独立、电网经营模式调整、交易平台相对独立、售电侧放开等几项核心改革任务之间，并未明确其逻辑步骤——而其后各个配套操作性文件势必更是自说自话，而不会涉及相互之间的总体安排——这样作为新一轮电改纲领性的"若干意见"，就埋下了致命的先天不足。

总之，本轮电改若从2012年算起，始终得到了公众舆论的高度关注，媒体的不断参与无疑提高了重大决策的透明度与科学性。但在此2014—2015年度之交，确实还没有到拨云见日、水落石出的时候，本轮电改真正的执行方案仍珠帘半启未露真容；由此就更没有到解读市场模式、分析投资机会，甚至预测股票涨落的时候，是历史机遇、资本盛宴还是概念透支，仍需大家拭目以待。

改革有风险，不改革有危险，市场经济中呈现的表象有真有假，更有好有坏，并非一改就灵，新中国成立60多年，中央层面管电体制历经11次变革，2002年声势浩大的市场化改革至今有进有退、有得有失。2015年，可能看到电改进程高歌猛进，也可能再次看到步履维艰甚至变调变味，而无论怎样，也将是电改的又一阶段、历史的又一轮回，而比电改本身更值得期待的则是公众智慧之提高、科学决策之进步，这才是改革红利之源。

代前言之七：
# 电改七重风险隐，图穷匕见惊蛰时

距离国务院常务会议过会，罕见地经历了大约80天时间之后，新一轮电改的指导性文件《关于进一步深化电力体制改革的若干意见》（以下简称"若干意见"）才以中办发文的形式，以微信图片的方式与公众见面。

从2012年电改十周年开始，经过两年的多方推动、多重互动，新一轮电改在2014年正式破题。6月13日，习近平总书记在中央财经领导小组第六次会议上部署电改任务。

2014年7月上旬，发改委综合改革司快速推出了"若干意见"的征求意见稿，广泛征集了相关单位、企业及部分专家意见；同时通过与会专家释放解读，获得市场反应与民情民意。而相应地，社会公众、新闻媒体、研究机构都对新一轮电改给予了高度的关注、广泛的报道与深入的分析评价与建议，形成一种罕见的公众参与公共政策的可喜形势。

然而，从2014年10月份开始，新一轮电改隐入密室，社会公众除了从中央全面深化改革领导小组会议、国务院常务会议的有关网文中寻觅一些蛛丝马迹，再未获得更多公开的信息。

经过将近半年的幕后运行，到2015年的惊蛰时节，新一轮电改的指导性文件千呼万唤始出来——而仔细研读"若干意见"，特别是对比"征求意见稿"（大部分内容已由一些参与征求意见乃至意见制订的专家在网络及无数次电改相关研讨活动中大幅度披露）——笔者不由感受到新一轮电改所面临的多重风险。

## （一）改革倾向风险

改革有风险，不改革有危险，电改这样的深水区更非一改就灵——真改假改、大改小改、好的改坏的改，这是永远不能放松警惕的几根弦。

2002年电力体制改革以来，中国电网领域逐渐形成一种集行业公共权力垄断、市场规模垄断、业务链条垄断、技术创新垄断等四重垄断于一身的超级垄断业态，这是之前中国电力发展史上没有的，也是世界电力能源领域所罕见的。

习近平总书记在中央财经领导小组会议上也明确指出，中国现行能源体制问题的突出表现，第一点就是市场结构不合理，垄断经营，网运不分，主辅不分，限制竞争。

新中国成立66年来，中央层面管电体制已历经11次变革；20世纪80年代实施的"集资办电"的改革有效解决了长期困扰的电力投资不足问题；2002年"厂网分开"的改革及时应对了意料之外的装机硬缺口问题；显然，在新一轮电改中，垄断问题是不能轻易绕过的话题。而从前期专家披露解读的"征求意见稿"，到最终发布的"若干意见"的演变中，却不声不响、诡事连连：

（1）在改革思路与原则部分的论述中，对于"垄断业务"加强监管、有效监管的有关文字悄然失踪，电网垄断话题已被推离本轮电改的靶心；

（2）在电网企业功能定位的条款中，"不再负责电力统购统销"这样抑制垄断的核心条文已经不见！为电网企业继续维持独买独卖的垄断格局而放开缺口；

（3）在交易机构市场功能的条款中，交易机构负责"结算"的功能悄然失踪，为电网企业继续掌控中国每年3万亿元规模的电力购销巨额资金放开缺口；

（4）同样在交易机构市场功能的条款中，单单丢失了汇总"售电主体"与发电企业双边合同的文字，为电网所属售电企业不公开有关信息放开了缺口；

（5）在鼓励社会资本投资的条款中，"实现电网企业输配电业务独立核算"的文字悄然失踪，为电网企业维持配售一体垄断模式、控制市场放开缺口；

（6）在处理电价交叉补贴的条款中，电网企业"申报并公开"交叉补贴数额中的"公开"二字悄然失踪，为电网企业暗箱操作混淆交叉补贴成本放开了口子。

既然能开口子，也就可以收口子，这些悄然失踪的文字在未来的配套方案中，其实还是可以进一步明确与弥补的。

但反过来再想想，7000多字文件里悄悄改动几十字并不显眼，但这些散落各处的"失踪文字"为什么都这样单方向地有利于垄断集团、有利于被改革对象？由此，新一轮改革的基本方向无疑存在巨大的倾向性风险，至少，诚意何在？前期公众参与阶段与后期集中决策阶段，政策倾向上的反差为什么这么大？

不是笔者"阴谋论"、"玻璃心"，鲁迅先生不是说过"向来不惮以最坏的恶意推测国人"吗，更何况要动的是垄断利益集团的蛋糕？如果说这些微小而关键、刀刀有肉的"失踪文字"都是偶然，笔者这儿是断然不会相信的。

那些为所谓新的投资机会欢欣鼓舞的朋友，真是辜负了"反改革"、"反市场"势力蛰伏小半年暗箱运作的努力与智慧，虎口夺食哪能光听吆喝？老虎到底死没死、到底挨没挨打，都要睁大眼睛、盯紧点，看清楚。

中国的公众其实是非常宽容的，调度不独立，电网不重组，一个售电市场的画饼，依然可让人傻钱多、给缝就钻的资本市场自娱自乐自高潮；但如果电网巨无霸并不退出统购统销，画饼生生变陷阱就有点儿太欺负人了吧？

伴随中发〔2015〕9号文《关于进一步加深电力体制改革的若干意见》发布，坊间不乏电网背景人士开办售电公司的传闻，以彰显新一轮电改得到社会相应，但仔细想来，这到底是对市场有信心，还是对垄断权贵有信心？或者说，中国到底需要什么样的市场经济？

### （二）市场格局风险

从2014年下半年"征求意见稿"通过一些专家向社会放风开始，"四放开一独立"经专家解读、媒体传播已经唱遍中国电力行业，更刺激资本市场有了更多的想象空间。

尤其是在响应、呼应、回应"混合所有制"这一热词的配售电业务放开，更是诱惑多少人摩拳擦掌、跃跃欲试，同时为这个"若干意见"文件本身吸引了多少眼球、加了多少印象分！

但事实上，随着电网企业"不再负责电力统购统销"这样抑制垄断的核心条文的悄然失踪，新一轮电改的市场格局将面临巨大风险，社会资本投资可能面临羊入虎口的陷阱。

目前中国的电力市场格局是，电网企业纵向垄断独买独卖，在其营业区内是唯一的售电主体。而通过十余年来的挤压，原来超过中国市场一半份额的地方供电企业，绝大多数已被电网企业收编，少数被挤在角落艰难度日。

如果按照"征求意见稿"那样，明确电网企业"不再负责电力统购统销"，则意味着在单独核定输配电价之后，电网企业必须主动放弃原有的售电业务——极大可能会与地方合作，组建资本多元化的电力营销服务企业，一方面承担原有售电业务，另一方面与其他新兴的售电主体进行竞争或合作。

虽然前后版本的"若干意见"都只提到培育新兴售电主体，而没有明确原属电网企业的售电业务，但显然，如果明确电网企业"不再负责电力统购统销"，这一块业务必然走向市场而且合作于地方。

而一旦"不再负责电力统购统销"这10个字悄然失踪，失去了中央政府行政指令这个基本推动力，原有售电业务则极有可能继续保留在电网企业内部，即毛泽东所言"扫帚不到，灰尘不扫"啊。

如果电网企业依然负责"电力统购统销"，依然保留售电业务，会是什么样的市场格局呢？

首先，将形成中国电力市场上最巨无霸的售电主体，业务规模与市场份额没有任何竞争对手可以望其项背；

其次，这样的巨无霸售电主体，除了售电以外，还与产业环节上游的垄断性输配电企业同气连根；

最后，这样的售电主体，归属于跨省跨区的超级垄断电网企业，在任何地方，不要说民间资本，即使当地政府也很难有实力与之对等合作，如何保障外来投资者的权益？

总之，电网垄断是当下中国电力市场格局中绕不过去的肠梗阻，反垄断是新一轮电改绕不过去的敲门砖，超级垄断者与任何其他人都是不可能同场竞技的，只要售电业务没有从原属电网企业中有意识地强制性剥离，其他投资者就不可能在这个市场领域获得正常的经营环境与发展空间，那些或已消失或已衰败的地方供电企业，难道被遗忘了吗？

因此，电网企业"不再负责电力统购统销"是新一轮电改最大的要害，有或没有这10个字，中国电力市场格局将有天壤之别！想瞒天过海、暗度陈仓？糊弄领导容易，糊弄外行投资容易，但糊弄得了一时，不能糊弄一世，市场终究会做出自己的选择。

竞争是残酷的，在上述10字悄然消失而为垄断集团开口子的同时，"若干意见"在培育售电市场主体的条款中，却严格剔除了所有提及配电业务的文字，也就是说，在对大垄断虚与委蛇的同时，却对可能出现的"配+售"小垄断严防死守。由此，在可以预计的将来，绝大多数新兴的售电市场主体，包括参与增量配电的投资者，只能作为电网垄断集团的施舍恩赐与政治点缀，如果没有过硬的人脉关系或利益勾连，这口饭是不好吃的，也是吃不长的。

## （三）逻辑次序风险

电网企业"不再负责电力统购统销"，不仅是中国电力市场格局演变的要害，更是新一轮电改推进前景的要害。"若干意见"洋洋洒洒近30条"近期""重点任务",有或没有这10个字,将影响到整个电改进程。

正式发布的"若干意见"与半年前的"征求意见稿"相比,改革事项表面上相差不多,但在逻辑次序上变动较大:

(1)"征求意见稿"的逻辑次序是:输配电价独立—改变电网经营模式—组建交易机构—培育售电主体—推进市场交易—推进新电源接入—缩减发电计划;

(2)"若干意见"的逻辑次序是:输配电价独立—推进市场交易—改变电网经营模式—组建交易机构—缩减发电计划—培育售电主体—推进新电源接入。

这里暂不对比两者的优劣,但它们都有一个共同的核心步骤,即改变电网经营模式,如果这个步骤不及时实施,或者实施不到位,其前、其后的电改任务都会受到影响。

在电网企业功能定位的条款中,明确电网企业现有的主要业务包括输配电、电力购销、调度交易等——国发〔2002〕5号文《电力体制改革方案》所提过的"主多分开"貌似被遗忘了,目前电网企业中的装置、金融、传媒等非主营业务暂且不提——其中,调度交易只改了一半的一半(交易相对独立),电力统购统销的改革条款则悄然失踪,这样看来,新一轮电改除了独立核算输配电价之外,对于电网企业原有的业务模式触动极小,相当于仅仅动了动个别"软件",而整体"硬件"结构基本没有改变。

那么,在"电力统购统销"功能没有被有意识取消的情况下,独立核算输配电价具有持续的价值吗?

事实上,自2002年那一轮电改以来,早已出台过电价改革的有关文件,甚至按"若干意见"所说"在输配环节逐步核定了大部分省的输配电价",但时至今日,这些工作绝大多数显然都成了走过场。为什么?

因为对于电网企业来说,电价核算只是软件,经营模式才是硬件。在不对早已超过规模经济合理性的电网巨无霸进行拆分之前,"你所看到的只是我想让你看到的",任何政府主导的成本核算、价格测算都只能是隔靴搔痒、沐猴而冠。第一,不可能获得庞大黑箱的真实成本;第二,缺乏可持续性;第三,甚至可能搞出个天文数字的账面负数,让全国人民都欠电网垄断集团的人情,又被剥削又丢道义。

因此,深圳试点的成果如果不能紧锣密鼓、第一时间应用于后续的改变电网经营模式,其本身并不具备充分的独立价值;换言之,在"电力统购统销"功能没有取消的情况下,不仅其后续的组建交易机构、培育售电主体等电改任务将被扭曲，甚至其前面的独立核算输配电价也将被架空。

## （四）公权私利风险

调度、交易、输电（电网）是现代电力系统最独特的公共环节，这三者的制度安排及相互关系，是现代电力产业制度的核心，也是世界各国电力市场化改革的要害。

习近平总书记在中央财经领导小组会议上也明确指出，政府与市场关系存在缺位方面，目前电力调度交易、电源项目接入电网、油气管网准入等属于政府职责的事项，仍由电网企业、油气企业承担，政企不分。

目前"若干意见"中，调度独立只字未提，输电独立只达到价格核算的软件层面，而保留了独买独卖的硬件结构，交易独立呢？则增加了"相对"二字。这样，三件事只提了两个，还都是"半吊子"，更缺乏三者关系的系统考虑，距离真正的电力市场化改革实在有些远。

关于"交易机构相对独立"8个字，笔者认为：

第一，"相对独立"起码要是一种"独立"，是应与"完全独立"相对应、相对比的，它应更接近"完全独立"而不应接近"不独立"或"假独立"；

第二，这种"独立"是相比于目前状态的独立，是相比于作为电网企业内设机构的独立，因此从电网企业中走出来是基本要求；

第三，相对独立的"交易机构"依然要是一个交易机构，它的房屋、设备甚至人员一段时间内可能还会与电网企业有一定纠葛，但其基本职能、机构、编制、财务等在第一时间应是完整而独立的；

第四，相对独立的"交易机构"只有依托公权力才可能实现与电网企业之间的独立，政府应通过法规规章等正式形式为交易机构赋权，明确其行业公共机构的属性，并拥有干部人事管理权；

第五，保证交易机构的完整性，顺利完成此项改革任务，使其尽快发挥作用，关键就在于"整建制划拨"5个字，即将电网企业现有的三级交易机构直接整体独立出来。

事实上自2007年以来，电网企业在内部所推行的调度、交易分开，本身早有弃车保帅的思想准备与组织准备，交易机构整建制划拨是它们能够承受并且有把握实施的；反之，如果在人家都不怕你来拿的情况下，有关部门还畏缩不前，就实在没有一点儿改革的样子、政府的样子啦！

总之，在电网企业保留了独买独卖业务结构的情况下，所谓"交易机构相对独立"的风险很大，如果把握不好就会失去其独立性，反而成为公权私用固化垄断集团利益的帮手。

### （五）成本控制风险

对于中国电网领域的超级垄断业态来说，规模垄断是市场基础，业务垄断是制度核心，权力垄断是强力保障，创新垄断是兑付延伸。由此形成其超额垄断利益的五大来源：一是模糊成本，利用交叉补贴等不断扩大成本并游说提高电网环节差价；二是灰色交易，在计划外交易、临时交易、跨省跨区交易等标杆电价以外，利用独家收购的垄断地位牟利；三是独家报价，利用特高压等缺乏比较的工程项目提高成本；四是业务延伸，强势进入装置产业等上下游环节，实现最大利益收割；五是规避监管，通过大规模海外投资转移收益，规避监管与红利征缴。

"若干意见"中，对"垄断业务"加强监管、有效监管的有关文字悄然消失，新一轮电改中，依然缺乏对电网垄断环节有意识的抑制与制衡，存在成本失控的风险。

一是缺乏〔2002〕5号文提过的"主多分开"的改革任务或政策约束，电网企业依然保留电气装置、金融、传媒等大量非主营业务；

二是在世界500强规模的超大电网企业集团多种业务混合经营的情况下，缺乏按照不同业务进行财务独立核算的制度约束与补救制衡；

三是"不再负责电力统购统销"这样抑制垄断的核心条文悄然消失，对于独买独卖的市场格局，没有明确必须进行改变；

四是调度机构不独立，交易机构仅相对独立，甚至售电企业（绝大多数为电网企业下属）的合同信息不要求公开汇总；

五是在电价交叉补贴条款中，电网企业"申报并公开"有关补贴数额的"公开"二字悄然消失，在缺乏按照业务分类分别进行财务独立核算的前提下，极大地增加了成本风险；

六是在对早已超过规模经济合理性的电网巨无霸不进行拆分的情况下，难以实现系统规划的合理性，也就难以把握输配电成本的合理性，在此基础上的输配电价核算不乏缘木求鱼、合伙演戏的成分。

总之，真正负责任的电力体制改革，按照习总书记在中央财经领导小组会议上所要求的，形成主要由市场决定能源价格的机制，并不需要"降低电价"的空头支票与愚民政策；但与此同时，同样不能忘记抑制垄断、提高透明度、引进竞争、引导成本节约的市场化改革的分内使命。

## （六）地方变味风险

在过去的十年周期里，中国很多领域包括电网领域都不同程度地存在"央进地退"的现象。十八大以来，简政放权、鼓励地方积极性成为新一届政府的重要政策倾向，新一轮电改"若干意见"也做了相应的呼应。

但另一方面，在简政放权的同时，也必须注意避免过去那种"一抓就死、一放就乱"的情况，中央部门在权力下放的同时，有必要肩负起应有的监督与协调职责。

例如电力项目核准权，目前已经逐步从中央部门下放到各省，有些还从省级政府进一步分解下放。但与此同时，由于各省政策目标不同、政策尺度不一、供需形势不同、系统位置迥异，不但统筹性、专业性严重下降，甚至存在对央企乱拉郎配、割唐僧肉的情况，在一定程度上反而加大了企业的成本。

再如大用户直购电问题，要害问题是需要批量准入及信息公开，而目前试点将近9年始终难以扩大市场份额的主要原因，正在于很多地方将大用户直购电变成了变相审批乃至变相降价。

由于个别批准的试点始终没有及时扩展为批量准入，还由于缺乏公开的交易平台而导致信息不透明，政府干预乃至变相审批则必然提高用户参与的成本，而随着心理预期的提高，自然也就发展为变相降价的要求。

很多人将电力供需形势与电力体制改革、电力市场建设挂钩，认为只有在供大于求的情况下才能开展市场化的电力交易，这是对于市场机制有意无意地误读。

市场化改革的基本内涵，一是明晰产权，二是规范竞争。

中国电力发展史上几次成功应对电荒，都是成功明晰产权的市场化改革范例，例如20世纪80年代通过实施"集资办电"，即中央/地方、政府/社会之间明晰产权而有效解决了电力投资不足问题；又如2002年"厂网分开"之后，由于发电/电网（行业公权）之间明晰产权而及时应对了装机硬缺口问题。

事实上，很多国家都已开展电力市场化改革多年，电力交易包括竞价并不会由于供应紧张带来失序失控。或者说，真实反映市场波动这本身就是电力市场的重要使命，不能适应电力紧张的电改是不合格的。更进一步说，政府过度干预、扭曲市场竞争的反市场行为，往往是电荒的重要推手，例如"集资办电"之前长期施行的独家办电，又如亚洲金融危机之后推行的"三年不上新电厂"。

总之，新一轮电改，不应只是一次行业改革，而应是贯通中央与地方的一揽子公共政策,那种趁着煤价低迷而抄一把的心态,那种将大用户直供等同于变相降价的解读,都将使电改面临变味儿的风险。

### (七)决策推进风险

电改是一个系统工程,与目前"若干意见"相配套的还应有七八个专项改革工作方案及相关配套措施,例如输配电价核定、交易机构组建、售电主体培育、售电业务开放、计划电量放开等。但在未来的推进过程及决策过程中,仍然存在很多风险。

例如逻辑次序问题。如前所述"征求意见稿"与"若干意见"是存在逻辑次序差异的,而出现这样的变化,一方面反映了有关各方意见的不统一,另一方面也反映了执笔者的妥协与摇摆。电力系统技术经济特性决定了,电改各个任务步骤之间是存在相当紧密的逻辑关系的,在下一步的改革推进过程中,如果出现显著的逆序或错序动作,势必影响电改的实际效果。

再如分工合作问题。电改内容驳杂,不同的电改任务,从编制专项改革工作方案开始,就需要由不同的部门牵头,而这需要较高的合作水平。例如对于电改基本理念、基本任务的共识,对于电改逻辑次序的认可与遵守,相关电改任务之间的配合与衔接,如果各行其是、共识不足或约束不够,则需要组建专门的电改工作小组乃至领导小组。类似2014年10月,在"若干意见"编制过程中,高调开展的深圳价改,恰恰暴露了新一轮电改分工合作的风险。

又如决策博弈问题。电改涉及重大利益调整,触及强势利益集团,因此任何公开博弈或暗流反弹都在可以理解范畴。从总的博弈形式看,对比2002年上一轮电改,一方面被改革者更加自觉、更加成熟,另一方面改革操盘者更加现实、激情渐消,但与此同时,最高决策层对于电改已从行业脱困、政策扶持上升到新增长点、能源革命等更高诉求,公众传媒作为一股新生力量也给予电改格局注入新的活力。

惊蛰时节,企盼已久的"若干意见"终于见人,那些悄然混迹于7000多字文件中的"失踪文字",那些单方向有利于垄断集团的小动作,让人齿冷,也让人失笑。

中国电改几十年历经曲折,除了国发〔2002〕5号文尚有余热以外,国办发〔2003〕62号《电价改革方案》、国办发〔2007〕19号《关于"十一五"深化电力体制改革的实施意见》,这些热闹一时而最终无法落实的红头文件,现在还有人记得多少？

同样，让这个〔2015〕9号"若干意见"被架空变味儿、被半途而废、被不了了之、被大家遗忘虽然并不难，但是，只要那些垄断利益集团还在侵蚀社会，想让大家忘记电改这件事肯定是不可能的。

总之，利益博弈正常，"若干意见"社会评价低于预期，揭示了新一轮电改的多重风险，这是客观存在的，也是市场经济社会多元化的正常反应。

下一步，专项改革工作方案的研制，各项电改任务的推进，势必还将经历很多上下／左右／内外的互动与博弈，希望更多公众参与进来推动科学决策，推动中国电改从密室走向阳光！

## 代前言之八：
# 电改投资火中栗，十二博弈新回合

"有序向社会资本开放配售电业务"，是新一轮电改的重点与亮点，不仅对管住中间、放开两头的市场化电改架构有所交代，而且对"混合所有制"等时髦热词高度迎合，不仅政治正确，而且通过专家放风与媒体宣传更是赢得资本市场一片欢腾。

而目前发布的新电改中发〔2015〕9号文（《中共中央、国务院关于进一步深化电力体制改革的若干意见》）还仅仅是"指导意见"，文字相对原则性且不乏交代未尽之处，对于参与新一轮电改的投资者，到底机会几成？风险几何？下一步博弈焦点何在？

## （一）独立售电主体的培育途径

"多途径培育市场主体"是9号文的重要条款之一，第18条中明确的售电主体培育途径多达5类，包括高新产业园区/经济技术开发区、社会投资成立售电主体、分布式电源/微网系统、供水/供气/供热等公共服务及节能服务公司、符合条件的发电企业等。

但值得关注的是：

（1）此前征求意见稿中，"允许现有的独立配售电企业从发电企业直接购电，缴纳输电费用后，自主向用户售电"的文字，在9号文中悄然消失，售电主体的培育途径从6类减少为5类；

（2）此前征求意见稿中，园区开发区组建"独立配售电主体"、社会资本投资"独立配售电企业"从事"低压配电业务"、发电企业"从事售电或配售电业务"，在9号文中删除了全部涉及"配电"的内容；

（3）此前征求意见稿中，电网企业"不再负责电力统购统销"的文字，在

9号文中悄然消失。

由此可以看出：

9号文与征求意见稿相比，对于"配+售"的小垄断业态进行了严格限制。对原有配售一体的地方供电企业，虽然多半会默认其原有的售电资质，但不再列入政策中的培育范畴，也不鼓励其进一步扩张（与大电网形成竞争）；而对于未来可能新出现的各类小垄断，则从一开始就全部挡在了门槛之外。

这种政策倾向与制度安排，与笔者观点中网络业务/非网络业务"错位竞争"的理论是一致的，有利于未来终端市场的理顺，在文件中进行明确，可以给市场一个确定的信号与导向。

但是，在对"配+售"小垄断严防死守的同时，对电网企业"输+配+售"的大垄断却暗开后门，不再强调强制退出——这无疑是9号文中没有交代清楚的重大疑问之一，在下一步有关配套方案中应该给予明确，还地方供电企业一个公平。

## （二）独立售电主体的经营行为

9号文对独立售电主体的经营行为进行了比较详细的规定：

（1）电力采购——根据9号文第2条、第19条，独立售电主体可以采取与发电企业协商、电力市场竞价、向其他售电商转购等多种方式采购；

（2）电力批发——根据9号文第19条，独立售电主体可以向其他售电商进行转售；

（3）电力转零售——即向参与市场交易的大用户进行转售，虽然未见明确文字，但从行文看应属不禁止，而且对于市场格局具有显著正面价值；

（4）电力零售——根据9号文第18条等，向不参与市场交易的其他用户进行零售；

（5）发电——根据9号文第18条，独立售电主体可从事发电业务，既包括传统发电，又包括分布式/微网等新型的终端反送模式；

（6）涉电服务——根据9号文第19条，可包括合同能源管理、节能用能服务等多种形式；

（7）涉电金融——根据9号文第8条，可参与电力期货/场外衍生品交易等；

（8）非电业务——根据9号文第18条，可包括供水/供气/供热等多种公用事业及基础设施；

（9）禁止领域——根据前述分析，从征求意见稿到9号文，禁止独立售电企业从事配电业务，是比较明确的政策倾向；

（10）中间成本——根据9号文第19条，要严格按照国家有关规定承担电力基金、政策性交叉补贴、普遍服务、社会责任等成本。

9号文虽然为独立售电主体设计了上述比较丰富的经营行为，但如果进行深入分析，会发现其盈利空间其实是相当有限的，除了公用事业/基础设施等领域可能谋求一定的组合优势以外，大多数业务领域都是获利较薄或缺乏竞争优势的。

其实这也是可以理解的，按照笔者观点：网络业务/非网络业务"错位竞争"理论所施行的售电放开，独立售电企业不拥有电网资产、不提供物理性服务、无特别技术要求，甚至连经营场所都非必需，更多属于一种类似电话卡销售的商贸活动，在电网企业不大规模剥离售电业务的情况下，这个新的业务环节凭什么会有很优厚的盈利空间？为了它而涨电价有可能吗？所谓"10%～15%"又扣减或挤占谁？

## （三）独立售电主体的营利空间

具体分析独立售电企业的盈利空间：

（1）规模优势问题——由于电网企业"不再负责电力统购统销"的文字在9号文中消失，电网企业原来占有的市场空间不再强调强制退出，也缺乏动力与地方合作组建省级规模的营销服务公司（而更多将是个别城市的小范围试点），加上终端消费者的路径惯性，这样新兴的独立售电企业不可能在一定时期内形成足够的经济规模，在电力采购、销售等竞争中都将处于劣势。

（2）价格封顶问题——独立售电企业开展批发/零售业务的主要对象，是不参与市场交易的其他用户，如居民、农业、重要公用事业、公益性服务用电，9号文第2条明确了这部分用户"继续执行政府定价"，此即意味着这部分业务的盈利空间不仅是有限的，而且若遇到市场波动将很难及时调整并形成市场化的反馈，售电企业可能存在收不抵支的风险。

（3）时差效益问题——独立售电企业与可参与市场交易的大用户及其他售电商之间进行转售交易，但由于后两者自身都可以在市场上直接从事交易，因此（在没有规范的期货市场的情况下）这类转售交易是不可能具有价格/规模优势的，而只能具有一定的时差效益，更多属于调剂余缺性质，盈利空间是比较有限的。

（4）风险对顶问题——"发电+售电"组合是独立售电企业的重要类型，前提是向电网企业支付相应的过网费，由此形成电网企业旱涝保收、而"发电+售电"企业承担全产业链市场风险的模式。虽然这种模式本身是无可厚非的，但也注定其盈利空间的局限性，在未来发电市场"双轨制"甚至"三个世界"的不利情况下，对于发电企业更多的只是一种安慰。

（5）信用风险问题——中国电力系统规模庞大而能效低下，合同能源管理/节能服务等都具有理论上的广阔完善空间，但事实上由于社会信用体制机制不健全，目前中国合同能源管理领域存在着资金垫付、专用设备、履约信用等多重风险，其发展始终没有达到预期。培育合同能源管理公司为独立售电主体，并未在本质上规避垫资风险，效果如何有待观望。

（6）信息透明问题——如上所述独立售电企业需要承担电力基金、政策性交叉补贴、普遍服务、社会责任等大量中间成本，征求意见稿中电网企业"申报并公开"各类交叉补贴数额的"公开"二字，在9号文中消失，意味着由电网企业把持的中间成本透明度难以提高，特别是政府与其博弈的能力与决心都尚显不足，由此必将挤占独立售电企业的盈利空间。

其他，参与电力期货/场外衍生品交易等涉电金融业务，虽然看起来很美，但目前还处于时机未到远水不解近渴的境地。

## （四）独立售电主体的准入资质

9号文在第4、第17条等条款中，对于电力市场各个主体的准入资质进行了规定，其中：

（1）可参与直接交易的电力用户，将按电压等级分期分批放开，其单位能耗、环保排放均应达到国家标准，不符合国家产业政策及产品和工艺属于淘汰类的企业不得参与直接交易；

（2）可参与直接交易的发电企业，还将通过进一步完善和创新制度，支持环保高效，特别是超低排放机组通过直接交易和科学调度多发电；

（3）将根据开放售电侧市场的要求和各地实际情况，科学界定符合技术、安全、环保、节能和社会责任要求的售电主体条件。

但值得指出的是，按照笔者观点：网络业务/非网络业务"错位竞争"理论所施行的售电放开，输配电企业拥有实物性资产、承担物理性业务，而独立售电主体将是一种比较特殊的业态。

一是9号文与征求意见稿相比，特别强调了对于"配电+售电"小垄断业态的严格限制，因此独立售电主体是不拥有电网资产、不提供配电服务的；

二是根据9号文第17条，电网企业"提供报装、计量、抄表、维修等各类供电服务"，说明从政策意图上进一步连"最后一公里"的业务也给了电网企业（目前尚有部分由社会承担），而独立售电主体是不提供物理性服务、无特别技术要求的；

三是由于电的无形性与不可储存性，独立售电主体其实连经营场所都不是必需的。

因此，按上述理论与政策所培育的独立售电企业，其性质更多属于一种商贸乃至金融活动，最近似的就是电信领域的电话卡销售商。

那么问题来了，对于这样的商贸企业，除了资金、信用等少数条件之外，9号文第17条所要求的"技术、安全、环保、节能和社会责任的售电主体条件"有什么依据？

特别是在9号文第4条，对可参与直接交易的电力用户、发电企业——它们真正拥有实物资产、从事物理性业务——的准入资质已经进行了要求，已经体现了技术、安全、环保、节能等要求，那么，对独立售电企业的要求还有什么必要？

按上述理论与政策所培育的独立售电主体，既没有电网实物资产，又不提供物理性服务，也无特别技术要求，甚至可以没有经营场所，所谓"技术、安全、环保、节能和社会责任的售电主体条件"又在哪里来落实和体现呢？

总之，电力体制改革具有较强的技术性，一些传统行政管理人为设卡的思维惯性可以休矣，在下一步有关配套方案中应该尽量简化这类独立售电主体的准入门槛，避免大用户直购电沦为变相审批而多年难以展开的历史重演。

### （五）社会资本投资的政策前景

9号文第16条提出了"鼓励社会资本投资配电业务"，给予社会投资者很大的预期，但实际的投资前景如何呢？

（1）对放开增量配电的态度——从征求意见稿的"积极"，变为9号文第16条的"逐步"，目前中国电网规模已经世界第一，电网企业仅仅海外投资就已超过千亿元规模，并不真的缺乏投资能力，特别是对于低压配网，更多只是挑肥拣瘦、患得患失而已；

（2）投资者的使命——从征求意见稿的"投资经营"，变为9号文第16条按照"混合所有制"的方式"投资",意味着配电放开的重点最终落在了吸引投资而非真正运营,而电网企业极大可能将以种种理由维持对配电网的"统一经营管理";

(3)投资者的地位——从征求意见稿的强调改革电网财务核算,实施有效"监管"限制其干扰市场,变为9号文第16条,所谓"促进配网建设发展"即缺钱时可以利用社会投资,所谓"提高配网运营效率"即外来投资者无能力自主投资自主运营,只能配合从属于电网企业,希望笔者的解读是杞人忧天!

通过上述详细研读、对比文件条文可以发现,配电环节实际的市场开放空间将非常小,投资者只能从属配合于电网企业而很难独立运营、自我把握,在电网巨无霸的阴影之下无异于与狼共舞、火中取栗。

进一步结合前述,按照目前的文件表述,绝大多数独立的售电市场主体,包括参与增量配电的投资者,所获得的市场空间、盈利空间其实都非常有限,跨过门槛进入市场也不一定如想象般容易,更大可能仅仅成为电网垄断集团的施舍恩赐与政治点缀,如果没有过硬的人脉关系或利益勾连这口饭是不好吃的,"售电商"弄不好就可能会"受点儿伤"……

### (六)新回合博弈的十二焦点

9号文面世之初,笔者在前文中揭示了改革倾向、市场格局、逻辑次序、公权私利、成本控制、地方变味、决策推进等多重风险;在本节中则进一步点明配售环节新型市场主体、社会资本投资所面临的风险,再次反映出反改革、反市场势力强大的博弈能力。

电改是复杂的公共政策,从总体方案到指导意见,从中庸示人到暗箱右倾,每一事项与每一步骤都可能经历上下/左右/内外的复杂博弈和明争暗较,即使最高决策者也难以幸免,一如笔者"中国式电改的政治谱系"文中所描述。

然而,电力是所有人都无法视而不见的公共事务,只要那些垄断利益集团依然在侵蚀社会福利,电改这件事就不会被忘记,一城一役不必纠结,总还有下一个新回合。

9号文作为新电改的指导意见,虽然不乏遗憾乃至疑问之处,但随着"全国电力体制改革工作电视电话会议"的及时召开,当下更重要的则是下一步即将出台的14个配套文件(已经推出2个),这将是2015年电改博弈的主战场。

其中,12个博弈焦点将决定本轮电改的最终面貌。

（1）输配价改的博弈——如果能够快速扩大试点范围，将输配电价独立核算的规则/程序/方法等成果直接应用于改变电网经营模式，则可为新一轮电改起到重要先锋作用；而如果纠缠于价格水平涨落/电网企业盈亏时间过久，输配电价独立核算的成果很可能被架空和搁置。

（2）交叉补贴的博弈——如果能够研究并明确交叉补贴的有关规则，并强制电网企业公开发布有关信息，将有利于控制社会成本即控制电改成本；而如果继续放任电网企业的黑箱状态而不能提高透明度，则很可能进一步提高输配环节成本而损害全社会福利，从而降低电改本身的支持度。

（3）电网模式的博弈——如果能够进一步坚定打破垄断的决心，重新明确电网企业"不再负责电力统购统销"，即强制退出售电业务（可与地方合作组建具有规模优势的营销服务公司），将成为新一轮电改的最大亮点；而如果不敢强制电网企业退出电力购销市场,而继续保持大比重垄断及调度交易机构，则为电力市场结构及后续电改埋下极大隐患。

（4）财务核算的博弈——如果能够梳理厘清电网企业各类业务，强制每一类业务都单独进行财务核算，这是对大型垄断企业集团混业经营这一现状必不可少的弥补，也是进一步分类监管、完善制度安排的基础；而如果电网企业各类业务继续混杂一团，交叉补贴利益输送，则意味着监管失控并将严重威胁相关市场秩序。

（5）交易机构的博弈——如果能够按照"先落实硬件后完善软件"的策略，努力实现现有三级电力交易机构的整建制剥离，将很大程度转变电改博弈形势；而如果"相对独立"沦为"假独立"，电力交易机构继续由电网企业控制，反而将强化垄断利益集团的势力,降低新电改的社会舆论评价。

（6）市场职能的博弈——如果能够重新明确电费结算、供需平衡等电力交易机构重要职能的完整统一，通过收费等方式赋予交易机构财务独立的机制，无疑有利于市场建设与运行；而如果放任电力交易的职能体系被打散，无疑将极大削弱交易机构的独立性和完整性，即使独立出来也将面临不少困难。

（7）售电放开的博弈——如果能够明确并强调售电放开的前置条件，先期努力压缩电网企业购销比重并提高交易机构的独立性，无疑有利于后期更好地实现售电放开；而如果冒进邀功，在前置条件不到位的情况下冒然"忽悠"投资者入场，则存在沦为垄断者赏赐与装饰的风险，资本市场迟早会"用脚投票"。

（8）新型主体的博弈——如果能够理顺售电主体的资质条件，尽量放低门槛，并向社会客观解读电改政策，打消不合理预期，无疑有利于鼓励多元化的投资者入市；而如果有意夸大投资机会，同时又人为设置不合理且不必要的市场主体资质条件，甚至沦为变相审批而提高门槛，最终将挫伤广大投资者的积极性，难以形成多买多卖的市场格局。

（9）直接交易的博弈——如果能够下定决心成批放开大用户直接入市交易，才可能尽快改变市场格局，大幅度挤压电网购销垄断的比重；而如果仍然不愿放弃变相审批，人为提高交易成本，入市用户心理预期与发电企业承受能力反差过大，则可能从两个方面都引发有关企业的抵触，影响新电改市场格局的塑造历程。

（10）供需平衡的博弈——如果能够由独立性较高的交易机构统筹电力电量平衡，在稳定发电企业收益水平的前提下，逐步缩减发用电计划鼓励入市交易，可望保障电改的平稳实施与市场秩序；而如果急于求成，形成计划内机组—有用户机组—无用户机构等"双轨制"甚至"三个世界"，在政府干预/电网侵扰之下发电企业蒙受的损失过大，势必影响供需平衡与市场秩序。

（11）逻辑次序的博弈——如果能够步步为营，尊重电力产业客观规律，加强顶层规划与统一协调，按照一定逻辑次序逐步推进各项电改任务，新一轮电改肯定是可以做出一些有价值的事情；而如果采取机会主义态度，拱一步说一步，急于出业绩而乱找突破口，十余个相关部门或争功讨彩，或避重就轻，按各自盘算多头并进，甚至把非电改范畴的部门业务也夹带进来搭车借势，新一轮电改则难免效果打折甚至行之不远。

（12）决策公开的博弈——如果能够有提高决策透明度之公心与大智慧，继续欢迎公众参与，推进科学决策水平，改革操盘者定能获得公众舆论的支撑与反馈，增添与反改革、反市场势力进行博弈的力量，或至少增加一些讨价还价的空间；而如果改革操盘者甘心与被改革者沆瀣一气而暗箱操作，抵制公众批评监督甚至暗算不同意见者，则只能沦为垄断利益集团的傀儡与垫脚石。

总之，

活在当下，一切皆须博弈；

无愧历史，人间正道沧桑。

# 目　录

引　言 ………………………………………………………………… 1

一、问题驱动力——上轮电改成效与当前重要问题 ……………… 3
  （一）2002年电力市场化改革的主要成效 ……………………… 3
    1. 多元主体自主经营，促进科学发展 ……………………… 3
    2. 发电领域比较竞争，效益优势显著 ……………………… 7
  （二）当前电力领域存在的主要问题 …………………………… 10
    1. 电力短缺没有根治，企业难以持续经营 ………………… 10
    2. 中央地方协调不力，民生发展权责不清 ………………… 14
    3. 垄断弊端更加凸显，行业运行失去平衡 ………………… 17
    4. 安全基础逐步变质，系统风险不断积累 ………………… 21
    5. 政策执行权威下降，科学决策能力不足 ………………… 22
  小结　电力市场化改革的内涵 ………………………………… 24

二、成效驱动力——深化电改的基本范畴与方向 ………………… 26
  （一）职能机制（改革主线情景比选之一）…………………… 26
    1. 价格管制 …………………………………………………… 27
    2. 准入管制 …………………………………………………… 31
    3. 资产管理 …………………………………………………… 33
  （二）机构体系（改革主线情景比选之二）…………………… 35
    1. 关于电力部（经济性监管分层实现）…………………… 35
    2. 能源大部制（长期政策与短期调控分开）……………… 37
    3. 能源监管（在各能源产业引进监管制度）……………… 40

（三）产业制度（改革主线情景比选之三） …………………… 43
　　　　1. 横向治理的产业制度 ………………………………………… 44
　　　　2. 纵向治理的产业制度 ………………………………………… 47
　　　　3. 公共治理的产业制度 ………………………………………… 49
　　小结　深化电改的主线——优化电力产业制度 ………………… 55

三、需求驱动力——新阶段的新形势与新思路 …………………… 56
　　（一）新的形势与要求 ……………………………………………… 57
　　　　1. 保障民生权益，维护基本秩序 …………………………… 58
　　　　2. 抢占产业高点，带动发展转型 …………………………… 61
　　　　3. 梳理央地权责，强化宏观治理 …………………………… 67
　　（二）深化电改的新思路 …………………………………………… 72
　　　　1. 进一步完善深化电力体制改革的指导思想 ……………… 72
　　　　2. 吸取历史经验教训明确分步实施的基本原则 …………… 75
　　小结　新一轮电改的总体目标框架 ……………………………… 79

四、深化电改的逻辑次序及线路图 ………………………………… 80
　　步骤Ⅰ　公权独立——公共机构独立，强化决策支撑体系 …… 81
　　　　任务①　组建国家电力规划及标准中心 …………………… 82
　　　　　　1. 基本特点与现状 ………………………………………… 82
　　　　　　2. 重组的必要性与可行性 ………………………………… 82
　　　　　　3. 重组改革的基本操作 …………………………………… 83
　　　　　　4. 远期发展空间 …………………………………………… 84
　　　　任务②　组建国家电力调度及交易中心 …………………… 84
　　　　　　1. 基本特点与现状 ………………………………………… 84
　　　　　　2. 调度（交易）独立的7点必要性 ……………………… 86
　　　　　　3. 调度（交易）独立的可行性 …………………………… 90
　　　　　　4. 方案比选——调输分开（调度交易打捆独立）PK调输一体
　　　　　　　（仅交易独立） …………………………………………… 92
　　　　　　5. 方案比选——调度（交易）独立PK调度（交易）中立 … 94
　　　　　　6. 方案比选——调度交易独立PK电价改革、输配分开、电网拆分 … 96
　　　　　　7. 重组改革的基本操作 …………………………………… 97

### 步骤Ⅱ 巨头拆分——实现经济规模，发挥比较竞争效益 … 97
#### 任务③ 拆分重组全国电网企业 … 98
1. 基本特点与现状 … 98
2. 优化电网企业规模的9点必要性 … 101
3. 电网企业拆分重组的可行性 … 113
4. 方案比选——电网企业拆分重组的4点原则 … 115
5. 电网环节重组的基本操作 … 118

### 步骤Ⅲ 对称放开——完善交易格局，理顺央、地保电权责 … 118
#### 任务④ 建立多买/多卖的电力交易格局 … 119
1. 基本现状与改革必要性 … 119
2. 方案比选与基本操作 … 121
3. 建立多买/多卖格局的配套改革 … 123
4. 深化改革电价形成机制的线路图 … 126
5. 远期发展方向 … 129

#### 任务⑤ 建立权责对等的地方保电机制 … 131
1. 基本现状与改革必要性 … 131
2. 相关方案比选——网务分开PK输配分开 … 133
3. 建立地方保电机制的基本操作 … 134
4. 远期发展方向 … 145

### 步骤Ⅳ 基层增值——地方做实搞活，提升电力产业价值 … 147
#### 任务⑥ 建设智能能源网，塑造经济新增长点 … 149
1. 基本特点与现状 … 149
2. 建设智能能源网的操作要点 … 154
3. 通过电力体制改革促进形成新的经济增长点 … 163
4. 从能源变革到文明变迁 … 170

### 小结 推进电改的逻辑与策略 … 177

## 附 表 … 179
附表1 近年来世界典型大停电事故 … 179
附表2 1980—2011年我国电力投资在全社会固定资产投资中的比例 … 179
附表3 2006—2011年中国关停小电厂及新增装机容量 … 180
附表4 2002—2011年中国电力主要技术经济指标 … 180

附表5　2003—2011年中国电力建设投资额 …………………………………… 181
附表6　2002—2011年中国发电装机容量与发电量 …………………………… 181
附表7　2002—2008年世界主要国家发电装机容量 …………………………… 181
附表8　2003—2008年世界主要国家（地区）发电量 ………………………… 182
附表9　2002—2009年世界主要国家（地区）电煤价格 ……………………… 182
附表10　2002—2009年世界主要国家（地区）销售电价 ……………………… 182
附表11　2002—2010年中国电力二氧化硫排放情况 …………………………… 183
附表12　2002—2009年世界主要国家风电装机容量 …………………………… 183
附表13　2011年中国发电市场结构 ……………………………………………… 183
附表14　2003—2011年中国电力建设投入产出情况 …………………………… 184
附表15　2002—2010年中国电力工程单位造价一览 …………………………… 184
附表16　2001—2011年中国发电机组的平均单机容量 ………………………… 185
附表17　改革开放以来中国三类电荒情况对比 ………………………………… 185
附表18　1978—2011年中国发电设备利用小时数 ……………………………… 186
附表19　2006—2010年五大发电集团基本经营情况 …………………………… 187
附表20　2004—2011年中国电源投资结构 ……………………………………… 187
附表21　2003—2011年中国煤炭与火电行业利润总额 ………………………… 187
附表22　新中国成立以来中国电力行业管理权演变情况 ……………………… 188
附表23　2012年全国无电人口调查数据 ………………………………………… 190
附表24　1990—2007年世界主要国家发电设备利用小时数 …………………… 191
附表25　中国、美国、日本输电网效率指标比较 ……………………………… 191
附表26　世界主要经济体电力（能源）市场结构 ……………………………… 191
附表27　世界主要国家电力产业公共环节的制度安排 ………………………… 192
附表28　改革开放以来中国电价政策及价格水平变动情况 …………………… 193
附表29　1978—2011年中国发电装机、发电量增速及机组利用小时数 …… 194
附表30　新中国成立以来中国电力管理体制沿革 ……………………………… 195
附表31　世界主要国家现行电力（能源）管理体制 …………………………… 196
附表32　2003—2010年世界500强电力（能源）企业国别变动情况 ………… 197
附表33　世界大型电力（能源）企业跨国经营情况 …………………………… 198
附表34　世界主要国家电力市场化改革前后市场格局 ………………………… 198
附表35　2003—2010年世界500强电力（能源）企业资产与营业收入 ……… 200
附表36　世界大型电力（能源）企业混业经营情况 …………………………… 200

| 附表37 | 1980—2011年中国电力与经济周期相关性指标 | 201 |
| --- | --- | --- |
| 附表38 | 1978—2011年中国能源消费及电力消费弹性系数 | 202 |
| 附表39 | 1978—2009年中国电能占终端能源消费比重及电力消费能源在一次能源中比重 | 203 |
| 附表40 | 1990—2007年世界主要国家电力消费"两个比重" | 203 |
| 附表41 | 1997—2011年中国单位GDP的能耗与电耗(2000年不变价) | 204 |
| 附表42 | 中国主要能源资源与世界水平对比(2008年) | 204 |
| 附表43 | 1990—2008年世界主要国家人均(一次)能源消费 | 205 |
| 附表44 | 1997—2011年世界主要国家单位GDP的能耗与电耗(2000年不变价) | 205 |
| 附表45 | 1978—2011年中国城镇化率、工业化率以及人均GDP | 205 |
| 附表46 | 1970—2006年世界主要国家供电煤耗 | 206 |
| 附表47 | 1990—2007年世界主要国家电厂用电率 | 207 |
| 附表48 | 1990—2007年世界主要国家线损率 | 207 |
| 附表49 | 近年中国非化石能源用于发电的比重 | 207 |
| 附表50 | 1978—2011年中国非化石能源发电量占比 | 208 |
| 附表51 | 1990—2008年世界主要国家非化石能源发电量比例 | 209 |
| 附表52 | 2005—2011年中国跨省、跨区电量交换情况 | 209 |
| 附表53 | 2010年世界500强营业收入、资产及员工规模前50名的行业分布 | 209 |
| 附表54 | 2003—2010年世界500强电力(能源)企业的资产负债率 | 210 |
| 附表55 | "十一五"期间中国输配电网增长速度 | 210 |
| 附表56 | 中国六大区域电网业务规模(2011年) | 211 |
| 附表57 | 1995—2010年"世界500强排行榜"上榜门槛 | 211 |
| 附表58 | 中国电力用户结构(电量占比) | 211 |
| 附表59 | 2003—2011年中国电力各环节电价 | 212 |
| 附表60 | 2002—2009年世界主要国家居民与工业电价差价 | 212 |
| 附表61 | 2003—2010年中国居民电价与平均销售电价 | 212 |
| 附表62 | 2007—2011年各省居民电价 | 213 |
| 附表63 | 2006—2011年各省平均销售电价 | 214 |
| 附表64 | 2010—2011年中国能源500强企业排行榜 | 215 |
| 附表65 | 中国电力企业典型业务组合 | 215 |

附表66　2005—2011年中国风电发展情况 …………………… 215
附表67　中国主要城市公用事业公司的营业规模与业务 ………… 216
附表68　能源种类分类表 …………………………………………… 217

附　录　拆分国家电网　启动新一轮电力体制改革 ……………… 218
参考文献暨数据来源 ………………………………………………… 227
索　引 ………………………………………………………………… 233
后　记 ………………………………………………………………… 236

# 引 言

电力,是影响各行各业的基础产业,也是关系千家万户的公用事业。在绝大多数国家,电力保障作为能源安全的一部分都受到政府的高度重视,并通过各种形式进行监督与干预,相应地也形成了涉及电力的体制机制。

新中国成立以来,电力是中国各工业部门中体制变化次数最多、管理机构调整最多的行业之一,前后进行了十次重大变革,两设水电部,三设电力部,另外还经历了燃料工业部、能源部、经贸委、电监会、能源局等复杂的沿革过程。

频繁的体制变革,反映了中国电力行业监督管理的复杂性。

一方面,从政府层面看,电力是准公共产品,从国家能源安全到国民普遍服务,中央与地方各级政府各有其责,肩负多重管制使命;电力企业绝大多数为国有企业,既要充分发挥国有资产的价值与使用价值,也需遵守基本的经济规律与市场秩序;电网具有自然垄断性质,企业与消费者之间、企业与政府之间都存在严重的信息不对称;电力是体量最庞大的基础产业之一,不仅聚集大量社会财富,而且是国家经济安全、技术安全、信息安全的重要环节与平台。

另一方面,从行业层面看,中国工业化城镇化电气化发展势头还将延续,电力行业不仅要追求自身效率,还要满足节能减排等新的社会需求;随着电网规模不断扩展,新能源新技术大量并网应用,电力系统安全稳定的压力越来越大,同时还要肩负起新能源、智能网络等新技术新产业革命公共载体的使命;电力作为二次能源受上游产业环节市场化国际化金融化的影响,供需形势多变,价格体系复杂。

而电力行业监督管理的复杂性,主要来源于电力技术经济特性。

一是普遍联系、快速响应。在电力生产运行领域,电力系统几乎所有的元件与所有的主体角色都通过规模庞大的电网相互连接,并发生深刻的影响与互动,距离可达千里之外、甚至没有直接的物理联系与经济关系，速度接近每秒30万千米瞬时即达，而且这种相互影响往往具有相当大的负面作用，某一个元件的事故异常可能给其他市场主体带来严重经济损失甚至危及生命安全。

二是分层交易、多边实现。在电力交易分配领域，由于电力不可储存，在从生产到消费的同一瞬间经过多个技术环节、也涉及多个交易过程，而所有电力交易分配活动都受到营销渠道（电网）的高度限制，在技术上分层分区保持平衡并经由多边实现或至少多边保障，同时信息不对称突出，交易分配最关键的实施者不再是交易双方，而是调度等中介机构。

三是超前投资、有限竞争。在电力投资建设领域，电力项目建设周期长、运营周期长而地域固定、设备专用，同时占用资源多、投资规模庞大，一些自然垄断环节规模经济显著，进入、退出门槛较高，因此电力项目对于市场波动的适应能力较差，投资风险与机会成本较高，盲目竞争弊大于利，需要宏观上的协调引导并赋予特定的可持续经营机制，以保障经济社会的需求。

四是基础服务、公共管制。在电力社会责任领域，在现代社会生活中，电力属于基础公共服务与刚性的消费权利，在能源消费中占有不可替代的地位，事关国家安全与社会生产生活基本秩序，同时也是重要的技术与产业平台，对于节能环保也肩负重大社会责任，对于电力普遍服务权利进行界定与保护、对电力行业进行不同程度不同角度的管制是世界各国通行的做法，也是行业健康发展的内在需求。

总之，不论从行业层面，还是从政府层面，不论从技术层面，还是从管制层面，电力行业都具有高度的复杂性。因此不论是在中国，还是在世界各国，电力体制改革都将是一个长期的课题，过去一直在不断改，未来还将会继续改。当下则是如何在上一轮改革的基础上，进一步深化改革兴利除弊，以适应未来新的历史阶段经济社会发展的新形势与新要求。

# 一、问题驱动力
## ——上轮电改成效与当前主要问题

改革开放以来中国逐步走向社会主义市场经济体制,电力体制改革也以市场化为基本方向。而且,电力行业的市场化改革,并非中国独有,而是20世纪80年代以来一场世界性的潮流,其主要目的,一是吸引投资,保障供给;二是引进竞争,提高效率。

2002年中国开始又一轮电力体制改革的背景,一是从20世纪80年代开始,通过集资办电、电力建设基金等改革措施打破独家垄断、吸引多元投资,至90年代中后期已经初步解决了新中国成立以来长期存在的电荒;二是1997年亚洲金融危机之后,用电增速大幅下降,电力行业效益滑坡,出现省间壁垒等市场乱象。因此《电力体制改革方案》(国发〔2002〕5号文件,以下简称5号文件)的主要思路是塑造多元主体,建立电力市场及相应监管制度,来引进竞争、提高效率,同时打破壁垒、规范市场,从而促进中国电力工业发展,提高国民经济整体竞争能力。

### (一)2002年电力市场化改革的主要成效

从十年来的执行过程看,本轮电力体制改革进展缓慢、有得有失,5号文件所提出的若干具体改革事项中,仅仅完成了厂网分开、依法监管等一半任务;但从整体效果看,十年来市场化改革的基调并没有改变,本轮电改的收获已经超出预期。

#### 1. 多元主体自主经营,促进科学发展

如图1所示,2002年电改以来,电力企业生产效率、煤耗率、厂用电率、线

损率等技术经济指标均显著改善，有些已达国际发达国家水平，在发电、输电领域都出现了一批世界领先的科技成果，较好地实现了改革的基本初衷。

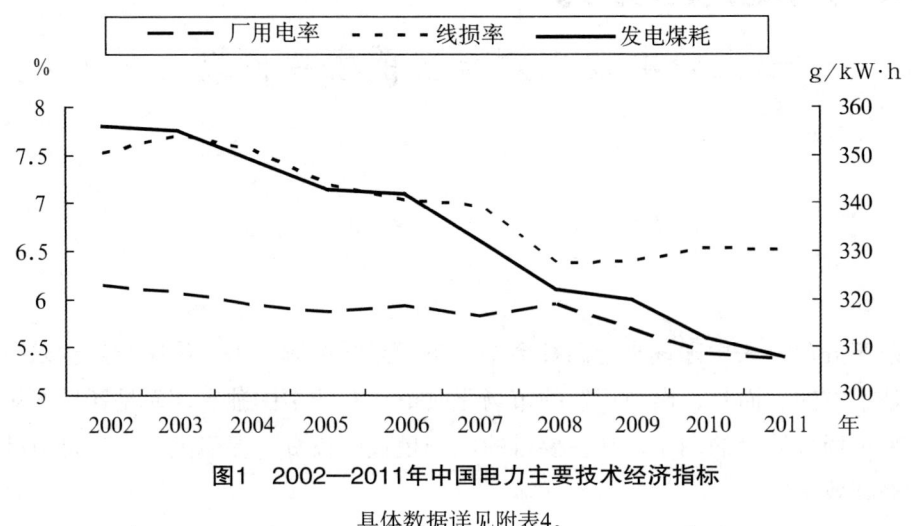

图1　2002—2011年中国电力主要技术经济指标

具体数据详见附表4。

与此同时，通过使电力企业自主经营、独立决策、自负盈亏，在多元竞争的市场格局中，提高了企业应对市场变化的能力，以及履行社会责任的意识，在提高生产效率的同时成功应对了来自国际、国内市场及政策领域的3项改革之初没有预料到的新变化与新挑战，提高了中国电力行业科学发展的能力——从这个角度说，2002年电力体制改革的成效超出了预期。

（1）通过市场机制，应对装机短缺

本轮电改本是基于电力"过剩"背景制定的改革方案，改革伊始2003年却突然爆发了装机短缺型的严重电荒。而通过电改，电力行业有效吸引了投资，年度投资额达到改革初期的3.2倍（详见附表5），彻底扭转了长期以来存在的电力投资不足、装机紧张的传统局面。产业规模与保障供给能力获得了空前增长，发电装机容量、发电量均为改革初期的2.8倍（详见附表6），是世界主要国家同期增速的20倍左右（如表1和表2所示）。生产力得到很大解放，以最快速度成功应对了装机短缺造成的硬缺电，满足了中国城镇化、重工业化发展阶段对于电力的翻番式需求。

表1  2002—2008年世界主要国家电力装机变动情况

1=2002年

| 国家 | 2008年：2002年 | 国家 | 2008年：2002年 | 国家 | 2007年：2002年 |
|---|---|---|---|---|---|
| 中国 | 223.0% | 瑞典 | 104.4% | 中国 | 201.0% |
| 美国 | 103.7% | 加拿大 | 111.0% | 巴西 | 121.1% |
| 日本 | 104.9% | 澳大利亚 | 110.4% | 印度 | 133.1% |
| 德国 | 110.3% | 韩国 | 135.5% | 俄罗斯 | 105.3% |
| 法国 | 105.5% | 墨西哥 | 125.3% | 南非 | 108.9% |
| 英国 | 111.1% | | | | |

具体数据详见附表6和附表7。

表2  2003—2008年世界主要国家发电量变动情况

1=2003年

| 国家（地区） | 2008年：2003年 | 国家 | 2008年：2003年 | 国家 | 2008年：2003年 |
|---|---|---|---|---|---|
| OECD | 108.2% | 英国 | 97.3% | 巴西 | 127.0% |
| 美国 | 107.1% | 意大利 | 110.6% | 印度 | 130.7% |
| 中国 | 208.6% | 瑞典 | 110.7% | 俄罗斯 | 113.6% |
| 日本 | 103.3% | 加拿大 | 110.4% | 墨西哥 | 118.8% |
| 德国 | 106.0% | 澳大利亚 | 112.8% | 南非 | 110.0% |
| 法国 | 101.5% | 韩国 | 128.7% | | |

具体数据详见附表6和附表8。

（2）积极内部挖潜，消化上游成本

电力是二次能源，上游的煤炭成本一般可占到中国火力发电成本的60%～70%。如表3和表4所示，本轮电改以来，全球范围普遍出现一次能源价格上涨，以石油为先锋，煤价也普涨2倍左右，很多国家的电价也水涨船高平均提高2倍左右；而在中国，虽然煤价追随国际市场出现了2.5倍以上的增长，而电力销售价格却仅增长了30%～40%。但通过电改，各发电企业自主经营意识空前加强，通过不断内部挖潜提高效率，全力消纳了上述燃料成本压力。

表3　2002—2009年世界主要国家电煤价格变动情况

1=2002年

| | 2009年：2002年 | 国家（地区） | 2009年：2002年 | 国家 | 2009年：2002年 |
|---|---|---|---|---|---|
| 美国中部现货指数 | 205% | OECD① | 201% | 英国 | 191% |
| | | 美国 | 176% | 意大利 | 184% |
| 西北欧基准价格 | 223% | 日本 | 227% | 加拿大 | 162% |
| | | 德国 | 241% | 韩国 | 197% |
| 日本进口到岸价格 | 298% | 法国 | 266% | 墨西哥 | 152% |

①OECD为2008年与2002年数据之比。
具体数据详见附表9。

表4　2002—2009年世界主要国家销售电价变动情况

1=2002年

| 国家 | 生活电价 2009年：2002年 | 工业电价 2009年：2002年 | 国家（地区） | 生活电价 2009年：2002年 | 工业电价 2009年：2002年 |
|---|---|---|---|---|---|
| 美国 | 135% | 142% | 法国 | 151% | 289% |
| 德国 | 256% | 265% | 日本 | 131% | 137% |
| 英国 | 196% | 260% | 中国 | 118% | 141% |
| 意大利 | 182% | 244% | OECD① | 199% | 222% |

①OECD为2008年与2002年数据之比。
具体数据详见附表10。

（3）结构调整显著，履行社会责任

随着"世界工厂"模式对资源环境的压力越来越大，电力企业也被要求承担起越来越多节能减排、结构调整等社会责任。截至2010年年底全国已投运脱硫机组5.78亿千瓦，烟气脱硫机组约占全国煤电机组容量的86%，比美国2009年高36个百分点。目前中国火力发电单位$SO_2$排放强度已优于美国，排放标准已优于欧盟，电力已成为完成全国减排任务的支撑。图2所示为2002—2010我国二氧化硫排放情况。另外截至2011年年底中国风电装机已达2002年的98倍，是世界同期平均增速的10倍左右如表5所示，详见附表12，电源结构显著调整。通过电改，电力企业的战略意识显著加强，对市场需求及国家政策导向更加敏感，清洁可持续发展已成为自觉的选择。

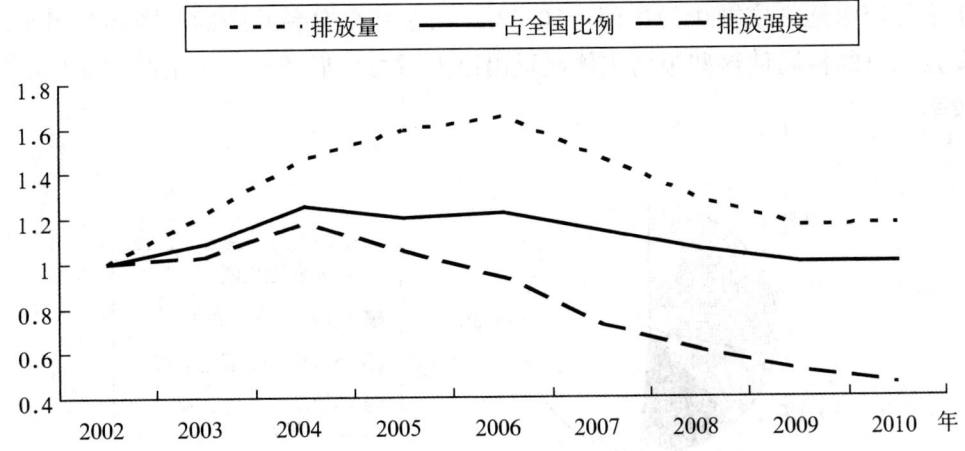

图2  2002—2010年中国电力二氧化硫排放情况（1=2002年）

具体数据详见附表11。

表5  2002—2009年世界主要国家风电装机变动情况

1=2002年

| 国家 | 2009年：2002年 | 国家 | 2009年：2002年 | 国家 | 2009年：2002年 |
|---|---|---|---|---|---|
| 美国 | 752% | 法国 | 2609% | 加拿大 | 1230% |
| 中国 | 5466% | 英国 | 761% | 澳大利亚 | 993% |
| 日本 | 472% | 意大利 | 601% | 印度 | 636% |
| 德国 | 216% | 瑞典 | 413% | | |

具体数据详见附表12。

总之，虽然本轮电改进展并不顺利，但在5号文件市场化的旗帜之下，通过厂网分开、依法监管，本轮电力体制改革的成效依然超出预期，不仅较好地实现了提高生产效率与技术水平的改革初衷，而且成功应对了装机短缺型电荒、一次能源涨价、履行社会责任这3个预料之外的新课题——而这一切，恰恰反映出多元竞争自主经营的巨大效益，是继续坚持市场化改革方向的重要基础。

## 2. 发电领域比较竞争，效益优势显著

实施厂网分开改革以来，目前全国共有各类发电企业2万余家，其中6000千瓦以上将近5000家。如图3所示，截至2011年年底，规模最大的27家发电企业占全国全口径发电装机容量的71.4%。其中，华能集团等"五大发电集团"占48.8%，全部进入"世界500强"，神华集团等其他7家涉电央企占12.6%，粤电

集团等15家地方主要电力集团占10.1%。与依然呈垄断状态的电网环节相比，多元竞争的格局使这些市场主体显示出巨大活力，显著提高了生产效率与投资效率。

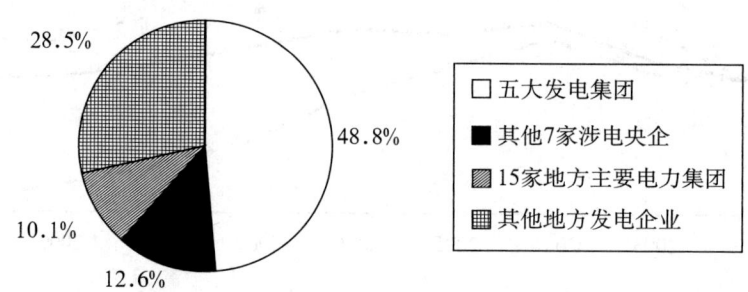

**图3　2011年中国发电市场结构情况**

具体数据详见附表13。

（1）投入产出效益差异显著

在投入产出效益方面，电源设备增长幅度显著高于投资增幅，而电网反之。如图4所示，2011年电源建设投资为2003年的2倍左右，但年度新增装机容量却达到2.5～3倍，增长幅度始终高于投资；而同期电网建设投资为2003年的3.5倍左右，占全国电力投资比重一度超过50%，但年度新增规模，不论是110千伏及以

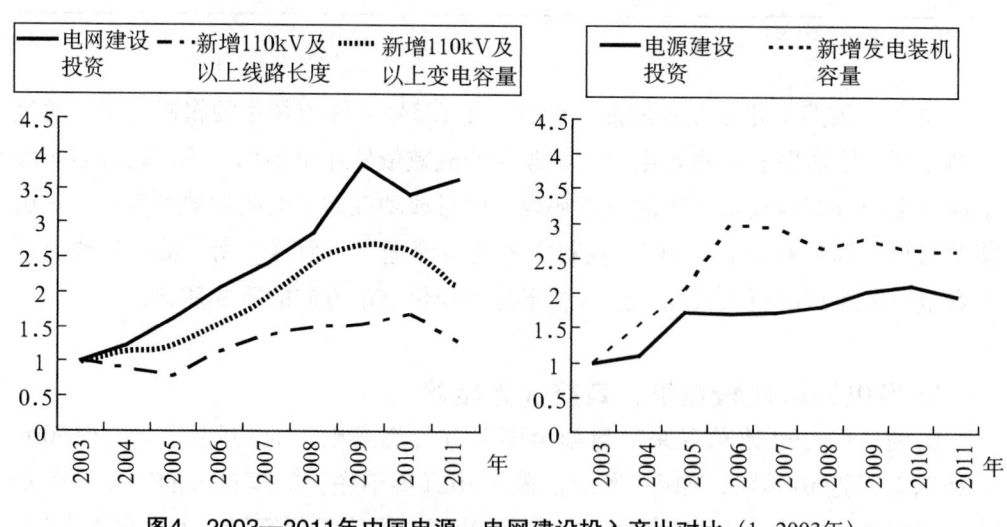

**图4　2003—2011年中国电源、电网建设投入产出对比（1=2003年）**

具体数据详见附表14。

上电力线路长度还是变电设备容量，其产出的增长幅度都始终低于投资。

（2）工程造价控制成绩优异

在工程造价控制方面，电网工程单位造价普遍提高，而发电工程在物价普遍上涨的情况下仍显著下降。如表6所示，2010年火力发电工程造价只有2002年的80%左右，而同一时期各电压等级交流送电工程的单位造价却普遍增加5成左右，变电工程除500千伏以外也普遍增长。

表6　2002—2010年中国电力工程单位造价变动情况

1＝2002年

|  | 2010/2002年决算 | 2010/2002年概算 |  | 2010/2002年决算 | 2010/2002年概算 |
|---|---|---|---|---|---|
| 火电 | 78.64% | 84.75% |  |  |  |
| 变电 |  |  | 交流送电 |  |  |
| 110kV | 106.68% | 120.69% | 110kV | 159.48% | 175.24% |
| 220kV | 105.81% | 117.60% | 220kV | 162.24% | 171.19% |
| 330kV | 100.40% | 102.57% | 330kV | 141.29% | 148.77% |
| 500kV | 93.89% | 84.30% | 500kV | 157.19% | 140.42% |

具体数据详见附表15。

（3）劳动生产率反差明显

在劳动生产率方面，两者的增量情况差距显著，发展趋势反差明显。以五大发电集团为代表的发电企业，一方面严格限制员工数量，一方面不断"上大压小"火电机组单机规模实现了倍增（如图5所示），由此提高了生产效率，基本上实现了控人增效的原则，目前劳产率类指标已显著优于电网企业，人均资产等指标甚至达到后者的3~4倍。而两大电网公司虽然也推行了集约化管理、无人（或少人）值守等措施，但由于扩张营业区域、上划地方资产等因素，员工总数比改革初期都增长了1倍以上，目前已分别超过150万人和30万人，成为世界上员工最多的电力企业，为企业规模扩张付出了代价。

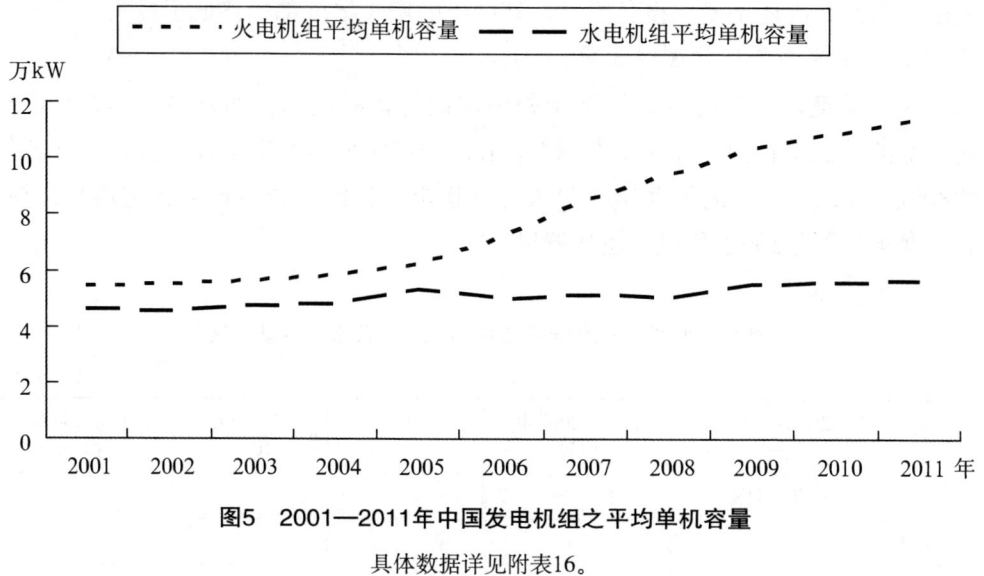

图5　2001—2011年中国发电机组之平均单机容量

具体数据详见附表16。

## （二）当前电力领域存在的主要问题

2002年以来的电力体制改革虽然收获超过预期，初步显示出市场化改革的巨大优势，但近年来中国电力发展依然面临若干深层次问题。

### 1. 电力短缺没有根治，企业难以持续经营

新中国成立以来中国长期存在电荒（大面积非事故限电停电），改革开放以来的35年中出现电荒的年份约有28年（详见附表17）。特别是2008年之后，由于发电企业持续经营的能力与意愿受到抑制而出现新型电荒，值得高度警惕。

（1）出现超越历史规律的新型电荒

如图6所示，由于投资不足装机短缺等原因，新中国成立以来历次电荒往往伴随着比较高的发电设备利用小时数——火电超过5500小时，平均超过5000小时（均显著高于国际水平）。而2008年以来，中国电源建设年平均投资3700亿元，发电装机已超过10亿千瓦，平均利用小时数只有4650小时左右，在这样的情况下依然出现电荒，超越了历史规律，反映了发电企业在现行价格体制下消极购煤、消极储煤、消极发电、消极投资的严重后果。

（2）发电企业持续经营的能力与意愿受到抑制

如前所述，将近10年以来，中国电力价格的涨幅低于国际水平，更低于上

一、问题驱动力——上轮电改成效与当前主要问题 | 11

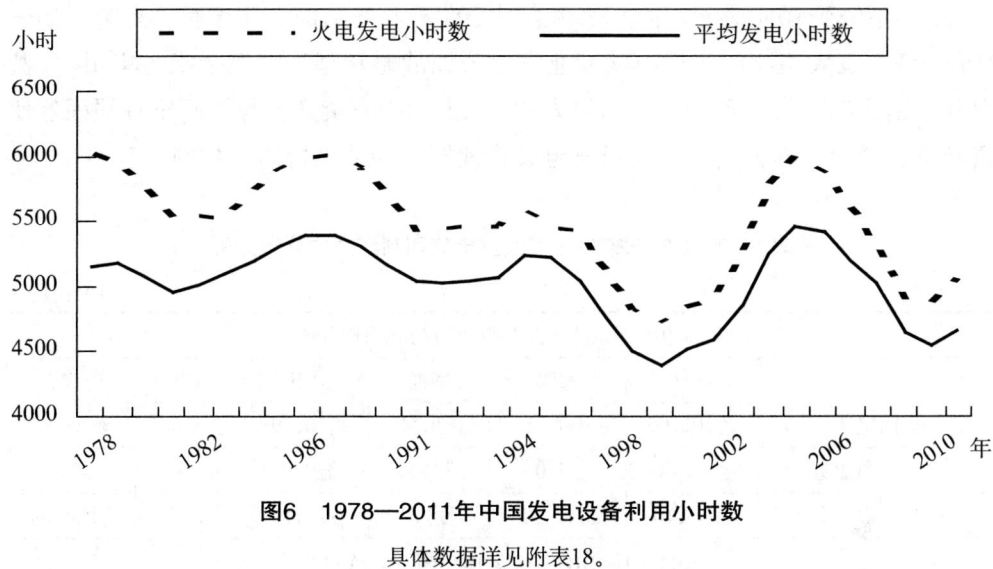

图6　1978—2011年中国发电设备利用小时数

具体数据详见附表18。

游煤价的涨幅。如表7所示，仅"十一五"期间，五大发电集团燃料成本增加164%、发电成本增加130%，燃料成本占发电成本的比重增加了9个百分点，但同期上网电价仅仅增加了17%。

表7　2006—2010年五大发电集团价格—成本变动情况

|  | 2006年 | 2010年 | 2010年：2006年 |
| --- | --- | --- | --- |
| 上网电价（元/kW·h） | 0.318 | 0.372 | 117% |
| 发电成本（亿元） | 2367 | 5436 | 230% |
| 燃料成本（亿元） | 1409 | 3718 | 264% |
| 燃料成本/发电成本（%） | 59.5 | 68.4 | — |

数据来源：电监会。
更多数据详见附表19。

长期人为抑制电价特别是火电上网电价的正常增长，造成发电企业特别是火电厂持续经营的能力与意愿显著下降，电源结构的支撑性、可调节性显著下降。如表8所示，利润结构上交叉补贴严重，火电长期亏损，新能源依赖补贴，发电集团依赖非电业务维持经营；投资结构上"弃火"趋势显著，2004—2011年电源投资中火电的比重从70.17%跌落到28.29%，而且在绝对数量上也从1437

亿元/年下降到1050亿元/年（表9和附表20）；业务结构上非电版块兴起（如表10所示），五大集团纷纷提出从专业发电公司战略转型为"综合能源集团"，甚至开始出售旗下发电资产。中国电力90%以上为国有资产，长期严重亏损固然使资产价值贬值，而偏离主业消极发电又将使资产的使用价值被抑制。

表8　2010年与2011年五大发电集团利润结构典型分析

单位：亿元

| 2010年1～8月五大发电集团利润结构分析 | | | | | | |
|---|---|---|---|---|---|---|
| | 合计 | 大唐 | 华能 | 国电 | 华电 | 中电投 |
| 集团整体 | 盈101.05 | 盈0.71 | 盈36.43 | 盈30.59 | 盈5.68 | 盈27.84 |
| 电力业务 | 盈13.80 | 亏5.06 | 盈18.2 | 盈9.0 | 亏5.47 | 亏2.87 |
| 火电业务 | 亏86.16 | 亏19.91 | 亏1.0 | 亏17.50 | 亏23.75 | 亏24.00 |

| 2011年1～10月五大发电集团分月总利润 | | | | | | | |
|---|---|---|---|---|---|---|---|
| | 一季度 | 4月份 | 5月份 | 6月份 | 7月份 | 8月份 | 9月份 | 10月份 |
| 集团整体 | 盈35.1 | 盈2.7 | 盈3.5 | 亏8.0 | 盈7.5 | 亏4.9 | 亏15.5 | 亏16.4 |
| 电力业务 | 亏71.3 | 亏2.7 | 盈3.5 | 亏8.0 | 亏9.8 | 亏23.6 | 亏31.7 | 亏45.6 |
| 火电业务 | 亏103.9 | 亏17.1 | 亏16.9 | 亏29.0 | 亏28.5 | 亏33.2 | 亏38.2 | 亏51.7 |

数据来源：中电联。

表9　2004—2011年中国电源投资比例

| 年份 | 水电（%） | 火电（%） | 核电（%） | 风电（%） | 其他（%） |
|---|---|---|---|---|---|
| 2004 | 27.05 | 70.17 | 1.95 | 0.63 | 0.2 |
| 2005 | 26.7 | 70.3 | 1 | 1.4 | 0.5 |
| 2006 | 24.5 | 69.8 | 2.9 | 2 | 0.8 |
| 2007 | 26.6 | 62.1 | 5.1 | 5.3 | 0.9 |
| 2008 | 24.9 | 49.3 | 9.7 | 15.5 | 0.6 |
| 2009 | 22.8 | 40.6 | 15.5 | 20.6 | 0.7 |
| 2010 | 20.6 | 35.9 | 16.3 | 26.1 | 1 |
| 2011 | 25.32 | 28.29 | 19.94 | 22.33 | 4.12 |

具体数据详见附表20。

表10  2010年五大发电集团的基本业务结构

| 业务 | 华能 | 大唐 | 国电 | 华电 | 中电投 |
|---|---|---|---|---|---|
| 电力 | ✓ | ✓ | ✓ | ✓ | ✓ |
| 煤炭 | ✓ | ✓ | ✓ | ✓ | ✓ |
| 金融 | ✓ | ✓ | ✓ | ✓ | ✓ |
| 物流 | ✓ | ✓ | ✓ | ✓ | ✓ |
| 科技环保 | ✓ |  |  |  |  |
| 工程建设 |  |  |  | ✓ |  |
| 装备产业 |  |  | ✓ |  |  |
| 煤化工 |  | ✓ |  |  |  |
| 铝业 |  |  |  |  | ✓ |
| 多晶硅 |  |  |  |  | ✓ |

资料来源：根据相关报道及企业网站。

（3）新型电荒在行业范畴之内已无法根治

新型电荒的成因，表面在发电环节，实质反映出现行资源价格体制的困境。按照中电联一方的测算，2004—2011年以来由于煤电联动不到位或人为延迟，上网电价被"欠"已达0.067元/千瓦时。但是，如果电价联动及时到位，在现有资源类税收水平下，煤价随国际国内市场波动而出现的溢价收益将大多落在煤炭开采环节，相当于全国电力消费者补贴了地方煤矿主；即使相应提高资源类税收，如果不能同步实施普遍而有差异的消费端补贴，则相当于中央政府及煤矿所在地政府借提高电价对国民进行了剥夺。因此长期人为抑制电价所造成的新型电荒，核心症结并不在电力行业，而是资源价值分配痼疾的反映，是价格—税收—补贴等公共政策协调配套不够的反映，更是国家宏观调控部门的调控手段不足、缺乏"组合拳"的表现，不仅难以在电力行业之内解决，而且意味着火电企业经营困难、区域性时段性缺电难以在短期内根治。

如图7所示，由于价格—税收—补贴流程不畅，终端价格疏导不出，资源价值分配矛盾完全郁结于生产领域，使煤炭企业与火电企业形成此消彼长的零和死结，极大恶化了产业秩序，人为制造出所谓"煤电矛盾"。

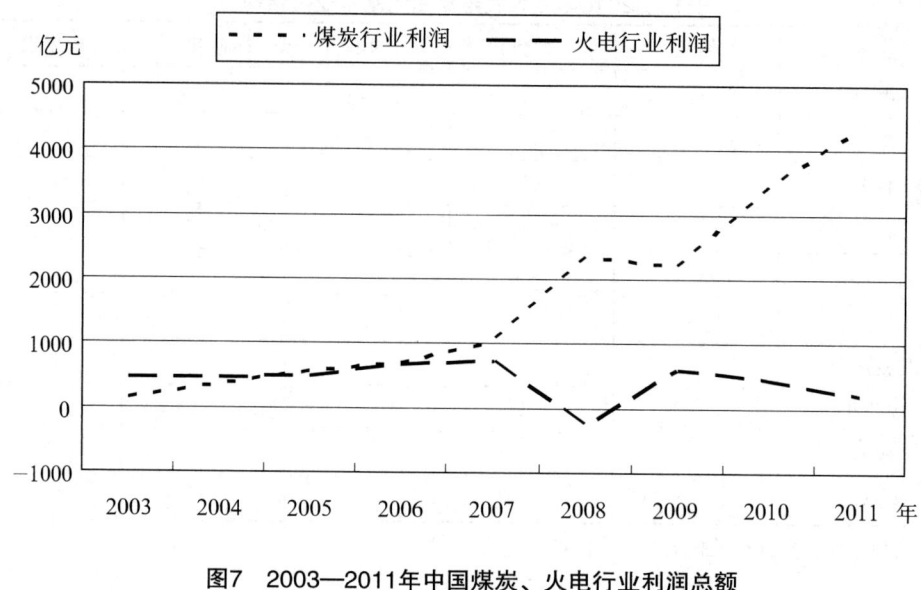

图7 2003—2011年中国煤炭、火电行业利润总额

具体数据详见附表21。

## 2. 中央地方协调不力，民生发展权责不清

电力行业在经济属性上具有范围经济的特性，在社会属性上又具有公用事业的性质，各国现代大电网无不是从地方小电网逐渐联网而成，保障民生用电服务地方发展离不开中央与地方的有效协作。

新中国成立以来中国管电体制多次变化（详见附表22），中央集权与地方分权是一条基本主线，在绝大多数时候都采取了中央与地方分级管理的体制，特别是省级以下电力工业往往采取双重领导甚至地方为主的模式。2002年电力体制改革以来，在政府层面依然延续了分级管电（中央为主）的体制，但在企业层面特别是电网环节却出现了中央企业集权扩张、地方政府逐渐卸责的局面，日益暴露出严重的弊端。

（1）中央电网企业以高度集权方式进入地方领域

2002年以来形成中央管理的若干大型电力企业集团，在与地方的关系中，发电环节多采取股份制等比较规范的现代企业制度，大量省级能源投资集团同步得到发展壮大；而电网环节则缺乏现代企业制度，多采取了资产上划、管理权上收的集权扩张方式。在农网领域，大量原来独立运营或代管的农电企业被无偿上划资产，"十一五"期间两大电网公司直属县级企业的市场份额从42%提高到64%；在区域电网层面，5号文件要求按照有限责任公司或股份有限公司组建运营的区域电网公司,在人事、财务、物资等管理权方面已被国家电网公司逐渐收权架空;在省网层面,中央电网企业已经直接介入省内城市供电公司的人事与内部运营,为新中国成立以来电力管理集权之最。

> **案例**
>
> **国家电网与陕西地电之间的恶性竞争**
>
> 2012年4月国家电网公司所属陕西省电力公司与陕西地方电力公司之间发生暴力事件,引起全国媒体关注,反映了电网央企与地方电力之间的恶性竞争。
>
> 陕西地电是由地方政府和当地群众投资的小水电小火电自发形成的,"文化大革命"后期将77个县电力局上交给水利电力部西北电管局管理(另22个贫困县电力局仍由地方政府管理)。经历了地方电力和国电第一次由分到合的过程。后由于主管部门重电源、轻电网,地方供应缺乏保障,1989年陕西省政府请示国务院同意,要求重新收回77个县的地方电力,但在实际移交过程中只收回了经济不发达的44个穷县。2004年成立省级地方电力公司,包括66个县电力局,供电面积与人口分别占全省的72%与51%。
>
> 随着经济社会发展,电网央企与地方电力之间的竞争加剧。电网央企主要的竞争手段,一是限制地方电网提高电压;二是限制对地方电网的电力供应;三是禁止地方电网从其他地方接电;四是对地方电网法定营业区域内的新增大用户直接供电。地方电力作为电网央企的下级孤立小网,处于全面的竞争劣势,为突破上述遏制,最终引发暴力事件。

(2)地方政府逐渐淡出电力特别是电网事务

随着中央电网企业通过集权扩张进入地方领域,一些地方政府对于电力特别是电网事务逐渐形成"用户心态",双方协调成本增加。例如,地方上对电网项目审批积极性下降,显著减少对于农村电网包括城市低压配电网的直接投资与政策扶持;在征地征林民事赔偿等方面减少扶持力度,致使"十一五"期间送电工程单位造价中的征地拆迁补偿费用增长了1倍以上,占线路本体工程成本的比重从1/6左右急剧上涨到1/2左右;为吸引投资发展地方经济,拖延销售电价的正常增长,并以各种行政手段要求电力企业降价,对本地高耗能企业实施优惠;为完成节能减排任务指标,2010年下半年以来一些地方甚至出现过强迫电力企业停电限电、强迫用电企业停产减产的极端事例。

> **案例**
>
> **2012年无偿上收浙江地方电力资产**
>
> 浙江省经济发达,但本地能源资源不足,对于电网依赖较大,2012年浙江省与国家电网公司就保障电力供应问题提出加强合作,典型地反映了目前地方政府与电网央企的关系与诉求。
>
> 地方政府对电网央企的诉求:保障电力供应,增加外省支援电量,优化调度调峰机组;支持电力建设推动"十二五"规划实施,保障省内电网投资建设力度,限制省电力公司对外投资;支持省内电源送出工程建设,支持发展调峰机组,支持发展核电;共同推进智能电网、电动汽车发展,解决新能源并网问题。
>
> 电网央企对地方政府的诉求:将61家地方供电企业无偿划转电网央企(总资产将近420亿元);支持特高压建设,配合向国家有关部门争取;疏导提高电价。
>
> 可以看出,地方政府对电网央企的诉求虽多,但(除发展核电外)大多本为对方分内之事;电网央企对地方政府的诉求虽少,但均为真金白银。

(3)地方电力(能源)缺乏有效的保障与发展机制

随着地方政府无法发挥更大积极性,地方电力(能源)保障与发展的责任机制日益模糊。例如,由于5号文件所提的电力"普遍服务政策"至今没有出台,地方政府与电网企业都没有投资农网及城市配网的积极性,造成低压电网建设管理落后,很多地方有电用不上的卡脖子问题依然没有解决,全国至今仍有近380万无电人口(详见附表23);每当出现电荒,地方政府与电力企业缺乏合作应对机制,前者缺乏全局意识与有效措施,后者则事实上难以兼顾每一地方,甚至出现随意调减缺电省份外受电量的恶例;另外,随着经济社会发展以及电力(能源)技术进步,节能减排智能互动、分布式新能源发电、多品种能源一体化等新的电力(能源)保障方式与发展模式不断涌现,中央电力企业与地方政府对于未来市场更是出现竞争态势。

> **案例**
>
> **2011年调减湖南省外受电量**
>
> 2011年湖南省是全国电荒的重灾区，除春节以外时段负荷缺口长期无法消除，最大电力缺口接近400万千瓦，占统调最大负荷的23.5%左右。500千伏江夏线等鄂湘省间电力线路是湖南从湖北接受电力支援的重要渠道，正常输电功率可达260万千瓦，是湖南省保障电力供应的重要生命线。
>
> 2011年9月，有关电网企业为应对《电力安全事故应急处置和调查处理条例》，消极规避安全责任，将鄂湘省间电力线路的输送功率擅自调低100万千瓦，进一步加剧了湖南省的电力供应困难程度，引起地方政府的强烈不满。

### 3. 垄断弊端更加凸显，行业运行失去平衡

现代电力系统的技术经济特性使电力行业具有一定垄断性质，发电环节的寡头集团，电网环节的特许经营，在全球范围都属常态；但与此同时，世界各国无不对垄断环节进行专门的制度安排并采取各种形式的管制对策，防止其滥用市场优势地位而损害社会整体的效率与公平，这也是电力市场化改革的核心之一。

2002年电力体制改革以来，通过厂网分开实现了纵向拆分，在发电环节形成了多元竞争的市场格局，但电网环节保留了国家电网、南方电网、内蒙古电网3种不同规模的垄断经营模式并存的形式。将近10年以来，3种电网企业自身都取得了长足发展，但从行业整体来看现有垄断格局的负面作用更加凸显。

（1）电网环节缺乏比较竞争机制，效益低下盲目投资

比较竞争机制，是中国改革开放以来最基本的成功经验之一，不论对发展地方经济，还是激励国有企业都同样是有效的，在电力行业更是对比鲜明。2002年电改以来，通过加大投入改进技术，电网企业与发电企业在生产效率方面均取得了显著进步，线损率与煤耗率、厂用电率等技术经济指标取得了幅度接近的改进。但由于市场竞争机制的差异，虽然发电企业在现有价格体制下亏损严重，但电网环节的产业效益依然显著劣于发电环节。维持垄断的电网企业不论在投入产出效益方面，还是在工程造价控制方面，不论是在劳动生产率方面，还是在多元化投资效益方面，都显著落后于已经实现多元竞争的发电环节。特别是电网环节由于垄断利益驱动而盲目投资，在设备利用率上显著存在浪费：中国发电小

时数长期高于世界水平（包括英国、澳大利亚等典型高煤电比重国家，详见附表24），近年来在不利的价格体制下大幅削减火电投资比例乃至投资数额，在这样的小时数低谷阶段依然高于国际水平；作为对比，电网设备的利用率却很不到位，如图8所示，中国输电线路装机比、线路电量比分别只有美国的59%及65%，与日本相比更甚远远不如。目前中国电力规模完全堪比美国，虽然美国很多线路设备建成于20世纪五六十年代，但至今保持良好运营，而中国在电网设备利用率很低的同时依然长期存在送不出、落不下以及"卡脖子"现象，值得反思！另外，美国、日本、加拿大、巴西等国一回路交流500千伏输电线路的输送功率一般能够达到100万千瓦以上，而如表11所示目前中国电网利用率普遍只有这一水平的一半左右。

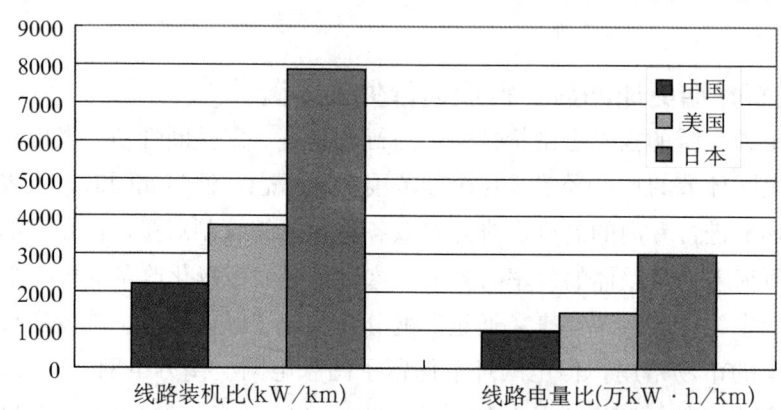

**图8　中国、美国、日本输电网效率指标比较**

具体数据详见附表25。

**表11　中国跨省跨区交流输电线路利用情况**

单位：万kW

| 　 | 线路 | 实际平均输送功率 | 设计经济功率（理论） |
|---|---|---|---|
| 华北电网 | 26条500kV省间线路 | 67 | 110 |
| 华中电网 | 18条500kV省间线路 | 34 | 110 |
| 华东电网 | 17条500kV省间线路 | 43 | 110 |
| 东北电网 | 16条500kV省间线路 | 36 | 110 |
| 南方电网 | 18条500kV省间线路 | 47 | 110 |
| 晋东南—南阳—荆门 | 1条1000kV跨区线路 | 135 | 240 |

数据来源：电监会。

（2）电网环节的企业规模不经济，限制效益提升空间

特许垄断经营是电网技术经济特性决定的，但垄断企业的规模大小应符合基本的经济规律，过大或过小都会影响经营效益。目前国网26省、南网5省、内蒙古1省并存的格局是政治妥协的产物，但也是大型电力企业规模经济的难得实证。如表12所示，通过系统汇总的2003—2010年财务数据可以发现，在全面涉及赢利能力、偿债及资产运作能力、劳动生产率、成长性的70余项指标对比中，南方电网公司全面领先于国网公司——在企业基础条件以及领导班子个人努力基本相当的情况下，恰恰证明国网公司作为一个电力企业已经超越了合理的规模经济临界点，无法实现更佳效益，规模过大勉为其难。

表12　2004—2010年两大电网公司财务指标对比

| 分类 | 指标 | 企业 | 2004 | 2005 | 2006 | 2007 | 2008 | 2009 | 2010 |
|---|---|---|---|---|---|---|---|---|---|
| 赢利能力 | 销售利润率 | 国网 | 0.97% | 1.23% | 2.09% | 3.33% | 0.41% | -0.19% | 2.01% |
| | | 南网 | 1.22% | 1.59% | 3.84% | 4.61% | 1.36% | 0.55% | 1.88% |
| | 资产回报率 | 国网 | 0.52% | 0.74% | 1.44% | 2.37% | 0.28% | -0.13% | 1.45% |
| | | 南网 | 0.78% | 1.13% | 2.84% | 3.58% | 1.00% | 0.39% | 1.38% |
| | 权益收益率 | 国网 | 1.45% | 2.01% | 3.76% | 6.19% | 0.79% | -0.38% | 3.95% |
| | | 南网 | 2.00% | 2.96% | 7.55% | 8.97% | 2.75% | 1.16% | 4.27% |
| 偿债及资产运作能力 | 资产负债率 | 国网 | 64.43% | 63.07% | 61.72% | 61.69% | 64.88% | 66.61% | 63.39% |
| | | 南网 | 61.06% | 62.05% | 62.39% | 60.11% | 63.83% | 66.55% | 67.73% |
| | 收入负债比 | 国网 | 1.21 | 1.05 | 0.89 | 0.87 | 0.95 | 0.97 | 0.88 |
| | | 南网 | 0.96 | 0.88 | 0.84 | 0.77 | 0.87 | 0.94 | 0.93 |
| | 资产周转率 | 国网 | 53.08% | 60.01% | 68.98% | 71.28% | 68.14% | 68.38% | 71.68% |
| | | 南网 | 63.67% | 70.83% | 73.94% | 77.69% | 73.05% | 70.89% | 73.11% |
| 劳动生产率（万美元/人） | 人均收入 | 国网 | 9.77 | 10.31 | 7.13 | 8.94 | — | 12.03 | 14.47 |
| | | 南网 | 14.04 | 13.74 | 15.71 | 16.72 | | 15.08 | 17.51 |
| | 人均利润 | 国网 | 0.10 | 0.13 | 0.15 | 0.30 | | -0.02 | 0.29 |
| | | 南网 | 0.17 | 0.22 | 0.60 | 0.77 | | 0.08 | 0.33 |
| | 人均资产 | 国网 | 18.41 | 17.17 | 10.33 | 12.55 | | 17.59 | 20.16 |
| | | 南网 | 22.05 | 19.04 | 21.24 | 21.52 | | 21.28 | 23.96 |
| 成长性 | 收入增长率 | 国网 | — | 22.01% | 23.22% | 23.98% | 23.52% | 12.40% | 22.66% |
| | | 南网 | — | 22.06% | 21.04% | 21.08% | 21.33% | 11.32% | 19.05% |
| | 利润增长率 | 国网 | — | 54.76% | 108.38% | 97.63% | -84.96% | 亏损 | 扭亏 |
| | | 南网 | — | 58.87% | 192.64% | 45.25% | -64.10% | -55.18% | 308.37% |
| | 资产增长率 | 国网 | — | 7.92% | 7.21% | 19.98% | 29.20% | 12.02% | 16.85% |
| | | 南网 | — | 9.73% | 15.96% | 15.23% | 29.02% | 14.72% | 15.44% |

数据来源：根据《财富》杂志"世界500强排行榜"的数据计算。

进一步考察"世界500强排行榜"上的电力（能源）企业，国网公司同样是规模远超同行但多项指标远远落后。而且世界500强中规模过大的电力（能源）企业或者亏损严重，或者效益低迷，相比而言规模适中的企业经营更为成功，因此，欧美发达国家对于电力（能源）领域的超大企业一般都严格控制，努力保持市场格局的均衡性。欧洲内部各国之间市场高度开放，已经形成多元竞争的市场环境，德、法、意、英、西等各国的电力（能源）巨头都难以独占市场，莱茵集团等著名企业还多次遭到反垄断调查或制裁。美国各州具有高度的自治权，电力（能源）事务中地方的话语权较大，在"安然事件"之后更是加强了对于电力（能源）领域超大企业的监管，近年来在世界500强中来自美国的电力（能源）企业已越来越少，形成了非常均衡的市场结构（详见附表26）。

（3）电网环节的制度安排不合理，放大了垄断的负面作用

电力系统在技术上存在自然垄断特性，需要统一调度、统一规划、统一技术标准。电力（能源）领域的垄断经营在世界各国也很常见，但在中国电力现有制度安排下，垄断集团的负面作用显著超出一般水平，为什么呢？一是公共环节设置不合理，垄断环节的权力与功能配置过于强大，既缺少制衡机制，也难以有效监督。调度（交易）是电力行业最重要的公共权力与公共服务机构，20世纪80年代市场化改革以来绝大多数国家都采取了调度机构与交易机构、输电企业三者之间不同形式、不同程度的分离措施（详见附表27），而中国不仅将公共环节与竞争性环节相混合，而且任由电网企业通过"本部化"、"调控合一"等形式弱化电网调度的公共性质与权威性；另外电网企业还拥有业内主要的科研机构，掌握了最主要的信息资源与技术资源，对电力规划、技术标准等公共事务影响巨大。二是电力交易机制不合理，电网企业不仅在每年超过4万亿元规模的电力交易中处于独家买入、独家卖出的绝对优势地位，而且通过拥有调度（交易）机构而独家占有大量系统信息资源，甚至对其他市场交易主体具有直接的操作指挥权，而绝对的优势地位不等于市场公信力，反而使厂网之间的矛盾纠纷与不信任难以根本化解。三是政府管制政策缺乏整体性考量，九龙治水而无顶层设计。例如，长期人为压制终端价格，制约电力企业正常发展，强化了垄断企业借助市场优势地位扩大利益的动机；与此同时，又对国有电力（能源）企业进行多元投资包括进入电气装备等其他等竞争性市场领域给予放行，这样就在价格监管与资产监管两个领域形成"管制跷跷板"，推动垄断集团越来越膨胀、越来越垄断。

### 4. 安全基础逐步变质，系统风险不断积累

"电力生产，安全第一"，中国电力行业具有优越的安全传统，20世纪90年代以来没有发生过美—加大停电、洛杉矶大停电、伦敦大停电、莫斯科大停电、印度大停电那种规模的系统安全事故。对于这一成绩，在体制因素上很多人简单地归结为调度机构与电网企业一体、输电企业与配电企业一体等表面现象。

但事实上，安全是一种社会效益，维护电力系统安全稳定所必需的统一调度、统一规划、统一技术标准都必须借助超越企业利益的公共权力体制才可能有效落实。一些国家屡次出现大停电，正是其各电力企业之间无法通过市场机制来协调落实安全权责的结果；而中国有效保障电力安全的基础则是传统的政府行政权威，中国的现行体制在应对电荒、提高效益方面是乏力失策的，但在保障安全、应急救险方面则是足够强大的——但自2002年电改以来，这一安全基础正在逐步变质，中国电力的系统风险正不断积累。

（1）调度指挥的行政权威被不断弱化

调度是电力系统中最重要的公共治理机构，具有电网运行指挥、事故处理、方式安排、交易实现等一系列公共职能，对安全稳定、生产交易、技术监督、主体准入、规划建设、信息管理等影响重大。新中国成立以来中国逐步形成独立完整的5级电力调度系统，与发电、输供电等其他电力企事业机构相对独立运行，具有明确的行政权威。但2002年电改之后，各级调度机构的独立性权威性显著下降，电力安全等公共治理被削弱。一是通过"本部化"改制，原来独立的调度机构沦为电网企业的内设部门，机构被降格，职能被分散，与各独立发电企业相对、与电网企业内部其他各管理部门相对，其权威性专业性均显著下降。二是通过"调控合一"技术改造，原来专司指挥的调度机构被额外加上远方监控等直接操作任务，又当指挥员，又当操作员，调度部门的权责义务更加复杂，自身的安全风险骤增。三是电力调度的目标宗旨原则从服务电力系统转变为服从电网企业，调度原则从电力系统经济调度转变为电网企业效益调度，其公正性中立性不断受到发电厂等广大被调度对象的质疑。

（2）系统协调的技术支撑已日益削弱

现代电力系统技术密集，其公共管理、公共决策必须有强大可靠的技术支撑。但2002年电改之后，中国传统的电力技术支撑体系完全企业化，各科研机构与技术机构或者自身实行企业化运营上市经营，或者隶属于各大电力企业服务于其经营战略，或者完全围绕企业运作形成利益共同体，电力行业政策部门、监管部门缺乏直属的或者中立的技术支撑力量，信息严重不对称，直接影响到政策的

科学性与监管的专业性，最终影响到整个系统的协调与安全。例如，目前电力行业的安全技术标准缺失严重，大量2002年电改之前的标准亟待修订，很多领域出现国家标准空白，安全技术监管缺乏足够的技术标准依据；而各大电力企业各自研制内部标准，不仅存在衔接与统一的问题，更出现借此控制市场、谋求垄断利益的倾向。又如电力规划领域，有关部门虽然拥有发布权、但专业能力与信息支撑并不充分，相关电力企业拥有更为强大的话语权，这样不仅造成国家规划受到企业利益的牵制，而且导致规划的科学性系统性水平下降、同时也降低了自身的权威性严肃性。

（3）大电网面临越来越多的安全风险

中国电力系统是典型的大电网发展模式，2011年装机容量、年发电量、输电规模等指标均已达到世界首位，但与此同时也面临越来越多的安全风险。一是系统规模方面，按照电网企业的设想，将在"十二五"期间形成连接现有华北、华中、华东三大区域网的"三华电网"，成为世界上规模最大的交流同步电网，但此设想在安全稳定问题上受到行业内很多专家的质疑，至今争议不断。二是系统结构方面，随着火电投资的冷却，系统中的电源支撑性、可调节性下降；随着风电等新能源的大规模上马，对于系统的冲击、对于辅助服务的需求都大大增加；另外随着机组大型化、并网超高压化，中低压电网的支撑被架空，系统结构面临新的问题。三是系统技术整合方面，随着各项新能源技术、信息智能技术在电力系统的广泛应用，并入电网的元件更加复杂，能量与信息的潮流运动更加多变，电力系统技术整合的复杂性显著提高，威胁电网安全的风险来源急剧增加，还会出现不直接损害电网本身但借助电网实施的新型恶意行为，电网安全的内涵被迫扩展。

## 5. 政策执行权威下降，科学决策能力不足

电力是一个对公共管理存在大量内在需求的行业，从政府层面到行业层面都需要做出很多宏观决策、进行很多统筹协调，既需要各地方各企业积极配合坚决服从，也需要不断提高决策的科学性才能从根本上建立权威、有效执行。

近年来，电力领域政策执行权威下降，科学决策能力不足，究其原因，一是未能将市场化改革进行到底，在很多环节反而强化行政权力，而在经济社会整体上日益市场化国际化的背景下，权力过度其实往往勉为其难自暴其弊；二是电网调度、基础研发、系统规划、技术标准等电力行业特殊的决策支撑机构完全由企业或者行业组织控制，国家层面缺乏支撑、决策专业性不足；三是对于电力市场

建设、新能源技术发展等领域的客观规律还认识不充分，需要一个历史过程，相关政策难以短期内一步到位。除了前面已经提及的电网调度与安全管理问题，具体表现还包括规划、价格、产业政策领域的决策系统性问题。

（1）电力规划的系统性严重倒退

项目投资本来仅仅是电力企业的微观职能，而统一规划之所以上升为电力行业最核心的公共管理职能之一，这一权力正是建立在现代电力系统对于系统协调的内在需求之上的。因此一方面，谁最了解相关信息、谁能更好地把握这种系统协调性，谁对于电力规划的内在影响力就越大；另一方面，电力规划只有充分反映这种系统协调的内在需求，才具有价值能产生权威并顺利实施。近年来，中国电力规划的系统性严重倒退，相应地建设投资领域也日益混乱，"十一五"期间电力规划虽经编制但未公布，造成以项目审批代替电力规划，电源、电网矛盾突出，风电盲目占资源上规模造成无法并网难以消纳，水电流域开发规划受到严重干扰造成停滞，火电大机组单纯高压并网造成下级电网空洞化，燃气与抽水蓄能政策支持不力加剧电网调峰困难，热电联产盲目上马大型机组造成冬季夜间低负荷停热……而"十二五"期间居然索性取消了"电力规划"，而拆散为新能源、电网等若干项"专项规划"，势必进一步破坏电力发展规划的系统性，加剧建设投资领域的混乱。

（2）电价管理的系统性显著下降

电价管理同样存在系统性问题，电力是二次能源，与其他一次能源甚至大宗载能产品之间都存在一定比价关系；电力产业流程中发电并网、输电配电以及终端销售在瞬间同时完成，甚至体现于同一账单，具有密切的关系；不同电力用户对于供电的需求、对于系统的影响各有特点，各类用电价格之间甚至存在交叉补贴，也需统筹考虑。由于电力行业的上下游产业基本已经实现市场化，而有关部门迟迟不履行国务院《电价改革方案》（国办发〔2003〕62号文件，以下简称62号文件）等改革任务，造成近年来中国电力价格的系统性显著下降、日益混乱，一是电力价格与成品油、煤炭价格严重失衡，前两者从1993年、2004年分别开始出现价格跃升，而电价始终被人为抑制、推迟联动；二是发电并网价格与输配环节价格不但调整幅度不平衡，调整的时间也不同步，造成电力企业在承受燃料涨价压力之余，由于政策之难以预期额外增加了经营与财务管理的困难与混乱，进一步影响了企业的运营与投资能力；三是销售电价中居民电价严重偏低，不仅增加了其他工业商业用户的不公平负担，而且造成农村低压电网经营困难无人投资，更不利于广大居民节能减排意识的培养。

（3）产业政策的系统性缺乏协调

电力产业政策更加需要协调性，除了电力生产/运输/使用的协调，各类燃料、各类能源发电的协调，在新能源、智能电网等新技术新产业发展的不同历史阶段，各类政策手段的运用同样需要协调，否则就可能产生事倍功半的后果——特别是，如果为了追求政绩过早上规模上项目，必将造成政策失误与经济损失。一是补贴政策，在新技术发展阶段应着力资助基础研发环节而非简单应用，在发放补贴的同时应明确基本门槛要求，如近年来中国风电虽然发展迅猛，但依然缺乏核心技术，不仅大量财政补贴流失国外，更出现窃取商业机密等国际纠纷，与此同时也未及时明确风电并网的安全技术要求，导致出现大规模机组脱网事故，需要重新耗费几十亿元资金进行补课。二是价格政策，应充分认识新技术发展的风险性，在试验试点阶段不盲目扩展规模，并积极帮助企业分担可能的经济风险。例如，风电项目采取低价招标方式，最早的1~4期中标价格普遍低于后来公布的标杆电价，不仅增加了企业的负担与风险，而且在安全、质量、技术性能方面埋下隐患。三是技术政策，应尽早明确公共环节标准，但同时避免过早固化竞争性环节标准，如新能源以及智能电网有关新技术新产品接入电网，应尽早明确可能对电网安全稳定以及系统协调产生影响的安全技术标准，但对于其他具体的技术类型、功能性能乃至规格，不宜过早严格限制，应为技术创新留下发展空间并加强电网公平开放的监管。

## 小结　电力市场化改革的内涵

20世纪80年代以来，一场电力市场化改革的浪潮席卷全球。主要目的，一是吸引投资、保障供给，二是引进竞争、提高效率。其中发展中国家以前者为主，发达国家以后者为主；中国在1996年之前明确地以前者为主，亚洲金融危机之后开始逐步转向后者。

而不论是为了吸引投资，还是为了引进竞争，世界各国不约而同选择了"市场化"的改革方向。究其动因，所谓"市场化"改革最核心的价值，一是明晰产权，二是有效竞争。由此也界定了电力市场化改革的基本内涵（结合电力行业技术经济特性）。

在明晰产权方面，核心是建立同等有效的私权与公权制度。其中前者主要包括经营（定价）机制的清晰可行，国有资产业务边界、经济规模的合理界定；后者主要包括政府层面规划、标准、产业政策等能力建设与技术支撑，行业层面调度、安全体系建设，社会层面的民生保障、普遍服务、环境保护制度。

在有效竞争方面，核心是为市场主体的竞争行为提供有效的保障体系。其中除了规则保障（法律法规，也包括市场交易规则、安全技术规则等专业规范）以外，一方面是结构保障（行业横向与纵向相对均衡，可比较，可竞争），一方面则是机制保障（通过披露制度、市场平台促进信息公开，并完善交易服务、外部监管等公共环节）。

由此反观中国电力体制改革的历程，20世纪八九十年代以来多家办电、政企分开，均属于逐步明晰产权的有效改革；2002年以来建立比较竞争机制同时加强市场监管，则是引导有效竞争的成功范例。而依据这样的市场化改革内涵来展望未来，有以下几方面。

一是把握总体形势。中国依然处于城市化、国际化、工业化的进程当中，各种形式的电荒还将此起彼伏。1997亚洲金融危机短暂的供大于求，给21世纪初更加凶猛的电荒埋下伏笔。因此在可以预见的未来，保障供给都应该作为中国电力改革发展的第一要务。

二是抓住改革要害。与中国城市化、国际化、工业化相伴随的，是从计划经济走向市场经济的制度转型。而中国电力市场化改革的进程表明，市场主体容易塑造，公权制度建设艰巨！目前电力领域的国家决策能力控制能力下降，基层民生保障制度不健全，调度机构等行业核心公器错位，这些都是进一步深化改革的要害。

三是坚守行业特性。目前中国的电网企业集权力垄断、业务垄断、市场垄断三者于一身，公权与私权兼具，独买与独卖合一，（国家电网）经营规模更超越世界电力企业规模经济之上限。电力产业具有鲜明的技术经济特性，违背客观规律者势必难以持续，同时也影响全行业健康发展。

总之，所谓"电力市场化改革"主要在于观念与手段，而非目的与教条，核心在于通过明晰公私产权、优化竞争秩序来促进电力（能源）—社会经济—生态环境三者的和谐发展，与此同时全面提升电力（能源）产业价值。

# 二、成效驱动力
## ——深化电改的基本范畴与方向

电力体制改革虽然走在其他基础产业之前,但基础产业体制改革在总体上属于中国改革的深水区,复杂艰巨。此类产业体制改革,往往同时涉及职能机制、机构体系、产业制度等多个范畴,涉及国家安全、社会稳定、技术竞争等敏感原则问题,涉及资源环境、财政税收、法律法规等配套政策,涉及垄断环节管制、公共产品供给、国有资产战略等难点热点。

以电力体制改革为例,历经多次体制沿革改革风云,面对各种沉疴积弊与新问题新挑战,一方面人心思变改革意识深入人心,对于几乎所有问题与困境,讨论各方都会在"深化改革"这一点上达成共识;另一方面行业透明度与社会关注度虽然不断提高,但对于改革的认识更加立脚参差莫衷一是,一些专业性政策性问题有过度社会化、娱乐化倾向,缺乏对于电改问题深入系统客观理性的研究——不深化改革孕育着危险,但草率盲动同样存在决策风险。

因此,在讨论深化电改的思路、目标、内容、步骤等之前,有必要对深化电力体制改革所涉及的有关事项进行系统的梳理,对于改革的基本范畴与方向主线进行情景分析与策略比选,一是便于统筹谋划,系统推进,二是便于厘清主次,掌握缓急,三是便于在一个统一的平台上把握改革的方向,避免纠缠于某些技术细节而误入歧途,甚至否定市场化方向、重蹈计划经济(权力经济)的覆辙。

### (一)职能机制(改革主线情景比选之一)

电力作为重要的基础产业与公用事业,在绝大多数国家都受到各种形式的监督与干预,管电所涉及的职能非常广泛。主要包括产业技术、发展战略、对外政策等宏观政策管理,价格、质量、准入等经济性监管,安全、环境等社会性监管，以及相关的国有资产管理等。2002年电改之后，这些管电职能相对弱化，普遍存在整合与加强的问题；其中矛盾比较突出的，主要是价格、准入及国有资产管理三项。

**1. 价格管制**

改革开放以来，中国的电价政策呈现显著的先扬后抑走势（详见附表28），20世纪80年代为缓解电荒推出了还本付息、燃运加价、建设基金等多项扩张性政策，电价水平年均增长达13%；而90年代后期开始转为抑制性电价政策（年均增幅不足5%），竞价上网试点被中止，煤电联动人为滞后，各类节能环保电价政策名目繁多，目前已进入持续博弈、多元目标的新阶段。

国务院《电价改革方案》（国办发〔2003〕62号）与《电力体制改革方案》（国发〔2002〕5号）是2002年中国电改的两大核心纲领性文件，但62号文件比5号文件的落实程度更低，竞价上网随着区域电力市场试点的中止而停滞、标杆电价以外存在大量不透明的灰色区域、输配电价缺乏财务独立核算的支撑、停留在不确定不稳定的购销差价，销售电价被长期人为抑制而且交叉补贴日益复杂、搭车干扰仍未禁绝，电价改革成为中国电改的最短板。

但同时应该指出的是，中国的电价管制具有特殊的双重性，一方面，价格监管是电力行业经济性监管的核心内容，对电力价格进行不同程度的管制与干预是世界各国通行的做法；另一方面，价格控制依然是目前中国宏观调控的重要手段之一，中国的电价管制承载了很多超出电力范畴的使命，因此，深化电价体制改革也需要宏观层面与行业层面的统筹共进。

（1）引导建立更加理性的电价改革目标

改进电价管制，在宏观层面，首先要明确电价改革绝不等于降价承诺，要引导建立更加理性的改革目标。一是在中国经济日益国际化的市场背景下，随着全球经济进入高油价时代，中国电价的调整幅度低于其他国家，也低于国内石油、煤炭等一次能源涨幅，"十一五"期间成品油和煤炭价格持续上涨均实现倍增，而终端电价仅仅提高了10%左右，由此形成新型电荒是推动上调电价的内在动力。二是随着工业化城镇化特别是电气化程度不断提高，中国用电增速还将高于能源消费整体水平，而为继续完成大规模基本建设，上调电价是回报投资者的基本方式。三是目前中国人均能源消费已与世界持平，消费总量甚至已经超越美国，过低的电价水平直接阻碍了节能减排、结构调整，不利于转变方式、持续发展，应有意识地发挥电价对于合理消费的引导作用。

一个国家的能源消费模式，需要在经济性与安全性之间谋求平衡，只有少数拥有特殊国际地位或绝对丰富资源的国家享有"廉价而充裕"的能源，其他大部分国家则需要在"昂贵而充裕"与"廉价而短缺"之间抉择。

将电改等同于降价，是公众舆论不成熟不理性的表现，同时意味着电价改革还将经历一个长期的博弈过程，难以一步到位而且众口难调，不可能作为体现改革成效的切入点。

（2）电价水平随新型公共治理体系的建立而逐步到位

改进电价管制，在宏观层面，电价水平最终是要随着新型公共治理体系的建立才可能逐步到位。如图9所示，终端电力商品中包含有资源环境、生产要素、公共产品等多重价值，目前中国电价水平已进退失据而成众矢之的，不应盲目降价，但也不具备一步提价到位的条件。合理调整电价水平，根治新型电荒，已经难以在电力行业之内解决，国家宏观调控部门要真正拥有并合理运用宏观调控的"组合拳"，在随供求关系或国际市场波动而及时调整电价的同时，一方面要对煤炭等资源提取足够的资源税，避免资源溢价流失于企业或个人（挤出空间）；另一方面要对终端消费者进行普遍而差异化的补贴，对低收入群体进行救济、保障其享有电力普遍服务的基本权利，同时引导节能减排、产业调整并对资源环境进行补偿。另外，在建立价格—税收—补贴联动机制的同时还要加强监管，包括电网、路网等公共产品的价格成本监管，煤、电、运等各环节市场交易秩序及反垄断监管，落实国家产业政策、梳理并简化准入监管，建设并监督电力、煤炭等大宗商品的交易市场、促进信息公开，等等。显然，上述"高价格—高税收—高补贴—强监管"的新型公共治理体系的建立不可能一蹴而就，电价水平的调整漫长而琐碎，不可能作为体现改革成效的切入点。

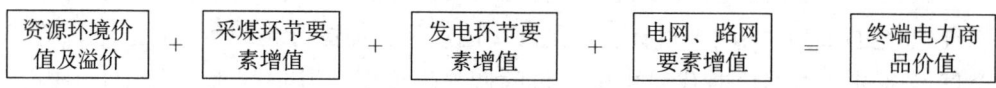

图9　电力（燃煤发电）价值结构流程示意

（3）在价格形成机制中不断增加激励性与保障性

改进电价管制，在行业层面，一是在价格形成机制中不断增加激励性与保障性。电价改革的总体方向是放松管制、价格形成市场化，但决不等于放弃管制。对电力价格进行不同程度的管制与干预是世界各国通行的做法，但这些管制与干预应属于市场体制客观规律之内而非凌驾于其上。在常态的市场定价的框架之上，要永远保留国家临时干预的政治权力，以应对一次能源市场的异常变动，保持社会稳定与国家安全。

而在价格形成机制中，一方面要从结构上注意提高保障性。例如，对于上网电价，随着一次能源价格的变动风险越来越大，随着风能等随机性间歇性新能源的大规模并网，需要通过建立容量电价等机制，提高电源投资收益的保障性，鼓励投资者参与辅助服务。

另一方面在提高价格机制保障性的同时，要从机制上不断增强激励性，以满足通过价格机制保障供给与提高效率的双重目标。例如，对于电网垄断环节则应提高价格机制的激励性，肩负起价格监管的应尽职责——由于现代大电网建设投资的"合理成本"是永远无法唯一确定的，则只能在保障投资者经营者基本收益的基础上促进效率保证质量。市场化的电价形成机制，绝非放弃管制的自由竞价，而是在分散决策、多元竞争的市场格局中形成相对合理价格。类似（火电）上网电价的改革历程，伴随着集资办电、厂网分开形成多元市场格局，上网电价从保障还本付息的"一机一价"，到依据社会平均成本的"经营期电价"，再到区域统一标杆电价，因此输配电价也将经历类似的从个别到一般、从保障收益到激励效率的发展过程。"十二五"推进输配电价改革，应坚持市场化方向、以机制建设为先，而不必追求全面到位、过于纠结所谓"合理"性，应先从电网业务分类梳理财务独立核算做起，从大用户直购"一户一价"与跨区输电"一线一价"起步，从成本加成开始，到远期逐步引进价格封顶、同业对标、特许招标等激励性竞争性的市场化定价机制。

（4）通过信息公开提高价格决策的社会认可程度

改进电价管制，在行业层面，二是通过信息公开提高价格决策的社会认可程度。"十二五"、"十三五"时期，电价水平进一步提高属于大概率事件，终端消费者的经济承受能力与心理接受程度，很大程度上决定了电价形成机制改革的顺利与否。至"十一五"末期，中国人均电力支出只占人均可支配收入的1.2%，大约是人均交通支出的1/5、人均通信服务支出的1/3；但在社会心理上依然存在"改革就应降价"的误区，在国际化市场化的背景之下依然幻想"电价应与收入成比例"。因此，可以2012年居民阶梯电价听证为契机，将信息公开作为电价改革的一个基本内容，逐步建立电价信息的汇总公开机制，研究推行体现产业流程环节与价格组成结构的电价明细账单，提高各项电力成本—价格结构—税收基金—交叉补贴等相关信息的透明度，最终提高价格决策的社会认可程度。

由表13可见，电力价格形成及管制的基本规律与逻辑：

表13　各类电力价格形成机制及管制机制

| 分类 | 价格形成机制 | 价格机制 | 适用领域 |
|---|---|---|---|
| 激励性定价：以持续发展为目的，激励提高效率 | 完全市场自发形成的价格机制 | 外部干预政府管制定价 | 工程建设等时间有限、条件明确、无持续社会责任的竞争性业务 |
| | 完全竞争或低市场力的格局下，可实现竞争性定价，但电力项目需要超前巨额投资风险，任何引起供给不足；而且电力产业中上述"理想格局"本身，或者因网络分层分区等约束而空间有限，或者因电网潮流发展技术进步仍会引发外部干预而不稳定——最终技术进步走向限产提价 | 高透明度成本加成定价 | 适合所有持续经营的电力业务 |
| | | 社会平均成本定价 | 发电等竞争环节的长期双边交易 |
| | | 管制业务分类定价 | 电网企业所承担的各类业务 |
| | | 有限竞争优先成本定价 | 电网等自然垄断环节 |
| | | 价格封顶定价 | ·适用于电网运营等垄断性经营环节、节能环保等政策目标<br>·发电环节短期竞价中，供需极度不平衡时 |
| | | 按刚性预算采购 | 电力普遍服务等领域 |
| 保障性定价：以供给充裕为目的，满足投资收益 | 完全垄断或高市场力的格局下，可实现保障性定价，行政性垄断为主，而少见技术性垄断，难以实现效率最优；而且垄断者必然走向限产提价，无法持久满足供给——最终需要引进外部干预政府管制 | 按政治目标或技术标准采购 | ·推进技术进步、节能环保等政策目标<br>·实现结构调整等宏观政策目标 |
| | | 高透明度+回报率定价 | 为加快发展，应对短缺，提高电力项目投资的回报率 |
| | | 半透明度的容量定价 | ·发电环节辅助服务<br>·为鼓励投资，保障电力系统一定的容量裕度<br>·为体现节能环保等不同优化资源配置目标，推行多种"发电权"交易 |
| | | 低透明度成本加成定价 | 这是问题比较突出的领域 |
| | | 交叉补贴混合定价 | 多种业务，包括不同等级电网业务打包核算、交叉补贴 |
| | | 垄断经营全成本定价 | 独占市场的超大型企业进行粗放的整体定价 |
| | | 个别经营全成本定价 | 一厂一价，一机一价，一线一价，一大用户一价等 |

一是电力价格应是激励性与保障性的平衡，以引导有效竞争、实现长期供给保障；

二是由于电力系统的技术经济特性，完全市场自发形成的价格机制常常失灵，必须引进不同程度的外部干预政府管制，这也是世界各国的共同做法；

三是电力价格形成在绝大多数情况下依然要依据成本，微观层面是电力企业投资经营，宏观层面则是社会成本国情国力；

四是掌握电力成本的核心是不断提高信息透明度，而提高透明度的基本方向则是市场化——不同电力业务与市场主体分类、分立、自主决策、比较竞争；

五是因电价形成机制改革必须与电力产业制度改革相结合，需要建立更加市场化的业务格局与市场格局——目的是更加透明可比，而不是盲目淘汰；

六是中国电价体制长期受计划经济体制影响，问题深重百弊待除，科学管制框架下的激励性、保障性电价体制，无法单独实现。

总之，在下一阶段深化电改中，电价改革难以单兵突进，价格水平难以一步到位，但在行业层面，完全可以小步推进不断深化探索：

一是输配电价领域，电网业务分类核算、形成独立输配电价的工作应尽快启动落实；

二是销售电价领域，向地方下放定价权，同时继续落实完善阶梯电价，进一步推进电价信息公开；

三是辅助服务领域，试点推行容量电价与电量电价的两部制，鼓励市场主体参与。

**2. 准入管制**

在从计划经济向市场经济过渡的当下，中国电力行业的准入管制几乎伴随着每一个产业环节乃至业务环节。从资源开发、到建设规划，从项目审批、到业务许可，从电力电量平衡分配、到发电检修计划落实，"有形的手"无孔不入。但具体分析这些准入管制事项，有些带有普遍性必要性，如资源开发限制、环境保护约束、安全技术标准要求等；有些符合电力技术经济特性，如统一建设规划、电力系统方式安排、统一发电检修计划以及对市场交易的安全校核等；有些具有阶段性制度性背景，如久被诟病的项目审批，目前电力项目绝大多数仍是国有资产，在代理机制不健全、政府依然以GDP为核心的背景下，国有企业、国有银行、地方政府有着共同的投资冲动，统一项目审批虽然具有增加成本、引发短缺的弊端，但在现有发展模式背景下反而具有一定的统筹制衡作用——最终，虽然不乏积怨抨击，但完全不必要、应该立刻废除的准入管制事项是很少的，在绝大多数国家大型电力项目的准入过程都是漫长而昂贵的。因此下一阶段深化电力体制改革中，难以在短期大幅精简或调整准入监管的事项，主要改进方向应放在提高决策质量方面。

（1）提高决策科学性

电力系统的技术经济特性显著，违背电力发展客观规律的决策，轻则资源错配、经济受损，重则影响电网安全、破坏系统稳定。例如，在电力规划领域，普遍存在电力规划与国民经济规划、资源规划与电力系统设计、电源规划与电网规划等多重不协调，显示出决策的专业性与科学性不足。科学决策需要专门的技术支撑体系，以提供充分的数据信息、专业评估、技术分析、测算论证等。

（2）保障技术中立性

电力科学决策所需要的技术支撑体系，除了专业性与科学性，专业技术机构的中立性至关重要，目前电力行业内很多研发、技术、信息部门或者隶属于企业，或者完全企业化经营，或者与大企业形成紧密的利益关系，对于决策形成显著的干扰。因此应系统整合电力行业科学研究与技术支持资源，将资源勘探、系统规划、技术标准等公共事务从企业中剥离出来，建立直属于政策部门、监管部门或者至少中立的技术支撑体系。

（3）完善相关责任机制

虽然目前电力行业国有资产依然占绝对地位，但随着政企分开以及（地方）多家办电，依然向着多元主体、分散决策的市场格局演变。因此要完善相关责任机制，一是政府与企业之间，在完善国有资产代理机制的基础上，对企业投资融资等微观决策要逐步放松管制，建立健全以安全稳定、系统协调、节能减排、技术进步等为主体的准入标准，弥补市场失灵；二是中央与地方之间，要在统一电网技术标准、保持开放互联、明确普遍服务标准的基础上，逐步加强地方政府在电力发展方面的权利与责任；三是在竞争性业务更多地由企业自主决策的同时，对电网等垄断性业务要加强准入管制，防止过度投资、成本失控，逐步建立公共规划—招标建设—特许经营机制。如图10所示，虽然政府对发电装机增长长期进行精心控制，但与实际的发电量或机组利用小时数始终匹配度较低，甚至存在逆向扩大波动的情况，再次证明政府干预的手不是万能的，市场主体自主决策才是大势所趋。

总之，在"十二五"、"十三五"时期，电力准入管制的改革重要在提高决策质量方面，准入的事项在短期内不可能大幅精简或调整，但在行业内部，依然可

二、成效驱动力——深化电改的基本范畴与方向 | 33

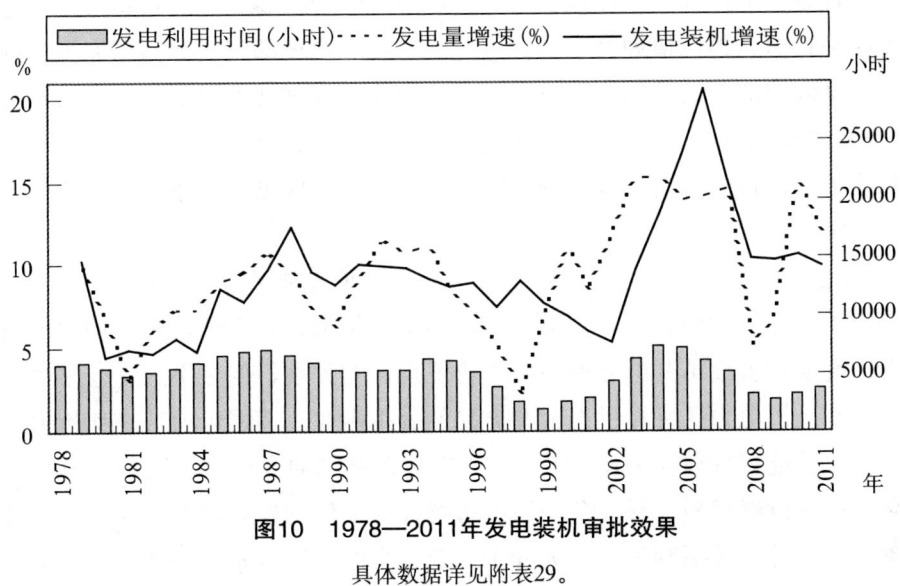

图10　1978—2011年发电装机审批效果

具体数据详见附表29。

以努力进行若干探索：

一是整合公共服务组织，建立更加中立的技术支撑体系，服务于科学决策；

二是加强安全技术监管，加快技术标准制修订，维护电力系统安全稳定；

三是对新能源技术在电网中的应用加强跟踪管理，推进技术进步与产业升级。

### 3. 资产管理

电力行业资产密集，目前中国各发电、输配电企业总资产规模超过9万亿人民币，其中90%以上为国有资产，占全部国有企业净资产的15%左右。这些国有电力资产，中央管理与地方管理大约各占7成与3成，目前与其他行业的国有企业一样，实行以EVA（经济附加值）为主的业绩考核制度，以国有资产的保值增值为核心使命。但2002年电改之后，在电价改革长期滞后、人为抑制正常调价等管制背景下，电力企业始终缺乏可持续的生存发展模式，为了追求EVA业绩目标而出现若干饱受非议与质疑的资产行为。一是大型发电企业集团，大幅削减火电投资而热衷投资非电业务，从专业发电公司战略转型为综合能源集团，任由机组非计划停运与新型"电荒"并存。二是超大型电网企业，重扩大电网规模而轻改进输送效率，重特高压超高压项目而轻低压农网配网，甚至利用市场垄断优势闯入电气装置等竞争性领域。在以国有资产保值增值为核心使命的背景下，上述资产行为都是意料之外、情理之中的，因此国有资产管理部门对此均采取了默许的态度，于是调控部门的价格管制与资产部门的业务管制就形成了一种"政策跷跷板"，无形中帮助国有电力企业越来越庞大、越来越垄断。因此下一阶段深化电力体制改革中，在国有资产管理领域的确需要进一步反思矫正电力国有资产的核心使命与实现方式。

（1）在管理观念上，应努力实现国有资产价值与使用价值并重

国有资产保值增值，不能片面地理解为财务价值，在资产价值与使用价值的结合中，既要克服改革开放之前不尊重价值规律的弊端，但也不应走向唯利是图的另一极端。像电力这种提供准公共产品的公用事业，使用价值往往比价值更加重要，如果不能保障供给应对"电荒"、电力企业账面上挣再多的钱又有什么意义？至于拥有自然垄断、寡头垄断诸般市场优势地位的电力企业，如果在合理收益正常发展以外内部福利过高，无异于对全社会的一种盘剥。因此对国有电力企业的业绩考核除了资产效益，有必要研究推行产量、质量、设备利用率、供应保障度等反映使用价值实现水平的指标。

（2）在管理方式上，应对竞争性与垄断性业务进行分类管理

国有资产的组织形态与制度安排可以有多种形式，如实物形式与非实物形式，企业形式与非企业形式，营利形式与非营利形式。输配电网既是国家重要的基础产业，更是典型的自然垄断环节，因此可以研究推行区别于发电等一般性竞争环节的（企业）组织形式，依据专门立法将其设置为提供特定公共服务的"公法人"，限定业务、产品领域，明确产权边界与机构、人事、财务制度，实行独立的会计核算与定价机制，以安全环保、公平开放、阻塞程度、利用效率、社会满意度等社会性指标取代利润、资产、收入等营利性指标。

总之，在"十二五"、"十三五"时期，电力行业资产管理方面同样是难以谋求短期效果的，但在进一步反思矫正电力国有资产的核心使命与实现方式的基础上，在社会主义初级阶段国有资产总体战略框架之内，电力行业可以作为基础产业的试点率先开展若干探索：

一是对于国有电力企业加强社会责任监管，进一步发挥国有资产的使用价值，满足经济社会对于电力的需求；

二是对于垄断性的电网企业加强市场行为监管，推进信息公开，防止其滥用市场支配地位谋求额外利益；

三是对于承担大量公益事务的电网企业，探索改进考核管理的指标体系，研

究引进公法人制度与监管会计制度。

## （二）机构体系（改革主线情景比选之二）

受传统计划经济的影响，中国对于电力的管理职能广、程度深、机构设置庞杂多变。一方面，新中国成立以来仅中央层面管电机构即历经10次沿革，是各工业部门中体制变化次数最多、管理机构调整最多的行业之一（详见附表30）；另一方面，目前国家对电力具有监督管理干预职权的部门有将近20个，多头交叉与监管空白并存。因此管电职能机构的完善仍将是一个较长的历史过程，一方面要遵守电力发展的基本客观规律，有利于国家对于电力（能源）产业的管理，另一方面要符合公共治理的总体发展方向，与政府机构改革的整体框架相协调。

### 1.关于电力部（经济性监管分层实现）

新中国成立以来，我国电力管理体制的沿革比较复杂，但其中仍然可以发现几点规律性的线索。

（1）价格、项目审批等核心计划管制职能始终由国家统一行使

综观新中国成立以来历次管电体制变化，更多是中央—地方管理权限的调整，或电力—水利等发展重心的变化，但即使是在三次独立设置电力工业部时期，价格制定、项目审批等核心计划职能也始终由国家来统一行使，相比于国家计委与物价局，电力部等历届管电部门在计划管制方面顶多是一种"行业归口管理"或者说"次级监管职能"。2002年进行了新中国成立以来变化最大影响、深远的国务院机构改革，撤销了国家计委，但价格制定、项目审批等职能依然由国家发改委来统一行使，这些传统计划经济体制中最核心的计划管制职能，在向市场经济体制转型的过程中变身为重要的宏观调控职能，同样由国家统一行使。

（2）电力行业还离不开中央层面管电机构的专业管理

1998年撤销电力工业部之后，曾经在中央层面完全取消了专门的管电部门，希望以综合经济管理部门（原国家经贸委）来完成管电工作，这在新中国成立60余年的10次管电体制演变中是唯一的一次尝试。但在其后的实践中，这种模式逐步暴露出弱点，原国家经贸委作为综合经济管理部门，对于电力这种网络化技术经济特性突出、市场垄断及外部性问题复杂的庞大行业，其日常监管的人力精力有限，专业管理的能力也显不足，无法满足行业及经济社会发展的需要；另外中电联作为行业组织，其行使行业管理的独立性与权威性也远远低于预期，难以完

全依赖。于是在2002年电改之后，组建了正部级的国家电监会对全国电力实施监管，恢复了中央层面对于电力行业的专业管理。

（3）微观干预的程度逐步放松，政企分开的改革不断深入

新中国成立后学习苏联计划经济体制，中国的"行业部"曾经多达数十个，但至今在中央政府序列中已经没有一席位置（原来仅仅残留的一个铁道部也已于2013年3月拆分、组建为中国铁路总公司和国家铁路局）。电力作为基础产业虽然比轻工商贸等行业改革稍晚，但政企分开的大方向同样是不可避免的，从改革之前的人、财、物、产、运、销全行业一统到底，到1985年集资办电之后网局、省局、发电厂三级经济核算，从1988年省电力局与电力公司双轨制运行，到1993年区域电力联合公司改组为电力集团公司，从1996年组建国家电力公司与电力部双轨运行，到2002年组建指向于现代企业制度的五大发电集团、四大电力辅业集团及两大电网公司，政企分开的改革方向是一贯的。特别是组建了以依法监管、外部干预为特征的新型管电机构——电监会，电力体制改革走在了所有基础产业之前。

（4）客观评价理性看待类似电监会的"次级监管职能"

按照经典的监管理论，电力监管职能主要是定价、市场准入、服务质量等经济性监管以及安全、环保等社会性监管，电监会目前的确缺乏完整的价格、项目审批权。但中国与很多国家相比，一是国家大情况复杂，另外就是处于计划经济向市场经济体制的过渡阶段，国家对于经济社会的管制依然非常广泛、深入而强硬，因此这些管制职能自身也存在中央—地方以及综合—行业等范畴的分级行使的需求！2002年之前，价格制定、项目审批等核心管制职能始终由原国家计委、物价局等统一行使，但同时都有电力部、水利电力部等机构来进行"行业归口管理"；国家发改委替代计委之后，这些职能依然是统一行使，但依然需要"次级监管职能"机构来处理大量微观日常事务；类似的在安全监管领域，国家安监总局之下，依然需要电监会这样的专业机构来应对电力系统独特的安全稳定问题。因此，与以往电力部、水利电力部等机构相比，电监会的新意与价值主要在于工作方式而非权力性质，即从计划经济时代直接指挥行业（企业）内部人、财、物、产、运、销，转变为面向未来市场经济体制而更多采取外部干预、依法监管的工作方式，但相对于统一行使核心管制职能的国家宏观调控部门（前身是国家综合计划部门），电监会"次级监管职能"与以往电力部、水利电力部等机构"行业归口管理"的性质与地位是近似或可比的，而且更代表了市场化发展的未来。总之在国家职能体系中，职权的强或弱、地位的核心或支撑都是正常的分

工，中国政府不可能只有发改委，也不可能大家都做发改委。

总之，电力工业部自1998年第三次被撤销之后已经不可能回归，下一阶段深化电力体制改革中，在机构方面，一方面依然需要一个较高级别的管电机构，来处理电力行业内部各项具有独特技术经济特性的公共事务，另一方面这个机构不必奢求独揽价格、审批等核心计划管制职能，而应与宏观调控部门形成良好分工，在行业以内发挥"行业归口管理"或者说"次级监管职能"。

### 2. 能源大部制（长期政策与短期调控分开）

对于下一阶段深化电力体制改革，借鉴国际经验组建能源大部制，始终是最引人注目的舆论热点，需要进行深入分析。

（1）设立能源宏观政策机构的国际模式在中国曾经多次尝试

新中国成立以来的大部分时段（大约40年），中国管电体制采取了电力部、水利电力部、电监会等专业管理模式，但也进行了多次能源领域混业管理的探索。新中国成立初期的燃料工业部，属于战时经济的延续，随着大规模和平建设而很快撤销；在电力政企分开改革之前之后，分别成立过国家能源委（1980年）与能源部（1988年），但都没有取得统管几大能源产业的预期效果；2008年设立的国家能源局（副部级），前身为国家发改委内设司局，因此其主要优势与趣向在于分担发改委部分审批职权，而在宏观政策方面并无显著的优势与建树；而2005年成立的国家能源领导小组（下设"国家能源办公室"），2010年成立的国家能源委员会，代表了设立能源宏观政策机构的发展方向，但至今缺乏实体支撑还未充分发挥应有作用。

（2）经济转型阶段，价格制定与项目审批等权力仍须国家统一行使

目前中国处于计划经济向市场经济体制转型阶段，可以预见"十八大"之后仍将处于这一阶段。在这个阶段，比构建开放市场、塑造竞争主体更重要且更困难的，是建立并完善新型公共管理体系，如在宏观调控方面综合运用货币、金融、价格、财税、外汇、外贸的组合拳协同互动。而在这一宏观调控组合拳尚未形成的时候，价格制定、项目审批等传统计划管制职能在近期肯定是难以退出历史舞台的——而在这些刚性权力还难以大幅度软化淡化、对经济社会依然影响深广的时候，国家统一行使必然优于按若干产业分散行使，现发改委或其传承者行使必然优于电监会等新兴部门行使。即使在市场经济体系中，宏观调控也是不可缺少的政府职能，特别是中国这样复杂多样的大国，现有宏观调控的弊端主要是程度、方式、效果的问题，只能通过明确改革方向、提高执政水平来逐步改善，

而不可能通过将现有职能简单地分散到能源等若干大部制来解决。新中国成立60余年政府始终都在统一行使的这些核心权力，即使随着市场经济体制的逐步建立而迟早要软化淡化，但绝不等同于在近期人为草率地分割切块，更何况"十八大"之后国际国内政治经济形势更加复杂艰巨，中央对全国、政府对社会的统一掌控不可能一下子放松。

（3）能源大部制的意义是加强宏观政策，而不是分割计划管制权

除了学习前苏联计划经济体制的印度，世界主要国家目前普遍设置有对油气、电力等进行混业管理的能源部（详见附表31）。这些国家的能源部，建立于市场经济体制框架，主要致力于能源领域的宏观政策（资源政策、产业政策、安全与外交政策等）；而对于定价、市场准入等微观事务虽然也进行不同程度的外部干预，大多交给专业的经济性监管机构来执行。中国的能源大部制，从其前期的国家能源领导小组（下设"国家能源办公室"）、国家能源委员会的职能设置与初步运作看，都是定位于宏观政策与高层协调，体现了与世界接轨的市场化改革方向，因此，如果"十八大"之后设立大能源部，更合乎逻辑的意义应是着力于加强能源领域的宏观政策、作为国家能源委的实体支撑机构，而不应立足于在传统计划管制模式以内分割发改委的权力。这样，同样作为宏观部门，发改委与未来大能源部，可分别致力于宏观调控的短期目标以及能源政策的长期目标。这样按照职能性质、决策环节的不同来分类设置，有利于明晰长期、短期各自的思路尤其是加强长期的宏观政策，显然优于职能性质不明地按行业进行权力切块。如果仅是把一个大而全的发改委人为切成小而全的若干小发改委，只会加剧权力竞争内耗而非合理的分工制衡。

（4）以现国家能源局为基础搭建"政监合一"，能源大部制存在较大风险

电监会自2002年组建以来，由于外部环境不到位，缺乏定价、市场准入等重要的监管职权，其影响力受到限制。但作为对比，现国家能源局其实也有难言之困，虽然目前争到了部分项目审批权，但是否能够从发改委带走？其实还是存在着未知数的。而且从根本的职能定位上，现能源局2008年升格为副部级国家局以来，依然沿袭了发改委的很多痼疾，宏观、微观不分而重微观，长期、短期不分而重短期，并没有为中国能源管理尤其是加强长期宏观政策探索任何新的方向。因此如果以现能源局为基础，合并国家电监会，升格为"政监合一"的大能源部，即使暂时形成这样不伦不类的组合，也存在很大风险。综观新中国成立60年管电体制沿革历史，能源混业管理模式的先例不少、但成功者寥寥，如果仅仅以现国家能源局的模式升格扩充为大能源部，前景无法乐观，

很可能重蹈20世纪八九十年代能源委、能源部的覆辙。而从世界主要国家目前对于电力（能源）的管理体制看，基本都是按照宏观政策、经济性监管、社会性监管职能等不同的职能性质来分别设置机构，除了独立分设社会性监管机构以外，经济性监管机构与宏观政策机构也是以各自分别设立的形式为多（详见附表31），只有日本是典型的"政监合一"，而美国、英国、德国、法国、俄罗斯、印度、巴西等国都设立了不同的机构来分别完成经济性监管与宏观政策职能——而处于市场经济体制形成过程中的中国，既有传统"政监合一"型的发改委、水利部，也有代表未来"政监分立"发展方向的国家能源委与电监会，如果改体不改制地实行"政监合一"，相当于否定了近10年来国家对基础产业实施专业监管的探索。

（5）能源大部制改革进程需要与国家发改委的改革协调互动

电力管理体制或者能源管理体制的深化改革，应与政府机构改革的整体框架相协调，特别是与现国家发改委的改革密切相关。发改委目前的主要问题，一是长期、短期不分而偏重短期，政策不稳定无远见；二是宏观、微观不分而习惯微观，缺乏宏观调控应有的组合拳，依然按照惯性直接干预，难免调控效果不佳出错添乱；三是综合、专业不分而只能浮于综合，专业支撑不足，人力精力有限，难以做到科学决策；另外还有过度中央集权、过度干预经济社会自主运行等。而这些，主要是现阶段中国公共治理模式治理水平的现实反映，非现发改委一家之责，因此对其改革也是复杂艰巨难以一蹴而就的。优先解决的应是长期、短期不分问题，着力弥补短板提高长期的宏观政策水平；在特定的行业，可探索改进综合、专业不分问题，提高决策科学性；而宏观、微观不分问题，可能要待宏观调控部门真正能够综合运用货币金融价格财税外汇外贸的组合拳，不再过分依赖价格制定、项目审批等微观干预手段之后，才可能将相关职能下放给若干类似电监会的专业机构，形成经典意义的完整的经济性监管。因此相当一段时间内政府机构改革的一个重要领域，应是有计划分步骤地按照性质分类释放现发改委职能，包括梳理能源局与发改委关系、强化宏观政策机构（国家能源委），都是更有价值的改革方向（见表14）。

总之，能源大部制是一个可以选择的发展方向，但一方面，不能为了大部制而大部制，不应立足于分解替代现有国家发改委，在过渡阶段应坚持价格管制、项目审批等核心职能的统一；能源大部制应借鉴世界主要国家的国际经验，以大能源部的形式充实国家能源委的决策支撑体系，相对统一行使能源政策职能，专注宏观长期政策目标，提高我国能源政策水平与安全保障能力。

表14 中国电力（能源）管理体制分类改革前瞻

| 职能类型与特征 | | 现行体制 | 分类改革方向示意 |
| --- | --- | --- | --- |
| 能源政策 | 宏观长期专业 | 发改委为主，多部门涉及，能源委高层协调 | 充实能源委决策支撑体系；以"大能源部"的形式，相对统一行使能源政策职能，专注宏观长期政策目标 |
| 宏观调控 | 宏观短期综合 | 发改委为主（价格制定、项目审批），多部门涉及（货币、金融、财政、税收、外汇、外贸等） | 近期"长期、短期职能分开"，发改委专注短期的宏观调控，继续统一行使价格审批等权力，将长期性专业性的政策职能划分到能源等大部制；远期"宏观、微观职能分开"，发改委升格为"宏观调控委员会"，综合运用多种宏观调控手段，将更多的微观监管手段下放到各专业的经济性监管机构 |
| 经济性监管 | 微观专业 | 发改委（能源局）（价格制定、项目审批），电监会（部分定价、准入职能，电力安全等专业监管职能） | 近期，立足电力次级监管，探索覆盖油气、煤炭的能源混业监管；远期，承接发改委"宏观微观分开"所下放的微观监管职能 |
| 社会性监管 | 宏观综合 | 环保部，安监总局；核安全局，煤炭安全局 | 环保部，安监总局关注宏观及综合事务，将更多微观事务委托给专业的次级监管机构；探索能源混业监管，整合煤炭等安全监管职能 |

## 3. 能源监管（在各能源产业引进监管制度）

除了能源大部制，能源监管也是下一阶段深化电力体制改革的一个重要范畴，可通过电力监管进行引申分析。

（1）电力监管是中国基础产业经济性监管的重要实践

国家电监会，既是2002年电力体制改革的产物，也是近年来中国政府行政体制改革的成果。作为一种新型管电机构，电监会并不拥有完整的价格监管、准入监管权，而是在价格管制、项目审批等综合计划管理部门之下，在安全、环保等社会性监管部门之下，对电力行业的安全运行、市场秩序、服务质量、效率效益、业务许可及部分价格实施依法监管。虽然相比于西方经典的监管理念，电监会仅仅是一种弱监管，但通过将近10年的实践，依然体现出专业性、独立性与专注一行的优势。虽然电监会的职能没有经典监管理论中那样明晰完美，更没有综合计划（宏观调控）部门的权威那样显赫，但9年来电监会的职能不断扩展、机构不断扩大、队伍不断扩充，为服务党和国家大局、为推动电力科学发展发挥了独特的作用，这些事实，再次证明了电力行业还离不开中央层面管电机构的专业管理,再次证明了专业管电机构的作用是综合性经济管理部门所无法取代的,再次证明了现在历史阶段电监会所履行的这些"次级监管职能"与价格制定、项目审批那些显赫的核心管制职能都是同样必要的。而且,即使在现有不完整的职能框架下,电监会依然还有发挥更大作用的空间,如在跨区跨省输电价格、上网电价输配电价检查、电力业务许可等与发改委交界的职能领域,在供需监测、运行协调、系统规划、体制改革等有参与机会的专业领域,电监会完全还可以表现出更好的专业水准。

(2)油气、煤炭、新能源等领域的政府监管严重缺位

与电力行业类似,改革开放以来油气、煤炭等能源产业都经历了政企分开的市场化改革,撤销了行业部而代之以总公司、集团公司以及行业协会等。目前全国煤炭高度分散,煤矿数量超过万家,其中80%为小煤矿;石油行业中三大巨头以外的企业在炼油、成品油批发、仓储零售等市场环节的份额已发展到20%、25%～40%;风能、太阳能等新能源领域更是门户洞开,投资者数量众多、背景复杂。但在市场主体多元化、行业运行日益市场化国际化的同时,这些行业并未建立起相应的专业监管体制,在市场秩序、价格执行、产品质量、技术标准、安全生产、环境保护等方面都存在大量监管空白。对于这些行业,综合性的工商、技监、安全、环保等监管部门难以处理好那些行业内的专业问题,行业协会缺乏独立性与权威性,行业主管部门主要精力用于项目审批也无暇顾及大量日常监管事务。除了国人尽知的煤矿安全问题,目前这些行业存在若干影响恶劣而无人负责的问题,如倒卖电煤指标、加油站断供、煤炭中间加价、油品惜售待涨、电煤掺杂使假、机动车大面积熄火、油库火灾、钻井渗漏以及$PM_{2.5}$、$NO_x$超标,这些积弊沉疴都呼唤建立类似电监会这样中央层面的监管机构,对油气、煤炭等行业实施微观而专业的、日常海量的监管。

世界主要国家目前对于能源领域的管理体制,在宏观政策领域,很显著地以混业管理为主流,以利于统一协调能源领域宏观政策;而在经济性监管领域,既有能源混业监管,也有电力、燃气等单一行业监管,以混业监管的形式稍多(详见附表31)。总之,中国目前仅仅在电力行业有专业的经济性监管机构,这是一种严重的管制缺位,油气、煤炭等领域都需要完善这种国家层面的专业监管。

(3)开展能源监管具有必要性但还需要长期探索

能源监管有单一行业与混业监管两种模式,从近期看,分别设置油气、煤炭监管机构,有利于保证专业能力,发挥监管效力,在行业内获得应有的权威;但

从远期看，电力行业在上游已与煤炭日趋融合，在终端消费领域电力与燃气的结合也是国际潮流、未来趋势，能源混业监管有利于保障能源上下游产业链协调，促进能源资源的优化配置统筹发展，也顺应了智能网络等新技术新产业的发展趋势。因此，加强对油气、煤炭行业的监管具有必要性，建立能源混业监管更符合未来发展方向，但关键是要探索新的工作方式——如果依然按照现能源局这样简单地按行业设置部门、配备人员，以行业为结点实施监管，很可能难以有效协调这几个巨无霸行业，重蹈20世纪八九十年代能源部、能源委的覆辙。这个风险，不仅是未来能源监管机构的风险，同样也是能源宏观政策部门的风险，只有从传统的企业管理、行业管理提升到公共管理，才可能走出一条新路，更有效地统筹各大能源产业，共同服务于经济社会发展，美国能源部14个职能部门8位部长助理没有一个是对应行业设置的。显然，现国家能源局的职能、机构、工作方式与思维倾向，都仅仅是传统计划管理部门的一个缩影，而在公共管理创新方面毫无苗头，在这样的基础上，未来不论是能源宏观政策部门、还是能源监管机构都需要做很多很久的探索。另外，中国的体制改革，往往是人事安排优先于机构调整、权利配置优先于名称旗号，各大能源产业均背景深厚，尤其石油行业在中国政治版图中具有特殊地位，核能工业同样也是背景神秘，1988—1993年能源部失败的一个因素就是石油、核能两大行业不买账，这个问题对未来能源政策部门、能源监管机构都是同样的，势必要经过长期的探索。

（4）借鉴电力监管实践经验，积极探索能源监管

设立能源宏观政策部门日益具有必要性，开展能源监管也代表了未来方向，但这两者在中国政府机构框架中都属于新生事物，需要深入地、长期地探索且存在一定风险，贸然将两者"政监合一"显然风险更大，因此分别设置能源宏观政策部门与能源监管机构、让它们分别探索创新，显然具有分散风险良性竞争的好处。而在探索能源监管方面，电监会将近10年的监管实践中，大量的经验教训值得研究与借鉴：一是率先探索基础产业经济性监管的先发经验，电监会开展电力监管已经将近10年，虽然一直缺乏良好的外部配套条件，也没有刻意谋求突出政绩，但尽职尽责基本完成了对基础产业实施现代监管的探索，积累了大量有价值的经验；二是对基础网络性产业进行系统协调的专业经验，电力是二次能源，大电网是系统性要求最高的基础网络，电力发—输—变—配—用瞬间平衡，在各能源产业中具有承上启下的地位，电监会对于基础网络的监管能力是未来进一步协调整合各大能源产业的重要基础；三是依法监管独立制衡大型垄断集团的实战经验，电力、油气等行业即使通过纵向拆分打破了全行业的垄断经营，但依然存在

电网、油气管网等自然垄断环节，在市场层面更普遍为各大能源巨头所把持，对这些垄断集团进行有效的制衡与监管是世界各国政府的共同挑战，电监会在增进厂网协调、维护市场秩序、促进信息公开、打破信息不对称、坚持专业性与独立性等方面，具有宝贵的经验。总之，经过新中国成立60余年的10次体制变革，建立能源大部制及能源混业监管本身都谈不上新鲜事物，若仅是挂上一块牌子还远远不算成功，必须经过深入的长期的探索争取走出一条新路。一是坚持"政监分离"的方向，能源大部制应以加强宏观政策为核心，国家宏观调控应保持统一，二是坚持能源基础产业加强监管的方向，近期探索开展石油监管、煤炭监管扩展职能，远期探索能源混业监管。

总之，开展能源领域的经济性监管是大势所趋，符合国际潮流，适应中国经济社会发展的需要，但开展能源领域的经济性监管也是一个新生事物，带有较强的探索性，因此一方面应尽早明确改革方向，明确未来国家宏观调控部门、大能源部、能源监管机构各自的基本定位；另一方面为分散风险，不仅应保持"政监分离"模式，在能源监管领域也应妥善处理好单一行业监管与混业监管的改革进程。

## （三）产业制度（改革主线情景比选之三）

产业，是某种产品或服务生产、交易、消费的链条，也是围绕这些产品或服务的企业、非营利组织、公共管理机构乃至消费者的组合。虽然市场主体多是分散、独立的，但在很多产业中都依然存在着公共事务或者公共环节，通过统一实行公共管理可以比单个主体各自处理效率更高。这些通过代理私权而实现更高效的公共管理的需求，在不同行业，可能存在于不同的产业环节，可能具有不同的表现形式，可能很多，也可能很少乃至没有。因此这些公共管理的实现形式也是多样的，政府的与非政府的、强制的与非强制的、经营性的与非经营性的、综合性的与专业性的、行业性的与社会性的、外在的与内部的，等等。不同行业的技术经济特性提供了是否以及如何实施公共管理的基本依据。再结合不同国家的政治、经济、历史、文化因素，最终形成了开展公共管理的具体领域、方式、程度等，也即某个行业的产业制度。

新中国成立60余年，中国从长期计划经济体制逐步向市场经济体制转变，在电力产业也经历了从政企不分到企业自主，从独家办电到多元投资，从垂直一体到分开交易。市场经济的本质是私权优先公权，市场化改革的核心是调整公权代理私权的制度安排。因此电力体制改革的主线一是从统一计划强制走向微观分散决策,二是依据电力技术经济特性不断改进完善行业内公共权力的行使方式,通过这样的一破一立到达市场经济的彼岸。因此,产业制度的改革始终是电力体制改革的重要范畴。

## 1. 横向治理的产业制度

横向治理的产业制度主要包括对于行业以内企业规模、数量、环节均衡度以及垄断性行为的配置与干预。在绝大多数国家,电力企业都是自发、分散产生的,随着经济社会发展以及电网技术的进步才逐渐形成大型电力企业,对于电力行业进行横向治理、主动调整企业规模数量等,一般基于以下因素。

一是市场化改革的推动。英国、俄罗斯等很多欧洲国家,以及印度、巴西、阿根廷等新兴国家,在第二次世界大战之后都经历了一个私有化与国有化的改革轮回,即先通过国有化形成全国性大型电力企业以保障电力供应、稳定经济秩序,到20世纪80年代之后再通过私有化拆分大型电企以吸引多元投资、提高竞争效率。其中欧洲地域狭窄、国家之间竞争激烈,很多选择了治权或财务分离的方式,因此依然保留了很多大型电力企业,在"世界500强排行榜"中形成稳定集团多年保持10家以上(详见附表32);而俄罗斯、巴西、阿根廷、印度等新兴大国为了更好地形成竞争格局、吸引多元投资,则选择了产权分离的方式,企业规模显著缩水,统一电力公司(UES)等著名电力巨头逐渐消失。

二是保护本国战略产业。电力是中国国有资产管理政策中明确规定的必须保持国有的战略性产业,国有资产比重一直在90%以上,随着经济发展越来越多中国电力企业进入世界500强,从2009年开始已经成为电力(能源)企业上榜最多的国家(6家)。法国《能源法》则明确规定政府在法国电力公司(EDF)中的持股比例不低于70%,2006年为了保护本国战略产业不被意大利国家电力公司(ENEL)收购,甚至为此紧急修改法律,组建了新的超大型电力(能源)企业——法国燃气苏伊士集团(GDF Suez),法国也是欧洲国家中进入"世界500强排行榜"最多的国家(4家)。

三是加强监管抑制垄断。美国、日本的电力企业始终以私人资本为主,其企业规模的发展基本取决于投资效益与管制政策。日本虽然对其十大电力企业给予特许经营保护,但在电价等方面倾向于抑制性的管制策略,企业活力逐步下降,在"世界500强排行榜"中逐步势微。著名的美国安然公司(ENRON),2001年鼎盛时期曾经掌控美国20%的电能和天然气交易,营业收入达到"世界500强排行榜"的第六位(这是至今为止世界电力(能源)企业的最高名次,中国国家电网公司至今还未突破），但随着安然、CMS、Dynegy等美国大型电力（能源）财务欺诈问题被曝光，美国加强了对于电力（能源）巨头的监管，到2010年的"世界500强排行榜"中已经没有美国电力（能源）企业的踪影（2001年鼎盛时曾经同时上榜17家，详见附表32）。另外在欧洲，虽然不会出现美国那种拆分AT&T的极端事件，但对于大型企业集团垄断行为的监管也是非常严格的，德国涉及电力（能源）领域反垄断的专门机构就有网络传输监管局、卡特尔办公室、国家竞争局、垄断委员会等。

中国长期实行计划经济体制，电力领域国有资产比重很高，企业规模的形成受到电力改革、国资管理等人为政策因素较多，很容易背离市场规律出现极端情况，因此，在下一阶段深化改革中，在产业横向治理方面依然有很大调整动力及操作空间。

（1）按照更佳规模经济优化超大电网企业规模

多年来，电网似乎已经与"自然垄断"相提并论。但事实上，电力系统的整体协同并不必然等于企业层面的大一统，统一调度、统一规划、统一技术标准的要求也不必然等于企业层面的独家经营。如果说技术经济特性是电网层面"自然垄断"不可重复建设的理由，那么企业层面垄断（特许）经营的具体规模则应取决于一定历史时期的规模经济。受自然资源、技术装备、社会经济、历史政治等条件制约，规模经济曲线是有两个临界点的，如果无限扩张规模过大，就会物极必反演变为"规模不经济"；而不同产业环节、不同专业领域的规模经济也是各自不同的，需要合理配合相辅相成，或者适时拆分重组。

自2002年两家企业分立独自运作以来，国家电网公司对比南方电网公司在赢利能力、偿债及资产运作能力、劳动生产率、成长性等主要经营管理领域已经出现系统性的落后，而非一时一事的偶然性差异（详见表12 2004—2010年两大电网公司财务指标对比）。另外即使在进入"世界500强排行榜"的所有大型电力企业中，中国国家电网公司的超大规模也属鹤立鸡群。如表15所示，2003—2010年，国网公司的资产规模、营业收入始终是上榜的世界大型电力企业平均水平的2～3倍，员工规模更是一直在10倍左右，因而在赢利能力、劳动生产率等多项财务指标方面一直远远落后于国际同行。规模经济是经济学中的基本理论，但具体到某行业中两个临界点的判识，唯以实证对比数据最为客观有力。而上述国家网、区域网两种企业规模在财务指标上的系统性差异，以及世界500强排行榜所反映出的"大≠美"现象，均已足够实证了在当前历史时期，中国国网这种超大规模的电网企业，的确是大而不当勉为其难，在下一阶段深化电力体制改革中，应通过拆分优化规模恢复规模经济效益。

表15　2003—2010年中国国网与世界500强电力企业规模对比

| | | 2003 | 2004 | 2005 | 2006 | 2007 | 2008 | 2009 | 2010 |
|---|---|---|---|---|---|---|---|---|---|
| 资产总额<br>(亿美元) | 中国国网 | 1271 | 1343 | 1449 | 1554 | 1864 | 2409 | 2698 | 3153 |
| | 行业平均 | 571 | 645 | 562 | 650 | 829 | 900 | 960 | 1053 |
| 营业收入<br>(亿美元) | 中国国网 | 583 | 713 | 870 | 1072 | 1329 | 1641 | 1845 | 2263 |
| | 行业平均 | 242 | 266 | 296 | 349 | 425 | 486 | 470 | 543 |
| 员工人数<br>(万人) | 中国国网 | 75.03 | 72.93 | 84.40 | 150.40 | 148.60 | — | 153.38 | 156.40 |
| | 行业平均 | 7.01 | 8.83 | 9.64 | 11.41 | 12.56 | — | 13.79 | 14.55 |
| 销售利润<br>率(%) | 中国国网 | 0.45 | 0.97 | 1.23 | 2.09 | 3.33 | 0.41 | −0.19 | 2.01 |
| | 行业平均 | 5.04 | 5.67 | 9.15 | 7.45 | 7.89 | 2.87 | 5.36 | 3.41 |
| 人均销售<br>收入<br>(万美元) | 中国国网 | 7.78 | 9.77 | 10.31 | 7.13 | 8.94 | — | 12.03 | 14.47 |
| | 行业平均 | 66.43 | 66.29 | 74.58 | 83.3 | 88.92 | — | 75.04 | 81.75 |

数据来源：《财富》杂志"世界500强"排行榜。

（2）整合地方电力（能源）企业形成规模优势

与个别企业规模过大并存的，是中国电力行业还有很多企业由于规模过小，而缺乏竞争优势与发展后劲儿。目前中国各类发电企业达2万余家，其中6000千瓦以上的将近5000家，但除规模最大的27家以外，其他所有企业的发电装机容量仅占全国的28.6%（详见附表13）。特别是其中很多地方企业，单台机组平均容量只有全国水平的62%左右。而在供电环节，每个县级地方供电企业的售电量只有国家电网所属县级供电企业的58%左右，但负荷密度只有46%左右。由于规模过小，这些企业往往缺乏融资渠道，电源不稳定，设备难更新，市场无法扩展，难以持续经营，更难以肩负起保障地方电力供应特别是民生供电的责任。在下一阶段深化电力体制改革中，应整合地方电力（能源）企业，组建省一级的地方能源公司，形成规模优势与良性发展机制。

（3）支持规范中国电力企业加快国际化扩张

近年来，随着很多国家在电力领域实施市场化改革、引进多元化投资，给大型电力企业进行国际化扩张提供了机会。一些大型电力（能源）巨头国际化扩张的进展异常迅速，海外业务已经占到将近一半，足迹遍布数十个国家。其中最典型、最成功的是法国、英国、德国等欧洲国家，西班牙、葡萄牙在南美洲等传统势力范围也较有优势；但与此形成对照的是，日本除东京电力以外的各大电力公司则相对保守，进军海外市场不利进而影响到自身的规模发展（详见附表33）。

中国电力企业在国际化扩张方面还处于试探阶段，主要电网、发电以及电建集团公司均积极走出国门，虽然至今还未形成稳定的市场模式，但在安全运行、工程建设、人力资源、融资能力等方面已经表现出一定的优势。与此同时，相比于国内人为抑制电价的经营环境，很多国家对于外来投资在电价准许、回报设定等方面给予的条件，往往更加优惠、更加稳定、更有利于持续经营。因此，应支持中国电力企业加快国际化扩张，同时加强监管与规范防止国有资产流失。

### 2. 纵向治理的产业制度

纵向治理的产业制度主要包括对上下游产业链所施行的纵向切分或者一体化整合。在绝大多数国家，不同产业环节之间的纵向联合主要由企业自主决策，经过市场竞争的洗礼逐渐形成纵向一体化的大型电力（能源）企业，而对于电力行业进行纵向治理、改变产业链纵向格局，主要有以下特点：

一是纵向拆分是电力市场化改革的标志。电力产业涉及的产业链比较长，但从生产到消费瞬间完成，对于纵向各环节的协调性要求较高，因此纵向一体化是电力产业发展中普遍出现的自然现象，不少国家在配电环节传统上尚为多元分散状态，但在发电与输电一体化方面几乎是共同的自然走向。20世纪80年代以来各国电力体制改革几乎都从拆分纵向一体化起步，主要目的是吸引多元投资满足需求，同时通过形成竞争格局提高效率。

二是拆分纵向一体化的核心不是产权。受到法制等多种因素限制，除了中国等少数国有资产占绝对多数、政府拥有绝对权力的国家，绝大多数国家的纵向一体化拆分难以实现产权意义上的绝对拆分，而更多是不同程度的相对拆分。例如，很多国家发电、配电公司之间不禁止互相投资；很多国际大型电力（能源）公司均为发、输、配、售综合业务，但各子公司之间或者治权，或者财务实施不同程度的分离（详见附表34）。与此同时，虽然并不追求完全的产业分离，但往往首先对电网（输电）加强管制、设置多种特殊的制度安排——或者禁止参与电力交易，或者进行独立的财务核算，或者禁止输电与发电或配电公司发生关联，或者发布专门的法令规范电网（输电）行为，或者对电网（输电）加强管制甚至由政府任命领导人，等等。

三是拆分纵向一体化与兼并扩张并行不悖。随着世界经济的全球化、金融化的发展，即使经历拆分纵向一体化，大型电力（能源）企业的规模依然越来越大，2003—2010年世界500强排行榜电力（能源）企业的资产与营业收入平均实现翻番式增长，年平均增速达到8%左右（详见附表35）。在输电（以及调度、交易)等特殊环节被严格管制的基础上,借助电力市场化改革、各国普遍开放市场欢迎投资的机遇,很多电力(能源)企业都获得了大发展。主要扩张方式一是国际化战略,在世界范围内进行投资,开展业务;二是一体化扩张,向电力产业的更上游发展;三是同心圆扩张,围绕传统终端能源消费者或者借助既有的电力营销渠道挖掘新的增值服务。

对比世界主要国家拆分纵向一体化,2002年中国的电力市场化改革无疑是粗糙而肤浅的,没有抓住电网(输电)管制这一改革的核心,匆忙实施的产权分开也是不均衡的(仅仅厂网分开),而且由于配套改革不到位,各个环节的电力企业都缺乏正常的可持续的经营机制,这次拆分改革多少带有一定盲目性,因此,在下一阶段深化改革中,在产业纵向治理方面必然需要补课。

(1)中国电力行业纵向治理结构远未到位

2002年中国电力体制改革,是一次以纵向拆分为主的改革,可惜由于当时对电力市场化改革的客观规律认识不足,这次拆分改革远远没有到位。一是没有充分认识电网(输电)管制的重要性,在厂网分开、拆分纵向一体化的同时几乎没有对电网(输电)进行任何针对性的管制,既没有禁止电网(输电)参与电力交易,也没有进行独立的财务核算,既没有继续推行输配分开禁止输电或配电的关联,也没有针对电网(输电)发布专门的法令对其资产、人员、财务管理、市场行为等进行规范;不仅对电网(输电)公平开放没有明确界定与要求,对于电网(输电)影响其他市场主体更是束手无策。从这个角度说,2002年中国电力体制改革,并不是一次典型的、成功的纵向拆分(详见附表34)。二是仅仅厂网分开,形成电网(输电)企业独买独卖的交易模式,造成纵向产业格局极度不均衡,在世界主要国家中几乎是绝无仅有的。三是由于电力市场建设失败,独立输配电电价以及销售电价联动都迟迟没有落实,不论是发电企业、还是电网(输电)企业其实都同样缺乏正常的可持续的经营机制。下一阶段深化电力体制改革,无疑需要解决上述问题。

(2)推动一次、二次能源纵向一体化智能化发展

电力是一个产业链很长的领域,除了传统的发、输、配、售,目前世界大型电力(能源)企业普遍通过一体化扩张,向电力产业的更上游发展。一是电力与煤炭等传统一次能源相结合,除了德国、美国、西班牙、瑞典等国电力(能源)企业,饱受煤电矛盾之苦的中国各大发电集团近年来更是大举进军煤炭领域,华能、国电煤炭年产量均已超过6400万吨,多家企业均把"十二五"目标定在亿吨水平。二是电力与风能、太阳能等新能源相结合,近年来世界范围均出现发展

新能源热潮，很多国家的风电装机容量出现10倍以上的增幅。三是电力与燃气相结合，美国、欧洲以及日、韩大多数大型电力企业都兼营燃气业务（详见附表36），随着页岩气等非常规气体能源近年来异军突起，不仅美国能源出口大增甚至制造业回归，对于中国电力企业一体化发展更是良好的启示，如果能够在下一阶段像"十一五"期间推进风电那样集中力量发展气体能源，必将获得完善电源结构、改进调峰能力、保障能源安全、拉动新的增长等多重效益。另外，电力与一次能源的纵向一体化，还应结合智能网发展，通过不断提高电网智能化水平，将各种新能源有机组合成智能能源系统。

（3）通过同心圆扩张提高电力产业的附加值

电力企业战略扩张的方式除了产业上下游一体化，还应通过同心圆扩张战略围绕传统终端能源消费者，或者借助既有的电力营销渠道不断挖掘新的增值服务，不断提高电力产业的附加值。特别是电网末端非网络业务市场，还有很多业务可以给社会创造更多价值，并为电力企业带来丰厚回报。一是向燃气、供热（制冷）领域扩展，与电力用户往往是相同的消费群体，随着新能源及智能电网相关技术发展，电、气、热、冷在技术上将实现灵活转换，在业务上势必相互融合。二是向能源及环境服务领域扩展，节能环保日益成为社会主流观念，也孕育着巨大的商业机会，电力系统本身是节能环保的重点领域，具有向更大的市场领域延伸的便利条件。三是向通信、信息等基础设施领域扩展，电网是重要的基础网络设施，随着智能网络技术的发展，电力网与电信网、广电网、互联网有望进一步融合，获得更高的附加值。

总之对于世界500强一级的大型电力（能源）企业来说，围绕主业、适度混业经营、逐步跨国发展是现阶段的主流发展模式。

## 3. 公共治理的产业制度

横向治理、纵向治理是绝大多数行业都存在的产业制度问题，而电力行业还存在比较特殊的公共治理问题。人类社会发展的历史，也是人类自我组织、自我管理、自我约束的发展过程。在市场经济体系中，在普遍的私权保护微观决策之上，存在大量对于公共管理公共服务的客观需要，通过代理机制实现这些公共职能（并配以相应的制衡机制），是人类文明进步的重大成果。

如前所述电力行业存在普遍联系、快速响应、分层交易、多边实现、超前投资、有限竞争、基础服务、公共管制等很多鲜明的技术经济特性，导致对于公共管理公共服务大量的内在需求——例如，在生产运行领域，设置统一的调度指挥机构，部署统一的信息系统与自动化控制措施，是设立强制性的安全监管制度，实施统一的技术标准以及更多强制性的技术监督，提出统一的电能质量标准与要求；在交易分配领域，电网无歧视开放，设置统一的调度交易机构，建立信息公开的有形市场，监管市场秩序抑制垄断，协调纠纷仲裁争议；在建设投资领域，进行统一规划，实施准入管制，设立激励性的投资体制，发布宏观调控政策，对垄断环节成本、价格、质量、投资、准入等进行管制；在社会责任领域，发布普遍服务政策，维护电力持续保障能力，系统推进能源技术进步，研究发布节能环保政策，开展使用侧管理，等等。

目前中国电力行业中的这些公共职能普遍存在制度缺陷。如，生产运行领域，调度指挥机构的中立性权威性下降，安全生产信息透明度不足，技术领域的统一性与标准化下降，电能质量水平不一；交易分配领域，电网环节独买独卖与其他市场主体严重不平等，电网企业不断纵向延伸业务威胁市场秩序与电网公平开放，调度交易机构隶属于电网企业存在谋取额外利益的灰色空间，电力交易信息透明度不足；建设投资领域，规划的科学性与中立性下降，准入管制惯于直接干预微观而技术性不足，投资体制长期的激励性不足，对电网等垄断环节管制不到位；社会责任领域，普遍服务政策不到位，电力资产的使用价值发挥不充分，能源技术发展缺乏顶层制度支撑，节能环保政策不完善。

电力体制改革，核心就是完善这些公共职能的制度安排。而由于上述这些公共职能非常广泛多样，除了公益性、专业性、非营利性以外，它们的性质与效力差异较大，因此必须依据这些公共职能的不同性质与效力来分层行使，并确定不同的组织形式：

第一个层次，是行业以外的强制性行政管理，应由政府部门根据职责实施，作为宏观调控以及经济性监管的一部分，主要内容包括价格、准入、资产管理等；

第二个层次，是从行业抽离的强制性专业管理，应由国家法规授权支持的独立机构实施，作为国家决策的重要专业支撑，主要内容包括调度、规划、技术标准；

第三个层次，是行业以内半强制性公共管理与公共服务，应由国家法规明确界定的行业公共机构实施，作为行业运行的必需环节，主要内容包括调度、交易、输电。

价格、准入、资产以及规划、标准等公共职能的深化改革完善制度安排，在前述管电职能机构部分已经详述，显然，在下一阶段深化改革中，在产业公共治理方面的重点，必然是电力行业以内最核心三大公共机构——调度、交易、电网（输电）的制度安排。

（1）中国调度、交易、电网（输电）三大公共机构的制度安排还未触及电力市场化改革的核心实质

电力市场化改革并不等于绝对的产权拆分，而是通过制度改进使不同产业环节达到各自的最优配置，其中更加核心更加本质的则是电网（输电）管制。电网（输电）是电力产业链上最独特的环节，一是电网（输电）具有自然垄断特性，一般认为不宜引进竞争、应避免重复建设；二是电网（输电）是发电、用电交易的载体、营销的平台，本身具有公共性，需要公平开放；三是电网（输电）往往与调度、交易等职能机构一体，对于其他市场主体具有强大的指挥干预能力。因此必须对电网（输电）进行专门的制度安排，并加强针对性的管制——因此，电力产业公共治理也即市场化改革的核心，就是调度、交易、电网（输电）三大公共机构的制度安排。

调度、交易、电网（输电）这三大公共机构，虽然均行使电力行业以内的公共职能，但其公共属性的特点不同：调度机构肩负指挥、规划、配置、准入、交易、信息、技术等多种公共职能，既是一种公共服务与必需环节，也是一种公共管理与强制职能，因此必须采取非营利性、独立性、专业性的组织形式；交易机构是从调度机构中分化出的新机构，随着20世纪80年代世界范围电力市场化改革的潮流应运而生，与调度相比它的强制性相对较低、但更加注重服务，也需要采取非营利性、独立性、专业性的组织形式；而电网（输电）是投资巨大的基础设施与公用事业，属于一种服务性质的准公共产品，可以通过营利或非营利等不同代理形式来实现国家的公共政策目标，并同步实施经济激励与专业监管。

上述公共属性的不同特点，必然带来对实现方式、组织形式的不同要求，因此随着市场化改革的进程，调度、交易、电网（输电）三大公共机构不同形式、不同程度的分开成为普遍而基本的改革内容。目前世界主要国家中主要有4种模式（详见附表27）：

● 交易机构单独分离，调度/输电保持一体——典型国家有英国、德国、法国等很多欧洲的TSO模式，另外日本也单独组建了电力交易机构（一般同时要求不同程度的输配分开、输电企业不参与交易）；

● 调度、交易打捆分离，输电业务独立运营——典型国家有美国的ISO/RTO模式，阿根廷的CAMMESA模式等；

● 调度、交易、输电三者各自独立——典型国家有俄罗斯、巴西、印度等；

● 调度、交易、输电三者依然合一——目前世界主要国家中只有中国采取此模式。

总之，中国虽经2002年电力体制改革，但至今调度、交易、电网（输电）三大公共机构依然全部合一，其实还未真正触及电力市场化改革的核心实质（厂网分开仅仅属于外围准备动作而已）。因此，在下一阶段深化电力体制改革，首先必须研究确定中国电力调度、交易、电网（输电）三大公共机构制度安排的目标模式。

（2）在调度、输电分合之"大国模式"与"小国模式"中做出抉择

所谓市场化的改革，最基本的举措就是建立独立、专业、非营利性的电力市场交易机构，因此交易机构与电网（输电）分开是一种必然，否则没有意义，中国目前连此市场化改革的最基本举措都没有完成。而交易职能本是调度职能的一部分，市场化改革中为了集中力量、加强服务、尽快推行市场交易，一些国家将交易职能从调度职能中独立出来，但美国、阿根廷模式与俄罗斯、巴西、印度模式作为改革目标并无绝对的差异，往往仅是推进过程中的便宜行事而已。因此，研究确定调度、交易、电网（输电）三大公共机构制度安排的目标模式，核心抉择还是调度、输电的分合模式问题。

目前在世界主要国家中，调度、交易、电网（输电）三大公共机构制度安排有4种模式，但按照调度、输电的分合模式可以简化为两大类（详见后文表16）：

调输一体之"小国模式"——英国、德国、法国等很多欧洲国家以及日本，调度机构与电网（输电）一体，交易机构单独分开；

调输分开之"大国模式"——除中国以外世界上国土面积前八大的国家（普遍超过300万平方千米），其中俄罗斯、巴西、印度是调度、交易、电网（输电）三者各自独立，美国、加拿大、澳大利亚、阿根廷则调度、交易与电网（输电）分开之后打捆运作。

为什么调度、输电的分合模式恰好与一国领土面积高度相关？是否仅仅是巧合？简单来说，各国市场化改革的起点是一致的（即调度、交易、电网（输电）三者合一），而在任何国家推行任何一项改革都会有成本与阻力，因此改革的驱动力也即调输分开的动力，其实很大程度上取决于假设维持现状、两者不分开的弊端！如果弊端尚可容忍、往往在决策过程的博弈妥协中就可能放弃这一非必选项，而如果实在负面影响太大忍无可忍、那么在决策过程的博弈妥协中就势必会全力坚持。调输不分开的主要弊端在于可能影响到电网的公平开放、影响到发

电厂等其他市场主体的利益、影响到电网（输电）的信息公开外部监管，但如果一国领土面积比较小，电网规模小、结构简单，那么调输不分开的弊端多半就比较有限；而如果一国幅员辽阔，电网规模庞大，分层分区情况复杂，跨省跨区交易等特殊情况较多，那么显然如果调输不分开就会留下很大隐患，于是世界上所有国土面积比较大的国家（除中国以外）不约而同都选择了调输分开的"大国模式"，这是电力"范围经济"特性的又一体现。

进一步可以作为旁证的，是欧盟的"调输分开"发展趋势：一是国家层面的治权分离——在欧盟发布的第三级内部能源市场指令包中，确定了独立输电运行机构（ITO）方案，即允许垂直一体化的输电企业保留系统的所有权，但系统必须由独立输电运行机构来管理，该机构可以从属于同一母公司，通过由监管机构加强监管来保证电网的公平、无歧视接入。二是跨国层面的独立调度，最终将形成调度、交易、输电三者分开——随着欧洲各国间电网互联及电力交易的发展，以电网联合运营及协调中心为雏形（Coreso，目前已有德、法、英、意、比等5国参与），这一致力于协调电网运行、避免大面积停电、统一技术标准与联网问题、统一发展规划的跨国组织，将发展为服务于并超越于各输电企业之上的独立调度机构（与现有数量繁多、形式多样的电力交易所难以合一）。最终，世界主要国家中，只有国土面积窄小、电网结构简单且无迫切互联需求的日本将保持调输一体的模式。

总之，调度与电网（输电）是完全不同的职能，类似养路护路队与高速路管理局的差异。对于类似中国这样的大国，调度与电网（输电）分开，是顺利推进电力市场化改革、制约垄断势力、促进信息公开、保障系统安全、维护市场秩序的重要举措，也是世界各国普遍遵守的客观规律。特别是在行政权力高于市场契约的中国，2002年以来调输不分的弊端有目共睹——所有的垄断利益集团都具有与生俱来的侵略性，不主动限制垄断则必然会强化垄断，俄罗斯对于统一电力公司的坚决拆分与中国国家电网公司的日益强化，就是鲜明的对比。

（3）面向未来从输配分开进化到网络与非网络业务分开

调度与电网（输电）分开，是下一阶段深化中国电力体制改革的核心内容。那么，对于电网环节是否还需要进行进一步的拆分？目前世界主要国家中主要有4种模式（详见附表27）：

● 输配产权分开——典型国家有，英国（输电公司与配电公司没有产权关联），阿根廷（输电公司禁止购售电、禁止从事发电或配电，发电、配电及其他私人公司禁止控股输电公司），俄罗斯（联邦政府为输电企业出资人，在配电公司也占有重要股份，但各为独立的企业），巴西（在发、输、配电分开的基础上，私人资本可进入发电、配电领域，并禁止输电公司参与电力买卖），印度（输电公司不允许从事电力交易，发、输、配各自独立）；

● 输配治权分开——典型国家有，法国（法国电力公司虽依然发、输、配、售一体，但输电公司、配电公司均是独立法人机构，与集团公司仅股权关系，总裁由政府任命），德国（输配产权分开，或至少治权分开）；

● 输配财务分开——典型国家有，美国（各公用电力公司虽仍发、输、配、售一体，但通过《公用事业统一会计制度》进行环节细分的财务核算），日本（十大公司虽依然发、输、配、售一体，但按《电力事业法》要求实行功能分离，输配等各环节均财务分开核算）；

● 输配不分——目前世界主要国家中只有中国采取此模式，至今连输配财务分开核算都没有实现。

虽然所谓"输电"与"配电"始终没有统一公认的划分标准，但普遍从"网络性业务"与"非网络性业务"的角度进行认识。其中网络性业务通常建立于结构复杂、潮流不确定的电磁环网，具有一定的公共产品属性，不适合过度竞争或者完全按照一般性产品定价；而非网络性业务则一般被认为建立于结构简单、潮流单一的放射支线，基本属于普通商品或服务的竞争性环节，完全可以引进多元竞争并通过市场决定价格。在电力市场化改革中推进网络性业务与非网络性业务分开，与企业经营管理经济效益的优劣问题并不是一个层面，一个很重要的驱动力其实来自配合价格管制的需求：网络性业务，一般可进行成本监管下的收益保障性定价；而非网络性业务，则可在网络公平开放的前提下引进更具激励性的价格机制，如多个买方竞价的零售竞争。

由于所谓输电与配电是建立于对网络性业务与非网络性业务的认识，那么随着新能源、智能网等新技术新产业发展，配电环节将日益具备网络特性（潮流反送、元件复杂等），由此"输配分开"可以转化为"网售分开"——其中所谓"售"的核心也就是电网末端的非网络业务。随着智能化能源技术革命，电网末端的非网络业务将远远超越电力营销、技术服务的范畴，而成为一个新的产业增长点（例如，分布式新能源、又如节能管理等）。因此，下一阶段深化中国电力体制改革中，以电网业务与非电网业务分开替代传统的输配分开，将能够更好地面对未来。

## 小结　深化电改的主线——优化电力产业制度

通过情景分析与策略比对，在新的历史时期，不论是电价管制、准入管制、资产管理等职能机制问题，还是能源大部制、能源监管等机构体系问题，都难以单兵突进，更难以谋取显著成效。在这些改革的深水区，电力相关改革措施或者需要服从服务于更加宏观、更加顶层的改革事项，或者需要逐步探索转型，经过积累发酵之后方能对比显示出改革成效。

因此下一阶段，还是在电力行业内部，以调整完善产业制度为主线进一步深化电力体制改革，更加简单可行容易操作，而且更加容易出成效。这不仅是与职能机制、机构体系相比而言更优的策略选择，同时也符合20世纪80年代以来世界电力市场化改革的潮流，符合电力行业发展与公共治理的客观规律，抓住了深化电力体制改革的核心要害。

电价机制改革与优化产业制度，是相互交织相互影响的，开放大用户直接购电与输配电价独立核算独立定价、建立权责对等的地方保电机制与下放终端销售电价权、统一电力市场建设与放松上网电价管制等都是高度相关的改革范畴。但另一方面，这两者之间并不是"鸡生蛋、蛋生鸡"那样的逻辑悖论，过去的改革历程已经足够证明，电价形成机制改革必须建立于更加市场化的业务格局与市场格局，缺乏产业制度改革的前提不可能获得真实的信息、开展有效的竞争——这种状况下的电价改革必成无源之水、无本之木。

更进一步说，中国目前与国际电改走向差距最大的环节，是电网环节的制度安排。目前以国家电网公司为代表的"政企贸科四维合一"的制度安排，以公共权力垄断（政）、市场规模垄断（企）、业务链条垄断（贸）、创新机遇垄断（科）这"四重垄断"的豪华组合达到电网环节垄断形式的巅峰。但与此同时，作为各种矛盾冲突的焦点，对于现行电网垄断制度的"四重破解"——公权机构独立（政）、重组拆分全国电网企业（企）、对称开放用户市场以及下放终端经营与定价权（贸）、地方主导多元探索智能能源网建设（科），又为中国新一轮深化电改、优化电力产业制度指明了最基本的方向。

# 三、需求驱动力
## ——新阶段的新形势与新思路

距离上一轮电力体制改革，目前已经10年，很多既定的改革任务因为各种原因而推进困难，与此同时随经济社会发展又出现一些新的问题与矛盾，改革的深化呼唤新的推动力。"十八大"之后，新一代领导集体正式走上前台，通过政府换届以及各项人事调整，中国将进入一个新的改革窗口期，很多领域多年积累各方僵持的问题有望迎来新的历史机遇，都希望成为新一代领导集体展现新思想新举措新力量新成就的突破口。

与铁路体制改革一样，电力也是深化改革的重要领域，而且电力行业具备很多率先改革的得天独厚有利条件：一是电力行业国有资产比重高，集约化管理基础好，队伍整体素质较高，对国家有关政策措施具有较好的执行力；二是中国电力行业具有良好的安全基础与社会责任意识，"安全第一、预防为主"、"人民电业为人民"等行业文化传统悠久，改革的风险可控；三是电力是基础产业中的改革先行者，改革意识深入人心，深化改革的社会舆论基础较好，可望形成试点示范效应；四是电力作为重要的基础产业，更是新能源、智能网络等技术发展的公共平台，深化电改的外部效益可以惠及相关产业，挖掘新的经济增长点；五是电力是影响广泛的公用事业，通过深化改革保障基本民生权利、实现能源基础服务均等化，有助于和谐稳定体现改革成效。

总之，电力行业具备深化改革取得成效的有利条件，有望在"十八大"之后争取新的突破。而如前述电力体制改革涉及面很广，可以选择的改革范畴与措施对策都有很多，在有些领域甚至已经历经反复，而且电力体制改革属于改革的深水区，任何决策都可能需要付出成本、经历博弈，因此在"十八大"之后新的历史阶段深化电力体制改革，必须对各相关的改革事项进行慎重甄别——而做出选择的基本标准就是要适应新的形势与要求，与时俱进，因势利导，使行业改革与经济社会发展同步互动。

## （一）新的形势与要求

电力是经济社会发展的晴雨表，电力的发展走势与国民经济发展形势具有高度的相关性，经济社会发展的不同阶段对于电力发展改革也有不同的要求与影响。

如图11所示，改革开放以来中国电力发展与宏观经济的相关性显著，都具有10年左右的周期特性。

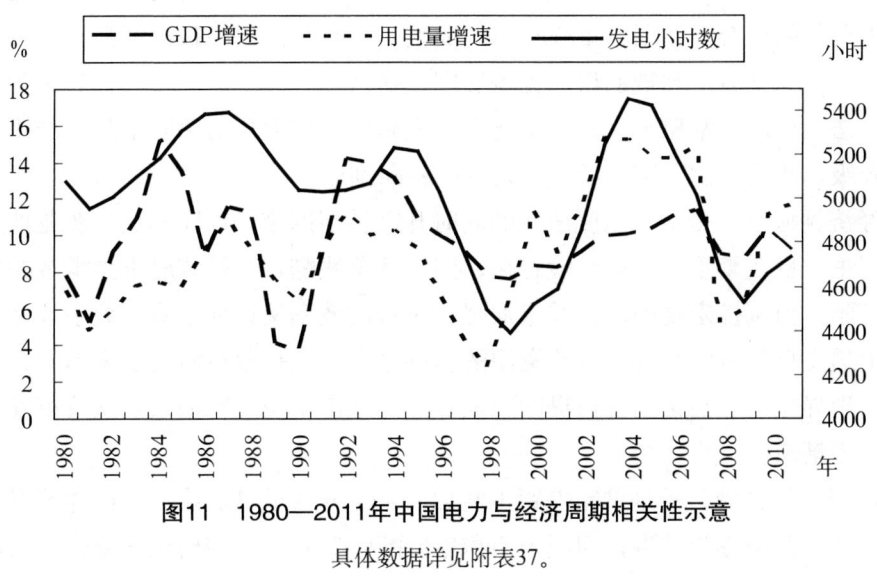

图11　1980—2011年中国电力与经济周期相关性示意

具体数据详见附表37。

- 在1981—1990年周期，我国电气化程度低，工业化发展进程慢，电力消费增速低于GDP增速，弹性系数较低且对GDP的敏感度不高；由于长期电荒，发电小时数长期处于高位，1985年实施集资办电之后发电装机增速显著提高。
- 在1990—1999年周期，我国工业化进程加速，电力消费对于GDP变化敏感度提高，但单位GDP电耗显著下降使弹性系数依然较低；末期亚洲金融危机时发电小时数急剧下降，受审批政策调整的影响发电装机增速也从高位开始下降。
- 在1999—2009年周期，是典型的重工业化周期，重工业特别是高耗能（电）行业加速发展，电能消费比重与单位GDP电耗显著提高，电力消费快速增长同时对于GDP的变动高度敏感，弹性系数长期高于1，同时波动剧烈；前期装机严重短缺发电小时数屡创新高，在不利的政策条件下发电装机增速依然迅速恢复到高位，后期出现低小时数高装机量的新型电荒。

综合各方面信息，在"十八大"之后新的历史阶段，中国电力发展将进入一个新的发展周期，将面临以下新的形势与要求。

### 1. 保障民生权益，维护基本秩序

"十八大"之后，中国将形成新中国新一代领导集体，经济社会发展将进入新的历史阶段。但目前各界普遍认为，随着改革开放进入第35个年头，新一代领导集体将在政治经济社会等各个领域面临日益严峻的风险与挑战。

政治领域，一是强人政治模式远去，新一代领导集体需要设法构建自己的权威，需要新的思想、话语、手段与新的成就；二是政治秩序日益混乱，党、政、军、工、商、学各个领域的权力竞争加剧，朝、野、央、地、政、企等矛盾错综复杂，法制倒退，乱象丛生；三是腐败深入肌体，权力公信急剧下降，群体事件逐步升级，政治体制改革滞后，执政基础不断削弱。

经济领域，一是增长速度放缓的同时升级转型困难，内需不足，实业抽空，房价高企，税赋繁重，资源环境恶化，国际竞争残酷；二是政府干预微观的权力不断扩张，但调控宏观的能力并未加强，执行的效率又边际下降，数字政绩很多建立于透支自然资源与社会政治资源的基础之上；三是改革阻力越来越大，改革方向出现异化，利益集团日益巩固，权贵经济逐渐定型，普通大众从改革发展中的得失逐渐逆转。

社会文化领域，一是贫富差距不断加大，上升通道日益狭窄，群体等级分化加剧，社会共识逐步破裂，问题矛盾积累发酵；二是人口结构显著变化，农民进城无法扎根，提前进入老龄社会，公共设施发展失衡，公共服务严重不足；三是优秀传统文化逐渐流失，思想理论争论不断、频破底线，历史观念、文化传统、国家认同、民族归属都逐渐遭遇挑战，人心外向、人财外流再难凝聚。

如果说新世纪10年是从改革转向维稳的10年，那么下一个10年很可能将以"安全"为主题词，政权安全、军事安全、金融安全、能源安全、信息安全、粮食安全、文化安全、人才安全、基因安全……而在上至公卿下至草民皆失去安全感的时候，维护基本秩序感、保障民生共度时艰才是奢谈幸福感的基础。

电力作为重要的基础产业与公用事业，为了保障民生权利、维护基本经济与社会秩序，为进一步深化改革度过深水区保驾护航，需要进一步做好以下3点：

（1）保障民生用电权利，推动公共设施与服务均等化

电荒是中国经济社会生活中非常常见的不正常现象，1978—2012年的30多年

中，中国存在大面积非事故限电停电的年份高达80%左右（详见附表17）。多年以来从政府到行业都对电荒问题采取了大量措施，但随着经济社会的发展，电荒的类型不断演变，从投资匮乏，到装机不足，再到新型的软缺电，矛盾点从行业内向行业外不断扩展，保障电力供给的成本代价越来越大，电荒渐成长期无法根治的现代癌症。

长期的电荒，不仅屡次成为中国经济周期恢复发展的拖累，对于民生用电也造成很大影响。而且随着经济社会的发展，在保障民生用电权利领域也出现很多新的问题：一是生活水平提高，生活方式变化，一旦停电造成的经济损失增加，而且对于电力供应的要求从满足于有电用，提高到电能质量与可靠性，另外消费者权利意识增强，对于停电的心理承受程度下降。二是一些农村地区基础条件薄弱，农网改造不到位且缺乏长效机制，一些地方供电企业经营困难，而随着农民工返乡带回新的生产生活方式，农村用电矛盾有所增加。三是全国依然存在大约380万无电人口（详见附表23），而且更加集中到偏远贫困地区，需要与脱贫开发、生态保护等一系列问题综合考虑，建立可持续的机制以避免脱贫又返贫、有电回无电。四是民生用电领域出现不正常的政治因素，随着节能减排、总量控制等政策日益严格，一些地方政府为了突击完成考核指标，近年来屡次出现在第四季度人为强制停电包括居民生活用电的"10月现象"。

因此，为了保障民生权利、维护基本经济与社会秩序，在新的历史阶段必须通过深化改革进一步保障基本的民生用电权利，推动城市与乡村、沿海与内地等全体国民享有相对均等化的电力设施与服务。

（2）提高电力保障水平，满足经济社会发展的需求

如图12所示，与中国工业化、城镇化发展同时并进的是显著的电气化发展，改革开放以来，中国电力消费弹性系数在绝大多数年份都高于能源消费弹性系数，电能占终端能源消费比重、电力消费能源在一次能源中比重也呈持续增长态势。大部分发达国家在工业化、电气化达到一定水平以后，上述两个电力消费比重指标的数值增长速度都将放缓，分别相对稳定在20%～25%及40%～50%的范围（详见附表40）。中国这两个电力消费比重指标的数值已经接近发达国家水平，但考虑工业化、城镇化进程还未结束，非化石能源发电的发展，煤炭的清洁利用程度提高以及电动汽车等能源利用方式的变化，上述指标可望达到较高数值，电气化发展还将延续，电力消费需求还将继续高于能源总体发展水平。

满足经济社会发展的需求，需要建立在更加多元化系统化的政策目标体系。一是电源的品种要更加多元，除了传统的煤电、水电，相对成熟的新能源（风

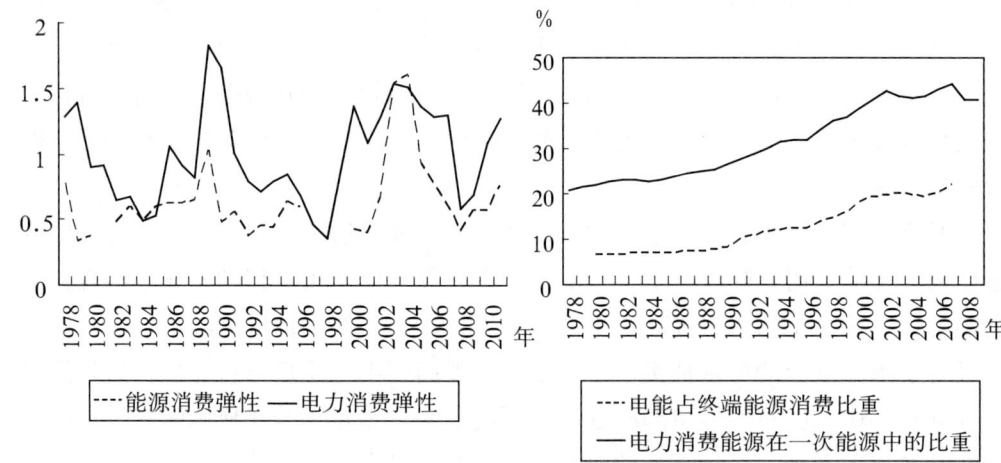

图12　1978—2010年中国电气化发展主要指标

具体数据详见附表38和附表39。

电)、严格安全监管下的核电可望继续保持发展势头,而燃气则应成为未来10年新的增长点。二是保障电力供应的方式要更加系统,电源建设与电网建设相协调,供给侧加强保障与消费侧节约能源、改进用电特性并重。三是电力保障要更加具有针对性,除了总量平衡,还要满足不同地区、不同时段的需求,特别是随着经济社会发展用电负荷率可能进一步下降,抽水蓄能及燃气机组应引起更多重视与倾斜。四是提高电力保障水平要建立于更加广泛的参与,除了中央层面统一规划、科学统筹、提高资源优化配置的水平,在地方层面也应因地制宜积极探索、更多关注并参与电力事务,共同满足经济社会发展的需求。总之在新的历史阶段提高电力保障水平,必须通过深化改革进一步加强科学决策水平并充分调动各方积极性。

(3)加强电网专业管理,进一步提高安全稳定水平

电力是保证现代经济和社会正常运行的基本要素,电力安全则是保障民生权利、维护经济社会基本秩序的重要基石。

为保证现代电力系统安全稳定运行,必须不断加强安全管理的公共性与专业性。一方面,安全是一种社会性目标,与企业的营利目标具有不可避免的冲突;安全管理属于一种公共管理,是经过不同市场主体的授权委托而从企业职能抽离升格而来;电力系统安全管理很多时候甚至会上升到一种行政指挥,通过一系列规则制度、法定程序来加以保障。另一方面,除了人身伤亡,电力安全指标本身

往往也是一种技术与统计指标；电力系统普遍联系、瞬间响应，电力安全必然建立于广泛而严格的系统协调之上；维护电力安全管理，不仅需要大量技术指标与准入标准，还需要电网调度这样的人工职能决策体制。因此，电力安全发展的历史，也是安全管理职能不断外部化与公共化的历史，电力安全管理不断从企业职能上升为公共职能，各项有关管理措施不断从内部经验上升为规则共享甚至法律条文，以获得更高的权威与更广泛的应用。

以美国—加拿大为例，最初，电力安全管理完全是各电力企业内部事务，自1965年纽约大停电事故后，组建了具有民间性质的北美电力可靠性协会（NERC），通过统计分析、安全评估、调度培训、标准制定、事故调查等，为提高北美电力系统的安全可靠水平做出了巨大努力。但由于相关技术标准缺乏更高的强制效力，各市场主体受利益驱动难以完全严格执行，2003年8月14日再次发生影响高达5000万人的"美—加大停电"。事后北美可靠性协会向政府发出的最重要呼吁就是：电力安全管理应由民间走向政府监管。2005年8月8日，布什总统签署了"国家能源政策法令"将过去推荐性的相关技术标准变为强制；并将北美可靠性协会改组为接受美国联邦能源管制委员会委托的独立机构（ERO），有权及时向美国能源部和联邦管制委员会提出安全事故报告以及标准的评估报告。

作为对比，中国却走了一条相反的道路。在政企不分的行业部时代，调度局（调度所）等安全指挥机构、科研院等技术支撑机构与发电厂、供电局等具体业务机构是相互独立的不同部门，各自有其垂直体系。2002年电改之后，调度、科研这些公共机构与专业机构成为电力企业内部部门，并通过交易独立、本部化、调控一体等手段被不断内化、拆散与混合，电力安全管理的公共性、专业性均显著弱化，大系统风险不断积累。

总之，在新的历史阶段加强电网专业管理，进一步提高安全稳定水平，必须通过深化改革进一步巩固与加强电力安全管理的公共性与专业性，安全责任主体在电力企业，但安全管理应从企业管理层面提高到公共管理层面，并不断提高专业水平。

## 2.抢占产业高点，带动发展转型

"十八大"之后中国新一代领导集体将在很多领域面临日益严峻的风险与挑战，而应对挑战的一个基本点，依然是"发展"这个硬道理，保障民生维护秩序都需要经济实力与一定的增长预期作为基础，而经济持续发展也将为深化改革缓解化解各项社会矛盾提供更好的背景与缓冲。因此"十八大"之后依然需要坚持以经济建设为中心的基本方针，解决好若干经济发展中的深层次矛盾与长期积累的问题，引导经济健康发展而非仅仅数量增长。

一是需要解决好经济发展的持续性或约束性问题，目前中国推动经济发展的模式，过度依赖土地、资源、资金，以及廉价劳动力的投入，而科技创新与制度改革不足，难以长期持续，逐步触及资源环境、土地金融、人权劳保、外部市场等多重制约边界，以能源领域为例，石油、天然气、煤炭的储产比分别只有世界平均水平的1/3.78、1/1.87及1/1.98，石油、天然气、煤炭、铀矿的人均资源储量分别只有世界平均水平的1/16.11、1/14.90、1/1.43及1/11.59（详见附表42）。

二是需要解决好经济发展的效率与结构问题，目前中国经济发展方式粗放，过于依赖资源投入而缺乏定价权话语权，对国际市场依赖度高但在国际产业链中位置低下，投资效率低下，内需严重不足，在很多领域都存在结构错位与效率黑洞，以能源领域为例，低消费与高浪费、低资源与高需求并存，能源消耗总量世界第一、人均能源消费已快速赶上世界平均水平，能源安全问题突出，特别如图13所示，21世纪以来单位GDP能耗出现反复，目前超过美国的3倍、德国的4倍、日本的7倍以及世界平均水平的2.5倍（详见附表43和附表44）。

三是需要解决好经济发展的升级与引领问题，如图14所示，目前中国距离完成城镇化还有至少20个百分点，人均GDP水平也仅属于"半工业化"水平，未来10年城镇化、工业化发展不能再沿袭过去的粗放方式，抓住新能源技术、智能网

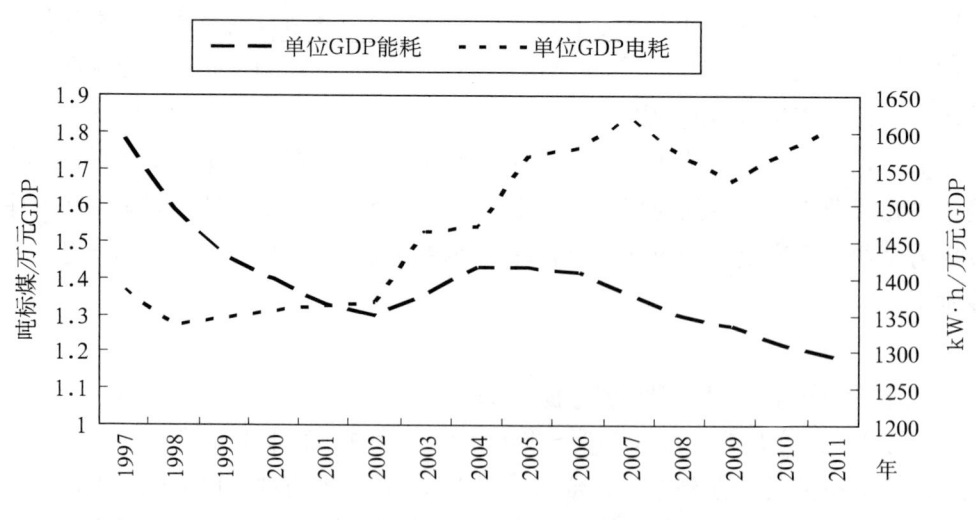

图13　1997—2011年中国单位GDP的能耗与电耗

具体数据详见附表41。

络技术革命的机遇抢占历史高点，引领产业升级，为扩大内需、优化出口、发展经济提供新的动力。

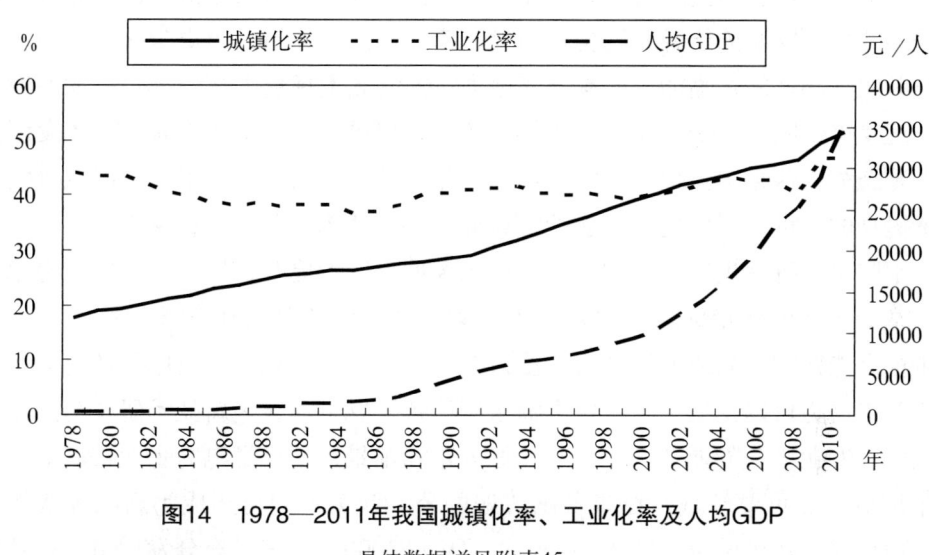

图14　1978—2011年我国城镇化率、工业化率及人均GDP

具体数据详见附表45。

电力作为重要的基础产业与公用事业，为了促进经济转型与持续发展、打造经济新增长点甚至抢占世界产业变迁制高点，需要进一步做好以下3点。

（1）推动提高全社会能源效率，争做能效产业发展的主力

电力行业既是能源的转化者、输送者，也是能源的消耗者，在能效方面具有独特的特点，也可望承担更重要的使命。一是电力是直接使用一次能源的最大部门，完成工业化的国家一般可达40%以上（详见附表40），很多行业消耗的一次能源都首先转化为电力形式。二是电力企业的能源使用效率就是其生产效率，因此具有提高能效的内在动力，而且与工业、交通、居民生活等其他部门相比，发电与电网企业使用能源更集中、规模更庞大，更便于通过技术进步与管理改进而获得规模效应。三是电力领域提高能效需要发、输、变、配、用各个产业环节的协同，电网在其中具有重要的枢纽作用，是其他产业环节技术进步、提高能效的重要平台。四是电力领域还有较大的提高能效的潜力，在一个典型的化石能源发电—输配电—用电流程中，最终总能效水平只有大约22%，提升能效的空间显著。五是目前提高能效的重点环节主要在终端用电，电网环节自身的节能空间并不大，火电燃烧环节的能效虽然普遍低于40%，但已多年没有新的技术突破，而终端用户无效使用形成的浪费占总能效损失的17%，值得进一步挖掘节

能的潜力（详见图29）。

中国人均能源消费水平不高但增长迅速、浪费巨大，人均资源匮乏但能源需求在未来一段时间内还将十分旺盛，而中国庞大的人口与经济规模势必难以复制美国等发达国家的能源发展历程与发展模式，因此在新的历史阶段中国能源安全问题的核心就是提高能源效率，而电力行业必须发挥更大作用。一是如图28所示，近年来中国单位GDP能耗逐步得到控制，但单位GDP电耗随着电气化发展而呈上升态势，这是工业化、城镇化与电气化互动的正常结果，也是节能减排发展质量提高的体现，因此电力节能的重点应在提高效率而非人为总量控制。二是近年来中国电力行业生产、输配侧的能效已经取得巨大提升，煤耗率、厂用电率、线损率等技术经济指标均已达到发达国家基本水平（详见附表46~附表48），进一步提高能效的空间或者说投入产出效益已经不高，而在终端用电侧还有大量的节能节电潜力可以挖掘。三是提高需求侧能效可以带动很多新技术研发与应用，为此提供专业服务的能效产业具有良好的市场前景，不仅是电力企业扩展业务获得附加效益的重要领域，更是各国普遍的公共政策方向可望成为新的经济增长点，预计2015年中国仅节能服务产值即可突破3000亿。三是充分发挥电力行业的作用推动能效进步，是很多国家的成功经验，电网是各种用电行为用能行为的枢纽，电力企业直接面对广大终端消费者，在推动能效进步方面具有先天优势；提高用能效率往往伴随着改善用电特性、多种能源或载能体协同，与电力企业具有利益相关性。

因此在新的历史阶段，通过深化改革完善机制使电力行业成为推动能效产业发展的主力，有利于带动发展转型形成新的增长点。

（2）促进结构调整与转型，承担新能源产业发展的主力与枢纽

当前世界能源发展正面临重大变革，一是世界能源消费开始由发达国家与发展中国家共享市场，传统的世界能源格局面临挑战；二是传统化石能源的供应保障问题日益突出，在国际化金融化的背景下能源市场波动与操纵日益强烈，能源利用将进一步向多元化、本土化方向发展；三是出于对能源安全、温室效应以及新的国际竞争力的战略追求，世界各主要国家纷纷调整战略，能源新技术成为竞相争占的新的战略制高点，以争取可持续发展的主动权。电力既是一次能源向二次能源转换的枢纽，也是能源流通与消费的渠道系统。在新能源产业的发展中，一方面，电力是调整能源结构的主力，通过调整发电燃料结构与发电技术模式可以更多地使用新能源而减少传统化石能源的消费；另一方面，风电、核电等新能源的大规模应用一般难以直接实现，大多数都需要通过发电来转化为二次能源，

三、需求驱动力——新阶段的新形势与新思路 | 65

目前中国新能源用于发电的比例超过80%（详见附表49），因此电力也是新能源大规模应用的关键环节。

如图15所示，中国的非化石能源发电量占总发电量的比重并没有显著的升降变动趋势，20世纪80年代中期以来始终在16%～20%徘徊。而从国际对比看，不论是世界平均水平，还是各个国家层面，非化石能源发电量占比的统计数据都基本稳定（详见附表51）。而且受自然资源禀赋等多因素影响，不同国家之间的数值差异巨大，如煤电大国澳大利亚始终不足10%，核电大国法国常年高达90%左右、水电大国加拿大则多年在75%左右，而电源类型比较多元、能源结构比较均衡的美国、德国、日本一般在30%～40%。由此可见，调整能源结构，大力发展新能源，并不是可以自发形成的，第一必须基于技术进步，第二离不开政策推动。

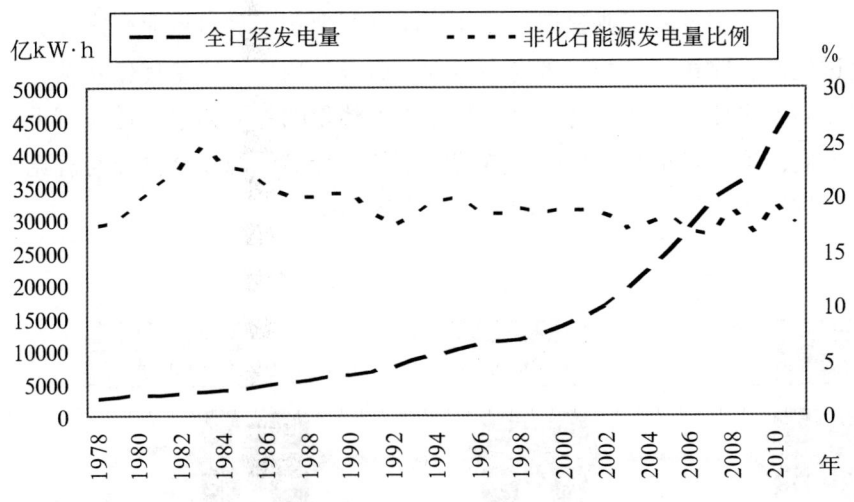

图15　1978—2011年中国非化石能源发电量占比

具体数据详见附表50。

而技术进步与政策推动很大程度上都需要通过电力来落实，一是引进新能源发电技术，增加新能源项目投资，提高新能源电源建设规模；二是积极完善电网结构，增加专项投资，提高电网接受新能源发电并网的能力；三是加强规划管理，使新能源发展与电力发展规划相协调，电网发展能够及时跟进新能源发展进程；四是加强并网技术管理，及时明确新能源大规模并网的安全技术标准，维护系统安全；五是加强调度管理，提高信息透明度，不断完善并推广有关节能环保的调度规则。总之,在新的历史阶段,有必要通过深化改革推动电力行业成为新能源产业发展的主力与枢纽,促进经济结构调整与产业转型升级。

(3)完善新技术新产业发展平台,引领智能能源网抢占历史高点

改革开放以来,中国经济主要通过制度松绑来带动要素投入,而在边际效益显著下降、逼近多项制约极限的时候,通过技术进步推动产业升级将发挥更大的价值。2009年以来能源体系的智能化受到美国、欧洲等越来越多国家的高度关注,随着智能电网、智能能源网、超级智能网等理念、架构、流程、标准的不断提出,随着技术研发、市场拓展、政策引导的不断跟进,有望出现覆盖人、设备、网、市场交易行为复杂互动的新一代互联网,能源产业也将与信息产业一样,从传统的基础产业与公用事业转变为技术进步、经济增长、社会变革的新的主战场。如图16所示,未来的网络智能化发展,将打破现有各相关行业分散孤立专业化发展模式,智能油气网、智能电网、智能水务网、智能热力网、智能建筑、智能交通、智能工业管理,以及智能交互架构管理等行业网络形成有机整体,通过生产、输送、分配、市场、运营、服务、用户、能量优化互动、价格管理及碳权利等多要素有效整合,最终满足更大体量的能源需求、适应可再生能源进一步发展、推进经济与社会的可持续性增长、保障能源安全供应与有竞争力的价格、并带动相关基础设备更新和劳动生产率提高。

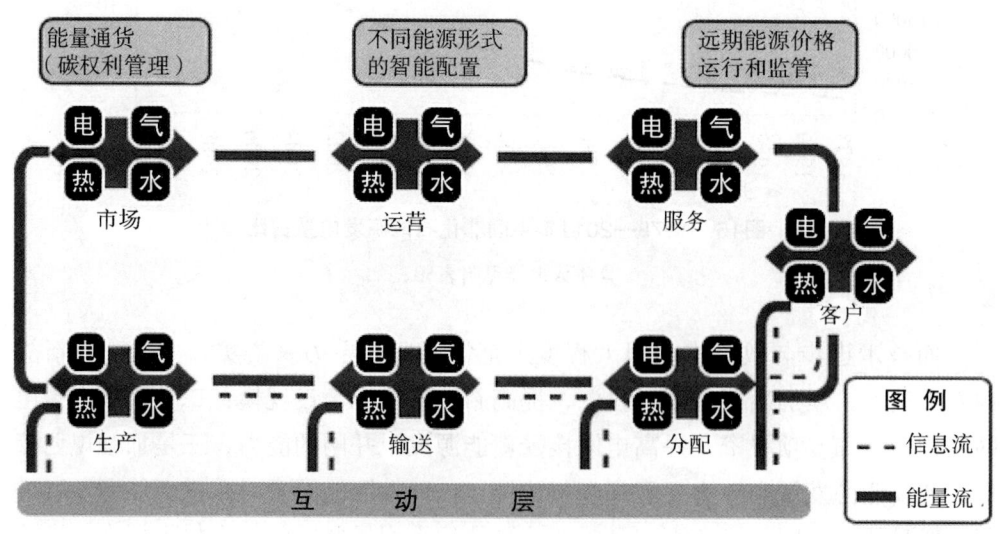

图16　智能电网十要素流程

数据来源:引用自武建东。

改革开放以来，中国通过5亿农民进城、建造近600亿平方米房屋、新增上亿辆机动车完成了半工业化与半城镇化，但这种因袭欧美模式的工业化城镇化模式对于中国这样的新兴大国已经难以为继，分散性、项目性、强制性、孤岛性的节能减排战略迫切需要在新的组织架构与技术平台中有效提升系统性、网络性、自主性、互动性。而智能能源网的兴起为中国提供了新的历史机遇，可望从工业社会变轨升入智业社会，不仅获得新的经济增长点，甚至可望抢占历史制高点、谋得核心竞争优势。主要包括以智能化的再工业化代替传统的工业化，以生态化的再城镇化取代旧有的城市化，以产销复合者的螺旋化分工代替生产者、消费者分离的社会分工，以个性差别智能互动替代机械流水线同质化的市场模式，等等。因此，2009年以来中国各界积极参与智能能源网的历史发展进程，武建东教授提出一系列重要学说获得国际推崇，主要电网企业都积极开展了一系列智能电网试点活动，常州等城市推出了以提高能效、发展清洁能源为核心的智能能源网规划，科技部正式发布了《智能电网重大科技产业化工程"十二五"专项规划》，中共十七届五中全会通过的"十二五规划建议"中更是确定了"推进大中小城市交通、通信、供电、供排水等基础设施一体化建设和网络化发展"的发展目标。总之通过智能能源网可以有效重组中国能源架构，建立面向21世纪的世界领先的能源体系和组织模式；有效转变城市化、工业化的发展模式，以较低的资源环境代价完成国家现代化历史使命；不仅形成新的经济增长点，而且抢占世界产业变革升级的制高点，取得更深远的国际竞争战略价值。

电力在智能能源网发展中具有特殊的重要地位，一方面，对比油气、煤炭等其他能源产业相比，与水务、热力等其他公用网络相比，电力网络联系最紧密，互动响应最迅速，运行管理信息化水平最高，产业流程集约化程度最高，具有率先启动智能化产业革命的条件；另一方面，为配合电源结构变化、大量新技术应用、消费侧信息互动与能量倒送、与其他能源以及载能体协同互动等一系列智能能源网发展所带来的革命性变化，传统电力系统将更加开放、多元、灵活、智慧，传统电力领域的产业结构、组织形式、产业政策、管制方式也需要进行广泛而深刻的变革。因此在下一阶段深化电力体制改革中，为新技术新产业提供更好的发展平台，引领智能能源网产业抢占世界产业革命的历史高点，应成为重要的政策着眼点之一。

### 3. 梳理央地权责，强化宏观治理

"天下大势，分久必合，合久必分"，中国幅员辽阔，中央与地方关系是漫

长历史脉络中一条长期的线索。"文化大革命"之后,中国改革开放的很多重大举措都肇始于基层的先行先试、敢为人先,地方上百花齐放的探索创新成为很多成功政策的策源地;另一方面,在中央统一的政策框架之下,中国经济的快速发展很大程度上来自于地方,正是各省市之间在各个领域普遍存在的有形或无形的比较竞争,为经济发展提供了基本动力。"十八大"之后,为了应对政治、经济、社会文化等各领域的风险与挑战,保障民生权益,维护基本秩序,实现可持续发展乃至抢占世界产业革命的制高点,都需要新一代领导集体以更高的政治智慧审时度势,把握好处理好集中与分散、约束与激励、规范与搞活、条条与块块等一系列涉及中央与地方关系的问题。

一是权威的维护与完善。一方面"上有政策,下有对策"、"政令出不了中南海"是中国央与地关系中长期的积弊,随着强人政治远去,法制建设退化,新一代领导集体权威的真正建立,需要契机也需要积累。另一方面中国国情复杂,地区差异显著,形势复杂多变,宏观决策的难度可想而知,虽"治大国若烹小鲜",但实际上"众口难调";在一些领域中央决策不仅需要政治考量,还需要相当的专业支撑才能科学决策,不违背客观规律;另外随着互联网等新兴媒体的兴起,对于很多公共事务的监督干预意见表达更加开放多元同时底线共识不健全,维护与完善国家的权威或基本公信的复杂性都在增大。

二是利益的平衡与激励。1994年分税制改革是中国建立现代中央与地方关系的重大突破,意义重大、流惠至今,但随着经济社会的发展,事权、财权、财力三者关系的不规范、不匹配不断积累,利益失衡激励混乱亟待调整。目前与基层财政困难、苦乐不均并存的,则是各级政府财务运作的混乱,除了正式的税收与中央转移支付,各地普遍通过土地出让或经营增值、矿产资源开发权出让及后续收费、建设地方金融平台融资借债、通过道路等公共基础设施收费、扶持地方性的企业融资上项目等渠道与手段经营一方,统筹不力效率低下而且暗箱黑幕孕育巨大的经济风险与政治风险。

三是责任的分担与落实。与财权对应的是事权,与利益相连的是责任,目前在事权责任方面既存在层级问题,也存在条块问题。在宏观调控方面,地方权力空间虽小而操作空间大,中央集权虽重但系统性专业性手段不多,很多政策最终往往高举轻落;在市场监管方面,垂直管理力量不足、信息闭塞,地方保护、市场割据严重,消费者权益缺乏保护、社会影响恶劣的事件层出不穷;而在公共服务与社会管理方面,各地能源交通信息等基础设施依然缺乏均等性,同时公共服务的针对性灵活性不足,而在资源配置、政策协调方面来自中央的支撑与指导并不到位。

电力作为重要的基础产业与公用事业，为了进一步梳理央地权责，强化宏观治理，平衡利益，分担责任，需要进一步做好以下3点。

（1）坚持中央层面的统一权威，强化科学决策的技术支撑

电力作为重要的基础产业与公用事业，在绝大多数国家都受到各种形式的监督与干预，管电职能涉及宏观政策管理、经济性监管、社会性监管以及相关资源原理、资产管理等。在中国从计划经济向市场经济体制的转型过程中，很多职能依然需要中央层面统一行使并不断完善。例如，能源领域，在新的历史时期的政策目标，将从严重依赖煤炭，转向提高燃气、可再生能源比重；从单纯增加产能、保障供给，转向提高能效、引导消费；从环保滞后、资源依赖，转向生态协调、科技创新驱动；从各类能源独立发展，转向多种能源协调互补形成系统。为实现这些政策目标，都需要坚持中央层面的统一权威。

具体到电力行业，一是随着东部沿海地区经济转型升级，以及中西部地区承接高耗能产业转移，远距离电能输送的直接需求规模有限，但从长远看，西部地区规模庞大的水能、风能、太阳能不论从安全与技术上，还是经济承受力上都需要在更大范围进行消纳，再考虑东部沿海地区核电及燃气调峰机组的大规模发展，未来中国电力系统更是一个大范围资源配置的平台，需要统一规划、统筹兼顾。二是随着新能源、智能电网等新技术新产业的兴起，电网规模扩展、元件类型增多，二次管理更加复杂、信息系统安全隐患突出，电源类型多元化、储能规模不断提高，终端消费者产生信息互动与能量反送，都需要电网更加开放灵活高智能，技术上的协调性兼容性更强，需要统一标准、监督规范。三是随着电力能源领域的体制改革不断深入，将逐步形成多个买方、多个卖方的市场交易格局，市场交易主体数量更多、性质更加多元化，批发、零售、反送等交易行为更加复杂多样，电力系统中的能量流、信息流、价值流都更加活跃丰富，需要规范市场、维护秩序。四是电力行业相关管制干预的公共目标更加突出，如电力安全将被赋予更深更广的内涵，除了预防与应对事故，还将扩展到可持续的保障机制、各个层面可靠性的全面提高，以及与电网智能化发展高度交织的信息系统安全；其他又如环境保护、减少污染等社会性公共目标，以及反垄断、维护市场秩序等经济性公共目标，需要强制干预、统一监管。

总之在新的历史时期，电力资源配置、技术协调、交易规范以及安全管制等领域，都需要坚持中央层面的统一权威。统一的权威性来自决策的科学性，而决策的科学性则需要有充足的专业支撑力量。

(2)发挥各自优势，明确能源保障与发展的责任与分工

新中国成立以来管电体制曾经多次进行改革，其中调整中央与地方关系是改革的重要内容之一，甚至形成一条改革思维的线索（详见附表22）。在电力事务管理权方面，一是以中央与地方分级管理为主，绝大多数时候为中央、区域、省三级管理，个别时候为中央、省二级管理，"文化大革命"期间中央部委被军管时曾经全面下放各省管理。二是以中央与地方分工管理为主，大多数时候，区域以上为中央管理，省以内为双重管理或者地方为主，仅有1956—1958年曾经短暂出现电力部直接领导各省电力工业的情况。三是目前的电力事务管理权，中央明显强于地方，国家发改委（能源局）集中了最核心的价格与项目审批权，而各省内管理电力事务的力量非常薄弱（通常只有一个处）；电监会派出机构的垂直管理体系虽然实力较强，但在部分省还缺乏正式编制。因此下一阶段深化电力体制改革，设法加强地方管电力量，充分调动地方积极性是一个重要内容。

在新的历史阶段为更好地保障电力（能源）供给与发展，应发挥各自优势进一步梳理明晰中央与地方的权责分工。其中，价格政策、战略规划等宏观政策管理，应坚持中央层面统一行权统筹兼顾，但终端销售电价及一些具体建设项目，应在明确规则分工的基础上与地方分级管理；电力系统安全、市场秩序等市场监管领域，应坚持垂直管理并充实在地方的监管力量，以切实保障电网安全、保护消费者权益；而在终端电力保障、供电服务质量等环节，则应充分发挥地方的积极性，中央明确有关政策标准同时明确以地方为主，促使其肩负起应尽的责任。

如图17所示，目前中国跨省、跨区电量交换所占比例还非常低，大约85%的电力依然是在本省以内就地就近生产、消费，这也是电力行业"范围经济"技术经济特性的体现，因此只要外部性与信息不对称性没有超越地方界限的管电事务，均应尽量下放给地方分级分层实施。而通过梳理央地权责，明确能源保障与发展的责任与分工，有利于发挥各自优势更好地满足新的形势与要求。

(3)开放末端非网络业务市场，发挥地方积极性创造性

在坚持中央层面统一权威的同时，在电力（能源）的很多领域还需要充分发挥地方政府、地方企业的积极性与独特优势。一是民生供电等需要因地制宜责任为先的领域，二是终端供电服务等需要活力动力与创造精神的领域，三是新技术新产业等需要分散风险打破垄断的领域。只有进一步向地方开放、向民间多元投资开放，充分调动地方的责任感与深度参与，才可能处理好标准化与多元化、普遍服务与地区差异的关系，满足经济社会发展需求。

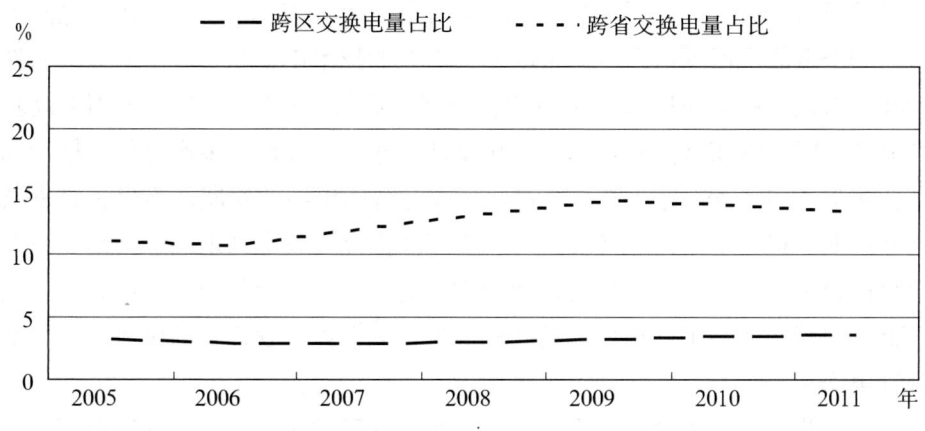

图17　2005—2011年中国跨省、跨区电量交换情况

具体数据详见附表52。

一是坚持本土化、地方化原则，由地方政府承当保障当地电力（能源）供应的责任主体。电力具有范围经济的技术经济特性，绝大多数情况下都适宜分层分区、就地就近平衡。世界上绝大多数国家的电力网络都是起源于地方电力，随着供电面积与电量规模增大逐渐联系成片，并随着电压等级提高而出现层次，但在组织层面往往都保持了最基层、最原始的电力（能源）合作的组织方式。客观上，因地制宜地适应本地各种特殊需求，主观上，对于本地电力（能源）保障具有最根本的责任感。近年来，中国的电力央企大举进入地方电力领域，特别是在供电领域主动要求地方无偿上划资产，地方政府也借势逐步交出了电力保障的责任。但在实际运行中，全国性的电力企业不可能充分兼顾每一地方对于电力（能源）的具体需求，往往重视高压、特高压输电而忽视低压配电的建设与管理，很多农村电网至今供电能力不足，设备改造不到位仅仅满足于"有电用"的低标准，电压合格率、供电可靠率等指标低下，成为制约地方经济社会发展的负面因素。

二是通过开放电网末端非网络业务市场，使地方政府通过参与新技术新产业发展而获益。处理好中央与地方关系的基本原则之一就是财权与事权平衡、责任与利益对等，在以往历次农村电网改造中，虽然国家投入了大量资金，但由于重项目建设而轻机制建设，并未形成地方电力企业可持续发展的长效机制，目前很多由于缺乏后续投入与造血机制而濒临倒闭。根据中共"十二五规划建议"中"推进大中小城市交通、通信、供电、供排水等基础设施一体化建设和网络化发展"的目标精神，以及科技部"智能电网专项规划"中"建成20～30项智能电网技术专项示范工程和3～5项智能电网综合示范工程，建设5～10座智能电网示范城市、50个智能电网示范园区，带动相关产业的技术创新和发展，培育战略性新兴产业，打造一批具有国际竞争力的科技型企业"，以及"充分发挥国家高新技术产业开发区、国家级高新技术产业化基地的作用，加快成果产业化，推动创新型产业集群建设工程"的计划，随着新能源与智能电网的发展，不仅将带来新技术与新产业，也需要新的经济社会组织变革。因此开放电网末端非网络业务市场完全可以成为一个新的历史契机，使地方政府与企业从变革与发展中获益，同时达成责任与利益的平衡，充分调动其积极性与创造性，发挥其的优势与潜力加强地方管电力量。

因此，为了进一步理顺中央与地方关系，在新的历史阶段必须通过深化改革开放末端非网络业务市场，发挥地方积极性创造性，最终提供各地民生保障水平并通过促进新技术新产业发展实现共赢。

### （二）深化电改的新思路

电力体制的改革或者说制度安排，一要符合电力发展客观规律，适应技术经济特性，二要顺应经济社会发展的形势与要求，难以单兵突进走得太远，由此，20世纪80年代以来世界各国的电力体制改革，表面上看总体内容与手段似乎是大同小异。但在推进改革的方案设计与过程反复中却往往"细节出魔鬼"，或者难以如愿实现改革初衷，甚至南辕北辙实现失控局面，因此对于具体的思路目标、指导思想、实施原则等，还需要由术及道不断斟酌推敲反思完善。

#### 1. 进一步完善深化电力体制改革的指导思想

除了"加强领导"、"统筹兼顾"、"积极稳妥"、"配套跟进"等惯用套语以外，在新中国成立以来管电体制10次变革的基础之上，在新的历史阶段深化电力体制改革，必须进一步完善指导思想形成真正的"新思路"。

总的来说，最根本的"新"之所在，就是随着经济社会的发展，对于电力这种基础产业与公用事业的认识与实践，要从孤立的工业生产运行、走向系统的经济社会发展，要从内部性的行业管理、走向开放性的公共管理，从行业自我发展、走向与经济社会协调共进，从以行业规模效益技术等为核心价值、走向以更大价值与使用价值的统一实现为核心价值。

（1）跳出行业服务大局（改革起点名正言顺）

新中国成立60多年电力体制多次变革的一个基本线索，就是从行业以内走向行业以外。学习前苏联计划经济管理模式，中国政府序列中曾经有数十个行业部，改革开放之后（除铁道部以外）已经陆续撤销，一方面通过政企分开实现企业自主经营，另一方面通过加强宏观调控部门而保持社会经济协调可控。早期的行业体制改革，多由行业内部发起并主导，以促进行业发展、解决行业困难为主要出发点，以争取财政、价格、投资、项目等方面的政策倾斜为重要背景。但进入改革的深水区之后，很多行业内部问题涉及更加广泛的影响因素已经无法在行业以内解决，很多问题如果仅仅通过资源倾斜来解决实在代价过高或者需要在更多的需求中来平衡选择。因此在新的历史时期深化电力体制改革，应有意识地跳出行业本位，进一步树立大局意识、责任意识、服务意识，认真研究经济社会发展的新形势与新要求，在国家总体改革的顶层设计之下来推进深化电力体制改革，并使改革的成效更加有利于保障民生权益、维护基本秩序、梳理央地权责、支撑宏观治理、抢占产业高点、带动发展转型，使电力体制改革不仅仅有利于电力行业，而且有利于服务党和国家大局。

打破原有管理格局，建立现代公共管理体系，是改革开放以来政府体制改革的基本线索之一。2002年组建的电监会，虽然干部队伍多为电力行业资深专家或原管电部门领导，但电监会历任主席没有一位是行业内出身。2008年升格的国家能源局，3位副局长分别代表了石油、煤炭、电力（核能）行业背景，但两任能源局局长均是长期工作于国家宏观管理部门。这些，均是强烈的信号与导向，在实行政企分开之后，能源领域形成一批世界级的巨无霸企业，自然而然地出现了垄断利益集团，相应地在政治上必须加强领导与监控，行业管理与监管机构不再以行业利益为核心，而应更多代表国家意志，才能督促引导这些庞然大物更好地履行社会责任、服务于党和国家的大局。进入2011年世界500强排行榜的69家中国企业中，石油化工、电力能源、银行保险类占到26家，在"十八大"之后复杂艰巨的国际国内形势下，能源与金融必然是国家进一步加强监管与控制的领域，电力体制改革必须以服务大局为首要出发点，才可能名正言顺、师出有名。

（2）重构新的话语体系（改革思维继往开来）

5号文件中，厂网分开、主辅分离、依法监管等内容基本实现，而竞价上网、输配财务核算、形成新电价体制、推进农村体制改革、建立区域电力市场及区域电力公司等改革任务或者没有执行，或者没有成功，或者出现倒退，为此行业内外均意见很大。但如果客观冷静地分析这些改革任务没有完成的具体原因，可以发现，或者由于改革遇到某些权势部门或利益集团的阻碍，或者由于外部配套措施没有及时跟进，或者由于外部环境出现预料之外的重大变化，或者由于在具体的操作运作中存在失误或困难，或者由于改革步骤设计内在逻辑缺陷意外强化了反对力量，或者由于改革的理念目标本身并不成熟清晰对于客观规律的认识还不到位……总之一套系列改革方案，在10年之后如果依然有一半无法实现，那么就必须对其自身进行反思与修正，调整策略完善深化将比一味僵持拘泥字眼更有价值，纠结成败是非、派发标签脸谱更是毫无意义。尤其是面向新的历史时期，必须看到——新一代领导集体在坚持社会主义市场经济大方向的基础上，必然要重新建立自己的话语体系以树立新的形象与权威，因此即使推动类似的改革事项，也不应再拘泥于第三代领导集体的文件与词汇。

与很多事物一样，任何政策措施包括改革方案也都有自己的生命周期。5号文件自身具有比较完整的思想体系，但时隔10年之后尤其是改革任务部分完成部分没有完成的情况下，其自身的体系结构已经打乱，再机械教条、分散孤立地去落实区域市场、输配分开等单项任务，势必难以取得预期的改革效果甚至可能造成新的混乱，远远不如经过系统的研究论证重新提出新的一揽子深化改革方案。例如，电力供需形势，已经从当年的电力相对富裕变为目前的电荒难以根治、保电责任不清；又如市场秩序矛盾，已经从当年的省间交易壁垒、系统内外有别，变成目前的厂/网、厂/调关系复杂，电煤矛盾突出。目前，继铁路之后电力行业完全具备深化体制改革并取得实效的基本条件，行业内外对于改革的热情与寄托也很多，但越是支持广泛越容易流于泛泛，此时此刻，对于在新的历史阶段到底如何深化电力体制改革其实还很少全面深入的研究与思考，改革的思路与目标，改革的任务与步骤，改革的问题与困难，改革的范畴与规律，改革的形势与预期，改革的要害与契机……这些都需要新的改革思维与新的话语体系，应及早组织开展有关调查研究分析论证，逐步形成更加系统完整更能继往开来的新电改方案。

（3）阶段推进务求实效（改革预期有为有限）

目前来看，从计划经济体制向市场经济体制转型将是一个漫长的过程，中国电力体制改革也将是一个长期的课题。新中国成立以来，电力行业的体制变化次数最多、管理机构调整频繁，反映了中国电力建设发展与监督管理的复杂性。因此在确定了社会主义市场经济的基本改革方向之后，电力体制改革的具体进程必然具有显著的阶段性滚动性，以及实效性针对性，既不能只顾眼前头疼医头，也不能好高骛远无处落脚。一方面，改革目标与任务不必追求大而全，有些显然超出电力体制改革可以控制范畴的事项，有些在理论上包括国际上还并不清晰的理念，都不必为了形式上的面面俱到而勉强凑数；另一方面，改革的措施选择应尽量预期清晰效果可控,有些在一定期限内难以体现效果或者效果可能产生歧义的措施,有些可能导致出现复杂局面与失控场面的措施,都应尽量避免或者进行进一步的调整改进。在市场经济体制中,政府的任何举措都将是有为而有限的,因此对于电力体制改革的预期也应是有为有限客观理性的,放空炮而难以落实,乱作为而不顾后果,都是对于改革本身的损害。

现阶段研究思考深化电力体制改革,政治上应以"十八大"之后10年、经济上应以"十二五"、"十三五"为主要时段并适度兼顾更远期趋势。在改革的深水区应更加注重实效性与阶段性,不仅符合大方向,符合行业实际,符合客观规律,更应接受5号文件的教训,操作上以务必取得实效为要,在较短时间可获得预期效果,决策过程中牵扯面较小,实施过程中保持推动力。市场化改革的本质,是对政府与社会、公权与私权关系的调整,这是一个多层次结构,并决定于具体产业的技术经济特性。电力行业的市场化改革存在于两个层面,一是行业之上,除了政企分开,还涉及电价管制、准入管制、资产管理等;二是行业以内,除了厂网分开、市场监管,还涉及企业规模与竞争格局、产业流程与交易模式、公共环节职能机构设置等很多领域。显然即使在新的历史阶段,第一个层面的改革,大多数问题都因涉及因素过多而难以仅仅在电力行业内部得到根治,需要在更加宏观的框架中长期扭转,难以预期难以控制,几年以内都难以到位、难以见效,因此电力(能源)体制改革不可能大幅独进,下一阶段深化改革的重点,不在行业外,而在行业内,产业制度领域的改革作为更"纯粹"的行业问题其实更容易成为突破口,重点应放在公共机构独立、加强宏观管制、优化企业规模、平衡市场格局、完善交易模式、理顺产业流程等真正的"电力体制改革问题"上,这样的改革策略既稳健可行又积极有势、效果显著。

## 2. 吸取历史经验教训明确分步实施的基本原则

不改革有危险,但改革本身的确有风险变数多。一是在制订方案阶段可能由于实际情况了解不够、客观规律把握不够、大局形势研究不够而存在缺陷;二是在决策博弈阶段在来自各方的压力之下可能出现致命的让步与修改,导致改革方案逻辑混乱与整体不协调;三是在执行阶段由于利益格局的变化可能出现改革的拖延、中止与倒退,但也可能出现超前、扩散与变异。

总的来说,从近10年以来电力体制改革决策与执行的情况来看,对于经济系统中的电力工业发展,对于社会公共管理框架内的行业管理,对于电力行业价值与使用价值的统一,对于电力改革发展与经济社会协调共进的很多客观要求与客观规律还研究认识不够,还没有到达形成真正系统可行的终极方案的历史阶段。因此在下一阶段推进深化电改时,应吸取历史经验教训,明确分步实施的基本原则,步步为营实效为先,并在改革的实践中持续地深化认识、积累经验、调整完善、长期推进。

(1)博弈妥协过程中设置底线不允许倒退

改革是各种利益格局的调整,不同利益主体在改革中可能有得有失,必然会开展各种各样的博弈。趋利避害是人性的本性、社会的常态、历史的规律,围绕改革所出现的各种博弈是正常的现象,也是难以根本避免的。特别是近年来,中国社会生活中利益集团化严重,在很多公共权利、公共资源、公共事务、公共资产领域,由于内部人控制愈演愈烈应对无方,逐步形成各种各样的权力部门利益集团、各级地方利益集团、企业行业利益集团,盘根错节、尾大不掉。在电力体制改革的决策过程中,各种利益集团的博弈是必然的,也是难以彻底阻止的;而且换一个角度看,公开的博弈起码胜过暗箱操作,充分的博弈也是有利最终方案的可执行性。因此关键是在重大决策中如何疏堵结合,一方面集思广益充分征求多方意见,合理安排利益相关各方充分表达自身诉求,积极接受合理可行的意见建议;另一方面加强政治领导,坚定改革决心,同时明确态度、约法三章,在规则层面设法限制利益集团的负面效果,抵制各种不正常的干扰。在一般的行为规范方面,应进一步严肃纪律,对于在改革过程中弄虚作假、挑事造势的行为坚决抵制,对有关的违纪、违规、违法的单位与个人进行严肃查处。除此以外,在电力行业范畴,还应结合以往电力体制改革的情况,在博弈妥协过程中设置底线不允许倒退。

一是在决策过程中明确禁区,在博弈妥协过程中设置底线,在禁区以外、底线之上允许百花齐放、百家争鸣,而一旦进入禁区、触及底线应给予禁止。例如,坚持市场化改革方向、逐步放松管制问题,建设社会主义市场经济体系,不仅是党和国家的战略决策,更是经济社会发展客观规律的必然,电力行业是中国目前少数几个在价格形成、投资准入方面严格计划管制的领域,与上下游已经市场化的相关产业、与国际化市场化程度越来越高的整个大环境越来越不协调,虽然改革的进程应循序渐进、甚至最终都将保留必要的政府干预,但市场化的基本方向不应改变,相关计划管制理应逐步放松,而不应贪恋权势拖延改革甚至变相强化到处伸手(以大用户直接购电为例,在政府出台了独立输配电价之后理应放松管制、允许更多的用户参与,而目前却演变成一户一议变相审批)。二是在改革实施的过程中加强政治领导,明确监管责任,设置单向止逆阀不允许出现倒退或变相倒退。特别是在调度交易机构设置、输配电企业重组等涉及行业正常秩序、关系改革推进进程的重大事项，应明确限制有关企业的行为权限。例如，2011年以来，国家电网公司通过"三集五大"等方式，对华北、华东等5家区域电网公司的资产、业务、管理权限进行了重组，将5号文件明文规定的"享有法人财产权，承担资产保值增值责任"的区域电网公司降格为国家电网公司的分部，对于改革的深化造成不良影响。

（2）每一步骤均有利于下一步骤的更好开展

电力体制改革任务多、过程长，必然需要总体设计、分步实施，不同的改革任务将分先后陆续完成。但值得指出的是，电力行业具有鲜明的技术经济特性，是一个系统性整体性很强的领域，每实施一项改革任务都可能对整个产业的市场格局、产业流程、管理体制、监管态势产生新的影响，从而使下一步骤的改革任务面临新的情况与新的问题。因此深化电力体制改革，对于改革步骤规划设计的要求很高，必须不断深化对于电力客观规律的认识，充分预见每一改革任务、每一步骤实施相互之间的影响，使整体方案更加合乎逻辑。而对于设计分步改革任务的核心要求，应是每一步骤均有利于下一步骤更好开展，或者是解除了影响下一步改革的某些障碍，或者是为顺利启动下一步改革创造了更好条件。

例如，在很多国家的电力体制改革中，对于调度（交易）机构的改革都是核心步骤，都先于或者同步于产业格局调整以及企业开放重组。以英国为代表的欧洲国家，其所谓电力市场化改革的核心举措就是建立电力交易机构，各国交易机构各有特色，有些国家还经过了不止一次的完善调整（例如，英国1990年为电力库POOL模式，2001年又调整为新交易协议NETA模式），以交易机构、市场规则作为电改的核心标志，为产业重组、企业拆分的改革掌舵导航。美国电力市场化改革，同样以1996年888号和889号法令建立电力交易市场（ISO），以及1999年2000号法令建立跨州调度机构（RTO）为核心标志，在行业开放扩展的同时通过建立完善调度（交易）机构来进行规范引导。阿根廷电力市场化改革，调度交易机构改革是先于发电、配电企业重组的，1992年成立调度交易中心（CAMMESA），其后才拆分发电、配电环节并引进多元投资。俄罗斯电力市场化改革，则完全以调度（交易）机构的建设为法定内容与优先条件，2001年组建独立交易中心（系统交易管理所），2002年组建独立调度中心（系统操作公司），而直到2008年才完成产业拆分重组的标志——统一电力系统股份公司（RAO）正式停止运营。而2002年中国的电力体制改革，改革的核心放在了企业层面的拆分重组，2002年2月发布5号文件，12月底两大电网公司、五大发电集团、四大辅业公司等集体挂牌，但调度（交易）机构的改革不但没有先行操作处理，甚至没有先期明确有关的规则目标模式，从2003年开始才去做调研、出文件、搞试点——类似于在没有宣布比赛规则甚至没有画出界线的时候，就让11名队员下场踢球，漏掉了调度（交易）机构改革这个先期步骤，后续的市场化改革必然困难重重。

（3）每一步骤副作用可控可承受拖延中止

除了定方案做决策，电力体制改革的风险与变数更多地还在实施过程中。一是电力体制改革涉及大量人权、财权、物权、事权的调整，在具体操作执行层面的工作量比较可观，导致过程比较长，如2002年实施的厂网分开改革，虽然当年12月28日五大发电集团即挂牌亮相，但"920"、"647"资产的转移交割直至2012年才最终完成（财政部划转有关款项），而在这些琐碎的操作步骤步骤中，难免存在落实程度被打折扣或者自由裁量的风险。二是电力体制改革涉及各种利益集团，不同的权力部门有各自的权力边界与行为逻辑，各级地方政府有自己的政绩目标与资源条件，不同类型电力企业有不同的行业地位与利益诉求，另外其他相关行业以及不同公众阶层也都有自己的市场定位与价值思维，由于法制不健全规则不完全受尊重，这些盘根错节的博弈绝不会停留在决策环节，在改革实施的每时每刻为了实现利益最大化，它们都可能不择手段进行干预。三是电力体制改革是一个长期的过程，经济社会发展带动电力供需形势的变化，上游一次能源、电气设备国际国内市场形势的波动，产业政策、管制政策、金融金融、环保能效及安全等有关政策的调整，新技术新产业及（国际）新市场领域的突破与开拓，都可以导致阶段性的重点工作转移、关注力度下降，都可能对于有关电改任务的执行过程带来改变。因此任何电改方案都应该提前预留一定的弹性空间，或者有意识的压力测试，对于设计分步改革任务的最终底线应是，在改革实施过程中如果出现拖延甚至中止，应不变得"更坏"！也就是说，在改革实施的每时每刻都应该可以承受拖延甚至中止，即使不在前进而固化在某一断面，副作用应是可以预期可以控制可以接受的。

例如，2002年电力体制改革时，厂网分开的任务实施比较顺利，形成了发电与电网两个独立的环节，其中发电侧多元竞争而电网企业独家购电再独家售电的市场格局与交易格局。其后由于电力市场建设失败、电价改革严重滞后，电改出现了显著的停滞，这种电网企业独买独卖的格局被不断固化不断加强，十年以来大有长期化的趋势，由此带来一系列严重的问题。对比2002年改革以前，虽然国家电力公司发电、输配电，以及调度纵向一体化经营，但在公司内部，各发电厂、各供电局及各级调度局（调度所）是各自独立的机构，在各层各区计划部门与调度机构的主持下实现电力电量的平衡与分配。虽然2002年以前各发电厂与各供电局之间没有市场化的电力交易，但矛盾与争议却比改革之后简单缓和，一是系统内电厂与系统外电厂在并网环节的公平问题，二是以地方资产为主的下级供电公司与上级区域公司、国电公司之间的利益分配问题，三是二滩送出等跨省跨区资源配置困难、地方保护壁垒。而2002年之后不但第二、第三个问题没有解决、中央企业大举进入地方传统领域、内蒙古等资源省份严重窝电，特别是第一个问题空前激烈并上升为发电与电网两个产业环节之间的严重对立，借助调度（交易）压榨发电环节成为电网环节顺理成章的利益模式，电网自然垄断的负面作用被显著放大。再进一步考虑下一阶段深化改革，由于2002年之后独买独卖日益固化，垄断利益清晰庞大，无疑为改革自身培育出了一个空前强大的反对势力。显然，2002年电力体制改革停滞于独买独卖，这是一种难以承受的"更坏"的结果，是上一轮电改设计分步改革任务中最大的失误。

## 小结　新一轮电改的总体目标框架

基于"十八大"后经济社会发展各方面新的形势与要求，依据对深化电改基本范畴与方向客观规律的深入分析，结合当前电力领域存在的主要问题并充分吸取上一轮电改的经验教训，总之是系统综合了推动电改的问题驱动力、成效驱动力与需求驱动力，拟订在新的历史时期开展新一轮电改的总体目标框架：

- 以全面提升产业价值为核心，通过改革抓住历史性机遇；
- 以调整电力产业制度为主线，携相关电价改革协调并进；
- 以公共权力机构独立为前提，加强科学决策与调控能力；
- 以优化垄断企业规模为切口，进一步提高效率与透明度；
- 以对称放开用户选择为路径，建立多买/多卖的市场格局；
- 以分离电网末端业务为契机，形成权责对等的保电机制；
- 以智能能源体系建设为引领，抢占高点筑新经济增长点。

# 四、深化电改的逻辑次序及线路图

基于上述总体目标框架，可具体拟订"十八大"后新一轮电改的具体任务与规划步骤。深化电力体制改革，要吸取经验教训、针对现实矛盾、顺应大局形势、符合客观规律，同时还要注重策略，充分预见改革决策与执行过程中的阻力与变数，特别注意各步骤之间的逻辑次序，一是每一步骤有所阶段性成果与收益，二是每一步骤为下一步滚积条件消除阻力，三是能够承受改革进程中的拖延与停滞。

依据这样"分步造势，此消彼长，对称对等，有破有立"的改革推进策略，先决策固志、后执行攻坚，先政治树帜、后经济增值，先削弱阻力、后增进动力，先公权定位、后产业重组，先平衡透明、后自由竞争，先加强中央、后充实地方，先建制调整、后多元开放，先行业解扣、后社会参与，最终形成在新的历史时期深化电改"四个步骤"、"六项任务"的线路图。

其中，"四个步骤"具体内容如下框文。

> - 第一步"公权独立"：将电力行业内特殊的公共职能从垄断企业中独立出来，通过强化专业支撑体系显著提高中央层面的决策力与管制力，并通过提高安全保障级别而为电改保驾护航；
> - 第二步"巨头拆分"：拆分重组全国电网企业实现更佳的规模经济，通过引进比较竞争机制以提高产业效益，通过提高信息透明度而强化政府管制能力，同时也为深化电改进一步消除阻力；
> - 第三步"对称放开"：一方面通过电力消费与生产两侧的对称放开，完成多买/多卖的电力市场建设；另一方面通过电网末端业务经营权与定价权的对称下放，建立权责对等的地方电力（能源）保障机制；

> • 第四步"基层增值":将电力(能源)发展重心下沉,以城市为结点推进智能能源网建设,促进复合能源网络优化,通过发展能源产销者保障能源安全,形成新的经济增长点并抢占世界产业革命的制高点。

"六项任务"具体内容如下以下框文。

> 任务①  组建国家电力规划及标准中心,提高宏观决策与控制能力;
> 任务②  组建国家电力调度及交易中心,推进公权独立维护系统安全;
> 任务③  拆分重组全国电网企业,实现规模经济效益与比较竞争效益;
> 任务④  放开大用户直接购电,建立多买/多卖的电力市场交易格局;
> 任务⑤  组建省级电力营销服务企业,下放销售电价定价权,建立权责对等的地方保电机制;
> 任务⑥  建设智能能源网,提升电力产业承载服务与引领整合的价值,塑造经济新增长点。

通过"四个步骤"、"六项任务"的线路图,可形成公共机构升格独立的新权力格局,巨头缩水力量均衡的新竞争态势,自由多元多买/多卖的新交易模式,电网业务与非电网业务辨性分类的新业务结构,权责平衡因地制宜的新责任关系,激活基层开放创新的新产业布局,最终形成双重的"有破有立"的辩证统一:一是电力行业重组的"破"与中央决策支撑体系的"立",在完善产业制度塑造电力市场的同时加强宏观管制能力;二是电力市场开放的"破"与建设智能能源网的"立",在通过改革提升电力产业价值的同时形成新的经济增长点。

"四个步骤""六项任务"的线路图的具体内容分述如下。

## 步骤Ⅰ 公权独立
—— 公共机构独立,强化决策支撑体系

在新的历史阶段深化电力体制改革,首要问题就是加强领导、科学决策,为改革提供足够的推动力,并把握正确的方向,同时不断提高保证系统安全与引导科学发展的能力。

而加强领导、科学决策的重要前提,则是将行业内履行发展规划、技术标准、电网调度、电力交易等核心公共职能的关键公共机构独立,建立并强化服务于政府决策的专业支撑体系。

### 任务① 组建国家电力规划及标准中心

#### 1. 基本特点与现状

- 电力规划的特点,一是专业性强,需要经过大量测算才能满足大电网的安全稳定;二是影响力大,是后续投资项目审批的重要基础直接影响产业布局。

目前电力规划现状,一是牵头单位的权威性不够,电力规划设计总院、水利规划设计总院2011年机构重组之后,国家能源局依托中国能建集团及时成立了国家电力规划研究中心并陆续在部分地方设立分中心,但独立性与保障性依然不足;二是规划系统性权威性下降,"十一五"期间没有公布电力规划造成以项目审批代替规划、工程建设领域混乱加剧,"十二五"期间则取消"电力规划"而拆散为若干项"专项规划",有关企业干预政府决策的空间越来越大。

- 电力技术标准,一是技术性强,随着新能源与智能网等领域新技术新产品大量应用于电网,对于技术标准建设的要求越来越高;二是需要更高的强制性,电力系统各元件普遍联系、快速响应,涉及电网安全稳定、系统协调的技术标准必须提高强制性。

目前电力技术标准现状,一是牵头单位的能力不足,中电联作为企业中介组织,没有足够的人力、财力与权威保证技术标准工作的专业性与独立性,有关企业对于电力技术标准的影响能力越来越大;二是近年来电力行业的安全技术标准缺失严重,大量2002年电改之前的标准亟待修订,新能源、智能网等很多领域出现国家标准空白,不能满足发展的需求。

#### 2. 重组的必要性与可行性

一是有利于提高科学决策质量。电力规划与电力技术标准,都是具有一定强制性的专业管理,应从行业抽离,经由国家授权,由独立的专门机构来实施,有利于为有关决策提供专业性的支撑,加强中央政令的统一与权威,同时更好地服务于全行业。

二是有利于提高有关工作的权威性。整合目前从事电力规划与电力技术标准工作的主要力量,从企业及行业组织中升格为国家有关部门直接管理的事业单位，并从职能、机构、人员、经费等方面给予保障，无疑将提高有关工作的影响力与权威性。

三是有利于提高有关工作的质量。整合升格之后，电力技术标准工作将得到更好的系统规划，为有关部门的管理与决策提供必要的技术支持，进一步提高电力系统的协调性与兼容性；而电力规划工作也有望得到加强，从项目委托式改进为全面自主推进，有利于集中精力、提高质量并加强各专项规划之间的协调性。

四是有利于协同互补。电力规划与电力技术标准，两者性质接近并且都存在加强宏观管理、提升性质定位的需求，两者合并运作，一方面可以提高电力技术标准的系统性与前瞻性，一方面可以为电力规划提供技术上的支持与约束，进一步提高有关决策的统一性与科学性。

五是有利于深化电力体制改革。一方面，电力规划与电力技术标准，目前都有一定的组织基础，操作难度不大，短期内即可显示出改革的效果；一方面，通过此项改革，可以进一步加强技术统一性协调性，保障电力系统安全，进一步规范电力建设投资领域，推进科学有序发展，为电力体制改革营造良好环境；更进一步，组建国家电力规划及标准中心之后，在进一步深化电改中，还可在推进全国电网互联、推进电力投资建设领域改革等方面承担更重要的职责、发挥更大的价值。

### 3. 重组改革的基本操作

以国家电力规划研究中心及中电联标准化中心为基础，组建国家电力规划及标准中心。

● 性质及管理——该中心为事业单位性质，由国家电力（能源）管理部门（能源局）直接管理。

● 职能——负责全国电力规划、电力技术标准等工作，为国家制定电力发展战略、产业政策及规划等提供技术支持，统一推进并规范电力技术、安全、定额、质量标准工作。

● 机构——国家电力规划及标准中心设在北京；可在区域、省设立垂直管理的分支机构，在地方接受地方电力（能源）管理部门的双重领导。

● 人员——给予事业单位编制以稳定队伍培育专业人才。

● 经费——该中心为非营利性质，日常运转可由财政部分拨款，开展业务可向电力企业收取电力规划管理费，研制电力技术标准亦可收取有关项目费用。

### 4. 远期发展空间

组建国家电力规划及标准中心,并不仅是这两项工作的简单合并,更绝非深化电改路线图中的"闲笔"。近期,该中心的成立意味着形成了服务于国家战略与社会公共利益的独立性、专业性、非营利性的技术支撑体系,有利于科学决策、科学发展。而在远期,在未来进一步深化电力体制改革中,特别是对全国电网环节进行拆分重组之后,国家电力规划及标准中心还有更大发展空间,可望承担更加重要的职能、发挥更大的价值。

(1)推进全国电网互联

一是负责全国联网的统一规划,开展有关技术论证与标准建设,避免一些专业技术领域的争议掺杂进过多企业经营因素。由国家电力规划及标准中心这一国家级事业单位牵头全国联网的统一规划,有利于更好地处理特高压等争议问题,更好地满足经济社会发展对于电力资源配置的需求。二是在下一阶段优化电网公司规模、拆分过大的全国性电网企业之后,可将相应的特高压、超高压(前期)建设部门划转过来,由国家电力规划及标准中心牵头推进全国联网工作,统筹推进各跨区输电工程项目的建设。借鉴全国高速公路网建设等相关行业经验,电力全国联网不是必须由某一个企业执行,可在统一规划的基础上,试行公开招标、委托建设、特许运营的公用事业管理制度。

(2)领衔电力建设招标

随着国家投融资体制逐步转变,在适当时候进一步深化电力准入管制领域的改革,对于电力建设项目实行国际普遍通行的公用事业管理制度:统一规划、公开招标、委托建设、特许运营,国家电力规划及标准中心在这种远期发展模式中,势必将获得更大的发展空间,成为中国电力发展建设的重要枢纽。

## 任务② 组建国家电力调度及交易中心

### 1. 基本特点与现状

● 电力调度,一是职能丰富、专业性强,一般涉及指挥、规划、配置、准入、交易、信息、技术等多种公共职能;二是具有强制性与传统权威,历年来形成比较完备的规则规程、纪律程序、技术规范体系,具有准军事化管理的性质。

目前电力调度现状,一是体系依然完整,具有国调—网调—省调—地调—县调等5级调度体系,具有比较先进的信息自动化系统与高素质的人才队伍;二是权威性有所下降,2002年改革之前各级调度机构与发电厂、供电局相互独立,但经"本部化"改制后完全服务于电网企业发展战略,调度机构自身直接与发电厂出现矛盾，调度工作的独立性权威性受到质疑；三是专业性有所下降，改革之前调度机构服务于全系统的安全稳定、技术进步等目标，单纯服务于电网企业之后，电网运行管理、方式规划甚至并网准入等环节更多考虑企业利益因素，一般性事故及安全隐患信息再难完全公开以促进全系统预防改进，节能调度等工作也推进困难；四是调度机构自身的安全风险有所增大，改革之前各级调度机构是单纯的系统指挥者，与直接操作环节的界限清晰，经"调控一体"改制后被额外加上远方监控等责任，既当指挥员、又当操作员。

新中国成立以来经过历代电力工作者的努力，中国不仅建成世界上最庞大的输电网络、最复杂的电力系统，而且拥有世界上最强大的调度体系。"文化大革命"后期，百废待兴，国务院在恢复水利电力部建制的同时（1975年），发布了《关于加快发展电力工业的通知》，批准同意了《跨省电网管理办法》，明确指出要加强电网的统一调度和管理，逐步形成了中国电力"统一调度、分级管理"的成功经验。中国在20世纪70年代平均每年发生9次电网稳定破坏事故，1981—1987年减少到年均7次，1987—1997年进一步压低到年均2次。1997年至今中国再未发生过稳定破坏事故，而同期北美、欧洲、日本、印度及巴西等地都发生过大面积停电事故（详见附表1）。

很多国家的大电网协同指挥体系，是随着联网规模扩展在维护商业利益的基础上逐步形成的，甚至多从约束力很弱的民间组织起步，屡次出现大停电事故后才逐步获得法规保护或国家授权而形成有限的权威；还有一些是在近年的电力市场化改革中，为了加强安全管理、为改革保驾护航，才作为改革的重要措施给予明确授权与定位。而中国对于电力调度的定位与授权，从最初开始就是服务于电网安全、稳定、经济运行等公共目标，从20世纪70年代后期开始，中国即明确对电力调度赋予行政权威，通过《电网调度监管条例》等给予法律支持（明确"国务院电力行政主管部门主管电网调度工作"）、通过《安全稳定导则》等给予技术支撑，这是中国电力在安全管理方面领先世界同行的核心经验之一。

总之，电力调度尤其是中国的电力调度，对于电力行业保障安全稳定、预防处理事故、维护正常秩序、平衡各方权益、技术协调进步、清洁高效发展、落实国家政策及服从配合管制等方面具有全面的影响，是电力行业最重要的枢纽性的公共环节。即使近年来有所削弱，但依然是中国电力行业以内最强大的公器——而且既然是公器，其权威性专业性必然是因服务于公共利益而加强，而因服务于企业经济利益而削弱。

● 电力交易，一是以服务性质为主，设立专门的电力交易机构是20世纪80年代以来世界范围电力市场化改革的典型举措，但在很多国家并不强制乃至可有不止一家交易所可供选择；二是具有实际上的强制性，但在中国由于目前电力市场格局为电网企业独买独卖、各级政府依然严格电价管制与电量分配，因此加入由电网企业开设的交易机构是几乎唯一的选择。

目前电力交易现状，一是体系完备但职能定位不明确，2003—2006年区域电力市场建设试点失败之后，陆续形成了国家—区域—省3级电力交易体系，但全部由电网企业主导、服务于其独家采购，职能定位并不明确；二是现有交易机构服务于电力市场交易的能力仅仅处于初始阶段，在独买独卖、信息不透明以及市场契约几乎完全被计划分配、行政干预所取代的情况下，现有交易机构与其他国家真正市场化的电力交易所还有很大差距，在未来深化改革过程中还有很大提升空间。

总之，强调度、弱交易是目前中国电力调度、交易领域的基本现状，调度环节对于现阶段的电力交易与分配依然具有决定性的影响。

### 2. 调度（交易）独立的7点必要性

（1）调度独立后，有利于更好地保障电力系统安全稳定

安全是一种社会效益目标，维护电力系统安全稳定所必需的统一调度、统一规划、统一技术标准都必须借助超越企业利益的公共权利体制才可能有效落实。一些国家屡次出现大停电，正是其各电力企业之间无法通过市场机制来协调落实安全权责的结果；而中国有效保障电力安全的基础则是传统的政府行政权威，调度机构正是作为电力部等政府机构的代表而服务于全行业全社会，才发挥出巨大作用的。自2002年电改以来，这一安全基础正在逐步变质，随着电网规模更庞大、结构矛盾更普遍、技术整合更复杂，中国电力的系统风险正不断积累；而通过调度独立的改革，则可以更好地发扬行业优良传统。

一是发扬"安全第一，预防为主"的传统，调度独立后可以更好从系统整体角度进行调度指挥，更有利于提高安全信息的透明度（特别是非重大事故与故障、障碍、隐患等信息），从根本上提高全系统安全水平、提前预防抵御事故。

二是发扬"团结治网"的传统，调度独立后可以超越企业利益纠葛，公平公正地服务于所有市场主体，提高电力企业（特别是广大发电企业及地方电力企业）共同维护系统安全的积极性。

三是发扬"统一调度，分级管理"的传统，调度独立后通过法规授权、政府

机构直接管理，调度机构的职能、机构、人员都更加稳定，与企业之间的安全责任更加明晰，减少了电力企业内部管理的随意性，无疑有利于理顺安全管理体制机制，进一步提高安全管理水平。

（2）增加信息透明度，更好地服务于政府管理与决策

电力调度具有非常丰富的公共职能，从传统计划经济时期开始，有关政府部门与行政法规便赋予中国的电力调度机构强大的行政管理权威。政企分开改革深化特别是政府管理机构、管理方式变化之后，电力调度这一强大的公器遗落在电网垄断企业内部，形成巨大的错位，不但使独立发电企业、地方电力企业与电网企业之间市场地位的不平等性兑现与扩大，甚至自觉或不自觉地形成电网企业与政府管理之间的一个结。

一方面拥有调度机构的电网企业在发展规划、技术标准的公共政策领域不断扩张影响，在电力行业一些重大问题上使政府决策缺乏客观评判，无形中干扰和"绑架"了政府部门的权威决策。

另一方面政府电力管理部门由于失去了调度这个重大的信息汇集与专业支撑系统，在安全管理、市场秩序等很多领域的话语权受到限制，监督管理的深入程度与专业性受到限制，使政府对于大型垄断集团的制衡及国家各项政策的执行效果打折。

通过调度独立的改革，一是使政府获得一个专业而独立的支持体系，有关信息透明度大幅提高，必然有利于兼听则明，科学决策质量，有利于国家政策的统一与权威；二是调度这个电力行业最大的公器从垄断企业转到政府部门，从根本上扭转电力行业权力与影响力的博弈格局，改变政府缺位与企业越位的局面，提高大型垄断性基础产业的可控性，使企业更好地服从国家决策、配合政府管理。

（3）有利于更好地维护电力市场秩序、减少纠纷争议

调度（交易）机构独家占有大量系统信息资源，对各市场主体具有直接的操作指挥权与行政性质的管理权，运行方式的安排直接决定设备的收益水平，检修计划影响到设备的状态与寿命，发电曲线决定了交易合同的真正兑现价值，而并网启动的顺利与否则事关资产的价值实现。但正因如此，调度（交易）这样的公器一旦为垄断企业所掌握，"屁股指挥脑袋"，必然会自觉或不自觉地成为电网企业谋利的工具，这样，越是绝对的优势地位带来的越不是市场公信力，反而使电网、电厂之间、央企、地方电力之间的矛盾纠纷不断，相互的不信任感难以弥合。通过调度独立的改革，一是有利于发电企业公平竞争，发电企业在方式计划安排、电费结算方面获得更加规范的服务；二是有利于地方企业合理发展，通过

实现电网无歧视开放，使其获得更大的发展空间；三是有利于增进市场主体之间的互信，通过信息公开，从根本上减少纠纷争议，稳定行业正常秩序；四是有利于电网企业维护自身正常权益，垄断企业同样存在维权问题，需要摆脱掉运动员与裁判员合一的尴尬身份；五是有利于系统健康发展，通过调度机构更好地维护正常秩序、平衡各方权益，有利于进一步处理好网络阻塞、稳定破坏、电能质量降低等问题。

（4）有利于更好地落实国家政策、引导电力科学发展

调度行为具有刚性指挥与行政强制的性质，必须依法依规规范行使。目前中国调度机构所执行的规则规范非常复杂，一是《电网调度管理条例》及其实施细则等原电力行业行政管理部门所颁发的法律法规，二是发改委、能源局等现电力管理部门所颁发的政策制度，三是《电力监管条例》等电力监管机构所颁发的规章规则，四是中电联等行业中介机构发布的技术标准，五是调度系统内部编制发布的调度规程与技术规范，六是调度机构所在电网企业所颁发的有关技术与管理文件。由于高度的专业性与信息不对称，调度机构在多元目标体系中必然存在一定程度侧重选择的操作空间，只要国家、行业、企业之间存在价值取向的微小差异，调度机构的偏向都会放大这种差异。

通过调度独立的改革，一是可以使调度机构跳出企业服务全行业、跳出行业服务大局，树立更加宏观更加公益的目标原则；二是促进电力系统技术协同与进步，落实电能质量与电网技术经济指标，提高全系统技术、质量及信息的整体性与协调性；三是更好引导电力科学发展，积极落实节能（环保）发电调度、全额收购可再生能源及上大压小、发电权转让等一系列节能环保等各项国家政策。

（5）理顺性质定位、有利于调度（交易）职能更好开展

调度机构肩负多种公共职能，既是一种公共服务与必需环节，也是一种公共管理与强制职能，因此必须采取非营利性、独立性、专业性的组织形式；交易机构是从调度机构中分化出的新机构，与调度相比它的强制性相对较低、但更加注重服务，也需要采取非营利性、独立性、专业性的组织形式。将目前从属于各电力企业的调度与交易职能进行整合与升格，恢复为国家授权、独立运作的专业机构，一是机构性质与职能属性更加对位、更加名正言顺，无疑将提高有关工作的影响力与权威性；二是升格为国家有关部门直接管理的事业单位后，职能、机构、人员、经费等方面更加稳定有保障，有利于专业能力提升；三是与电力企业脱离之后，不必再考虑个别企业经济利益，有利于明确公共目标并集中精力、提

高工作质量，通过服务社会、规范操作、依法行权、严格自律而使自身发挥更高层次的价值，获得更广阔的发展空间。

（6）解决重大前置问题，有利于推进电改且避免小垄断

首先，电力体制改革是电力行业生产关系的重大改变，往往涉及职能、机构、人员、资产、业务的重大调整，通过加强调度管理保障系统安全稳定、维护生产交易建设秩序，是顺利推进改革的必须，对于幅员辽阔电网复杂的大国尤其如此。

其次，电力体制改革也是利益的巨大调整，必然存在一定的阻力，仅仅抓住调度这个电力行业最大的公器、至少不落入反对改革一方，是谋划改革方案策略的重要一环，关系到改革阻力与动力此消彼长的博弈格局。

最后，调度是电力行业内最核心的公共机构，调度（交易）机构自身的制度安排与改革定位，是电力市场化改革的基本问题，也是在产业重组等举措之前的重大前置问题，否则不论区域电网还是输配分开都只能造就更多小垄断者。

世界很多国家的电力体制改革中，对于调度（交易）机构的改革都是核心步骤（详见附表27）；对于领土面积较大的国家，调度与输电分离更是共同的选择(详见后文表16)：

一是通过政府授权与法规保障，建立并加强调度（交易）机构职能，很多国家没有中国这样强大的电力调度体系，为了给改革保驾护航，必须建立并加强超越于企业之上的调度管理机构，如美国跨州调度机构（RTO）、欧盟跨国电网联合运营及协调中心（Coreso）等都是适应改革的需要而专门组建的；

二是在改革方案制定与决策中，高度重视调度（交易）机构的制度安排，先于或者同步于产业格局调整及企业重组，以调度（交易）机构改革作为电力市场化改革整体方案的前置或核心步骤，如阿根廷1992年成立调度交易中心（CAMMESA）之后才拆分发电、配电环节引进多元投资，俄罗斯则完全以调度（交易）机构的建设为优先条件，2001—2002年组建独立交易中心、调度中心之后又用了六七年才稳步完成产业拆分重组——同是拆分国家级的巨无霸，对比俄罗斯统一电力系统股份公司（RAO）按计划完成历史使命与原国家电力公司及其继承者的尾大不掉，不同改革路径效果大相径庭。

因此，调度（交易）机构从电网企业中独立出来，已经成为电力市场建设顺利推进的重要前置问题，解决了这个问题，改革的深化将从此获得空前的力量。

（7）捅破窗纸直击要害，有利于新一轮电改迅速取得效果

调度、交易、电网（输电）三大公共机构的制度安排，是世界各国电力市场

化改革的核心，三者不同程度地分开成为最普遍最基本的改革内容，目前世界主要国家中只有中国三者依然合一，还未真正触及电力市场化改革的实质。

但2002年以来，电网企业迅速认识到电力调度（交易）的重大意义，采取了若干规避调度独立的保护措施，主要包括：单独设立交易中心，分散职能弃卒保车；调度机构本部化，加强控制削弱影响；调度远控一体化，增加安全责任与复杂性；封锁舆论，使讨论或呼吁调度（交易）独立成为禁忌话题。但越是如此，越反证调度（交易）独立是一个深化电改重组产业的要害结点！电力调度（交易）机构设置问题是中国电力行业很多矛盾与问题的焦点，同时也恰是解决很多难题与困境的一把钥匙，是深化电改的"七寸"与"死穴"。

一是调度（交易）独立的所谓难度其实只在于前期的博弈，一旦捅破这层窗纸，实际的操作难度远远没有想象的大——调度（交易）机构目前体系相当清晰完整，整建制划转非常便利，牵扯面很小。

二是调度（交易）独立绝非什么"休克疗式变革"，转换成本与风险远远没有所声称的大——在一家独大的市场格局、独买独卖的交易模式没有改变的情况下，调度（交易）独立仅仅是公共权力层面的一种调整，对于电力生产运行交易分配的直接影响很小（如果仅因交易信息、交易实现过程将更加透明而感觉自身利益受损，则恰恰反证出垄断企业借助调度特权谋取了过多不正当利益）。

三是调度（交易）独立一旦实施可在很短时间完成重组，并将很快显现出预期效果，通过理顺定位不但有利于提高权威性专业性、有利于政府加强管理科学决策，而且将为进一步深化电改减少阻力增加助力、创造良好条件。

总之，调度（交易）独立作为新的历史时期深化电改的第一个重要步骤，操作便利，副作用小，快速见效，影响深远，直击要害，震撼人心，打破全行业对于强势垄断集团的心理惯性——在改革的深水区，面对霸气外泄的垄断利益集团，不必幻想捷径巧招，也不必妄求100%共识，唯有拿出擒贼先擒王、首战即决战的魄力！这是多米诺骨牌的第一块也是最大一块，需要新的领导集体注入"第一推动力"，后续改革步骤将阻力越来越小而动力越来越大，走上符合客观规律的良性循环。

### 3. 调度（交易）独立的可行性

实施调度（交易）独立，可以通过理顺性质定位，有利于保障安全、维护秩序、落实国家政策等职能更好地开展；通过增加信息透明度，有利于更好地服务于政府管理、支持科学决策;通过解决重大前置问题,捅破窗纸直击要害,有利于新一轮电改迅速取得效果,并不断推进后续步骤不断深化——对于这些调度(交易)独立的重大意义与充分必要性,对于世界各国电力市场化改革的潮流,各界是存在不同程度的共识的;但不论行业以内还是行业以外,不论调度系统以内还是调度系统以外,对于调度(交易)独立的可行性同样存在不同程度的顾虑与疑惑。

(1)安全保障与安全责任问题

保障电力系统安全稳定运行,是实施电力市场化改革必须遵守的原则之一,对于调度独立,最原生态的一种担心就是调度机构与电网企业分离之后,是否会引起电力安全稳定水平下降?如前所述,安全是一种社会性目标,安全管理是一种公共管理活动,电力安全管理的发展逻辑就是从内部到外部、个体到集体、从企业到行业、从行业到国家……不断提高安全管理的权力级别。调度独立之后,其安全管理活动从企业职能上升到公共职能,由政府直接管理、受法律法规保障,势必提高权威性与专业性,更加有利于保障电力安全稳定运行。

以美国—加拿大为例,1965年纽约大停电后,由各电力企业自我管理,组建了行业组织北美电力可靠性协会(NERC);2003年美—加大停电后,在推动政府出台相关法令的同时,民间性质的NERC被改组为美国联邦能源管制委员会委托的独立公共机构(ERO)。而中国,调度机构原本是作为电力部等政府机构的代表对全系统实施安全管理,降格为电力企业内部机构后,其安全管理的公共性专业性权威性受到影响,亟待回归本位。

另外,电力调度是一种刚性的技术管理,调度机构与运行部门之间的安全责任是非常清晰的,是受规则规程、纪律程序、技术规范乃至计划票、操作票、接发令录音等一整套技术与管理措施保障的,并不会受机构层面调整的影响。而且不论机构层面任何调整,中国电力行业的安全意识、安全传统、安全文化都是远远优于其他各大行业的,其中调度队伍又是行业内素质最高纪律性最强的,经多年准军事化管理具有深入骨髓的安全意识、纪律意识,必将成为中国电力改革进程中一支可以信赖的重要维护力量。

(2)调度系统经费与待遇问题

目前中国国调—网调—省调—地调—县调5级调度共有3000余家机构,从业人员数万(其中国调—网调—省调3级共40家机构,有两三千人)。调度(交易)机构技术密集、人才密集,所需经费一是人力成本、物业开支、人员培训、规程修订及调度专用技术设备维护费用等运行费用,二是房屋、调度专用技术装备的折旧重置成本与系统升级投资，其中每年调度自动化系统建设、升级、改造的投资大约4亿~5亿元。

调度（交易）机构的经费模式有6种可选模式，一是财政拨款模式，二是调度管理费模式，三是交易服务费模式，四是电价附加模式，五是会员费模式，六是捆绑业务模式（例如，电力通信等少量营利性业务）。调度（交易）机构独立后，近期，日常运转可由财政部分拨款，开展业务可向电力企业收取电力调度管理费；远期，可随电力市场逐步建设运行，收取电力交易服务费。另外，电力调度专用的信息自动化系统，其建设与升级也需要比较可观的资金，一种方案是统一向财政申请专项资金，一种方案是将其全部在所收取的调度管理费中列支，但都需要统一规划、统一标准、明确与所调度对象互联互通的技术要求。

总之，维持电力调度（交易）系统运转需要一定经费支撑，稳定高素质人才队伍也需要相应的政策待遇（职业单位编制），但总体上人数有限而价值巨大，依然具有较高的投入产出效益；而且各级调度（交易）机构自身也拥有房屋土地等一定资产，调度系统经费与待遇问题并不会影响到调度（交易）机构独立的可行性。

### 4. 方案比选——调输分开（调度交易打捆独立）PK 调输一体（仅交易独立）

目前关于调度（交易）机构独立的方案，一是调输分开（调度交易打捆独立），即调度与交易同时从电网企业分离，合并组建为独立的电力调度（交易）机构；二是调输一体（仅交易独立），即单独将交易分离出来，组建独立的电力交易中心，而调度依然保留在电网企业内部。

这两种方案，共同点是交易从电网企业中分离，不同点是调度是否与电网企业分离？也即是调输分开模式还是调输一体模式的差别，可从以下两个方面进行对比。

（1）选择调输分开符合世界电力市场化改革的客观规律

世界各国电力体制改革，有的选择调输分开模式，有的选择调输一体模式，如表16所示，目前PK的结果就是：国土面积较大的国家（俄罗斯、加拿大、美国、巴西、澳大利亚、阿根廷等）全部选择了调输分开模式（即"大国模式"），而国土面积较小的国家（欧洲国家及日本等）尚有不少选择调输一体模式（即"小国"模式）。

表16　世界主要国家调度交易、输电分合与领土面积的关系

| 国家（地区） | 领土面积（万km²） | 领土排名 | 调度交易、输电分合模式 |
|---|---|---|---|
| 俄罗斯 | 1708 | 1 | 调输分开——调度、交易、输电三者分开 |
| 加拿大 | 997 | 2 | 调输分开——（调度+交易）、输电分开 |
| 中国 | 960 | 3 | 调输一体——（调度+交易+输电）三者合一 |
| 美国 | 936 | 4 | 调输分开——（调度+交易）、输电分开 |
| 巴西 | 855 | 5 | 调输分开——调度、交易、输电三者分开 |
| 澳大利亚 | 774 | 6 | 调输分开——（调度+交易）、输电分开 |
| 印度 | 329 | 7 | 调输分开——调度、交易、输电三者分开 |
| 阿根廷 | 278 | 8 | 调输分开——（调度+交易）、输电分开 |
| 法国 | 55 | 47 | 调输一体——（调度+输电）、交易分开 |
| 日本 | 38 | 60 | 调输一体——（调度+输电）、交易分开 |
| 德国 | 36 | 61 | 调输一体——（调度+输电）、交易分开 |
| 英国 | 24 | 76 | 调输一体——（调度+输电）、交易分开 |
| 欧盟 | 432 | 可排入第7 | 调输分开——调度、交易、输电三者分开 |

资料来源：相关调研考察报告及专著。

调输不分开的主要弊端在于可能影响到进一步提高安全管理权威性、影响电网公平开放、影响到其他市场主体利益、影响电网信息公开与外部监管，如果一国领土面积较小、电网规模小而结构简单，这些弊端尚可容忍；而如果一国幅员辽阔，电网规模庞大，分层分区情况复杂，跨省跨区交易等情况多样，调输不分开的负面作用就会显著加大而促使做出改革的决策，这是电力"范围经济"特性的又一体现。

欧洲各国普遍面积较小，在前期改革中以选择调输一体模式为主，但随着欧盟内部经济一体化与国家间电网互联的发展，也出现了电网联合运营及协调中心（Coreso）这样独立的跨国调度中心，在欧盟发布的第三级内部能源市场指令包中也出现了调度机构与输电企业治权分开的（ITO）方案。

总之，对于中国这样的大国，调输分开是符合世界电力市场化改革的客观规律的理智选择。

（2）选择调输分开符合中国国情与深化改革的需要

目前中国电力行业中调度强、交易弱，两者完全不平衡。调度的职能非常丰富，拥有沿袭自政府电力管理部门、并依然受到相关法规支持的行政权威，在行业内影响巨大；而交易由调度分解出来，仅仅是电网企业的内部行为，在电价形成、电力电量分配依然由政府主导的背景下，目前所谓电力交易机构的职能与空

间非常有限。

如果保持调输一体，仅仅交易独立，在一家独大的市场格局、独买独卖的交易模式、政府主导的电价形成与电力电量分配依然没有改变的情况下，交易机构势必形同虚设状若弃儿，而调度机构则可以通过安全校核等对交易机构进行强有力的干预，甚至使后者成为傀儡。而中国未来继续深化电改的过程中，依然需要调度（交易）的专业协助，如竞争性电力市场的建设，一方面要克服传统计划管制的干扰，一方面需要有职能到位名副其实的交易机构——而交易并不是调度的核心职能，调度的权威主要在于方式、计划、准入等资源配置职能，在中国行政垄断、权力经济的国情背景之下，与调度分离的交易机构只能是受制于调度而无可奈何的"鸡肋"。由此可见，调度作为中国电力行业以内最强大的公器，只要方式配置这个核心职能依然属于电网企业，任何市场交易合约都是苍白无力的，这样的电力市场依然不可能是有效的。

总之，调输一体（仅交易独立）的改革方案，将是中国电改的新的陷阱！如果不能坚定决心依据中国国情与深化改革需要，坚决选择调输分开（调度交易打捆独立）的改革方案，不如维持现状，以免出现像2002年那样以改革之名，反而造成独买独卖的"更坏局面"。

### 5. 方案比选——调度（交易）独立PK调度（交易）中立

对于调度（交易）机构独立，还有一种方案就是：如果不完全独立，调度（交易）机构保留在电网企业内部，同时通过各种措施加强监管、促使其保持中立性并实现公开、公平、公正。类似输配分开有产权分开、治权分开、财务分开等不同模式一样，调度与电网（输电）之间似乎也存在产权分开、治权分开的不同可能。在目前选择调输一体（仅交易独立）模式较多的欧洲，在欧盟第三级内部能源市场指令包中所提到的独立输电运行机构（ITO）方案，就属于一种调与输治权分开的模式，即允许垂直一体化的输电企业保留系统的所有权，但系统必须由独立输电运行机构来管理，该机构可以是从属于同一母公司的不同子公司，通过由监管机构加强监管来保证电网的公平、无歧视接入。

这两种方案，调度（交易）独立PK调度（交易）中立，似乎都能实现调度与输电的分离，但是否真的都具备可行性呢？

（1）调度（交易）中立是需要法制背景支撑的中间模式

中国幅员辽阔、电网规模庞大、分层分区情况复杂、跨省跨区交易情况多样，调输分开（调度交易打捆独立）是中国最合乎逻辑的电力市场化改革目标模式。

而在选择这一模式的世界主要国家中，调度（交易）独立是顺理成章的选择，如美国区域输电组织（RTO）、澳大利亚电力市场管理公司（NEMMCO）、俄罗斯系统操作公司、阿根廷电力批发市场管理公司（CAMMESA）、巴西国家电力系统运行局（ONS）都是在原有电网（输电）企业之上单独组建的独立调度（交易）机构。

即使欧洲那些目前多为调输一体（仅交易独立）的国家，在现实中，随着各国间电网互联及电力交易的发展，已经实际形成了调度、交易、输电三者分开的电网联合运营及协调中心（Coreso）这种典型的跨国独立调度机构，目前已有德、法、英、意、比利时等5国参与。

很多国家的调度（交易）机构似乎与电网（输电）企业依然存在产权关系，仅仅是一种中立而非独立状态，但必须指出的是，这种产权关系大多仅仅体现于调度（交易）机构的组织层面，要求主要电力企业及有关政府或社会组织甚至用户共同组建委员会，但在调度（交易）职能运作层面则完全依据法规授权及市场规则独立行使权力，因此这种调度（交易）中立是超越于企业产权之上的，这种中间模式需要完备的法制背景作为支撑。

（2）在中国难以落实与保障调度（交易）中立的中间模式

在大多数似乎是调度（交易）中立的国家，改革之初多为分散独立企业，随着电网互联或市场开放而依据规则与法制建立的调度机构。而中国改革之初为政企不分、独家办电，调度权力体系在历史上早以成型并具有行政强制力，后经开放投资、政企分开、厂网拆分逐步形成数量繁多的发电环节，对于其他市场主体权力强大的调度机构被遗留在电网企业内部，两者之间却没有任何法规规则的界定，调度机构的职能、机构、编制、经费等完全没有任何规范与保护，完整性、确定性、稳定性、权威性都没有保障，调度工作随时都会受到所在企业的干预，不可能存在任何的中立性，只能服从、服务于企业营利使命。

2002年以来，从《电力体制改革方案》到《电力监管条例》都赋予了电力监管机构对电力调度若干监管职能与手段，但大多至今依然难以落到实处。2011年1月《电力调度监管办法》由国务院法制办在互联网公开征求意见时，收到多达8000余条意见，仅次于当时万众瞩目的《房屋征收补偿条例》，2000多条反对意见尤其集中在对机构设置、执行规则、调度服务进行监管及接入信息系统、派驻监管人员、调解裁决争议、违规处罚等源自5号文件和监管条例的条款，充分反映了对于外部监管的自然抵触。

总之，中国目前依然法制不完备，政府干预微观经济过多，但对利益集团管制不力，行业结构不均衡、交易模式不合理使垄断势力过于强大，电力调度这样影响重大的权力机构很难准确落实所谓"中立"的边界，由于信息高度不对称、它只要不服务于公共利益就很难进行监管，因此在进一步深化改革的时候，或者旗帜鲜明一步到位调度（交易）独立，或者避开调度领域而另寻突破口，那种所谓"中立"的中间模式是难以落实无法保障的，对于中国国情及深化改革的需求是不适合的。

### 6. 方案比选——调度交易独立PK电价改革、输配分开、电网拆分

目前对于启动新一轮电改的呼声很高，但对于具体的改革路径却众说纷纭，特别是对于电改所涉及的千头万绪，到底突破口在哪里更是莫衷一是。有提出以继续深化政企分开、调度交易独立为突破口，有提出以继续深化电力价格体制改革为突破口，有提出以电网业务重组、施行输配分开为突破口，有提出以电网企业拆分、加强区域电网为突破口……

如果以继续深化电力价格体制改革为突破口，一是在目前电网企业独买与独卖的情况下，不可能有效开展竞价上网，只能形成变相压价侵害发电企业权益；二是在电网企业拥有调度交易机构的情况下，与其具有零和竞争关系的大用户直接购电必然难以顺利开展；三是在资源领域相关税收、补贴政策没有形成有机组合的情况下，电价改革将再次形成对煤矿业主等利益输送，需要更高层面的统筹与改进；四是目前为止电价改革在根本上缺乏可行的预期目标，电价不论上涨还是下降均弊病显著，这样的改革本身就是进退失据难以走远，只适宜作为产业制度改革的配套改革，根本不具备作为新一轮电改突破口的基本条件。

如果以电网业务重组、施行输配分开为突破口，一是输电、配电没有绝对的、稳定的标准，对于输配分开界面多年以来都没有形成共识，至今依然难以在短期内迅速启动改革进入操作程序；二是分开之后的输电企业与配电企业分别拥有本层级电网的调度交易机构，依然具有谋取垄断利益的能力并使博弈更加复杂混乱；三是配电企业进入电力市场虽然形成多买格局，但这种批发代理机制依然无法使终端用户特别是占电力消费70%的大用户直接感受到市场的信号，显然，输配分开不但实施困难而且效果难以预期。

如果以电网企业拆分、加强区域电网为突破口，一是电网企业除了规模被压缩之外，其市场垄断地位没有任何本质改变，在电力交易中依然属于独买与独卖性质，正所谓从"一个大垄断"变成了"N个小垄断"，改革的效益不明确；二

是各区域电网企业依然拥有本区域内的调度交易机构，不但将继续维护其市场垄断地位，而且将在很大程度上继续保持信息的不透明，无法实现拆分超大型、独占型电网企业的改革预期目标，因此，拆分电网企业显然不如调度交易独立更适合作为新一轮电改的突破口。

总之，如果调度交易不独立，不论是电价改革还是拆分电网或输配分开都难以取得理想的效果，都无法绕过这个最核心的障碍，因此，继续深化政企分开、实施调度交易独立，是新一轮电改最佳也是唯一的突破口。

**7. 重组改革的基本操作**

以现国家电网公司、南方电网公司及有关地方电力公司所属电力调度机构与电力交易机构为基础，组建国家电力调度及交易中心。

性质及管理——该中心为事业单位性质，由国家电力（能源）经济性监管及电力安全运行监管部门（发改委或电监会）直接管理。

职能——负责全国电力调度、电力交易包括结算等工作，依照有关政策法规、市场规则及技术规程等，为维护电力系统连续、稳定、正常运行，对全国电力生产、输送、交易、使用等进行组织、指挥、指导、协调和服务。

机构——国家电力调度及交易中心设在北京；在全国范围实行垂直管理，在地方接受地方电力（能源）经济性监管及电力安全运行监管部门的双重领导。

初期保持稳定直接沿袭现有国调—网调—省调—地调—县调等5级调度体系，以及国家—区域—省3级交易体系，远期根据电网及电力市场建设发展情况可调整简化。

人员——给予事业单位编制以稳定队伍培育专业人才。

经费——该中心为非营利性质，日常运转可由财政部分拨款，开展业务及信息自动化系统建设升级，可向电力企业收取电力调度管理费、电力交易服务费。

**步骤Ⅱ　巨头拆分**
**——实现经济规模，发挥比较竞争效益**

通过前述"三步走"的第一步：公共机构独立、强化决策支撑体系，组建了国家电力规划及标准中心与国家电力调度及交易中心，实现了电力行业主要公共权力机构的独立，提高了国家对于电力的管制力以及科学决策能力；同时通过调度这一公器的升格与易位削弱了改革的阻力，捅破窗纸直击要害，为进一步深化电改创造了更好条件。

但不可忽视的是，此时电力产业流程依然没有理顺，需要进一步平衡市场格局，优化企业规模，进一步落实输配电价的必要条件，并通过分级扩大用户直购扩展市场成色，推动电改的继续深化。

### 任务③ 拆分重组全国电网企业
#### 1. 基本特点与现状

目前中国电网企业全部为国有的输、配、售一体的电力企业，其中中央企业性质的有国家电网公司、南方电网公司，地方企业性质的有内蒙古电力公司、新疆生产建设兵团及陕西、山西、广西等地方电力企业。

如表17所示，目前中国电网企业在企业规模方面的主要特点如下。

表17 2011年国家电网、南方电网及内蒙古电力公司基本规模

|  | 国家电网公司 | 南方电网公司 | 内蒙古电力公司 |
|---|---|---|---|
| 营业区域 | 全国26省市自治区 | 粤、桂、琼、滇、黔5省区 | 内蒙古1自治区 |
| 供电面积（万km²） | 845 | 100 | 71 |
| 供电人口（人） | 11.1亿 | 2.3亿 | 939万 |
| 企业排行 | 2010年世界500强第8名 | 2010年世界500强第149名 | 2010年中国500强第166名 |
| 员工人数（人） | 1674541 | 310889 | 18984 |
| 资产总额（亿元） | 22093 | 5275 | 449 |
| 220kV及以上变电容量（万kVA） | 174678 | 58693 | 4904 |
| 220kV及以上线路长度（km） | 361354 | 90006 | 13784 |
| 负债（亿元） | 13261 | 3454 | 282 |
| 主营业务收入（亿元） | 16598 | 3894 | 494 |
| 售电收入（亿元） | 15448 | 3794 | 485 |
| 供电量（亿kW·h） | 33003 | 7062 | 1434 |
| 售电量（亿kW·h） | 30937 | 6664 | 1306 |
| 利润总额（亿元） | 534 | 73 | 53 |
| 电力业务利润（亿元） | 309 | 64 | 52 |

数据来源：电监会；员工人数及规模排行来自《财富》杂志，为2010年数据。

(1) 目前电网企业规模形成于改革决策过程中试验性、阶段性的人为设置

根据有关资料，开展新一轮电改在2000年年底正式进入议事日程之后，围绕未来的电网企业规模（暨市场布局）曾经出现多种方案，包括在国家电力公司以下分设华北、东北、西北、华东、华中和南方等6家区域电网公司的"1+6"方案，以及取消国家层面电网企业分别组建东北、北方、长江和南方等四大电网公司的"0+4"方案，等等。后经多方博弈与妥协，上述方案多次被"中和"，又提出将南方电网独立出来先行试点，以及明确国家电网与区域电网的关系（即区域电网独立运作，与国网仅保持股权上的关系），最终由最高决策者通过5号文件即《电力体制改革方案》。

这一决策过程，一是反映出当时对于电力市场化的若干深层问题确实缺乏把握，博弈之激烈不仅出于利益，同时也确实由于未知尚多，对很多问题研究不到位；

二是决定了5号文件所形成的现有企业规模具有试验性与阶段性，不应成为永久的市场布局，26省规模的国家级电网企业、5省规模的区域电网企业、1省规模的省级电网企业经过一定时间的运作之后，有必要对其进行对比评价，以推动改革的继续深化——如果中国电网企业长期停留在目前这样26∶5∶1的怪异格局，将成为世界电力领域的笑谈。

(2) 国家电网公司超大型的企业规模在世界电力行业中属于特例

电网由于具有不宜重复建设的自然垄断性质，在很多国家都是特许经营，随着经济社会发展与电网技术进步而逐渐形成较大企业规模。但电网同时还具有范围经济的技术经济特性，无论是技术边界还是经济边界都是难以无限扩张的，因此电力行业中的大型企业与银行、石油等行业相比依然是规模有限的，在世界500强排行榜中电力企业无论是营业收入、资产规模、员工数量通常都是很少能够名列前茅的，中国国网营业收入、员工人数分别位列第7、第3已属打破常规（详见附表53）。

目前中国国家电网公司的企业规模之大在世界电力行业中已经成为特例。从成立至今，其资产规模、营业收入始终是世界500强排行榜上其他大型电力企业平均水平的2~3倍，员工规模更一直是同行的10倍左右，企业各项技术经济指标都以"大"为基本因素(详见表15)。

而且世界大型电力企业很多都是电力（能源）混业经营，除了电力以外往往还有燃气、热力、煤炭、新能源及能源服务、环境服务、基础设施等非常广泛的业务；而截至2011年年底，国网公司的主营业务收入中售电收入的比重依然高达

93%以上,这样单纯依靠电力营销而实现如此企业规模,在世界电力发展历史上绝无仅有。

(3)一家独占型的市场地位与世界主要经济体的市场格局反差显著

电力(能源)产业在绝大多数国家都受到政府的严格管制,一方面,允许发挥规模经济优势形成较大的企业规模,与此同时,对于这些大型电力(能源)企业往往进行严格的监管,防止其滥用垄断优势地位、影响公平竞争破坏经济活力。

如图18所示,目前世界主要经济体的电力(能源)产业领域都基本形成了比较均衡的市场格局,其中,美国的市场格局高度均衡,即使是第20名企业的营业收入依然达到第1名的50%,这样,虽然没有超大型企业,但美国电力(能源)企业普遍热衷科技创新而具有较强的活力;欧洲各国之间已经高度开放,所有大型电力(能源)企业都难以再独占市场,前5大企业均属于同一量级并都受到严格的反垄断监管,由此练就欧洲企业国际化扩张的巨大优势;日本电力(能源)企业的数量虽然较少(只有10家),但即使最大的东京电力公司所占比例也只有32%。

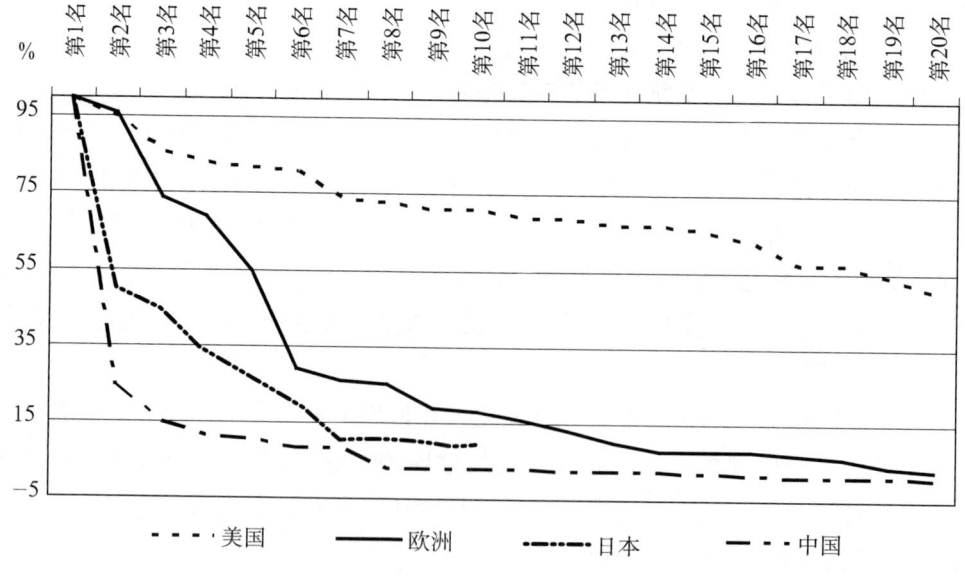

(前20名大企业的营收对比,第1名=1)

图18 世界主要经济体电力(能源)市场结构

具体数据详见附表26。

而中国电力（能源）产业领域却呈现一种一家独占的畸形市场格局。作为规模第1名的国家电网公司，其营业规模超过了第2～第10名所有企业之和，全国上千家电力（能源）企业中，只有4家能够达到国家电网的1/10，在世界主要经济体中，这样一家独占的市场格局可以说是绝无仅有的。

## 2. 优化电网企业规模的9点必要性

（1）由于规模过大，国网的财务经营指标系统性地落后于南网

26省规模的国家电网公司与5省规模的南方电网公司，分别是国家级电网企业与区域性电网企业的代表，代表了中国电力体制改革的两种模式与方向。由于对大型电力企业的规模经济，多为理论推理而普遍缺乏实证数据，因此在5号文件形成之前的决策过程中，双方无法互相说服最终只好相互妥协，同时组建两种规模的电网企业以求实证。而10年以后，系统对比两家公司的财务经营指标可以发现，国网已经系统性地落后于南网：

一是不论销售利润率、资产回报率还是权益收益率指标，国网都全面落后于南网，显示出投入产出效率的落后；

二是国网比南网的收入负债比更高而资产周转率更低，显示出风险承受能力与资产运作质量的落后；

三是不论人均收入、人均利润还是人均资产指标，国网依然全面落后于南网；

四是唯有利润增长率、资产增长率特别是收入增长率指标，国网才与南网旗鼓相当、堪堪打平，显示出近10年来在中国普遍存在的市场机会。

综合统计（详见表12），在全面涉及赢利能力、偿债及资产运作能力、劳动生产率、成长性的71次财务指标PK中国网全面落后于南网，并由12∶59的总比分绝对劣势显示出这些差距的系统性（而非一时一事的偶然性差异）。

国网、南网均是2002年脱胎于原国家电力公司的大型国有企业，企业性质、资产质量、人员素质基本相当，政策环境、市场环境也差别很小（输配环节购售差价、输配差价占销售电价比2个指标互有高低，如表18所示），两公司领导班子均为中国电力行业传统精英，都同样严细管理、敬业进取甚至不乏干部交流……

表18  2007—2011年国家电网、南方电网输配电价

| | | 2007年 | 2008年 | 2009年 | 2010年 | 2011年 |
|---|---|---|---|---|---|---|
| 输配购销差价<br>（不含线损）<br>（元/kW·h） | 国网 | 0.136 | 0.138 | 0.128 | 0.165 | 0.168 |
| | 南网 | 0.151 | 0.155 | 0.140 | 0.161 | 0.157 |
| 输配差价占比<br>（%） | 国网 | 27.2 | 26.5 | 23.9 | 29.0 | 28.8 |
| | 南网 | 26.6 | 26.8 | 24.5 | 26.1 | 25.4 |

数据来源：电监会。

总之，国网、南网本应是非常近似的两家企业，但企业分立独自运作近10年以来却在财务经营指标上出现了巨大的系统性差异，唯有国家电网公司作为一家电力企业已经超越了合理的规模经济临界点，生产关系反向制约了生产力！

——如果说技术经济特性是电网层面"自然垄断"的理由，那么企业层面垄断（特许）经营的具体规模则应取决于一定历史时期的规模经济。受自然资源、技术装备、社会经济、历史政治等条件制约，规模经济曲线是有两个临界点的，如果无限扩张至规模过大，就会物极而反演变为"规模不经济"；而不同产业环节、不同专业领域的规模经济也是各自不同的，需要合理配合相辅相成，或者适时拆分重组。中国电网企业规模26∶5∶1的怪异格局，实在是世界电力发展史上一场奢华的规模经济的实证，现在已经到了可以做出结论与选择的时候了！

（2）由于缺乏比较竞争激励，电网资产效益显著落后于发电

经济包括政治领域的比较竞争，是中国改革开放以来推动发展的动力之一；在电力行业，"一家大垄断变成几家小垄断"同样并非无聊之举，恰恰实效非凡。2002年以来发电环节形成多元竞争格局（市场集中度总体上属于中等寡头垄断，在部分区域或省级市场垄断程度较高），缺乏比较竞争激励的电网环节相比之下在效益方面差距显著。

一是投入产出效益方面（详见附表14），2011年对比2003年电网投资约3.5倍而线路、变电设备产出仅1.5倍与2.5倍；而同期电源投资仅为2倍、装机产出却达2.5~3倍。

二是工程造价控制方面（详见附表15），2010年对比2002年各电压等级交流线路单位造价普遍增加五成左右、变电工程除500千伏以外也普遍增长；而同期电源单位造价却普遍下降20%左右。

三是劳动生产率方面，国网、南网不断兼并地方供电，员工比改革初期都出现了倍增，分别超过150万和30万人而成为世界上员工最多的电力企业；而同期发电企业严格控制人员增长并通过"上大压小"显著提高效率，目前劳产率类指

标已显著优于电网企业，人均资产等指标甚至达到后者的3~4倍。

四是设备利用率方面，如前述图8和表11所示，中国输电网规模世界第一、设备运龄更是非常年轻，但交流500千伏输电线路的输送功率只有其他国家的一半，线路装机比、线路电量比只有美国的59%与65%，更长期存在送不出、落不下以及"卡脖子"现象，重投资轻效益问题突出（详见图18和表11）；而同期发电企业在不利的价格体制下大幅削减火电投资比例乃至数额，在小时数低谷阶段依然保持高于世界水平（包括英国、澳大利亚等典型高煤电比重国家）（详见附表24）。

提高资产效益的动力来自竞争，而竞争不仅仅是同一市场此消彼长的直接PK，也包括同业比较的指标压力。而真正能把竞争压力转变为有效行动的，还须自主经营、自负盈亏的权责机制，以及信息公开、外部监管的制度措施。目前中国电网环节集中度过高，26省电力资产被高度集权于一家超大型电网企业中，虽然也开展各种横向比较乃至指标考核，但由于诸多企业经营管理战略决策的权力日益上收，相关信息并不透明缺乏外界监管监督，这种权责不对等的内部"模拟竞争"并不能真正转化为各下级企业提高效率的主动性创造性，与独立发电企业在市场中真枪实弹透明公开的竞争效果是无法相提并论的。

2002年电改以来，通过加大投入改进技术，电网企业与发电企业在生产效率方面均取得了显著进步，线损率与煤耗率、厂用电率等技术经济指标取得了幅度接近的改进。而由于缺乏更有竞争性的制度安排，电网环节的资产效益显著劣于发电环节，这不是人为主观努力问题，而是来自生产关系的制约，正是需要推行改革的地方。

（3）"大国无巨头"，国网规模已不符合国际电力发展规律

世界各国电力行业中存在一种"大国无巨头"现象，俄罗斯、加拿大、美国、巴西、澳大利亚、印度、阿根廷等领土面积最大的国家中（除了中国）目前均没有"世界500强"级别的超大型电力企业（详见附表32）。

一是从理论上看，如果一国幅员辽阔，电网规模庞大，分层分区复杂，则因地制宜满足需求同时比较竞争提高效率的需求就会成为重要矛盾，只有一家电网企业覆盖全国的弊端就会更显著（而电网互联与跨地区交易等问题，可通过加强规划与协调、建立电力市场等手段来处理）。

二是在实践中，这些大国或者不发展全国性超大型电力企业，或者通过改革对原有全国性超大企业进行拆分。例如，俄罗斯、阿根廷等国原来都曾拥有全国性大型电力企业，俄罗斯统一电力公司（UES）还曾不止一次登上"世界500强

排行榜",但同样都进行了有意识的拆分重组。又如美国电力产业虽然总体规模庞大,但高度分散仅独立发电商即多达数百家,1995年至今美国曾有多达25家电力(能源)企业进入"世界500强",其中安然公司(ENRON)甚至曾经达到过这类企业中绝无仅有的世界第6位,但随着安然、CMS、Dynegy等公司财务欺诈问题被曝光,美国改进了会计制度、加强了对于这些巨头企业的监管,到2010年的"世界500强排行榜"中已经看不到美国的电力(能源)企业。

三是在日本、欧洲等国土面积、电网规模较小的国家,同样不会产生中国国家电网覆盖全网的超大电力(能源)企业。日本电网规模低于中国,依然分为10家电力企业。欧洲整体的经济规模、土地面积、电网规模堪与中国相比,在有些国家存在覆盖一国的大型电力企业,但欧洲各国之间市场高度开放,在整个欧洲电网层面不论是政治、经济、技术、监管等因素均不可能产生覆盖全网的电力(能源)企业,法国、意大利、德国、西班牙、英国等国的大型电力(能源)巨头不但业务领域高度混合,而且处于典型的多元竞争市场格局,永远不可能出现像中国国家电网这样一家独占的畸形市场格局。

四是即使在部分小国存在覆盖一定区域的超大型电力企业,但一方面作为垄断型企业其市场行为总是受到政府严格监管与社会高度警惕,欧洲多次对德国莱茵集团等著名电力(能源)巨头进行反垄断调查或制裁;另一方面电力超大企业经营效益"大≠美"的问题比较突出几成定律,如巨无霸级的法国电力公司劳动生产率、偿债及资产运作能力等指标长期落后于同行,东京电力公司已经连续数年债台高筑、亏损上百亿美元,意大利电力公司净利润持续负增长最近已被信用降级,美国安然公司由于资产运作失控走向财务欺诈歧途,德国意昂集团从2011年开始因政府弃核政策而遭遇数十亿欧元损失,而状况稍好的法国GDF集团则以燃气、水务为主业仅仅兼营电力业务。

总之,自组建以来,中国国家电网公司虽然是"世界500强排行榜"上的常客,但在规模远超同行的同时其赢利能力、劳动生产率等多项财务指标远远落后于世界水平,这不仅有国情因素,同样也是国际电力发展规律的反映——在当前历史阶段,"世界500强"中规模过大的电力(能源)企业或亏损严重,或效益低迷,而以规模适中者的经营更加成功,因此过大的规模并非电力(能源)企业成功的标志,中国国网这种超大规模的电网企业的确是大而不当勉为其难。

(4)企业规模过大,不利于建立现代企业制度实现持续发展

电力是资产密集型产业,不断扩大融资是中国电力企业健康持续发展的一项长期任务。近年来电网企业扩大收入的主要来源,一是增加成本不断扩大购售电

价差，二是推出特高压等大型建设计划争取政策性融资支持，三是发挥市场优势地位进入电气装置等相关领域，虽然收入不断增长但总体资产效率非常低，对于扩大融资的依赖性很高。至少在可以预见的"十二五"、"十三五"时期，国家电网公司每年的投资规划依然在3000亿元左右，资金压力挥之不去。

但随着市场经济体制不断完善及国际化发展，健全现代企业制度对于企业扩大融资的影响越来越大。一是并未彻底完成5号文件所要求的组建五大区域电网有限责任公司或股份有限公司的任务，目前5大区域电网公司人、财、物方面的管理均被统一集中，资产、业务、自主经营决策权基本已经被抽空。二是自身并未健全以公司制为标志的现代企业制度，缺乏包括董事会、监事会和职业经理层在内的公司法人治理结构，企业依然承担若干社会的、行业的甚至政府的职能，输配电等各项业务缺乏独立财务核算，一些低压配网资产仍产权不清。总之，规模过大又缺乏现代企业制度对于国家电网持续发展的弊端日益显著。

一是权益性融资困难，企业高度集权内部一家独大，财务管理资产运作缺乏透明度与规范性，难以使外来投资者建立信任不敢参与电网业务，不仅难以整体上市只能借助关联企业间接融资，而且难以引进战略合作者，这样外界难以参与的封闭运作显然不利于提高资产运营效益保持持续发展。

二是债务性融资困难，由于业务交叉、资产不清、成本模糊、回报不明，债务性融资中往往借整体实力打包而未充分借助具体项目引进债权人监督与参与，而且无法借助更高财务杠杆。如图19所示，近10年来中国两大电网公司的资产负债率始终低于"世界500强"大型电力（能源）企业平均水平大约10个百分点，财

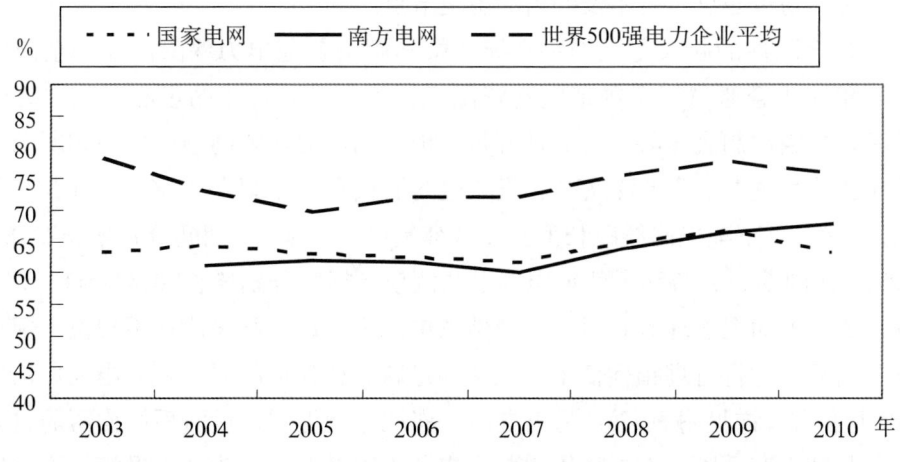

图19　2003—2010年世界500强电力（能源）企业的资产负债率

具体数据详见附表54。

务运作的潜力还未充分挖掘。

三是国际化竞争发展困难，在更广阔的国际化发展中，国家电网公司过大的规模、在中国市场几近独占的市场地位，也并不总是有利条件，一方面会被竞争对手指责有中国政府特殊支持、构成不正当竞争，另一方面会被当地政府或一些政治势力怀疑有特殊的政治背景、身份或含义。

（5）企业规模过大，不利于与地方理顺权责落实电力保障责任

电力属于二次终端能源，电力供应在本质上属于地方公共事务，电网是随经济社会发展而逐步联网扩大的。而在世界大国的发展历史中，中央集权与地方自治的软与硬、收与放是存在周期性的，能源、交通、电信等大型基础产业与公用事业的开放与独营、私有与国有也是循环反复的。

2002年改革以前，中国县级地方独立供电企业将近1000家，再加上将近1000个趸售县，电网央企只占大约1/3终端电力市场；随着越来越多的地方资产无偿上划电网央企，目前县级地方独立供电企业已经不足500家，电力央企在终端市场的份额提高到了80%以上。而且与发电环节多采取股份制等比较规范的操作不同，超大型电网央企由于缺乏现代企业制度，多采取了资产上划、管理权上收的集权扩张方式。在区域层面，5号文件要求组建为有限责任公司或股份有限公司的5家区域电网公司，其人、财、物等主要经营管理权已被国网公司逐渐收权架空；在省一层面，电网央企已直接介入省内城市供电公司的人事与内部运营，为新中国成立以来电力经营管理集权之最。2002年电改以来的10年，同时也是电网央企不断扩张、不断集权的10年，在不断追求提高效率、加强控制的经营目标之余，也走到物极必反过犹不及的新的历史节点。

一是全国性的超大型电网央企无法根本解决各地电力保障问题。全国性的超大型电网央企必然以全国范围的资源配置为其经营运作的重心，从主观到客观都不可能因地制宜尽心尽力处理好每一地方的电力保障问题。如图20所示，近年来电网央企对110千伏及以下低压配电网的投资比重显著下降，"十二五"期间110千伏及以下配电网线路长度、设备容量仅比"十五"期间分别增长23.8%与67.2%，而同期220—750千伏输电网上述两项指标则分别增长70.4%与135.4%。这就造成一方面很多地方农村电网依然供电能力不足，建设改造不到位，规划设计标准落后，运行管理指标低下，无法满足新农村建设的要求，无电人口仍然高达380万左右（详见附表23）；另一方面一些地方配电网建设滞后结构薄弱，卡脖子环节长期没有消除，有电送不出与有电落不下并存，成为地方经济发展与保障民生的负面因素。

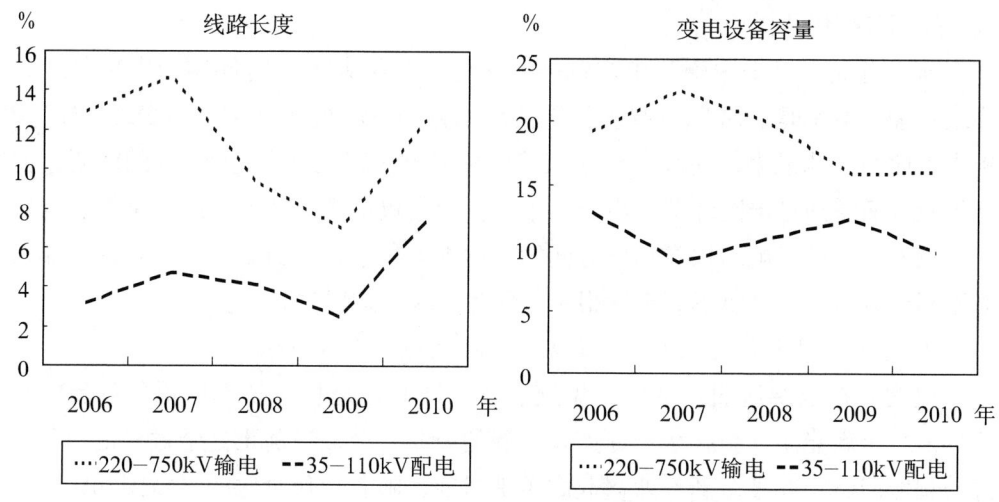

图20　"十一五"期间中国输配电网增长速度对比

具体数据详见附表55。

二是电网央企规模过大垄断经营严重抑制了地方电力的自主发展。终端供电业务本有严格的营业区域划分，但全国性的超大型电网央企完全垄断了上级电网，并利用这种优势挤压地方供电企业的发展空间，限制电压等级、控制电量增容并争夺优质大用户，加剧了地方供电企业的经营困难。而在地方电力电量平衡方面，全国性的超大型电网央企完全垄断了各省的电力供应，既可以控制外来电力的送出与受入，又可以控制省内电源的规划布局、送出工程、并网出力与调度调剂，不仅具备了与地方政府讨价还价谋夺供电资产的有利地位，而且干预到地方电源建设与能源布局。

三是供电领域"央进地退"不利于形成分级合作的电力保障机制。地方政府在交出供电资产、退出电网事务的同时，也逐步放弃保障责任、形成"用户心态"，但事实上，对于各地的电力保障，电网央企仅仅是必要条件而非充分条件。一方面目前中国跨省、跨区电量交换所占比例还非常低（详见附表52），大约85%的电力依然是在本省以内就地就近生产消费，绝大多数都适宜分层分区就地就近平衡。另一方面地方政府在项目审批、电价调整、土地资源等环节仍有重要权力，对于电网企业的建设投资、造价控制、收入利润具有影响（"十一五"期间输电线路的征地拆迁补偿费用增长了1倍以上，占线路本体工程成本的比重从1/6左右急剧上涨到1/2左右）。特别是每当出现电荒，地方政府固然有效措施不足，电网央企跨省跨区调度调剂也屡有阻力，双方无法合作共赢有效合作、也无法发挥各自优势。

新中国成立以来中国管电体制多次变化，但绝大多数时候均为中央与地方分级管理、特别是省级以下双重领导甚至地方为主的模式（详见附表22）。2002年电力体制改革以来，在政府层面依然延续了分级管电（中央为主）的体制，但在企业层面特别是电网环节却出现了中央企业集权扩张、地方政府逐渐卸责的局面，双方在利益分配与权责划分方面的矛盾逐渐积累，日益暴露出严重的弊端，既不利于应对电荒，更不利于从根本上保障供应维护民生。

（6）企业规模过大，不利于电网开放技术进步产业升级

电网，是能源流通与消费的渠道系统，同时也是相关技术应用与创新的重要环节，是新能源、新技术、新产业发展的公共平台。当前正处于世界范围新能源与智能网络等新技术新产业兴起的关键时期，随着现代金融的日益国际化杠杆化，需要远距离大宗贸易的传统化石能源价格变动剧烈、市场操纵显著、交易成本与交易风险不断攀升，而随着全社会对于资源环境价值认识不断深入，传统化石能源的外部成本也不断显露，能源需求的多样化与本土化催生了新能源技术的大发展；随着IT产业急需寻找信息技术革命的第三次高潮，借助现代电网海量设备信息的网络化互动，将推动互联网技术从目前的"人—网"信息向"人—网—物—市场行为"信息进化，智能网络技术前景广阔。在这个历史阶段，电网对于新能源与智能网络等新技术新产业兴起，虽然不是充分条件，但也是必要条件，类似铁路之于蒸汽机、高速路网之于汽车、互联网之于计算机。如果电网企业规模过大，在市场中拥有绝对的支配地位，将不利于电网公平开放，不利于技术进步、产业升级。

一是电网企业规模过大，与上游产业的合谋将提高技术锁定的社会成本。截至目前，信息领域的垄断多为技术性垄断，通过产品的不断升级换代而打破旧垄断、实现新垄断，而代价就是地球上数以亿计的电子垃圾，从手机到电脑都沦为快速消费品，2007年以来世界范围严重金融危机已经揭示过这种缺乏监管的垄断及过度消费主义的危害。一旦这种IT产业的发展模式套用到电网领域，信息技术垄断与电网自然垄断深度结合，巨量巨额装置资产的沉淀性，必将大大阻碍"摩尔定律"18个月升级换代的节奏，通过使技术过早定型或长期停滞，而帮助市场垄断者获得空前的收益。虽然中国电网企业高度依赖信息及装置产业，维护靠厂商，维修靠换件，但由于规模过大并具有绝对独家买方的市场优势地位，通过与上游产业的竞争与竞合、博弈与合谋，垄断利益的空前收获将建立于技术锁定的社会成本。

二是电网企业规模过大必将减少新技术发展的多样性，增加决策风险性。新能源及智能网络的兴起是大势所趋，但技术的成熟、产业的形成、制度的完善、观念的改变特别是原有体系的新陈代谢都需要一个缓慢的实现过程，相关电网技术的发展既要积极跟进又不能抽象跃进。目前在所有国家，新能源及智能网络在技术层面都尚不成熟，成本昂贵并缺乏长时间可靠使用的实证，现阶段均以研发、实验、试点、示范为主要活动。目前唯一相对普遍被接受的智能电表项目，在绝大多数国家也至少还需5年左右才可能全面普及并形成信息网络；目前各类新能源中技术最成熟、成本最低廉、发展最快最成规模的风电，则被发现并网消纳困难，还需额外更多的电力系统配套成本及传统能源替代成本。电网企业规模过大且在市场中拥有绝对的支配地位，在以独家集权决策替代千万家分散决策的同时，必将严重降低新技术发展的多样性，而将很多原本影响有限的技术层面的不确定性升级为全行业的政策性的巨大风险。

三是电网企业在市场中拥有绝对的支配地位，必将过度介入新兴产业发展。由于资源能源领域消极的价格管制，中国各界对于国际能源危机少有真正的切肤之痛而更乐观于新的市场机会，新能源、新技术、新产业最大的推动力量来自虚拟经济与时尚媒体，经济支撑主要来自利益转移而不是价值创新——传统产业向新兴产业利益转移、普通消费者向时尚消费者利益转移。因此各界对于这个领域的投资机会竞争激烈，在市场中拥有特殊地位的垄断企业更是乐于借机扩展业务，兑现更大垄断利益。中国电网企业规模过大，在技术选择时的话语权远远高于其他国家且缺乏制约，不仅在电动汽车领域与石油巨头激烈交锋，在智能电表等更多装置领域则常借技术标准或曰入网标准对市场进行干涉，甚至直接入主有关电气企业或信息技术企业。电网企业利用垄断地位过度介入新兴产业发展，不仅增大社会成本、增加发展风险，更将人为抬高新产业的进入成本，降低新技术发展的活力与开放性，最终阻碍中国新能源及智能网络领域的技术进步，也不利于电网技术与相关支撑技术、应用技术乃至用电技术协同并进，再次沦为世界产业分工中的技术购买者与低端生产者。

（7）在现有产业格局下，企业规模过大将放大垄断的负面作用

由于电网在技术上存在自然垄断特性，电网领域的垄断经营在世界各国也很常见，但中国2002年实施厂网分开的电力体制改革后，在发电侧多元竞争的同时，电网企业在每年超过4万亿元规模的电力交易中处于独家买入、独家卖出的绝对优势地位，形成一种显著失衡的市场格局与交易格局。在发电环节，电网企业是全部电力电量的独家收购者，自身还拥有一定容量的新能源机组与调峰调频

机组；在供电环节，电网企业既是唯一的上级批发者，更是虎视眈眈的零售竞争者。显然在这种制度安排下，垄断者的优势地位过于强大，负面作用也超出一般水平，市场秩序时刻面临严重威胁；特别是如果电网企业规模过大、覆盖全国，则必将这种垄断的负面作用放大到极致，既缺少制衡机制，也难以有效监督，多元竞争者根本无望自主选择，产业环节之间对立严重矛盾空前，严重威胁行业内的正常交易秩序。在这样基本的市场格局与交易格局下，经过上一步骤组建国家电力规划及标准中心、组建国家电力调度及交易中心、使行业内最主要的公共职能公共机构独立之后，如果进一步优化电网公司规模，可以一定程度压缩垄断的负面作用。

一是在供电环节，如果电网环节规模适度，在全国范围内仅有若干家区域性电网企业而再无国家级电网经营企业，那么，在供电环节虽然电网企业依旧是批发者兼竞争者的双重身份，但（更多省份的）地方供电企业增加了从相邻跨区省份引进电源的机会——跨区电网之间的交流低压并联操作在技术上是禁止的，但在企业经营市场交易层面是没有理由反对终端零售企业自主选择批发商的，因此在调度交易以及规划机构独立的情况下，只要能够保证解环备用的运行方式不引起安全稳定事故，是完全可以增加这样一种自主选择性的！一方面，从各种技术经济现实条件综合考虑，真正值得做出这种选择的情况是比较极端的，陕西地电从内蒙古引进电源的案例将是绝少的；但另一方面，在增加这种自主选择权利之后，相当于在各区域电网企业之间引进了一定程度的竞争机制，将促进它们改善与地方供电企业的关系，更好地服务于地方。

二是在发电环节，虽然依旧是电网企业独家收购，但由于将规模过大的国家级电网企业拆分为若干家各自独立的区域电网企业，那么发电企业同样增加了一定程度的选择权。其中全国性的发电集团可以选择在不同的区域进行投资，甚至在极端情况下通过资产重组"抛弃"某一区域，这样就会在与区域电网企业的业务关系中增加话语权，减少送出工程被限制或者被无偿占用的情况；而地方性的发电企业以服务本地为主，虽然不一定有机会行使跨区域"用脚投票"的权利，但由于电网企业规模划小，势必更加关注地方事务、依赖地方市场，由此地方性发电企业与区域电网企业之间也可以有更多的对话机会。

三是在跨区域环节，如果不再有规模过大的全国性电网企业，而代之以几家区域性电网企业，那么，一方面，跨区域电能交易将更加透明公开、价格合理，可最大限度地减少目前借跨区交易压低发电企业上网电价、接力交易、对冲交易、随意调整长期合同、将短期交易分解为若干临时交易甚至电力交易与一次能源流向不一致等问题，一定程度上削弱现有市场格局与交易格局下电网企业作为垄断者的市场优势地位。另一方面，在各省各区分层分区电力电量平衡的基础上，跨区域的电力需求将更加真实理性，在独立的国家电力规划及标准中心牵头下，跨区域电网的规划建设将更加突出专业性。

(8) 企业规模过大，不利于政府管制与科学决策

对电力进行各种形式各种程度的监督与干预，是世界各国的通行做法，管制的有效性与决策的科学性，同样也与市场格局、企业规模有关。监管与被监管，公共决策与企业决策，必然存在一定程度的矛盾冲突，如果像中国电网环节这样企业规模过大几乎独占一个产业环节，那么此消彼长，必然造成对于政府管制与科学决策的负面影响。

一是企业规模过大，必然缺乏可比性。一方面很多统计数据、企业经营情况，都在超大型企业内部被整理合并，然后再统一上报或公开，信息的透明度与可信度都不高；另一方面如果企业规模大到独占一个产业环节，在面对外界评价特别是批评意见时，必然会以各种理由强调自身的特殊性，这样由于可比性不高在一些时候也使政府难以决策。试想如果没有南方电网，整体评价原国家电力公司的经营效益与资产价值将更加困难；又如在电价管制方面，如果没有可比较的竞争性的产业格局，是不可能有效实施激励性的定价机制的。

二是企业规模过大，必然决策游说能力过强。对于一些重大决策，本应集思广益、兼听才明，如果行业结构过于集中，企业规模大到独此一家，那么在决策过程中必然声音过少，影响重大决策的质量。以专业性非常高的特高压争议为例，近2年"两会"期间，国网公司都会游说上百名行业以外的代表委员提出有关提案，在与各地政府谈判加强合作、保障供电时也常常将支持特高压作为条件，不论特高压问题本身的是非对错，这种利用强势地位干预决策的行为方式本身，对于最终的科学决策无疑都是有害的。

三是企业规模过大，必然形成政策执行依赖。电力（能源）历来是国家重点监管与调控的领域，但很多中央的政令与政策最终还是要通过电力企业来落实。如果某一产业环节企业规模过大，必然形成执行过程的路径依赖，各项政策实际的落实程度与操作空间完全由少数企业把持，不仅自身难以监督评价，而且还会影响到其他多元化市场化的产业环节。例如，可再生能源并网理应给予电网环节一定的补贴，但由于电网企业过于集中，电网改造或新建的必要性、相关性及规模进度等信息外界难以把握，必然影响到政策调整以至弃风问题至今难以根治。

四是企业规模过大，必然使外部监督内部化。新中国成立60余年，中国管电体制从行业部改为综合经济部门或外部监管机构进行管理，体现了不断外部化的改革方向。如果企业规模过大必然会使外部监督内部化，一方面会使政府威信被严重折扣，很多政策监管要求被过滤被选择，同时很多企业意志、企业标准、企业规划却被强加给行业与社会；另一方面会使很多公共事务无法暴露问题并提高水平，如电网安全管理与供电服务质量，本无绝对止境但应以外部监管为标准，外部监督内部化必将削弱继续提高的动力。

（9）企业规模过大，不利于进一步深化改革

电网企业规模过大，的确存在很多弊端，有必要进行规模优化。但必须指出的是，没有任何证据表明这些弊端是电网企业主观的追求，相对而言5号文件不成熟的制度安排从根本上助推了垄断企业日益负面的行为方式。但另一方面，企业是人类社会三类组织形式中最成熟、最高效的，超大规模的垄断企业一旦形成就必然会按照自身的内在逻辑运转，包括固化垄断利益并不断集权扩张，由此势必逐步走向市场化改革的反面，2002年电改的不到位相当于为自身培育了一个空前强大的反对势力。

一是不断加强集权走向企业组织的边界。国家电网公司自组建以来就以加强集权为主要发展线索，干部人事方面加强流动、打破山头，财务管理方面资金统筹运作、资产频繁重组，设备物资方面从统一标准统一招标开始加强控制，业务流程方面通过大规划、大运行、大营销等体系建设加强垂直管理，组织机构方面基本架空区域电网公司的管理权限并进一步直接干预省以下城市供电企业有关事务……在历来缺乏产权制度的中国，追求集权成王败寇是历史主流文化，现代信息技术网络技术的发展，客观上也为超大型企业集团实施扁平化管理提供了技术手段。三十年河东三十年河西，任何事物都有自身的发展边界与周期轮回。1998年原国家电力公司也推行过类似的集权措施，将东北电力集团公司改组为分公司，同时做实黑、吉、辽三省电力公司的独立法人资格；后推广到西北、华中、华东、南方等各区域（详见附表22）。但在2002年电力体制改革方案中，在拆分国家电力公司的同时，则明确提出按现代企业制度设置享有法人财产权的各大区域电网公司。天下大势，分久必合，合久必分，新世纪以来中国很多领域利益集团做大、很多行业巨型央企高歌猛进，但随着各地方、各类投资主体被相对抑制，利益集团日益走向弊大于利，不断加强集权反而将走向企业组织的边界。

二是不断扩张规模走向系统安全的边界。国家电网公司自组建以来就不断扩

展规模，包括通过无偿接收地方供电企业资产而不断扩大营业区域，包括通过进入电力装置与技术服务、新能源、金融保险、通信、传媒等多个行业而扩展业务领域，而在电网建设领域也是不断扩大投资规模，目前已经达到每年3000亿元的水平。但与此同时，电网投资总体效益不高，不仅电价被长期人为抑制，而且输电设备的运营水平也显著低于美国，电网资产的使用价值同样没有充分发挥。而另一方面，中国幅员辽阔，电网规模庞大、结构复杂，仅输电电压等级就有近10种，作为全国性电网公司倾斜超高压、特高压电网建设，而对较低电压等级电网建设重视不够，更未通过简化电压层次来优化电网层区结构，这样在电网规模不断扩大的同时，必然使中国大电网的结构问题更加严重，电磁环网、短路电流超标、下级电网空心化等问题对于系统安全稳定的威胁越来越大，电网大面积停电风险突出。更严重的是在一些电网发展问题上，出现了试图推翻《电力系统稳定导则》及试图推翻分层分区、就近平衡等基本原则的苗头，显示了在不断扩张规模反而将走向系统安全的边界。

总之，垄断是一种自然现象，不必否认垄断形成中的"合理性"，但同样需要强调抑制垄断的更高价值。不必否认集权垄断带来的管理效率与企业利益，但同样需要强调更高层面的产业效益与社会福利。不必否认国家电网公司作为一家国有企业的不懈努力与卓越成就，但规模过大的电网企业按照自身的内在逻辑不断集权扩张、固化垄断利益，逐步走向企业组织与系统安全的边界，同时也逐步走向了市场化改革的反面，这是一种很正常的恶性循环。在任何国家，电网都是特许垄断经营，电力（能源）领域的垄断集团也是常态；但与此同时，各级政府代表社会公众利益对垄断环节进行监管、抑制、制度安排，在经济上是一种常见的现象，在政治上则是政府必须做且必须不断努力做好的——美国式的垄断格局拆分模式与欧洲式的垄断行为监管模式相比，显然还是美国模式更加适合中国的国情。

### 3. 电网企业拆分重组的可行性

优化电网企业规模，意义巨大并具有充分的必要性，有利于形成更加经济合理的企业规模，实现比较竞争机制带来的效益，符合国际电力发展规律，有利于建立现代企业制度实现持续发展，有利于与地方之间理顺权责、落实电力保障责任，有利于电网公平开放、推进技术进步与产业升级，同时将一定程度削弱垄断的负面作用，更好地配合政府管制服务科学决策，并为继续深化改革进一步减少阻力；与此同时，优化电网企业规模的可行性也是必须回答的问题，拆分规模过大的电网企业、组建若干家区域性的电网企业之后，是否会增加企业及政府层面的管理成本？是否会引发过多纠纷争议增加市场交易成本？是否会影响跨区域输电工程的正常实施？

（1）关于管理成本问题

2002年厂网分开之后，五大发电集团在组建过程中纷纷兴建办公大楼、增加管理人员，引起各界对于拆分式的产业重组增加管理成本的议论。但值得指出的，一是厂网分开之前，除华能以外的另四大发电集团完全不存在，所有发电厂均由国家电力公司统一管理，改革之后单独组建企业集团，搭建管理队伍包括落实办公地点都是题中应有之义，即使是兴建办公楼对于世界500强级别的企业集团也并不过分。二是并无直接证据说明五大发电集团在稳定运行之后出现管理成本大幅上升的情况，恰恰相反由于比较竞争机制的形成，从2002年至今火电工程单位造价在各项物价齐涨的情况下出现20%左右的下降，难能可贵并与依旧保持垄断的电网环节形成反差（详见附表15）。三是如果拆分规模过大的电网企业、组建若干家区域性的电网企业，在目前国家电网、南方电网的管理队伍包括办公建筑的基础上，需要额外增加的管理费用是非常有限的，这是与组建五大发电集团很大的不同；四是随着若干家区域性的电网企业独立运作自主经营，形成电网环节的比较竞争格局，相信会对提高效率、降低有关成本起到根本性的推动作用，而且有利于政府监管社会监督。总之，优化电网企业规模不会增加管理成本。

（2）关于交易成本问题

目前中国电力系统的跨省跨区交易，绝大多数均为超大型电网企业的内部事务，相关政府部门一般主要关注电力电量平衡调剂，而具体的价格结算由企业内部进行会计处理即可，只有相关发电企业会对此关注。如果拆分规模过大的电网企业、组建若干家区域性的电网企业，所有跨区域电力交易就变成不同企业法人之间真实的交易，是否会因此提高交易成本、增加纠纷争议、影响市场秩序？关于这个问题，一是目前跨区域电力交易只有大约10条左右输电通道，每年交易电量仅占全国的3%左右（详见附表52），而且其价格均由政府核定。二是跨区域电力交易主要的问题是信息透明度不高，一方面发电企业被变相压低上网价格或者被迫分担线损，另一方面输电企业收取的过网费环节多、费用高、依据不足。三是跨区域电力交易既有企业层面的矛盾，更有相关地方政府之间的博弈，因此影响交易成本的不仅有经济因素也有政治因素。四是通过前一阶段电力规划及调度交易机构的独立，可以帮助提高科学决策水平，更好满足跨区域资源配置的需求。五是通过优化电网企业规模，多家区域电网企业比较竞争，将提高信息透明度，有利于发电企业维护自身利益，有助于政府科学管制价格。总之，优化电网企业规模不会增加交易成本。

（3）关于跨区域工程问题

目前跨区域电网工程项目均由电网企业总部的有关职能部门统一项目规划、统一资金调度、统一协调推进，各省电网公司一般仅负责本省范围以内的政府协调与施工管理。如果拆分规模过大的电网企业、组建若干家区域性的电网企业，这些跨区域工程项目将由谁作为新的牵头机构来保障其顺利推进？关于这个问题，一是在深化电改的前一步骤组建国家电力规划及标准中心，负责全国联网的统一规划，开展有关技术论证与标准建设，以利于更好地处理特高压等争议问题，更好地满足经济社会发展对于电力资源配置的需求。二是在优化电网公司规模、拆分过大的电网企业之后，可由国家电力规划及标准中心牵头推进全国联网工作，统筹推进各跨区输电工程项目的建设。在过渡阶段，可组建项目法人机构，专门负责跨区域电网在建项目的顺利实施，以保证"西电东送"全国联网有关工程不断不乱。事实上从20世纪八九十年代开始逐步形成各省区500千伏超高压主网架的过程中，各地纷纷成立"超高压局"等机构专门从事相关工程的建设运营，取得了很好的效果。更进一步，借鉴全国高速公路网建设等相关行业经验，电力全国联网不是必须由某一个企业执行，在统一规划的基础上，可逐步试行公开招标、委托建设、特许运营的公用事业管理制度。总之，跨区域工程问题可有多种成熟的操作模式来处理，优化电网企业规模并不会影响到有关工程的建设运营。

### 4. 方案比选——电网企业拆分重组的4点原则

优化电网企业规模涉及资产拆分重组，关系重大利益转移，必然需要经过复杂艰巨的博弈过程。前期研究中任何理论上的理想方案，能坚持走到决策终点的概率很低。因此刻意勾画强调最优方案的实际意义是很有限的，更重要的还是明确若干基本原则，为达成更好的次优选择划定基本边界，以减少决策成本、提高决策效率、避免漫无边际的开放式命题。

（1）电网企业拆分重组，宜在全国范围统筹设计重组方案

如前所述，5号文件所形成的现有电网企业规模具有试验性与阶段性，26省规模的国家电网公司、5省规模的南方电网公司及1省规模的内蒙古电力公司分别代表着国家级电网企业、区域性电网企业及省级电网企业这3种不同模式。经过

将近10年的实践，国家级电网企业在取得各项卓越成就的同时弊端也同样显著，并不适合中国当前历史发展阶段的现实要求，应进一步深化改革重组电力产业，不再保留任何形式的国家级电网企业。当然，改革不等于拆分，更不能为拆而拆，优化电网企业规模的意义，并非简单地否定与拆分国家电网公司模式，而是根据经济社会发展的需要，为中国电力探索更加合理的产业制度。这样在考虑重组方案时，应统筹兼顾31省份电网企业情况，同时考虑现有3家电网企业的情况，重新组建新的中央管理的电网企业。

（2）电网业务应坚持地域特许经营且维持一定规模，排除省为实体

规模经济有两个临界点，过大或过小都可能走向不经济。因此一方面国家级电网企业的模式固然弊端显著，需要拆分优化；但另一方面，电网企业仍应继续保持按地域特许经营且维持一定规模，首先排除1省规模的模式。一是中国省、自治区、直辖市多达32个，而国资委直属央企总数只有100余家，企业数量过多，不利于国家进行控制与管理。二是在现有体制下政府对于企业经营的干预依然比较严重，如果完全对应各省设立电网企业很容易重现5号文件所强调的省间壁垒的老问题。三是中国各省情况差异过大，对于电力（能源）配置的要求不同，单个省份设立电网企业不利于更好发挥大电网资源配置的作用。四是省一级电网企业规模过小，不利于跨省跨区电网的进一步发展，不利于集约化管理提高效率，更不利于形成合力参与国际竞争。

（3）电网企业重组之后的规模宜相对均衡，以利于各自发展与比较竞争

电网企业重组的目的，不仅要形成更佳的规模经济，还要有利于形成比较竞争机制，为此一个基本要求就是规模相对均衡。如果将目前国家电网公司中的东北区域、西北区域分离独立，保留覆盖华东、华北、华中的"三华"电网为一个企业，这个新的三华电网企业将达到全国用电量的68%左右并覆盖大约65%的发电机组（详见附表56），不仅自身规模依然较大，而且与东北、西北电网企业的规模悬殊，将达到后两者的7～9倍，很难形成有效的比较竞争格局。而且西北、东北地区均具有资源丰富、电力外送需求迫切的特点，华东、华北、华中合并之后将形成过于强大的独家买方，不利于市场格局的平衡，将造成西北、东北的边缘化加剧地区之间的不平衡，不利于全面均衡发展。中国六大区域的电网业务规模见表19。

表19　2011年中国六大区域电网业务规模

单位：%

|  | 东北 | 华北 | 西北 | 华东 | 华中 | 南方 |
| --- | --- | --- | --- | --- | --- | --- |
| 省份数 | 3 | 6 | 5 | 5 | 7 | 5 |
| 发电装机 | 7.38 | 24.00 | 10.08 | 20.57 | 20.40 | 17.56 |
| 用电量 | 6.99 | 24.83 | 8.53 | 24.44 | 18.53 | 16.67 |

具体数据详见附表56。

（4）区域电网划分方案保持开放，但须提前研究明确有关原则

优化电网企业规模，依然以数省结为一个"区域"的规模为宜。但在具体划分时，是否继续演习现有六大区域？或者在此基础上适当调整？类似5号文件出台之前"1+6"、"0+4"等多种方案，具体方案必经决策过程中的博弈妥协才能最终形成，因此只需明确有关原则而给进一步的讨论留下空间。一是服务于区域经济发展：改革开放以来中国逐步形成若干区域性经济圈，内部出现一定的产业分工与合作，电网发展应不显著违背经济社会基本走势。二是借助区域电网的基础：区域是新中国成立以来长期存在的电网层级，也是电力行业管理与电力企业经营的历史现象，具有良好的基础。三是配合未来资源配置的走势：中国不同地区之间资源、市场的差异巨大，从省到区域到国家逐级平衡调剂更加经济便利。四是保持具有竞争性的企业规模：一方面在国内市场形成比较竞争局面促进信息公开，另一方面在国际市场上保持一定的经济规模更有利于参与竞争。

2011年全国电网企业主营业务收入高达3300亿美元，即使规模最小的东北三省电网企业也越过了"世界500强"的门槛（详见附表57）。因此，以中国目前世界第二大的经济规模，只要合理划分，所有区域电网企业都会在"世界500强"中占有一席之地，保持在国际市场竞争中的基本经济规模。按照目前国内国际市场的发展势头，优化电网企业规模之后，"十二五"、"十三五"期间中国可望出现15～20家"世界500强"级别的电力企业群体，并包括发电、电网、辅业、地方电力（能源）集团等类型，而中国企业的上榜总数可望超过百家——当然，中国电力企业在"世界500强"的上榜数量与名次，既不必刻意限制，也不必人为追求，毕竟，上榜不应成为目的，而只是中国经济社会发展水到渠成的自然结果，而让企业规模更加符合规模经济，让产业制度更加顺应客观规律，让市场竞争更加充分，让行业发展更有活力，才是永远值得求索与趋近的。

### 5. 电网环节重组的基本操作

以现国家电网公司、南方电网公司及内蒙古电力集团公司为基础，组建4~6家左右区域性电网企业。

性质——按照建立现代企业制度要求，组建区域电网有限责任公司或股份有限公司，做到产权明晰、权责明确、政企分开、管理科学，享有法人财产权，承担资产保值增值责任。

管理——这些区域电网企业由国务院授权经营，分别在国家计划中实行单列，属于国家国有资产监管管理委员会直接管理的中央国有企业。

职能——继承原电网企业在本区域的资产、人员与业务，负责区域内电网的建设与经营管理，保障电力供应，维护供需平衡；将原有特高压、超高压（前期）建设部门划转到国家电力规划及标准中心，积极配合全国联网有关工作。

机构——可根据合理的企业法人治理结构，将区域内的省级电力公司改组为分公司或子公司，负责经营当地相应的输配电业务。

财务经营——重组完成以后，允许区域电网企业通过资本市场上市融资，进一步实施股份制改造。

## 步骤Ⅲ  对称放开
### ——完善交易格局，理顺央、地保电权责

在完成"三步走"线路图的前两步——调度（交易）、规划（标准）等公共机构独立、强化决策支撑体系，以及重组电网企业实现规模经济、发挥比较竞争效益——之后，在产业层面对于市场化改革的主要阻力已基本消除，但在政府与市场之间、中央与地方之间依然存在若干需要调整或明确的问题。

第三步，一是分解核算输配电价，分批扩大用户直接购电，通过对称放开购电侧形成"多买/多卖"电力交易格局，并不断完善市场交易模式；二是将电网业务与非电网业务分离，组建省级电力营销服务公司，在下放购售电权及收费权、终端定价权的同时，形成权责对等的地方电力（能源）保障机制，同时在中央层面也相应地及时完善电力普遍服务标准及配套政策；三是鼓励各地发展多种形式的能源企业，促进电力与燃气、水务等基础设施有机组合，以城市为结点更加广泛地试点推进智能能源体系建设，通过有破有立、做实地方形成新的经济增长点，抢占世界"第三次工业革命"的制高点。

### 任务④ 建立多买/多卖的电力交易格局
#### 1. 基本现状与改革必要性

电力市场建设一般包括市场主体塑造、竞争格局设计、平台机制建设、规则及其监管等，电力市场化改革的本质是在市场经济体系框架以内，按照市场经济运行的客观规律调整优化政府、企业及其他各相关主体的制度安排与相互关系，其外在形式上的重要标志则是形成竞争性的电力市场格局：一是打破独家办电封闭运营，吸引多元投资，企业自主经营；二是设立公开的电力市场、支撑多元竞争，同时对垄断的电网环节加强监管、规范竞争秩序——即所谓"管住中间，放开两边"，最终形成多买/多卖的交易格局。

通常将电力产业流程分为发—输—配—售等4个环节，但这仅是一种"生产者视角"的描述；而从电力"消费者视角"看，发电环节属于电力生产者，输电—配电环节均为电力运输者，而转供售电环节在本质上则属于电力消费者的批发代理者。依此观察分析中国电力行业基本交易格局有以下特点。

（1）厂网分开之前在电力系统内部存在相对平衡的分配秩序

新中国成立以来由于实行独家办电造成长期电力短缺，1985年开始施行集资办电的改革，吸引地方及外资等多元投资者，至2002年原国家电力公司系统以外的发电装机已经将近全国的2/3。由于系统内、系统外电厂并存，在并网发电环节，电网公平开放的矛盾比较突出。但与此同时，在电力系统内部，发电厂、供电局、调度所、超高压公司之间还均是相对独立、相对平等的主体，多家买电、多家用电的分配秩序是相对平衡的。另外，当时国家电力公司直属的县级供电企业仅占转供售电环节的1/3，大部分自主拥有电源的地方供电企业以自给自足为主，电网公平开放的矛盾尚不突出。

（2）2002年改革以来形成严重失衡的独买/独卖交易格局

2002年施行厂网分开的电力体制改革之后，电网企业仅保留了少量调峰调频电厂，后虽陆续发展少量新能源电厂，但在发电环节中的比例已经很小，再经电力监管机构的专项协调与监督，各同类发电厂之间的不平等竞争已经得到很大缓解。但与此同时，由于竞价上网、输配分开等后续改革停滞，形成了电网公司独家买电与独家卖电的新的不平衡的市场格局，反而出现了矛盾的恶化，统调电量几乎全部成为统购电量，在销售环节更是集最大零售者与唯一批发者于一身。一方面，不同发电企业之间的矛盾转化上升为发电与电网这不同产业环节之间的矛盾，电网企业借助调度交易机构在临时交易、跨省区交易、定价方式、电量分类、电费结算、调度考核等多方面对于发电企业进行不平等交易。另一方面，随着地方经济发展，大部分地方电力企业都出现了升压扩容外部购电的需求，但经过电网企业10年的扩张，截止到2012年独立的地方电力企业仅剩不足1/3，在市场竞争中彻底失去话语权。总之，由于改革的停滞电网公司独家买电与独家卖电的电力交易格局无疑是历史上最坏的，造成了中国电力产业格局严重失衡、纠纷矛盾不断，除了既得利益的电网企业各方无不怨声载道。

（3）不论发电侧还是用户侧，始终都具备开展多元竞争的基本条件

经过10年的改革，在发电环节，目前全国共有各类电力生产企业2万余家，其中6000千瓦以上将近5000家，虽然相互之间规模大小差距很大，不同机组在并网发电中存在不同技术经济特点，但完全具备自主进行市场交易的条件。而在用电及转供售电环节，虽然电网企业在转供售电环节的市场份额已经从1/3扩张到2/3，但全国3000余家县级供电企业、400余家地市级供电企业的基本格局并未根本改变。而且与发电环节长期独家办电不同，中国电力行业在转供售电环节长期以地方为主的，县级以下农村电力主要是从配合兴修水利、推进农村电气化发展而起步，依靠"农民出一点、集体出一点、国家（水利及电力部门）出一点"以贴费等地方投资为主，1998年"两改一同价"农网改造的贷款主体也有大批地方电力企业。因此中国电力不论发电侧还是用户侧，始终都具备自主进行市场交易的条件，2002年电力体制改革让发电企业独立经营的同时，却不允许其独立交易（直接售电给消费者及其代理商），无疑是最大的败笔，必须通过进一步深化改革加以解决。

与其他行业类似，发电厂生产电力、用户使用（消费）电力是电力行业最基本的流程。但由于电并不是有形的物体，只能在专用的载体（电力线路）中流动，电力运输逐渐成为一个独立的职能与产业环节。而随着经济社会及电力技术的进步，从低压到高压、从分散到联网、从小网到大网逐步发展形成现代大电网，电力运输即输配电网环节反过来对电力生产者、使用者的购售交易活动产生巨大的影响，出现电网公平开放的要求。很多国家在电网扩展互联的同时，通过会员制、股份制等多种形式来组建专门的电网运营机构，或者对输电企业的业务、资产、价格等进行专门的界定与监管，以保障电网公平开放。在中国电力行业自2002年厂网分开之后，产业格局失衡，交易模式的弊端凸现：一是多元化的发电企业与高度集中、规模庞大的电网企业之间极度不平衡，产业上下游环节之间信息不畅、矛盾突出；二是电网企业不仅代理小散用户的转供业务，而且代理了绝大多数大型工商用户的购电事务，剥夺了用户与发电企业直接交易的自主选择权；三是电网企业既拥有几乎所有用户的购电代理权，同时又独家运营输配电

网，无法保证电网公平开放及发电企业之间的平等交易。

电力市场建设一般包括市场主体塑造、竞争格局设计、平台机制建设、规则及其监管等，2002年之前在电力系统内部存在相对平衡的分配秩序，而目前电网公司独家买电与独家卖电的电力交易格局，是一种严重失衡的产业制度安排。而且本身也是一种改革进程当中的阶段性现象，在已经完成厂网分开之后，毫无继续存在的价值，深化改革如逆水行舟、不进则退。而且不论发电侧还是用户侧，始终都具备开展多元竞争的基本条件，通过新一轮电力体制改革建立多买/多卖的电力交易格局顺理成章，具有充分的必要性与可行性。

### 2. 方案比选与基本操作

目前发电环节已经形成多元竞争的市场格局，因此建立多买/多卖的电力交易格局，主要任务即通过对称性地放开购电侧，塑造多元购电主体。

电力既是生产资料，也是生活资料，电力消费者既有容量大、电压高、有特定电能质量要求的大型工商业用户，也有高度分散的普通居民户，由此形成电力消费的代理机制。因此目前中国电力市场中的购电主体主要有两类，一是大型工商业用户，二是终端转供售电企业。在下一步深化电力体制改革中，可将大用户直接购电作为建立多买/多卖电力交易格局的突破口。

（1）大用户直接购电是形成多买/多卖格局最理想的突破口

一是从中国电力消费结构看，以大用户为主的特点非常突出，具备开展大用户直接购电的优越条件。如图21所示，在全国大约2.3亿电力用户中，变电容量大于等于315千伏安且接入电压等级高于等于10千伏的"大用户"，在数量上虽然只占1%左右（大约200万户），但在电力消费量上占比高达70%左右。如果这些电力消费者都能够直接从发电厂购买电力，则电网企业对于市场交易的不良影响就会被大幅降低。

二是开展大用户直购在中国具有巨大的现实意义。一方面对于国家宏观经济，可通过优化准入条件，鼓励能效更加先进的优秀企业发展，促进节能减排和结构调整；同时有利于吸引高耗能企业围绕电源发展，形成一次能源、二次能源、用能大户集群发展，减少运输损耗，优化产业布局。一方面对于电力行业自身，可通过市场机制，传导上游价格波动的风险，化解煤电矛盾；同时有利于打破电网企业独买/独卖的垄断格局，增进活力、提高效率。另一方面对于大用户来说，通过参加直接购电，可以直接与电力生产者平等谈判，可以获得更多信息实现消费者知情权与选择权，可以更好地安排自身的电力（能源）保障

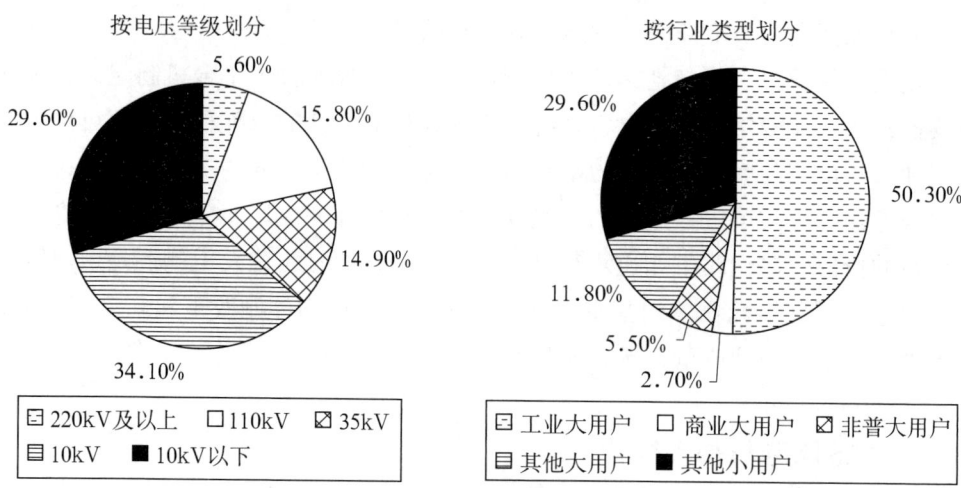

图21　中国电力用户结构（电量占比）

具体数据详见附表58。

策略，可以直接感受到上游市场的波动而自觉开展节能减排，这样，通过70%电量的直接交易，可以极大地解放电力系统的需方生产力，类似20世纪80年代农村土地承包到户。

三是尽管阻力强大、推进困难，电力大用户直购依然获得了中央与地方各个层面的广泛认同与重视。由大用户向发电厂直接购电，是《中国电力体制改革方案》5号文件中明确提出的电改任务；在历年政府工作报告、年度深化经济体制改革重点工作安排中，以及关于内蒙古、广西、河南、重庆、云南、贵州等地区经济社会发展的国务院文件中都多次提出开展用户直购；历年以来全国更有近20个省份向有关部门提出过开展大用户直接购电工作的要求。

四是将大型工商业用户塑造成中国电力市场最核心的竞争主体。电力既是生产资料，也是生活资料，特别是对于数量巨大、电量微小、负荷密度稀疏、用电行为多样的普通居民来说，基本生活用电既是一种消费，也是一种权利，具有一定的需求刚性，并不适合通过直接参与市场竞争的方式来满足；而大型工商业用户数量虽少而用电量非常大，负荷高度集中且用电行为可控可预测，同时对于价格与供求信号高度敏感，最适宜通过市场机制来实现资源优化配置，是电力市场中最核心的竞争主体，只有充分激发出它们的热情与活力，电力市场建设才能获得真正的生命力。

（2）形成多买/多卖格局须将大用户直购电从试点到推广

一是大用户直购电面临从个别试点向成批推广的突破。自2006年吉林碳素开展大用户直购试点至今，目前全国已有辽宁、吉林、安徽、福建、广东等5省开展了试点，但2011年全国大用户直接交易电量仅81.94亿千瓦时，只占全社会用电量的1.7‰，对于电力市场的影响微乎其微。经过6年的试点，大用户直接购电在操作层面并不存在实质上的难点，在目前一例一审批的基础上完全可以进一步明确政策批量放开。

二是应研究制定按电压等级和用电容量分批放开大用户直购电的规划。中国电力消费结构以大用户为主的特点非常突出，理论上可以参加直接购电的大用户在户数上可达200万家，在电量上每年更可达到3万亿～4万亿千瓦时的规模。因此为稳定有序地培育市场，可按电压等级和用电容量分批放开，如图21所示，可先放开110～220千伏大用户（电量占比大约21%，全国仅几千户），再放开35千伏以及10千伏用户（占比分别为大约15%和34%），最终再实现全面放开。

三是要不断探索优化大用户直购电的交易形式。电力交易具有分层交易、多边实现的经济技术特性，具有经济层面与物理层面的双重性，不可能也不应该停留于单一用户对单一电厂的原始形态。因此必须不断探索优化交易形式，从最简单的一对一模式（吉林碳素），到一对多模式（广东台山），再到多对多模式（福建），下一步可从一些城市新区园区的局部试点，向省或区域等更大范围推广，最终从双边交易发展到多边交易的多买/多卖交易形式。

开放用户侧选择权，是几乎所有国家电力市场化改革的基本内容，日本等国更是以分批放开大用户为抓手，逐步建立起更加开放的市场体系。但中国推进大用户直购电所面临的阻力与歪曲非常严重，有关部门不愿意放弃电价权力，以种种理由反对用户直购，包括强制叫停内蒙古双边交易市场等改革探索。与此同时，将以建立用户、电厂双边直接交易机制为核心的用户直购改革，歪曲为新的审批权，一例一审批，反而扩大了插手市场微观事务的权力，人为提高了用户进入电力市场的门槛与成本。总之，在新的历史时期，放开大用户与发电企业进行双边交易，是深化电力体制改革的重要一步，而改革推进的成败，关键在决策。

### 3. 建立多买/多卖格局的配套改革

（1）进一步扩大大用户直购需要独立输配电价

进一步扩大大用户直购电，除了决策问题，还有一个无法回避的输配电价问题。2009年6月30日，国家电监会、国家发展改革委、国家能源局联合发布了《关于完善电力用户与发电企业直接交易试点工作有关问题的通知》，明确了在独立的输配电价体系尚未建立的情况下，大用户直购电交易中的输配电价"原则上按电网企业平均输配电价扣减电压等级差价后的标准执行，其中110千伏（66千伏）输配电价按照10%的比例扣减，220千伏（330千伏）按照20%的比例扣减"。

由此可见，开展大用户直购电需要分解核算输配电价，而目前我国依然缺乏独立的输配电价体系；虽然在此情况下亦有相关文件规定支撑，可以一定方法推算得一个"输配电价"用于交易，但如果随着改革的深化大用户直购电得以进一步扩大，在电力市场中占到较高比例，这种间接推算法势必无法满足交易各方的需要。

届时，电网企业将不满于大面积的"扣减"，而电力用户同样可能对于基于电网企业统计数据的上年"电网企业平均输配电价"产生怀疑——目前我国并无独立的输配电价，电网企业购电、售电的价差即被默认为"输配电价"，在理论上，"计划电与市场煤"之间不可能形成真实合理的输配电价，而在实践中，正是这一潜规则引导着电网企业不断利用市场垄断优势地位去谋求越来越大的超额收益。因此，进一步扩大大用户直购电势必推动分解核算输配电价。

（2）以业务分类为核心分解核算输配成本

电网环节难以形成完全竞争，世界各国对于电网输配价格普遍实行不同形式的管制。电网环节价格形成机制的改革，至少存在于以下三个层面：

一是输配电业务与电网企业所承担的其他业务进行分类梳理。目前中国的电网企业不仅业务领域十分广泛，而且不同业务之间交叉补贴、关联交易非常复杂，如果不对这些业务进行分类梳理、将非电网业务成本记入输配电价，则根本不可能形成清晰可信的电网环节价格。

二是对不同电压等级即输电、配电等各类电网业务的成本进行分解核算。现代大电网系统具有分层分区的技术经济特性，在不同电压等级的电网上发电并网接入或终端供电服务的成本是不同的，通过分解核算成本有利于有效制定价格。

三是输配电价作为一个独立环节在终端电价构成中获得独立的地位，终端电价由发电价格与输配电价组成，相应地存在三种管制模式（见表20）。

表20　终端电价形成之不同模式

|  | 发电环节 | 输配电网环节 | 终端销售环节 |
| --- | --- | --- | --- |
| 现行模式 | 价格管制+煤电联动 | 购销差价 | 严格管制 |
| 大用户模式 | 主要通过市场化定价，按合同分担市场波动 | 独立定价 | 放松管制，按合同分担市场波动 |
| 民用电模式 | 主要通过市场化定价，承担较多市场波动 | 独立定价 | 适度管制，承担较少市场波动 |

如表20所示，现行模式，其实是最不利于电网企业持续稳定经营的，因为上游市场化国际化的一次能源价格早已失控，在此模式下电网企业与发电企业仅仅是零和游戏中的难兄难弟而已；而另外两种工商大用户模式及居民小用户模式，均通过输配电价独立使电网环节享有相对稳定的收益保障，上游市场波动的风险可更多地由发电及用电环节承担。

虽然在大部分年份，输配电价的上涨幅度优于上网电价，但在2008—2009年由于煤电联动政策执行中的人为拖延，而造成显著下跌；与上网电价的相对稳定走势相比，由于缺乏独立的定价机制，输配电价的走势的确是并不稳定的，势必给企业经营带来无谓的干扰（见图22）。

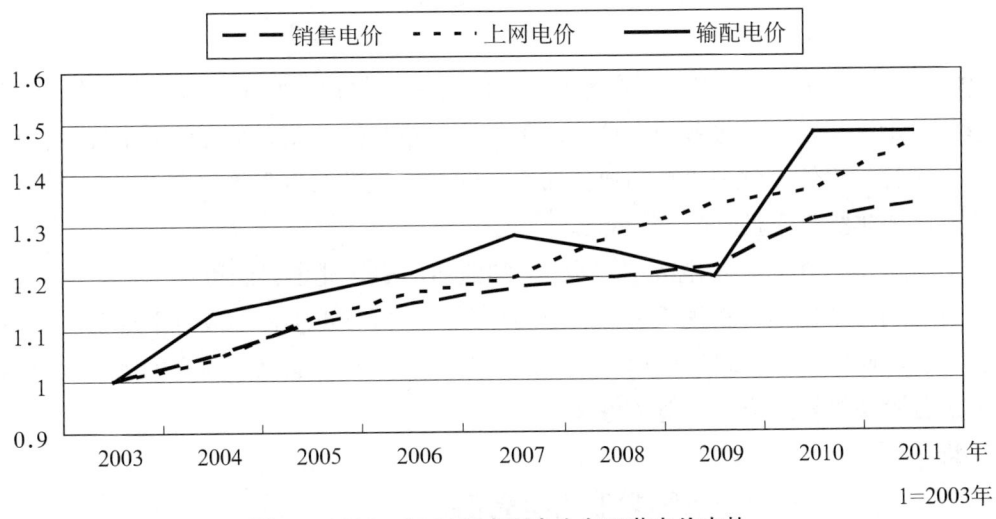

图22　2003—2011年中国电力各环节电价走势

具体数据详见附表59。

显然上述三个层面其实也是电网环节价格形成机制改革的三个步骤，具有明显的逻辑次序：如果不进行业务分类梳理，就不可能有效地分解核算输配成本；而分解核算输配成本之后，也不等于在终端电价构成中立刻获得独立的地位。因此，作为新一轮电力体制改革的重要内容，分解核算输配成本必须以业务分类梳理为核心，必须首先对于电网企业的各项业务进行严格区分，对输配电业务的范畴进行明确界定。

（3）输配成本监管目标贵在"清晰透明"，而非绝对"低廉合理"

通过业务分类梳理、分解核算输配成本，虽然有利于电网环节价格更加清晰透明，但决不等于"科学合理"更不等于"廉价降价"。

一方面在技术层面，现代大电网普遍联系、快速响应，设备运行使用长达数十年，因此输配电网中的任何单一元件，其实都难以准确评估其全寿命周期的价值，是不可能精确定价的。2007年、2008年2年，有关部门都发布过《各省级电网销售电价和输配电价标准》，仅仅是上年价格的统计信息但依然没有坚持下来。

另一方面在经济层面，输配电网作为公用基础设施，其建设投资、安全运行、收费定价很大程度都属于公共事务，作为一类准公共产品更适合从公共财政层面算大账，在满足保障性的基础上实行适度激励，其成本往往并不以低廉为第一目标，其价格往往含有公共管理意图并不绝对依附于成本。

而加强监管提高输配电网成本透明度的途径，一是技术措施，二是制度措施。

技术上，近年来中国电网企业不断提高集约化管理水平，借助先进网络信息技术，人、财、物等各项管理不断集约化，逐步按照业务类型形成了规划、建设、运行、检修、营销等纵向业务体系，在一定程度上为业务分类梳理、分解核算输配成本提供了便利。

制度上，在新一轮电改"三步走"的路线图中，此前已经进行了优化电网企业规模的改革措施，将规模过大的电网企业进行拆分重组，形成若干规模适度的区域性电网企业，通过形成比较竞争的新机制使电网企业更加透明可比，从根本上为分解核算输配成本创造了条件。

### 4．深化改革电价形成机制的线路图

价格是市场的信号，电价改革也是电力市场化改革的核心，建立多买/多卖的电力交易格局必然伴随着电价机制的相应改变。

但如前已述，电价改革是目前电改配套改革中滞后最严重的领域，电价水平的调整还将经历一个长期的博弈过程，并涉及税收、补贴等相关领域，难以一步到位而且众口难调，过程漫长琐碎不可能作为体现改革成效的切入点。因此电价改革近期的突破口还是在电价形成机制。

由于中国政府介入微观经济过深、历年积淀致使电价形成机制比较杂乱，电价结构失衡、比价混乱，宜分类完善、分步推进。

（1）对各类电价形成机制进行分类完善

分类完善的基本原则，是依据社会责任或系统影响来决定价格管制的方向性，社会责任或系统影响越大则价格政策越倾向于保障性，反之则倾向于激励

性。例如，一般性的发电定价以引进竞争的激励性定价为主，同时形成可持续经营机制；属于基础服务的电网及服务于系统安全的辅助服务则应倾向于保障性定价，在不断提高成本信息透明度的同时给予比较充分的投资回报；节能环保等更加典型的外部性领域，更应给予充分的回报机制甚至补贴；而新能源等新技术发展领域则应在研发、试点、应用、普及等不同阶段给予富有针对性的不同政策，从保障性逐步过渡到竞争性。

另外，由于电力属于运营周期很长的基础设施，供需形势的影响只能停留于若干短期调节措施，而不应成为长期的政策，历史已经充分证明由政府计划主导的缺电时盲目优惠、不缺时人为抑制，由于责任缺失乃至机会主义，对于电力供应保障包括民生用电保障的长效机制是一种重大伤害。

（2）成本信息透明度来自产业制度竞争性

分步推进的基本原则，是通过不断提高产业制度的竞争性以推进成本信息透明度，进而保障价格管制的有效性。信息透明度是建立合理电价形成机制的必要条件，具体有两类情况：一是电网等特许垄断领域，其所谓"真实成本"外界难以准确掌握，大电网系统的"合理成本"更是不可能以绝对的标准来衡量，只能通过引进比较竞争机制，通过横向对比、潜在竞争来提高成本信息的透明度，特别是引导控制成本；二是发电等竞争性领域虽然成本信息比较透明，但由于受电力系统网络结构的影响，具有分层交易、多边实现的技术经济特性，关于市场竞争的信息依然缺乏透明度，单纯市场主体之间依然难以有效定价，依然需要通过搭建统一市场平台等方式来提高竞争信息的透明度。

因此，电价形成机制改革必须与产业制度改革相互配合。一方面在发电等领域需要形成竞争性的市场格局，由多元化的市场主体直接开展竞争；另一方面在电网等领域则需要建立比较竞争的机制，一定数量的同类经营主体即使不进行直接的竞争，同样可具有较强的可比性与透明度。

（3）电价改革与产业制度改革协调并进

由电价形成机制的分步推进，还可反证深化电力产业制度的两个基本方向：

一是发电环节目前虽然已经形成多元竞卖格局，但由于购电环节没有形成对称的多家竞买格局、而由庞大的电网独家收购，竞价上网随着区域电力市场试点的中止而停滞、标杆电价以外存在大量不透明的灰色区域，因此通过下一阶段深化电改，应进一步开放购电环节塑造多买的市场主体，同时搭建统一市场平台为电力购销双方自主竞争定价提供基本的条件。

二是在电网等特许垄断领域，目前输配电价缺乏财务独立核算的支撑、停留在不确定不稳定的购销差价，而且由于电网企业规模过大，输配电网成本信息透明度低、缺乏比对，因此通过下一阶段深化电改，应通过进一步优化企业规模，拆分过大企业巨头，形成比较竞争机制，以提高电网成本信息的透明度，加强电价管制的有效性，合理控制成本。

总之，电价形成机制改革与电力产业制度改革是高度相关的，两者的基本方向完全一致，但在改革路径与步骤上必须合理配合——应以调整电力产业制度为主线，携电价形成机制改革协调并进，如果产业制度改革不到位，缺乏竞争性格局，信息透明度低下，电价形成机制改革是难以有效推行的。电价管制及深化改革的线路图如表21所示。

**表21　电价管制及深化改革的线路图**

| | 竞争态势及透明度 | 社会责任或系统影响 | 电价管制及深化改革的方向 |
|---|---|---|---|
| 脱硫脱硝政策 | 竞争性高，但供给能力在成长中 | 社会责任大（环境保护） | 补偿性定价——为实现环境保护等政策目标而强制推行，应全面补偿其成本（为防止补贴代价过高，应根据技术及市场能力合理调整目标，而非克扣补偿） |
| 系统辅助服务 | 成本相对透明，但通常供给短缺 | 系统影响大（安全稳定） | 保障性的容量电价——影响系统安全、投资风险性较大，而且本身的成本比较透明，可通过容量电价机制提高保障性鼓励投资 |
| 输配电网业务 | 竞争性低，成本信息不透明 | 社会责任大（公共网络） | 有限竞争先进成本定价——电网等自然垄断环节，在拆分独占市场的过大企业之后，形成比较竞争局面，可从个别企业定价，改进为（企业层面）先进成本定价（由于信息未完全透明，这里的"先进"是相对的） |
| | | | 管制业务分类核算——对电网企业所经营的各类业务，包括不同等级电网业务独立核算成本，可进一步提高透明度，推动独立输配电价（各类电网业务价格） |
| | | | 价格封顶定价——价格封顶定价在本质上依然属于成本加成定价（"顶"的依据主要仍是成本），但可给企业更大的自主经营空间，如一定幅度的价格升降 |
| 发电长期交易 | 竞争性高成本透明，但竞争信息有时不透明 | 有一定社会责任 | 标杆电价——相对于一机一价等个别全成本定价，标杆电价是一种进步，在发电主体多元化、信息透明度提高的基础上增加了电价政策的激励性 |
| | | | 封顶电价——在标杆电价的基础上，可进一步转化为封顶电价，给企业更大的自主经营空间并激励竞争 |
| | | | 市场主体自主定价——通过搭建统一市场平台提高竞争信息透明度，最终可走向市场主体自主定价，通过市场机制趋近社会平均成本 |
| 发电短期竞价 | 竞争性高成本透明，但供需形势信息不透明 | 系统影响有限（可与使用侧互动） | 自主定价+封顶定价——短期竞价可由市场主体自定价，最低、最高价一般以短期边际成本及需求侧承受能力为界；但当供需极度不平衡时，可通过价格封顶实施干预，抑制投机、保护持续经营 |

## 5. 远期发展方向

**（1）监管会计制度**

价格财务监管是电力经济性监管的核心。由于价格是多种市场因素与非市场因素综合作用的结果，因此只有综合运用统计分析、成本监控、财务审计、反不正当市场行为、反垄断等多种手段，才能真正提高价格财务监管的有效性。

会计是对经济活动的一种梳理与量化工作。传统的会计，围绕企业利润与资产的目标，或者服务于企业管理者，或者服务于投资者，或者服务于税务等政府传统管理部门，乃至又不断派生出国民经济会计、人力资源会计等。由此会计也是一种服务于特定目的的工具，技术成熟，针对性强，而且具有法律效力。因此，在国家的企业财务通则之下，研制电力企业的财务准则、成本规则等，借助一整套会计工具服务于监管活动的特定要求，不仅是一种可能，也将成为一种趋势。

从国际上看，财务会计已经成为越来越多国家强化电力监管的重要工具。美国早在20世纪30年代就已发布实施《公用电业统一会计制度》；澳大利亚、丹麦、芬兰、德国、意大利、卢森堡、葡萄牙、西班牙等国的电力监管机构都要求被监管企业进行专门的会计核算，或提供专门的财务报告；1993年日本制定了专门的《电力行业会计准则》及"使用要领"；英国也于2001年颁布了《监管会计指南》，建立了专门的管制业务会计报表及附注。

建立适合中国国情的电力监管会计体系，可以发挥更多的功效。例如，通过强制性的信息披露规则，要求被监管企业提高透明度，克服信息不对称、增加财务可比性；利用专门的电力监管会计信息数据，可对被监管企业的价格财务及企业经营活动进行分析、评价、比较及考核；借助监管会计的法律效力，有利于进一步梳理明晰业务与资产、明确会计主体，处理好成本分摊、转移定价、交叉补贴与关联交易等问题；借助专门的电力监管会计手段，可以整合专用账户与会计科目来明确成本确认的规则，通过分析对比来研究行业合理成本标准，进一步优化成本及价格监管；等等。

**（2）电力市场的体系与价值**

电力行业的市场化改革，并非中国独有，而是20世纪80年代以来一场世界性的潮流，建立电力市场则是各国共同的目标。20多年过去了，大多数国家建立电力市场的过程都经历了升级、反复等不断完善，目前很少有完全相同的电力市场，也没有哪一家堪称最终完成了电力市场的建设——改革依然在路上，但20多年的历程已可反映出电力市场建设的若干共同特点：

● 电力市场交易的主体。一是多元竞争，即参与交易的主体必须达到一定数量，才能避免垄断；二是对称均衡，即交易的买卖双方不应差距过大，买方之间、买方同样也应尽量均衡；三是自主决策，所有参与交易的主体必须有独立的经济利益、真实的交易愿望、普遍的经济理性、自由的行为能力。

● 电力市场交易的客体。一是品种多样，不论电量市场、还是非电量市场都存在多交易品种。二是虚实结合，既有反映电力商品物理属性的电能交易品种，也有反映其经济属性的金融交易品种。三是因地制宜，每一家电力市场所提供的交易品种都是所处国家政治经济体制、电网发展状况及电力改革进程的反映。

● 电力市场交易的介体。一是统一开放，电力市场作为电力交易的中介平台，是面向所在区域统一开放的。二是依法依规，电力市场的运营一般均提前建立一整套规则体系。三是信息透明，通过现代信息技术统一收集、发布市场交易的有关信息，以满足公平竞争的需要。

中国电力市场建设可以追溯到1999年四川省内竞价上网、发电权交易、大用户直购试点。10余年来，东北等区域电力市场试点先后停滞，大用户直购电试点进展迟缓，电价形成机制改革严重滞后，地方政府计划分配电量的行政手段却日益做实，市场化改革的方向受到严峻挑战。

但同时也应该看到，在貌似铁板一块的权力体制中，市场的萌芽其实始终都在潜滋暗长，近年来全国发电权交易已经达到1000亿千瓦时规模，辅助服务交易在各省以多种形式快速增长，购电权交易也在特定情景应需而生……随着各国各类电力市场的技术日益成熟，经验不断积累，推进电力市场建设的问题点不再是技术层面，而主要是决策与观念层面。

——所谓推进"市场化"的改革，根本动力不是政治口号，不是道德教条，也不是终极权力，而是市场经济客观规律内在的价值，自人类社会出现交换出现交易以来，任何权力与计划其实都是在市场经济的框架以内运行的，任何严重背离市场规律者最终都会出局，每一次放松管制被迫拾起"市场手段"的所谓改革、其实首先都是当权者的自救。

由此，展望中国电力市场建设的远期情景，多买/多卖格局形成之后如何进一步完善交易模式？其实从某种角度说，也许根本不必拘泥于任何先验的"设计"，只要不断激励市场主体的自主意识，逐步提高行业信息的透明度，因地制宜因势利导抓住每一次对于市场的需求，必将形成中国式的电力市场体系而同样体现出市场经济的普适价值。

择善固执，行善从容。

### 任务⑤ 建立权责对等的地方保电机制

**1. 基本现状与改革必要性**

在前面两个步骤、4项任务完成之后，中国电力市场格局已经发生较大变化，交易主体之间失衡的问题得到极大改善。一是调度（交易）机构独立，能够更加中立地处理有关公共事务、平等对待各市场主体；二是重组而成4～6个规模比较适中的电网企业，电网环节比较竞争的局面也初步形成；三是全部电力消费中的大约70%的交易由大用户与发电企业直接交易，电网企业直接购、售的电量下降到20%左右。

在此阶段，电力领域主要问题转化为以下几个方面。

（1）电网企业定位仍然不够明确

经过前面一系列改革措施，电网企业已经剥离了调度（角度）等公共职能，企业资产经营规模得到优化，但其业务与使命依然比较驳杂，一是为占大多数的大用户直购电交易提供输电服务，收取比较明确的费用；二是购买、销售大约25%的电量，赚取购、销差价；三是为全国大约2/3以上的面积与人口提供电力供应保障，依然为数亿人口提供电力普遍服务。与改革之前相比，电网企业的营利模式更加复杂，势必给企业经营与战略发展带来一定的困扰。

（2）地方供电企业依然经营困难

经过全面放开大用户直购电，地方供电企业的经济规模将更加弱小、成长空间将更加狭窄，在转供售电环节的市场份额将下降到不足10%。地方供电企业服务的面积与人口依然将近全国的1/3，但服务对象将以农村居民及小型企业为主，赢利空间非常有限而以承担地方社会责任为主。与改革之前相比，地方供电企业基础薄弱、产权不清、管理粗放、融资困难、普遍服务政策不明、受到上级电网企业竞争倾轧等问题并没有得到改善，其经营与发展将更加困难。

（3）地方保电依然没有根本改善

电力既是生产资料，也是生活资料，通过前面全面放开大用户直购电，大型工商业用户获得了直接参与电力市场的机会，而广大普通居民户及小型企业的电力供应机制并未得到显著改善。2/3的地方电力供应仍然由中央企业承担，地方政府对于电力特别是电网事务的"用户心态"没有改变，虽然涉及本地区的经济发展与民生保障，但依然缺乏当地电力供应事务的主导权，对于电力市场交易、营销服务、定价收费都缺乏足够的影响力，无法更好地发挥积极性及履行应尽的责任。如表22所示，2011年全国大部分地区普遍面临电力紧张局面，供需难以平衡。

表22　2011年中国各地电力供需平衡情况

| 地区 | 供需平衡情况 | 实际最大缺口（万kW） | 备注 |
| --- | --- | --- | --- |
| 华东区域 | 缺 |  | 区域外电力支援 |
| 上海 | 缺 | 30 | 错峰避峰 |
| 江苏 | 缺 | 720 | 错峰避峰 |
| 浙江 | 缺 | 535 | 错峰避峰 |
| 安徽 | 缺 | 204 | 错峰避峰 |
| 福建 | 余 | — | 电力外送 |
| 华中区域 | 缺 |  |  |
| 江西 | 缺 | 224 | 错峰避峰 |
| 河南 | 缺 | 399 | 错峰避峰 |
| 湖北 | 缺 | 223 | 错峰避峰 |
| 湖南 | 缺 | 613 | 错峰避峰 |
| 重庆 | 缺 | 183 | 错峰避峰 |
| 四川 | 缺 | 263 | 错峰避峰 |
| 南方区域 | 缺 |  | 经跨省调剂、错峰避峰，区域缺口600万kW |
| 广东 | 缺 | 740 | 错峰避峰 |
| 广西 | 缺 | 408 | 错峰避峰 |
| 海南 | 平衡 | — |  |
| 贵州 | 缺 | 127 | 错峰避峰 |
| 云南 | 缺 | 363 | 错峰避峰 |
| 华北区域 | 缺 |  |  |
| 北京 | 平衡 | — | 外购电594亿kW·h |
| 天津 | 平衡 | — | 限电错峰26万kW |
| 河北 | 缺 | 193 | 错峰避峰 |
| 山西 | 缺 | 440 | 错峰避峰 |
| 蒙西 | 余 | — | 发电能力富裕680万kW，电力外送 |
| 山东 | 缺 | 343 | 错峰避峰 |
| 西北区域 | 紧，平衡 |  | 启动负荷控制，限电最高507万kW |
| 陕、甘、宁、青、新 |  | — | 省区间调剂 |
| 东北区域 | 余 |  |  |
| 辽、吉、黑、内蒙古东 |  | — | 发电能力富裕600万～1500万kW，电力外送 |

数据来源：电监会。

总之在前面两个步骤、4项任务完成之后，从电力行业本身看，通过对称放开70%大用户直接购电，已经基本实现了市场格局的平衡，行业运行状态得到改善；但电力的改革与发展应以服务于经济社会为根本目的，如果地方电力供应依然没有得到实质的改善，依然缺乏可持续的保障与发展机制，则有必要继续深化改革，努力建立权责对等的地方保电机制。

## 2. 相关方案比选——网务分开PK输配分开

"输配分开"是5号文件中提及的电力体制改革任务，多年以来，一方面，施行输配分开的呼声一直很高，并被誉为电力市场建设的关键步骤；但另一方面，在现实中，输配分开始终并没有进入正式的议事议程，即使是其核心支持者也始终没有拿出统一公认的操作方案。

（1）输电、配电没有绝对的、稳定的界面

实施输配分开政策的技术基础是清晰界定输电、配电的划分界面，但经过多年的研究讨论，对于庞大多样的中国电力系统至今都没有能够获得公认的输配划分原则。如果按照电压等级划分，表面上非常清晰，但220千伏在一些发达地区早已属于配电线路，而在一些落后地区依然属于骨干网架，而且以电压等级划分必然形成同一变电设施分属不同企业，为后期资产管理埋下混乱的隐患。如果按照行政级别划分，表面上简单易行，但中国的行政区划与电网层区一样都是在同一块国土上垂直并行的，按行政级别划分必然会出现更多类似目前央地矛盾的恶性竞争，一方要扩容升级，一方要独揽大用户。如表23所示，即使在美国，划分输电、配电至今同样是非常困难而无法完全确定的问题。

表23　美国输、配电确认的规则与应用情况

| 验证条件 | 配电设施距离终端用户较近 | 配电系统多呈放射状 | 配电系统以能量流入为主、很少流出 | 进入配电系统的电能无法转移到其他市场 | 进入配电系统的电能通常在一定地理区域使用 | 配电与输电系统之间应当安装关口表计 | 配电系统应当具有不断减小的电压 |
|---|---|---|---|---|---|---|---|
| 13kV及以下线路 | 配电 | 配电 | 配电 | 配电 | 配电 | 配电 | 配电 |
| 34.5kV线路 | 输电 | 配电 | 配电 | 配电 | 配电 | 配电 | 配电 |
| 69kV辐射线路 | 输电 | 配电 | 配电 | 配电 | 配电 | 输电 | 配电 |
| 69kV环网线路 | 输电 | 输电 | 输电 | 输电 | 输电 | 输电 | 输电 |
| 161kV辐射线路 | 输电 | 配电 | 配电 | 配电 | 配电 | 输电 | 配电 |
| 161kV环网线路 | 输电 | 输电 | 输电 | 输电 | 输电 | 输电 | 输电 |
| 345kV辐射线路 | 输电 | 配电 | 配电 | 配电 | 配电 | 输电 | 配电 |
| 345kV环网线路 | 输电 | 输电 | 输电 | 输电 | 输电 | 输电 | 输电 |

注：美国能源监管委员会（FERC）1996年通过的888号法令对于确认输配界面提出了多达7条验证条件，再次反映出难以按照电压等级或行政级别简单地划分输配界面。

本案例中的应用者为"中美能源公司"（MidAmerican Energy Company）。

（2）输配分开不适应未来智能网络发展

输电、配电的含义，早期来自于距离，远距离送电为输，近距离分流为配。而随着现代大电网互联规模与范围日益扩展、网络结构日益复杂，输电、配电的含义逐步对应于网络潮流，结构复杂、潮流不确定的电磁环网为输，结构简单、潮流单一的放射支线为配——在经济上则对应着不同的商品属性、经营模式乃至定价管制的方式。而随着新能源、智能网等新技术新产业发展，现代大电网的末端，在技术上将面临更加多样的元件接入、更加多变的潮流走势，在经济上则将出现更加丰富的增值业务、更加复杂的消费互动，由此意味着，未来末端线路将承载更多网络性功能，传统的"配电"将逐步消失，输配分开后将逐步出现违背初衷的畸形竞争。

总之，改革不能为改而改、不能仅仅为了完成10年前的中央文件任务而改。如果说最初提出输配分开的改革目的主要为了形成多买/多卖的市场格局，那么相比之下大用户直购电显然更加清晰可行——而当占70%电力消费份额的大用户直购电先期实施之后，输配分开显然已经失去了最初的大部分意义。

而通过实行电网业务与非电网业务分开，按照业务性质划分中央电网企业与地方电力营销企业的营业范围，同时建立权责对等的地方保电机制，不仅比输配分开具有更强的可行性，而且可望获得保障民生、做实地方的综合价值，是对电力客观规律进一步研究总结之后对于传统"输配分开"的升华与完善。

### 3. 建立地方保电机制的基本操作

（1）电网业务与非电网业务分开，明确错位专营权、规模发展权、服务增值权

所谓"电网业务"，指所有涉及输配电网物理属性的业务。例如，电网的基本建设、运行维护、设备检修、技术改造等，也包括为大用户直购电交易提供的输电服务；某些为保持电网安全稳定而提供的辅助服务（如抽水蓄能等），在辅助服务还没有形成完善的市场交易机制之前，可仍由电网企业管理，但其业务、资产、价格应单独管理与核算。

实行电网业务与非电网业务分开之后，电网企业不再是电力市场的交易主体，将不再直接参与电力购销。但其所有业务将拥有独立的定价机制，输配电价格不再仅仅是上网电价与终端销售电价的差价，意味着企业获得了比改革之前更加稳定的收益模式。而其各项业务更加专业更加单纯，可更加专注于提升电网运营和安全保障水平，同时有关信息将更加公开透明，无疑也将引导服务质量的改进。而以业务数量与质量为主的定价模式，也将引导追求更佳的资产效益，电网

盲目投资的问题将得到改善，体现出新的"制度激励"的效果。

所谓"非电网业务"，指借助末端电网开展的所有增值业务。包括传统的电力批发转供、购销收费、维修抢修等电力营销服务，随着智能网络与新能源技术、产业的发展，还将出现节能技术服务、新能源技术服务、智能网络信息服务及末端能量收购转销等新的业务领域。

实行电网业务与非电网业务分开之后，可以使原电网企业混乱的业务模式得到彻底理顺与明确，地电与国电矛盾、地方电力发展等难题都可望迎刃而解。

一是明确错位专营权。中央电网企业与地方供电企业长期恶性竞争，近年来更是矛盾不断激化，山东魏桥、陕西地电等案例屡见不鲜。一个根本因素在于原有"营业区"制度不能适应电网的实际发展，县级地方供电企业需要扩容升压，省地级中央电网企业则试图独揽所有高压大用户。如前所述，按电压等级、按行政区划都难以绝对合理地持久地划分供电营业区，而实行电网业务与非电网业务分开，按照业务性质划分中央电网企业与地方电力营销企业的营业范围，在同一行政区划以内可从根本上同时保证双方的市场专营权与专业化企业定位，使双方都获得比较宽松的竞争环境。

二是明确规模发展权。长期以来地方电力企业发展困难的一个重要原因，是过度分散，管理粗放，经济规模过小，抵御市场风险的能力差。实行电网业务与非电网业务分开，应实行双向重组，中央电网企业与地方供电企业都应参与，前者将营销服务业务下放地方，而后者也应将电网资产上交，在此基础上及时整合市场，组建省级电力营销服务公司。这样可使新组建的省级电力营销服务公司从诞生伊始就拥有一定的规模基础，为进一步开展集约化管理打好基础。另外"省级"不一定绝对"省属"，通过股份制等现代企业制度建设，省级电力营销服务公司在未来还可谋求更大的发展空间。

三是明确服务增值权。"非电网业务"由专门的电力营销服务企业承担之后，这些企业虽然不拥有物理属性上的电网资产，但借助电网特别是未来智能电网、智能能源网所提供的营销渠道与市场空间，将获得更加广阔的创新发展前景。而且，这些新型的电力营销服务企业完全可以突破目前规划红线与居民、物业公司、供电企业之间的产权乱局，通过本地化、零距离的服务最终解决长期困扰电力商品与服务的"最后一千米"问题。

（2）组建省级电力营销服务公司，下放自主购电权、终端定价权、直接收费权

实行电网业务与非电网业务分开之后，"非电网业务"将由专门的电力营销服务企业承担。与可进行直接零售的大用户相比，这种服务于小散用户的电力消

费代理商不仅是一级电力批发商,更是一级营销服务商及供电责任主体。因此必须从根本上实行新的体制机制,特别是完善经营模式与定价机制,一方面使新型电力营销服务企业获得可持续的发展空间,另一方面更要塑造地方电力供应保障的权责对等的责任主体。

一是明确自主购电权。实行电网业务与非电网业务分开之后,承担"非电网业务"的省级电力营销服务公司,作为代表一省小散电力消费者的电力批发商,同时获得进入电力市场向发电厂直接购电的市场主体资格。与目前电网企业内部自上而下的计划分配相比,由独立的电力批发商自主购电,一是对于需求预测、报价竞价将更加认真负责,二是所有交易合约将受到法律保护并由中立的第三方实施,在制度上进一步提高了供电的保障性。

二是明确终端定价权。省级电力营销服务公司自主购电并通过购销差价获利,与目前电网企业相比、反而更加具备将终端电价定价权下放各省的条件——由于省级电力购销服务公司完全是本省资产、服务于本省消费者、承担本省电力供应责任,就从制度上实现了权责对等,它们在购电时既不会乱报高价,也不会坐视供应缺口,而在制定终端销售电价(上报当地政府)时同样既不会轻易降价损害自身效益,也不会无端抬价损害本地居民与小散企业的利益。

三是明确直接收费权。省级电力购销服务公司通过电力零售直接收取电费,由于拥有全省电力消费30%的市场份额,并拥有财务上的充分自主权,不必像目前这样受制于上级电网企业,由此可以获得充沛的现金流量与财权,极大程度上改善地方供电企业融资困难的经营困境。

总之,通过业权、价权、费权等一系列权力的下放,让地方有利可图,可有效实现地方保电的权责对等,最终提高电力保障水平,实现电力基础服务均等化。20世纪80年代中国农村经济体制改革的核心,是土地要素领域的让利放权,取得了惊人的成效,粮食价格的放开反而彻底解决了中国人的吃饭问题;与此类似,未来智能能源网建设的核心,则是能源要素领域的让利放权,能源价格的放开可望有效应对中国的能源安全问题。

(3)完善电力普遍服务标准及配套政策

建立权责对等的地方保电机制,地方政府及地方电力企业将获得主导地位;但最终的实施效果并非完全取决于地方,中央层面的支持与变革同样是必要条件。早在5号文件中,就明确提出国家电力监管委员会"负责监督社会普遍服务政策的实施",但10年过去,这个"社会普遍服务政策"却始终未能出台。而在未来新一轮深化电力体制改革中,为了做实基层、形成权责对等的地方电力(能源）保障机制，电力普遍服务标准及配套政策依然是一个关键因素。

一是电力普遍服务标准。完善地方电力（能源）保障机制的根本目的，在于保障民生权利、维护基本秩序，而任何资源都是有限的、任何福利都是有成本的，明确地方电力保障的基本要求——电力普遍服务标准，是地方电力（能源）保障机制顺利实施并持续发展的重要前提。由于电力普遍服务标准的长期缺失，一方面，全国至今仍有380万左右的无电人口散落在近半数省份（详见附表23），农村电网的电能质量与相关服务改进迟缓，同时另一方面，在近期阶梯电价的听证过程中，出现了盲目抬高底阶电量、打破预算平衡的新问题。因此，研究出台符合国情的电力普遍服务标准，已经成为当务之急，更是开展监管的前提。

二是配套转移支付政策。使全体国民享有相对均等化的电力设施与服务，是施行电力普遍服务的基本目标。而城市与乡村、沿海与内地的二元发展是中国经济社会的重要特征，为实现电力普遍服务的目标，需要与事权相匹配的财权，转移支付成为必要的配套政策。中国的现行电价中，已经长期存在大量的交叉补贴，工商业用户补贴居民用户、传统能源补贴可再生能源、全国电力消费者补贴三峡工程，等等。目前纳入财政保障机制的"基本公共服务体系"只有教育、医疗、社保、就业、住房、文化等6项，而能源、交通、信息等领域的基本公共服务同样急需纳入国家战略，与补贴低收入群体、扶持西部大开发等大政方针相衔接，研究出台电力普遍服务的配套转移支付政策。

三是通过完善电力普遍服务标准及配套政策为阶梯电价的持续运行提供支撑。

所谓阶梯电价，指按照消费数量分段定价；其中正向阶梯电价，即用得越多、价格越高。正向阶梯电价，一是要求高消费用户承担更高的价格，以弥补其高消费行为所带动的电力设施新增投资；二是保证低消费用户享有最基本的用电权利，避免额外的经济负担；三是帮助低消费用户同样享有工商业对于居民的交叉补贴，避免高消费用户独享政策福利；四是若阶梯级差足够大，还可对高消费用户产生节约用电、节能减排的政策引导作用。

阶梯电价并不是所有国家均采用的价格制度，但由于在人均收入较低时即出现贫富分化、在人均能源消费较低时即面临能源危机，阶梯电价在我国反而可能发挥出更大的政策价值——即通过电价结构调整，来实现不同消费群体之间的利益转移、"劫富济贫"。首先是增进社会公平公正、保障基本民生权利，其次才是资源节约与环境保护，因此其政治意义大于经济意义，社会公益价值大于企业经济价值，属于一种公共政策而非单纯的产业政策。

阶梯电价的"长治久安"依赖于各级电价的合理设置，除了高阶电价应足够高到让富人侧目以外，底阶电价电量则应在穷人基本需求与社会支付能力之间建立平衡。2011年年底，有关部门发布《关于居民生活用电试行阶梯电价指导意见》的同时，统计测算覆盖80%居民家庭的一阶电量为150千瓦时/月，而到2012年中各省听证发布的最终方案汇总之后，全国平均一阶电量却达到了覆盖90%居民家庭的190千瓦时/月。这样的结果，不仅损害了供电企业利益，造成高消费用户更大的利益转移，关键是突破了原来既定的游戏规则，显示了超越民主边界的非理性，终将在现实中不利于阶梯电价政策的持续运行。

而尽早发布实施电力普遍服务标准及配套政策，恰好可以为消费者最基本用电权利提供明确而有力的政策支持。任何用户均能以合理价格获得之符合质量标准的电力普遍服务，其实正应是阶梯电价中的底阶电价电量。将底阶电价电量与电力普遍服务相关政策相衔接，既反映了电力系统技术经济特性，也可体现电力公用事业属性与电力企业社会责任，更可使阶梯电价的"长治久安"获得更加充分的政策支撑。

---

### 穷人无特权

价格，是一种市场信号，在某些场合也代表一种权利。电价、油价等资源性产品价格，在很多国家都受到政府管制或者政治干预包括舆论监督，因此在很大程度上体现着权利的博弈。

最鄙视的一类"砖家"，就是总爱忽悠什么"按照中国人的收入"电价、油价应该更便宜云云……煞有介事地算计什么"美国人的收入相当于可以买"多少电、多少油云云……事实上，在市场经济中，在国际社会上，有什么基本商品或服务会完全按照消费者的收入定价？这真是比按需分配还要"高级5倍"的理想国呀！看看最近一次世界能源危机的过山车行情吧（详见后文图32），煤价跟着油价走，国内跟着国际走，穷国富国勿论，穷人并无特权。

能源属于资源性产品，世界上只有几种供给保障模式。"廉价而充裕"是所有人的梦想，但即使在很多产油国，如果开采冶炼产业被他人把持，如果政府没有足够的民族与民生意识，美梦依然不能属于所有人；只有美国这样的全球霸主，才可能真正实现"廉价而充裕"，但奥巴马早已声明这样的生活方式并不属于中国人。岂止中国，即使美霸的忠实盟友日本、欧洲也只能退而求其次，依靠技术管理精耕细作来维持"昂贵而充裕"的能源模式。而粗放扩张的中国，至今依然还陷身在"廉价而短缺"

与"昂贵而短缺"之间，却开始在"廉价而充裕"还是"昂贵而充裕"两类目标之间患得患失——大到国家，小到个人，理财持家的首要即在欲望控制，没有天赋资源，没有强势霸权，包括没有技术管理的实质进步与充分努力，凭什么还用豪车大宅来拿中国人"逗你玩儿"？

贫穷本身不是错，但需要志气去赶超，或至少需要理智来适应，吐槽、忽悠有什么用？穷人没有特权，永远也不可能有；但穷人也有自己的基本权利，而且必须坚持诉求。**在能源等资源性产品领域，穷人的基本权利就是普遍服务+末端补贴**。所谓普遍服务，一是要全覆盖，呼吁设法解决最后380万无电人口，让所有国民可以享受到电力带来的先进生产方式与文明生活方式；二是要保质量，特别是广大农村偏远地区长期被忽视、被歧视，能源供应保障的标准低质量差管理欠缺，应建立机制强化监管责任；三是要可持续，在国力财力有限的现实背景下，必须缩小范围量入为出，必须分级分步拒绝搭车，必须同步宣教节能环保。而所谓末端补贴，一是不能盲目补贴生产者，避免过度扩张产能、推高社会成本，避免倾斜高端业务、补贴资源失控；二是不能补贴富人包括中产阶层，警惕有闲有钱的"砖家"、"公知"、"意见领袖"，警惕这些把持话语权者扩大补贴范围、提高补贴标准的潜在私心；三是使用价值优先于价值，以消费券、红色柴油等末端直接消费补贴的形式为主，限制基本权利基本资源的所谓"市场流通""变现激活"，避免资本对穷人那点棺材本儿的侵蚀与剥夺。

总之，中国依然是发展中国家，中国依然生活着世界上最多的穷人，他们最需要的不是不切实际的特权，而是对其最基本权利扎实细致真诚持续的保护。穷人，禁不起忽悠，禁不起算计。

（4）以下放终端定价权为重要突破口推动理顺中国电价

价格是中国电改最滞后的领域，根本原因是数十年计划管理体制造成现有电价体系异常混乱、积重难返，唯有采取颠覆性的重大变革来快刀斩乱麻，否则任何小打小闹、局部手术都难免隔靴搔痒、剪不断理还乱。

以居民电价"倒挂"问题为例。

居民用户一般属于规模最小的零售消费者，与大型工商业等批发用户相比，电压等级低、供电距离长、负荷密度小、需求难控制、单位供电成本显著偏高，因此在绝大多数国家，居民电价都普遍高于工商业电价。如图23所示，2002—2009年不仅几乎所有国家居民电价都高于工业电价，而且两者之间的差价还呈一定扩大趋势。

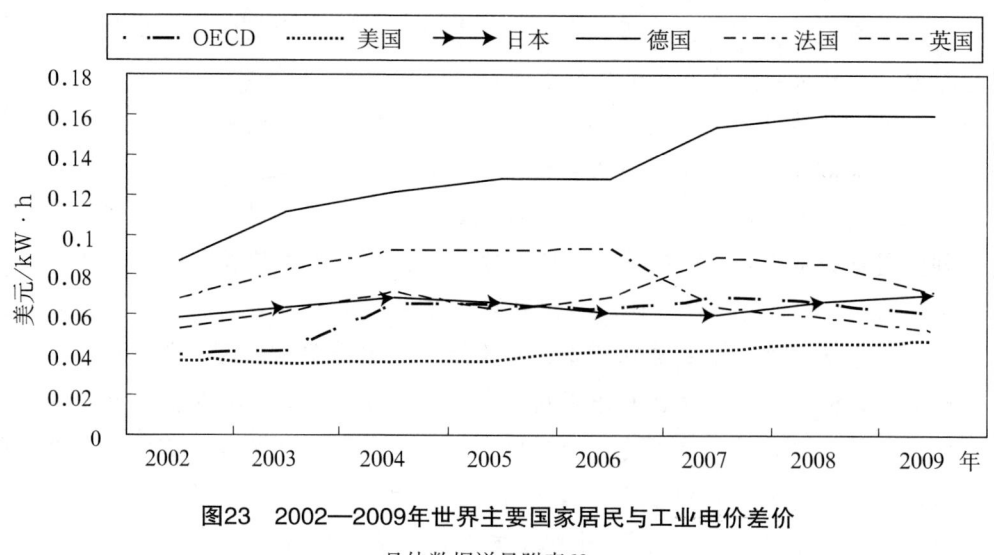

图23　2002—2009年世界主要国家居民与工业电价差价

具体数据详见附表60。

而在同一历史时期的中国，居民电价在历次电价调整中，或者调整时间滞后于上网电价，或者调整幅度低于工商业电价，或者明确要求不得提高，致使居民电价低于工商业电价的所谓"倒挂"问题愈演愈烈。如图24所示，电力体制改革之初的2003年，全国居民平均电价还略高于总平均销售电价0.006元/千瓦时，但从2004年开始不但出现电价倒挂，而且价差逐年扩大，到2010年已经接近0.10元/千瓦时（居民与工商业电价之间的实际价差更大）。而根据电网企业测算，目前居民电价的实际成本与执行电价之间的差距，更是已经高达0.40元/千瓦时。

居民电价倒挂的弊端，一是使电价脱离实际成本，在工商业与居民之间形成交叉补贴，增加了电价体系的混乱与不透明，不利于监督控制供电成本；二是增加了工商企业的不合理经济负担，削弱经济竞争力；三是使消费者无法得到上游资源市场的真实信息，难以自觉节能减排；四是长期人为不调整居民电价，反而使消费者对于电价失去理性的预期，使正常的价格调整越来越难；五是长期人为压低居民电价，使供电成本无法正常体现，反而不利于广大居民享受正常的供电服务，在很多地方都出现了供电企业不愿意为普通居民服务、物业入住后长期办理不下相关手续的情况；六是长期人为压低居民电价，还在一定程度上为某些地方借电价乱收费留下了操作空间，目前虽然法定电价相当低，但事实上很多居民仍被搭车收取了多种名目的费用、实际上缴的"电费"并不低。

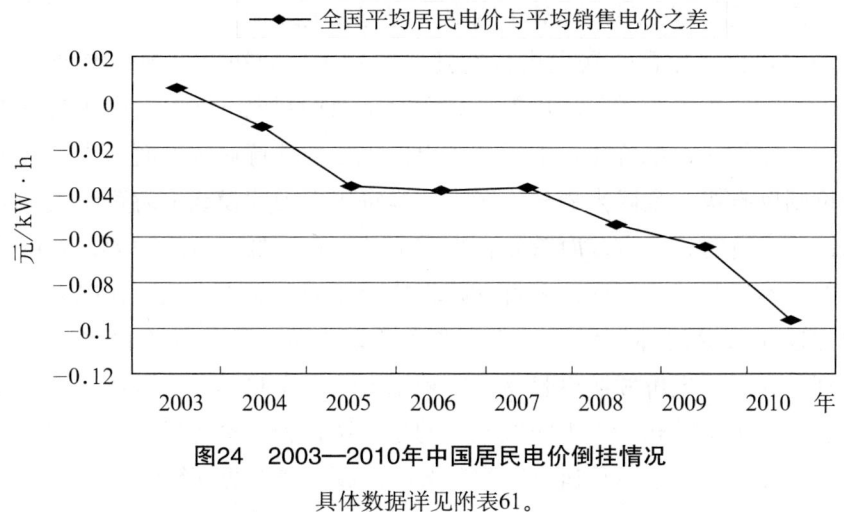

图24　2003—2010年中国居民电价倒挂情况

具体数据详见附表61。

另外，我国居民电价问题还有复杂的地区因素，虽然全国总体上表现为价格倒挂，但一些省区的居民电价却高于工商业，混乱的价格体系使普通居民根本无从维护自身权益。而如图25所示，北京、上海等沿海经济发达省份，能源资源匮乏、居民用电比重较高，但居民电价倒挂问题却最严重，2011年北京、上海居民电价低于平均销售电价的差距已达0.23元/千瓦时及0.17元/千瓦时。通过大规模交叉补贴培育出的这种"特权"，一方面引发重重矛盾被人诟病，另一方面却愈演愈烈积重难返。

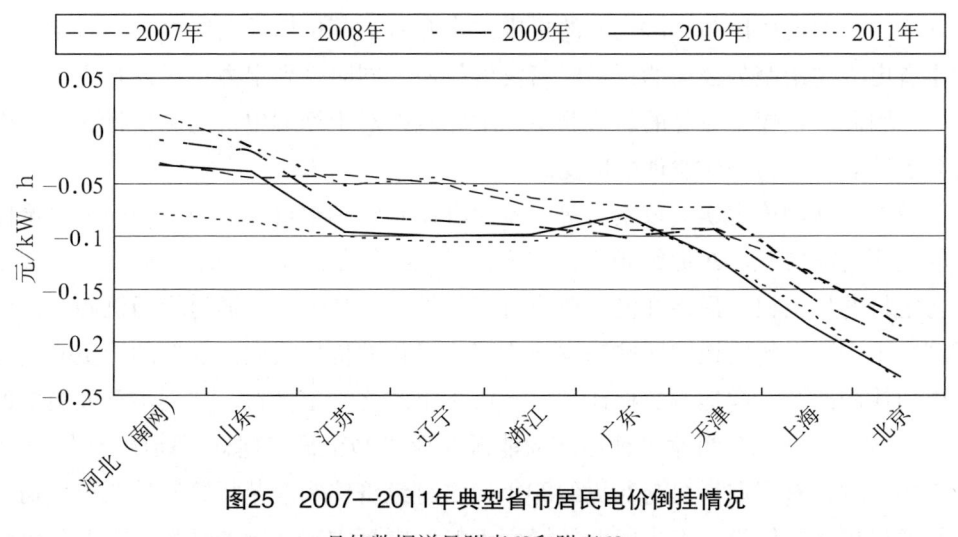

图25　2007—2011年典型省市居民电价倒挂情况

具体数据详见附表62和附表63。

下放终端定价权是最终理顺中国电价的重要突破口。

中国电价体系混乱，居民电价倒挂等问题难以解决乃至愈演愈烈的重要原因，在于相关的权责不对等。目前中央政府全面控制电价并以中央所属电力企业为主负责电力供应，电价体系中工商业电价依据各项行业政策而形成差别定价，居民电价则以省级行政区来划分价区。这样每当电力建设或上游资源成本上升需要提高销售电价时，地方政府首先在主观上就存在压低电价的动力，既可保持区域竞争的成本优势，又可取悦老百姓减缓执政压力；而中央政府在电力行业与地方政府之间也容易选择倾斜于后者，避免所谓电价上涨拉动物价水平的决策风险，特别是在居民电价领域更容易走向顺水人情的庸政懒政。这样一来，从一个侧面再次巩固了中国长期人为压低电价的总基调，为电价乱局的理顺增添阻碍，而这样的积弊沉疴早已不是运行调解环节的问题，需要更深层次的制度变革。

通过深化电力体制改革，特别是下放用电的终端定价权，建立权责对等的地方电力保障机制，将成为最终理顺中国电价的重要突破口。一方面，地方政府及地方电力企业履行电力保障职责的能力获得空前的强化，电网业务与非电网业务分开之后省级电力购销服务企业获得了与中央所属电网企业相互错位的专营权，通过整合全省非电网业务可实现规模发展与增值服务的巨大空间，作为全省小散用户的批发代理者可进入电力市场自主购电，通过零售收费可获得充沛的现金流量；一方面，通过同步发布电力普遍服务标准及配套转移支付政策，地方政府保障地方电力供应的职责标准更加明确而可行；另一方面，地方政府有能力并且完全有意愿履行好销售电价的制定权，将终端电价定价权下放各省之后，地方政府既要满足本地居民与小散企业的用电需求并考虑其价格承受能力，同时也要维护本省电力购销服务公司的正常经营发展权益、同时受到电力市场公开竞价的制约——因此，在权责对等的新机制下，地方政府对于终端电价的调整将更加全面公允因地制宜并为公众所理解接受。

总之，从制度上实现权责对等，是合理制定终端电价并逐渐理顺中国电价体系的重要突破口——20世纪80年代实施农村经济体制改革，向地方放开了粮食生产与定价的自主权，最终并没有造成价格失控或粮食短缺，通过市场机制反而较好解决了中国人的吃饭问题并基本适应了市场化的价格机制。在新的历史时期深化电力体制改革，向地方放权让利，下放用电的终端定价权，并逐步开放更多的市场领域，允许地方组建多种形式的能源企业，乃至最终建立"能源产销者"等新市场机制，有望取得可与20世纪80年代农村经济体制改革相媲美的改革效益，一是通过更多主体进入电力能源领域而大幅度提高中国能源的开发、生产与供给能力；二是通过将价格决定权下放地方并形成权责对等的机制，使中国的电价更加清晰合理并为广大消费者所认可；三是通过将电力能源产业的重心放低并开放市场，激发更多人的积极性创造性，带动新技术新产业发展同时也提供新的致富途径；四是通过有效宣传、给老百姓一本明白账，让消费者在接受市场化的电力能源供应与价格新制度同时，自觉履行在节能减排理性消费方面的责任义务。

（5）鼓励各地方发展多种形式的能源企业

中国电力能源的管理与发展机制，不论是政府管制领域，还是大型央企环节，都普遍为自上而下的集权体制。这种体制不仅严重抑制了地方的积极性与创造性，而且限制了能源发展的灵活性与自主性，不适合在中国幅员辽阔、情况多样的国土上因地制宜地满足保障电力能源供给，最终也无法满足维护国家能源安全的需要，即所谓越管越死。如果考虑到未来智能能源网的建设，这种自上而下的集权体制，一方面无法适应第三次工业革命多元化本土化、双向多向互动及个性化分散合作等接近消费者、微观民主决策的变革大趋势；另一方面更难以适应新科技变革快速突变、多元多样所形成的高度不确定性，无法合理有效分担决策风险，更无法承受对于技术与市场问题一旦决策失误所带来的巨大责任。因此提高中国电力能源安全保障能力、建设智能能源网，首先必须改变目前自上而下的集权体制，对地方进一步松绑，充分调动其积极性创造性与灵活性自主性，使各地方从被动的能源消费者与变革承受者，转变为技术与市场领域更加主动的创造者与主导者——以地方为主导保障电力能源安全、建设智能能源网，既可满足因地制宜的需求，又可分散决策风险，还可形成比较竞争的有效机制，是最符合第三次工业革命发展规律的路径。

如图26所示，2011年"中国能源500强"企业中，地方国有企业将近4成（38%），但在总营业收入中仅占不到2成（19%），企业平均规模（营业收入）更是只有央属国有企业的3.4%；与此同时，2011年地方国有企业上榜数量减少了4成（从330家下降到192家），所流失份额全部被新上榜的民营企业占有——先天规模不如央企，发展势头不如民企，地方国有能源企业至今仍处于一种比较尴尬的境地，需要进一步鼓励与扶持。

而另一方面，尽管发展潜力还远未充分发挥，但地方能源企业已经展现出很大的活力，具备了相当丰富的组织形式与业务形态。仅与电力相关类型为例（详见附表65），目前已经出现以浙能集团、粤电集团、江苏国信等为代表的电力、燃气组合，以广西水利、河北建投、武汉凯迪等为代表的电力、水务组合，以新奥股份、佛山公用、乐山股份、郴电国际为代表的电力、燃气、水务组合，以申

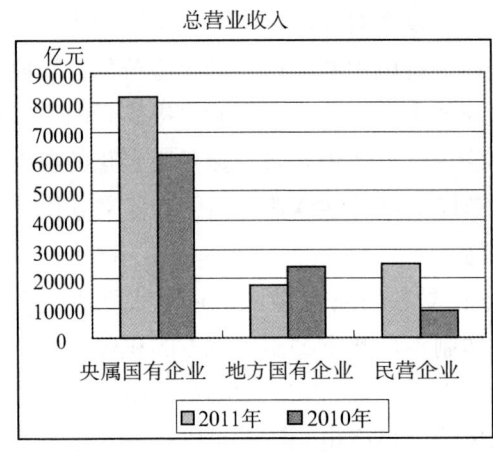 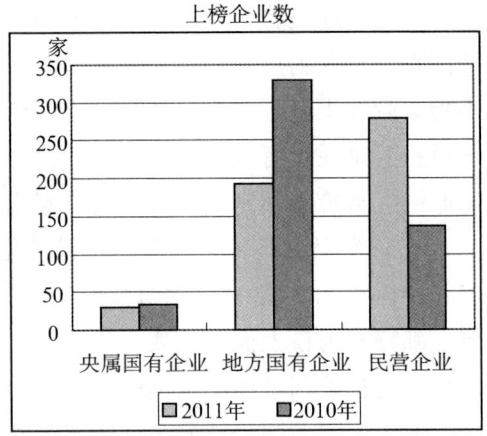

图26　2010—2011年中国能源企业500强分布

具体数据详见附表64。

能集团、广州恒运、青岛泰能为代表的电力、热力组合，以神华集团、淮南矿业、山西国能为代表的电力、煤炭综合利用组合，以国电集团、宁夏发电、杭州锦江、中粮生化、新天绿能为代表的电力、新能源组合，等等。

　　鼓励各地发展多种形式的电力能源企业，除了上述业务组合及前述的省级电力营销服务公司以外，还可进一步转变发展方向、拓展发展空间，探索多种多样的能源技术、能源产业发展形式，充分调动和发挥地方政府在能源供应安全和节能减排工作上的积极性，使地方尤其是能源资源富集的西部地区获得更大的利益。例如，开放部分业务市场，放宽地方包括民营资本进入非常规气体能源勘探开发领域，用市场手段吸引国内外的多种经验、多种理论、多种技术、多种资金进入中国市场，提高技术能力，有效扩大产能。又如，放开部分审批权限，如广东天然气需求量预计将从2010年的90亿立方米提高到2015年的430亿立方米及2020年的600亿立方米，放宽沿海省份油气进口权限制，是民生进步的需求且有利于沿海经济转型升级。再如，鼓励一次能源与二次能源纵向一体化发展，以深化现代企业制度改革为核心促进央企与地方的良好合作，形成火电与煤炭、电网与燃气的结合，不断提高基荷的持续保证水平与峰荷的灵活响应能力。另如，发展与新能源自然特性相匹配的当地用能项目，不断优化系统特性并增加可控性，通过就地化分散化的新生产方式探索便民富民的综合效益，如风电制氢、淡化海水、风电供热及灌溉等。

　　与此同时，建立并完善地方电力能源供应机制，从根本上保障国家能源安全，在放权让利鼓励各地方发展多种形式能源企业的同时，同样有必要进一步加强中央所属电力能源大型企业集团建设。类似20世纪80年代所实施的农村经济体制改革，在向地方特别是基层放权让利，实施联产承包责任制，发展基层农村合作组织及乡镇企业的同时，大型国有农场及粮食流通储存企业同样发挥了必不可少无法替代的价值。因此深化电力体制改革，中央所属大型发电集团、电网企业的使命将更加重要，必将得到进一步加强。一是进一步提高生产供应能力，特别是在出现供需失衡或周期性紧张的时候，发挥好兜底性的电力能源保障作用；二是优化大能源基地建设，进一步提高大流域、大风域、大光域开发的系统效益，提高能源资源的开发利用效率；三是进一步加强油气管道、输配电网等基础网络建设，并通过无歧视开放起到电力能源发展公共平台的作用；四是在某些情况下按照国家部署适度逆向操作、影响价格、稳定市场供应，避免从一抓就死转变为一放就乱；五是做好执行国家各项政策、履行基本社会责任的表率，不断提高各项经营管理以及技术水平，为相关领域树立标杆参照。

### 4. 远期发展方向

（1）输配电公法企业

公法，主要是规定有关国家有组织的政治团体、政府及其部门和它们的代理机构的结构、行为、权力和豁免权、义务及责任的规则和原则。公法作为法律制度整体的一部分，主要调整涉及国家利益的有关事务，而私法则主要调整公民个人事务及公民个人之间的事务。

电网企业，适合通过专门的公法来进行规范与约束。例如，中国的大型电网企业，一是几乎全部是国有资产，其设立的最基本目的就是保障电力供应，其经营使命不仅仅是保护与扩大电网资产价值，更应充分发挥这些规模庞大的专用基础设施的使用价值来服务于经济社会发展；二是全部拥有排他性的专属营业区，获得特许经营性质的政策保护，相应地也应肩负起经营区内电力供应保障的责任；三是处于已经逐步市场化、多元化的行业格局中，但拥有垄断性的特殊市场地位，对其他市场主体的行为及其权利甚至有一定的管理与支配能力，亦应承担相应的责任；四是在历史上为政府直接行政管理的非企业机构，即使实行政企分开等市场化改革至今，其产权处置、领导产生等依然受到相关政府部门的直接控制，没有绝对的自主决策权。

在美国，专门颁布有《联邦电力法》、《联邦水电法》、《公用事业公司管制政策法》及《公用电业统一会计制度》等一系列法律法规来约束多种类型的公用电力公司、市政电力公司及农村电力合作社。在法国，100%国有资产属性的法国电力公司（EDF）则被明确具有"向全民供电、公平开放、供电质量、全社会的最低成本、维护整体利益"等公共服务事业使命。因此，中国电网企业的远期发展方向，也应是专营输配电业务的公法企业，即通过制定专门的法律法规，来明确限定电网企业的设立宗旨、资产规模、业务范围、经营方式、组织机构、财务制度、领导授权及定价方式等。与其他普通私营公司相比，电网公法企业不以营利为唯一使命，而更加注重供应保障、资产效益、服务质量、社会责任等；而与其他政府机构相比，它有清晰的产权边界，独立的会计核算，完整的法人权利义务，企业化的经营管理效率。

（2）能源产销者

未来重构电力系统的组织方式，除了目前的电网企业演变为输配电公法企业，目前所有发电企业及用户均可转变为能源产销者。

中国能源安全是贯穿供给与需求的体系性问题，最终需要革命式的解决方案。在供给方面，一是对于国际市场日益依赖，但相应的综合竞争能力不足；二是对于国内市场开发不足，现行产业制度壁垒限制了资源的充分利用。在需求方面，一是城镇化工业化后半段依然需要大规模的能源支撑；二是绝大部分能源消费者缺乏市场制度支持，消费者权利不完整相应地也缺乏节能减排的自觉意识。因此中国的能源安全问题，并不是规划、调控等单一环节的局部炎症，而是从供给到需求全产业流程的体系性病变，属于制度层面及基础技术问题，需要通过深化改革进行革命性的解决。这不是依靠发改委、能源局，或者通过发布某些投资规划、产业政策，就能够简单解决的，需要全局性的顶层设计。

建立市场机制，塑造能源产销者，是保障中国能源安全的终极战略。允许每一个能源消费者，从现在缺乏自主权利的"用户"，转变为能源的生产—使用—贮存—管理等综合性的市场主体，而核心则是建立能源领域市场化的新经济模式，使上述生产—使用—贮存—管理行为通过市场机制都能够实现相应的价值——终端产出各类能源可有市场出售，参与各种形式储能可获回报，选择科学用能方式具有市场响应，完善自身能源管理能够获益。最终类似20世纪80年代中国农村土地制度改革，从原有集权化机械化的大集体生产，回归自主化生态化的个体生产，不仅与第三次工业革命对于前两次工业革命反动与升华的趋势高度一致，而且也从本次信息与能源产业高度融合的技术革命中，获得了新的选择与更多的实现手段。

通过能源产销者解决能源安全问题，是第三次工业革命带来的历史机遇。通过居民散户、工商大户、城市园区、省市地区等多级能源产销者体系，最终解决中国整体的能源安全问题，基础建立于信息技术与能源技术的重大突破与深度融合，这也是第三次工业革命所带来的历史机遇。能源产销者大幅降低了大规模集中的风险，多元化个性化的新的能源产销方式，有利于开发多种清洁低碳的新能源、载能体及其组合应用，通过分散合作模式解放生产力提高能源供给能力；能源产销者是能源的生产与消费最大限度地拉近，本土化、就近化的新的能源产销方式，每一层级区块均围绕资源配置产能，而对于能源输送需求的显著削减无疑等同于资源耗费的减少；能源产销者不再是孤立静止的末端用户，网络化互动化的新的能源产销方式，可真正形成对于节能减排的自主决策，双向的信息技术则使个体效率进一步上升为系统综合效率。

深化电力体制改革，建立解放能源产销者生产力的生产关系，必将形成领导国际的增长模式。通过能源产销者解决能源安全问题，核心是建构中国能源领域的市场经济模式，这也是在新的历史时期深化电力体制改革的战略高点。通过制度创新形成服务于能源产销者的公共管理与服务体系，通过生产关系的变革形成新的经济增长点，意味着同步形成了国际领先的经济增长模式。通过深化电改，一是政企分开调度公权独立，重组电网实施比较竞争，促进网络开放并完善公共服务；二是对称放开电力市场，占70%的大用户直接购电，形成初级产销者主体；三是占30%的小用户下放省内，自主购电定价发展增值服务，构成电力能源合作社雏形；四是通过城市生态化能源体系而搭建平台，通过水电气热复合能源模式来丰富选择，最终借助第三次工业革命的技术突破产业变迁，从而塑造出以智能能源网为背景的能源产销者。

### 步骤Ⅳ　基层增值
——地方做实搞活，提升电力产业价值

改革开放以来，中国电力行业完成了举世瞩目的大规模高速度发展，成绩显著；但电力紧张的问题在80%的年份依然没有完全消除，季节性、时段性、地区性的"电荒"甚至有长期存在的趋势。而不独中国，印度等新兴经济体长期遭受着更为严重的缺电困扰，西方发达国家同样电力发展缓慢、大规模停电事故屡见不鲜，20世纪80年代以来的电力市场化改革在世界范围内依然没有最终完成。

电荒，属于典型的基础设施供给不良问题。供电等基础设施的建设，需占用大量资金与资源，归根结底是全体社会成员来买单，因此其发展动力在根本上取决于其所创造的价值！如果这种价值明显高于各项社会成本，"经济发展，电力先行"自然水到渠成；而如果增值空间有限，在对公共资源的竞争中缺乏显著的比较优势，则往往陷入一种缺之可恼、增之无报的决策尴尬。

传统上，电力是被作为基础产业与公用事业来看待的，而这种定位本身，就从根本上对其价值进行了一种封顶。在工业化前半程特别是重化工业阶段，单位产值电耗急剧增长使保障供电的价值较高，于是电力发展众望所归；而当经济社会发展进入更高阶段之后，随着单位产值电耗下降，电力在大多数国家往往便进入一种依据短缺损失的负面激励而维持的低水平发展模式。

因此，推进电力改革的终极战略，核心还在于提升电力产业的价值，即通过体制、机制、流程、架构的深刻改革使电力产业能够为社会奉献更大的价值，进而实现行业自身的持续健康发展。当前，中国工业化、城镇化及农村现代化的进程还未完成，不同地区之间发展模式与发展阶段存在差异，电力传统的基础保障价值还需继续发挥；但展望工业化中后期包括后工业化时代，面对全球化的政治经济严峻挑战，应从战略高度出发，通过改革全面提升电力产业的价值。

一是提高生态承载价值。随着经济社会发展，资源环境的价值不断提升；电力因其对于环境的巨大影响及对资源的大量占用，通过外部成本不断地内部化，不经意间已成为越来越高的资源环境价值的庞大载体。近年来，高达8000亿元的电力年度投资中，"上大压小"、脱硫除尘、可再生能源发电、热电联产等新领域已开始占据越来越多的份额。由此，通过承载并服务于资源环境的价值实现，电力产业自身也将获得新的价值与发展空间。

二是提高系统整合价值。目前，新能源、智能网络等领域面临重大技术突破，电力作为网络性渗透性最强的基础产业，如果能够面向未来，抓住机遇，主动变革，有望实现产业价值的飞跃——虽然早在40年前美国就提出能源独立的口号，但在全球配置的、日益不稳定的现有世界能源市场体系下，主要经济体（美、日、欧）至今都远没有实现能源独立——而通过电力改革推进智能能源网建设，一方面，可以促进多样化本土化新能源发展，解放需方生产力，缓解一次能源不独立的压力；另一方面，可以智能整合电力能源相关体系，释放系统优化所蕴含的巨大效益，同时通过引领新技术新产业发展，从更高层面提高国家竞争能力及持续发展能力。

总之，将大型经济体保障电力供应的问题上升为一个系统整合能力问题，使能源安全的博弈从地区资源层面的竞争上升为国家能力层面的竞争——这无疑是当下由技术突破产业革命所带来的重大历史机遇！特别是对于中国这样的新兴经济体，通过深化改革全面提升电力产业保障、承载、整合这三大价值，不仅可以有效治理电荒、塑造经济新增长点，而且还将使国家的能源安全态势，从目前在既有市场格局中被动的腾挪折冲，转变为在新兴市场领域中主动的弄潮领舞。由此，电力改革可望与20世纪80年代农村经济体制改革一样，成为推进中国现代化进程的又一关键性步骤。

### 任务⑥　建设智能能源网，塑造经济新增长点

深化电力体制改革，是"破"与"立"的辩证统一，一切改革行动最终都应指向产业增值并奉献社会。因此在一定程度上可以说，前面三个步骤其实都是在为这最后一个步骤而创造条件，前面五项任务其实都是在为这最后一项任务而铺垫酝酿，或者说，在新的历史阶段深化电力体制改革，必以最终建设智能能源网、塑造经济新增长点为华彩与高潮。

### 1. 基本特点与现状

（1）"第三次工业革命"　端倪初现

近年来，智能电网、新能源等新技术、新产业发展受到世界各国的高度重视，普遍认为这一轮能源与信息技术进步与产业升级将引发重大的经济转型乃至社会变革，甚至可能上升到世界范围"第三次工业革命"的高度。

所谓"工业革命"通常指能源、信息等基础技术领域的重大突破，使生产方式、交通方式等领域产生深刻的变革，进而对整个经济社会带来根本性的影响。目前所提出的第三次工业革命，一方面延续了前两次工业革命的轨迹，但如表24所示，另一方面也出现了很多根本性的反转——在能源技术方面，从不断追求大宗高热值能源，反转为青睐多元化、本土化的分布式能源；在信息技术方面，从不断提高流通载体的效率与便利，升华为变单向信息为双向乃至多向信息；进而在生产方面，从不断追求生产规模与效率，反转为以数字化、个性化、就地化、分散合作式生产为时尚；而在交通方式方面，则从不断提高速度与个人化普及，彻底颠覆为公共交通、住宅办公等低碳出行模式……一切迹象均预示着，第三次工业革命将是一次更加不同凡响的变革……

表24　人类历史上的三次工业革命

|  | 年代 | 能源技术 | 信息技术 | 生产方式 | 交通方式 |
|---|---|---|---|---|---|
| 第一次工业革命 | 18世纪晚期（英国开始） | 大宗交易能源（煤炭） | 流通性有形载体（报纸、杂志） | 工厂机器代替手工制作（珍妮纺织机） | 蒸汽机（铁路、轮船） |
| 第二次工业革命 | 20世纪早期（德国、美国开始） | 高热值能源（石油） | 无形的流通载体（电话、收音机、电视） | 大规模自动化流水线（福特汽车流水线） | 内燃机（汽车、飞机） |
| 第三次工业革命 | 21世纪（美国等多国开始） | 多元化、本土化的分布式能源（可再生能源、非常规气体能源等） | 交互式流通的信息载体（互联网） | 数字化、个性化、就地化、分散合作式生产（机器人、3D打印等） | 低碳出行（公共交通、住宅办公） |

为什么第三次工业革命可能比前两次革命更加深刻而不同凡响？盖因随着经济社会的发展，人类发展科技的主动性、目的性、预见性或曰功利性、战略性空前强化，世界不再等待苹果落到牛顿的头上，而是有无数实验室中的科技创新萌芽只待资本的催化与市场的认可。第二次世界大战以来，虽然美国加强霸权，欧洲多元发展，日本精耕细作，但都没有阻止实体经济层面的"石油危机"进一步演变为更为深重的虚拟经济层面的能源危机，能源的多元化、本土化需求日益迫切；另一方面，从20世纪40年代计算机面世，到90年代初期美国"信息高速公路"建设，"互联网泡沫"破灭以来IT产业急需掀起第三次高潮，而对于信息技术存在与生俱来需求的现代电力（能源）系统，海量设备信息的网络化互动将推动互联网技术从目前的"人—网"向"人—网—物"的新境界升级，更将通过信息技术性垄断与电网自然垄断的深度结合而产生空前的利益与权力。由此在21世纪初叶，推动能源与信息技术进步与产业升级、抢占第三次工业革命制高点，成为世界各国不约而同的战略选择。

（2）中国面临复杂的机遇与挑战

当然，虽然新产业革命初现端倪、一些重要科技领域显现出发生革命性突破的先兆，但严格说来，目前为止当今世界还仅仅处于第三次工业革命的前夕，对于它的认识还将有一个动态的过程，其对全球技术要素和市场要素配置方式所带来的革命性影响还需要相当时间的发酵。但此时此刻，中国已经无法继续沉睡，未来第三次工业革命可能带来的机遇与挑战，迫使中国必须提前启动去抢占历史变迁的制高点。

一方面，如果没有抓住本次机遇，中国可能蒙受巨大的损失。一是数字化制造的新兴生产方式，可能使中国劳动力低成本的竞争优势提前结束，使简单来料加工、成品组装等中国目前占有优势的产业领域受到极大压缩。二是就地化、个性化的新兴生产方式，将使中国大规模进口与出口的经济结构受到冲击，现有的巨大产能与经济规模可能反而成为转型升级的包袱。三是分散合作式的新兴生产方式，将凸现中国在设计创意、知识产权、软件服务、品牌信用等非物质要素方面的短板，更将暴露在市场管制、行政审批、政府干预、法制环境、垄断割据等制度层面的积弊与弱点。因此中国如果不能在本次重大变革面前抓住机遇，抢先变革，抢占高点，可能将陷入被动局面、影响到在新的国际政治经济秩序中的地位。

另一方面，面对本次重大历史变迁，中国在很多方面已比以往拥有更良好的条件与环境。一是庞大的市场，第三次工业革命初步显露的特征，不论是本土化、就地化，还是信息交互、低碳出行，本质上都更加接近消费者，因此中国庞大的市场注定不会被冷落。二是同步的信息，目前中国作为世界第二大经济体、第一大贸易大国已经深深融入了世界经济体系，远非第一次、第二次工业革命时闭关锁国、落后挨打之时可比，这一次中国是与世界站在同一起跑线上的。三是扩张的冲动，中国现阶段已经积累了巨大的生产能力与投资能力，具有经济扩张的强烈需求，而作为走向世界的新兴力量需要找到自己的空间与位置，必将更加关注新市场新需求，与新技术新产业相结合。

（3）中国与世界站在同一起跑线上

2008年全球金融危机以来，美国等世界主要国家纷纷以大力推进新技术新产业发展作为刺激经济、产业升级的重要策略。其中美国出现了页岩气革命，不仅推进了能源独立（能源自给率已超80%，石油自给率超过55%），而且引发了制造业回潮，已经或即将对中国的相关领域产生重大影响。所幸到目前为止，面对第三次工业革命的机遇与挑战，中国与世界各国依然站在同一起跑线上，中国从政府到企业、从中央到地方对于抢占此次产业变革高点，均给予高度重视并取得了初步进展。

以风电为例，2005—2011年，我国风电装机增长了40倍以上，年发电量增长了大约65倍，占电源总投资的比例提高了20多个百分点，一举成为世界第一风电大国；2012年上半年风电发电量达到502亿千瓦时，成为中国第二大清洁能源。与此同时，风机制造形成完整的工业体系，整机单位造价从10 000元/千瓦大幅下降到4000元/千瓦以下，风电设备制造产能达到3兆瓦以上，亦居世界第1位，不仅占领了中国市场的75%，而且成为中国出口商品升级的代表（见图27）。

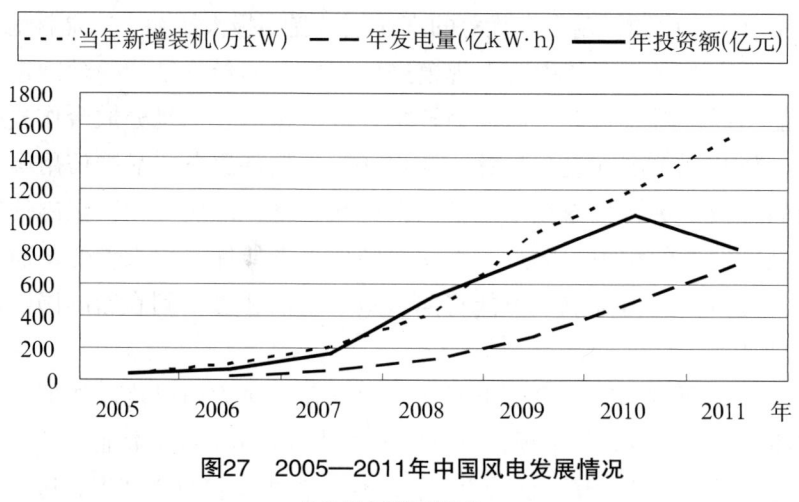

图27　2005—2011年中国风电发展情况

具体数据详见附表66。

以光伏太阳能为例，截止到2011年年底我国光伏太阳能发电装机已达300万千瓦，其中并网装机222千瓦时，发电量6.8亿千瓦时。经过不足10年的发展，目前我国已经形成3500万千瓦的产能，实际年产量超过2000万千瓦，占全球光伏电池市场的60%。其中国内市场仅占10%左右，每年90%的光伏太阳能产品用于出口，已经占领国际市场60%以上的份额，具有较强的比较竞争优势。

在智能电网领域，国家电网公司不仅研制发布了《智能电网技术标准体系规划》，先后组织开展了2批21类287项智能电网试点项目，建设与升级了一批数字化及智能化变电站，在26个省市布局了108座标准化充换电站和7245个充电桩，而且已投资595亿元用于智能电表更换和数据采集系统建设，目前累计更换智能电表已经超过了1亿只，占全国电表总数的1/4。2010年，中国企业还成功获得印度国家电网公司超过1亿美元的特高压输变电设备采购合同，实现可向国外批量出口特高压输变电高端产品。

另外在政府层面，2010年10月，中央《关于制定国民经济和社会发展第十二个五年规划的建议》中，明确提出"加快建设现代能源产业体系，推动能源生产和利用方式变革，构建安全稳定清洁的能源体系，加快新能源开发，推进传统能源清洁高效利用"。2012年3月，科技部印发了《智能电网重大科技产业化工程"十二五"专项规划》，明确了相关科技产业化发展的形势与需求、发展思路和原则、发展目标、重点任务、保障措施，提出建成20～30项智能电网技术专项示范工程、3～5项智能电网综合示范工程，建设5～10个智能电网示范城市、50个智能电网示范园区等。而在实践中，近年来上海、天津、唐山、常州等多个城市及园区纷纷开展了智能电网、智能能源网的有关试验试点示范活动,取得了初步的成果。

(4)同时面临"中国特色"的问题

面对第三次工业革命,中国与世界站在同一起跑线上,但必须指出,目前中国已经出现某些具有中国特色的问题与困难。

一是政绩意识过于强烈。第三次工业革命的一个特色,即各国政府的高度关注与主动介入,从美国、日本到欧洲莫不如此。但与其他国家相比,中国各级政府包括国有企业由于短期政绩意识过强,投资冲动强烈。例如,在美国投资规模高达1900亿美元的《清洁能源和安全法》中,直接用于智能电网的不足100亿美元,几乎全部属于用电侧管理范畴,主要形式为补贴技术开发与试点示范,并要求配套的私人投资不低于50%。而中国在依然缺乏成熟技术的情况下,为了凸显政绩而出现强烈的投资冲动,不仅电网企业提出高达数万亿的智能电网大规模建设投资计划,对于风电、光伏生产环节的直接补贴也不断加码,社会负担逐步累积(如表25所示)。但这种方式培育出的新产业,不仅技术含量不高无法真正提高自主创新能力,使中国的大量补贴实际上最终转移给了美国、欧洲的新能源技术公司,而且随着产能与出口增加,与其他国家的贸易摩擦不断加剧,政府补贴反而成为被外界攻击的口实。总之,政绩意识与投资冲动背后,是权力傲慢的惯性与对新技术新产业发展风险的集体无意识。

表25　2006—2010年可再生能源电价附加理论规模

| | 2006年 | 2007年 | 2008年 | 2009年 | 2010年 | 2011年 | 2012年 |
|---|---|---|---|---|---|---|---|
| 每度电费提取附加 | 1厘 | 1厘 | 2厘 | 2厘 | 4厘 | 4厘 | 8厘 |
| 占平均销售电价比例(%) | 0.20 | 0.19 | 0.38 | 0.37 | 0.70 | 0.66 | 1.3 |
| 年理论最大可提额度(亿元) | 28 | 33 | 69 | 73 | 169 | 188 | 395 |
| 新能源发电量(亿度) | 29 | 57 | 131 | 269 | 501 | 749 | 980 |
| 新能源每度电可获补贴(元) | 0.97 | 0.57 | 0.52 | 0.27 | 0.34 | 0.25 | 0.40 |

注:其中2012年数据为估测值。

二是行业壁垒引发矛盾。能源是关系国计民生的基础产业与重要的公用事业,中国普遍实行国有企业特许经营的方式以加强控制、保障与稳定供给,但近年来这种模式日益暴露出行业壁垒、垄断加剧、阻碍科技进步等弊端,尤其与第三次工业革命跨行业甚至超国界技术创新与产业升级的需求相背离,已经成为中国相关产业矛盾的焦点。例如,中国页岩气近80%的有利区块与三大油气巨头已经登记矿权的常规油气区块相重叠,在这些区块以外,勘探开发的条件与成功率普遍较差,缺乏市场吸引力;而在这些区块以内,却始终存在"重油轻气"、"占而不勘"、资金投入不到位等问题,无法适应页岩气开发高投入、高风险、多元化、市场化的需求。又如,作为发展智能能源网络的重要平台,围绕中国电网的市场卡位之战近年来已全面开花——在综合网络领域,电网企业希望将电信、广电、互联网等"三网融合"升级为"四网融合",至今未入门径;在智能电表、数字化变电站及电力通信、调度、安稳等电网专用设备领域,电网企业利用入网标准等手段强力进入上游装置产业,激起强烈反响;而在电动汽车领域,电网企业与油气零售、电池、整车等上下游产业巨头同时争夺话语权,战局胶着纷乱。

三是管制能力亟待加强。在政府与市场之间,普遍认为目前中国仍处于计划经济向市场经济过渡阶段,也有观点认为已经形成比较"恶"的市场经济(权贵资本主义),而不同判断的相同点则是公权力对于市场的干预程度依然十分强大。而在中央与地方之间,过分强调从上到下的强制干涉,以风电为例,有关部门过度纠结于具体的项目审批与微观的企业经营,严重剥夺地方自主发展的权利空间与政策资源,而区域开发总量控制、并网技术标准的准入门槛、电量及补贴成本的分摊与协调等本应从宏观上加以把握的分内之事却缺乏应有的重视、有效的对策、起码的责任感。第三次工业革命是一场深刻的变革,其改变的领域必将从技术与产业、经济与社会发展到政府政策等公共领域,即所谓"智能电网首先需要智能政策",包括在新技术新产业的研发、建设、运行等不同阶段的针对性管制能力,包括跨部门、跨行业、跨地区的整体协调能力与总体战略能力,还包括正确处理中国特色与普遍规律的能力,以及针对政府部门与相关公共机构自身的深化改革、制度创新、自我完善能力,相比科技界与产业界,目前中国应对第三次工业革命最滞后最薄弱的环节恰是管制能力的不足。

## 2. 建设智能能源网的操作要点

智能能源网建设是"第三次工业革命"的核心。

如前所述,所谓"工业革命"通常指能源、信息等基础技术领域重大的突破,使生产方式、交通方式等领域产生深刻的变革,进而对整个经济社会带来根本性的影响,因此,将能源与信息两大领域有机结合的智能能源网建设,无疑将是"第三次工业革命"的核心与标志。

> **"智能能源网"基本定义**
>
> "智能能源网",就是指集成利用新架构、新技术、新服务和新产品,将孤岛型、行业性的能源网络及相关能源载体,按照可以升级的通用语义、语法和协议提升为互动运转的智能体系,以更为高效、经济、安全的模式,实现能量生产、输送、储备、消费和服务的智能运转及能源网络和相关载体的转型升级;实现不同能源网络和能源载体的智能配置、互操作性和能源体系的智能化管理,以满足不断进步的社会需要。
>
> 智能能源网在网络架构、运转模式、网间交换及配置方式、资产管理效率、网络信息设施、市场运转模式、网络运行等方面与传统的能源网相比存在巨大区别,智能能源网所引领的能源产业变革将具有以下特征:它将推动能源体系由单向运转化为互动模式,导致能源产业的流程变革;将推动能源消费者转向互动化的能源消费与生产复合体,带来用户端的行为变革;将推动能源系统从集中分层式管理转型成为集中分层式管理和分散式控制相结合的模式,带来能源管理模式的变革;将推动不同能源网络间的互动,促进能源体系的大规模优化重组;将推动能源体系的运营模式从以生产者、供应商为中心转向以城市为主的区域市场为中心,带来能源供应体系建设及运营模式的变革。
>
> 资料来源:引用自武建东。

智能能源网建设,将是一场比互联网范围更广、层级更高、经济社会效益更丰富因而影响更加深远的革命,对此国际上已经出现越来越多的基本共识与各种创先争优的构想,包括美国的"21世纪的能源网络"(Toward a 21st Century Grid)、德国的"能源互联网"(Internet of Energy)、日本的"智能能源共同体"(Smart Community),等等,而其中中国学者武建东教授从2009年开始首倡并不断完善的"智能能源网"(Energy 2.0)则是目前最系统、最前沿的智能能源网理论。

除了理论与观念领域,在智能能源网建设方面,如前所述中国与其他国家基本上处于一个起跑线,而且由于能源产业结构与物质基础比较完备、市场需求的规模庞大潜力巨大,中国完全有条件也有必要去努力争取成为这场全球性技术与产业革命的领航者、主导者。如果能够抓住这次历史机遇实现智能发展,不仅可用科技革命的方式解决中国的能源问题,而且有望占据国际能源产业分工的有利地位,甚至谋求未来能源通货的霸权。

"十二五"时期正处在国际上从推动智能电网的行业变革转型到发展更加高端的能源体系智能化建设的战略转型关键期，也面临着全球能源结构加快转型、世界能源管理架构和技术体系不断涌现重大创新的历史机遇期，智能能源网不但要推动传统能源清洁高效的利用，还将创造新的能源架构和生产形式，构造一个以新能源为主的经济体系，缺乏远见、疏于制定进入这个国际能源体系顶端分工规划的国家不可能成为未来世界真正的能源强国。

目前为止，发达国家在推进智能能源网的主要做法包括：加强智能能源的架构研究、标准制定；制定国家发展能源体系智能化的路线图，明确长期战略规划，实施不同的扶持政策；通过立法推进能源体系智能化工作（美、日、澳、德等）；推进能源市场化改革，建立以用户为中心的监管机制；建立能源网络和设施的安全管理规定；发展能源数据系统的管理；通过发展能源体系智能化，推动清洁能源发展；提高能源网络负荷管理和资产利用率；等等。

中国建设智能能源网则需要尽快落实以下措施：加快制定并部署智能能源网建设的国家总体纲要和行动路线图；加快设计智能能源管理的架构体系，推进新的国际产业分工；确立以用户为中心的新型能源监管体制，有效建立综合能源网的新型调度机制；建立健全推动智能能源网建设的价格财税配套政策，推动具有重要知识产权的创新体系建设；改进投融资体制，提高能源资产利用率；加快推进智能能源网的市场体系建设；推动能源系统实施组织变迁，推动不同能源网络之间实现高效互动；建立中国的能量通货——另外，还应针对前述粗放扩张、产业割据、效率低下、内耗严重、过度干预、管制失效等"中国特色"的问题，在以下3个方面有意识地重点强化。

(1) 以新能源技术为核心建设智能能源网

以智能能源网为核心的第三次工业革命，所涉及的技术与产业千头万绪结构错综，其中谁为主谁为次？谁为核心引擎谁为借势沾光？是能源技术还是信息技术？是新能源还是智能电网？任何政策都是有成本的，包括代价难以估量的全球竞争中时间空间的机会成本，因此建设智能能源网首先必须把握拿捏好"轻重"、"缓急"、"标本"、"先后"等策略问题，理顺基本的政策逻辑。

在美国，并没有独立的智能电网发展与投资计划，在《清洁能源和安全法》中，明确了2025年之前总计达1900亿美元的投资规模与基本投资结构——能源效率（节能发电）和可再生能源（900亿美元），碳捕捉和封存技术（600亿美元），清洁交通（电动汽车和其他先进技术的机动车）（200亿美元），基础性的科学研发（200亿美元）——其中，智能电网只占大约45亿美元左右，其他全部用于在发电与用电环节推动新能源技术创新。

如图28所示，在传统化石燃料发电—输配电—用电的总体流程中，每100个能量单位化石燃料在电力生产过程中损失大约61.5个单位，进入电网传输过程的38.5个能量单位又会损失大约3.5个单位，进入各类用户使用环节的35个能量单位将再次损失13个单位，最终只有22个能量单位真正被用户使用，即化石燃料最终的总能效水平大约为22%。化石燃料发电—输配电—用电等不同环节的能效水平差异巨大，进而造成技术进步的效益空间也存在非常巨大的差异，而显然，美国《清洁能源和安全法》推动新能源技术革命的重点领域，恰好以技术进步效益空间最大的发电、用电环节为主，真正体现了注重实效、合理把握轻重缓急的政策逻辑：一是真正从基础技术角度出发高度重视并全面考量社会需求，把有限的投资用于真正效益最大的环节；二是真正以全社会福利最大化为目标，既保护了消费者权利，也通过避免急功近利而真正维护了投资者的利益。

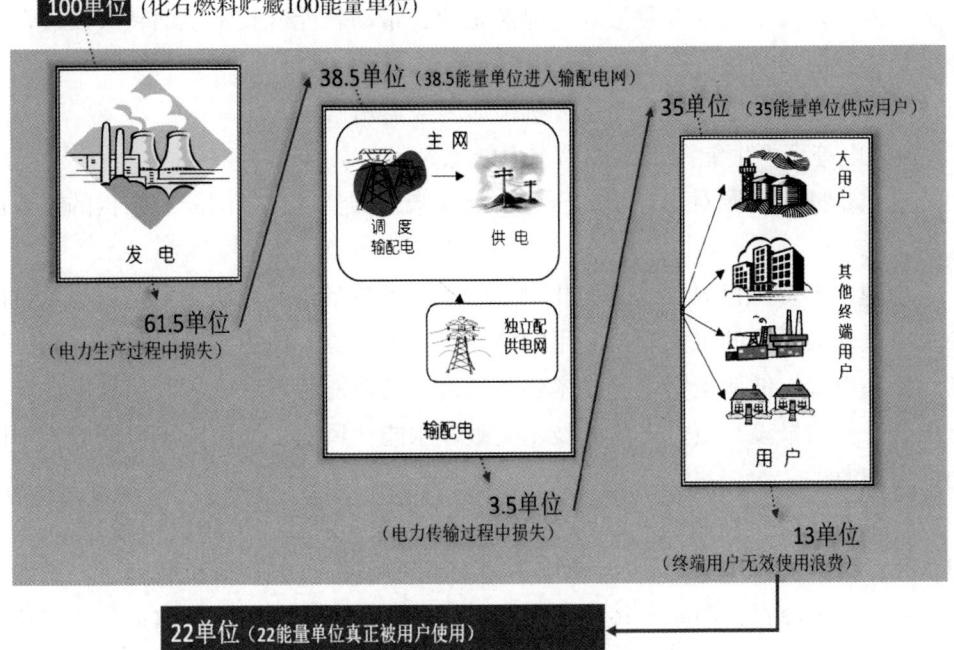

图28　化石燃料发电之能耗流程图

借鉴上述逻辑，可以进一步明确智能能源网建设的一些基本关系与理念定位。能源系统的网络化、信息化、智能化是一种必由之路，也是一个历史过程。

类似铁路网之于蒸汽机车，高速路网之于汽车，美国"信息高速公路"之于计算机，基础网络的信息化智能化是新能源技术革命不可缺少的公共载体与必要条件。但电网等网络信息技术并非IT技术的简单延伸，更不是新能源技术革命的充分条件，其发展建设不能脱离新能源技术本身而盲目跃进，更必须走出以智能电网替代智能能源网的误区，否则必成无源之水、无本之木。因此，建设智能能源网应以新能源技术为核心。

以新能源技术为核心建设智能能源网，除了网络信息技术，重点应放在新能源发电及控制技术、能源转换技术、储能技术、传统发电技术升级、新型输变电材料技术、高效用电（用能）技术、低碳及循环利用技术、新型电力（能源）交易及管理技术，等等。这些技术很多都打破了传统的行业边界，将创造出新的产品、新的产业与新的消费需求、新的生活方式。目前中国在新能源技术领域主要还是消费者、购买者、应用者及产业低端参与者，国内市场上新能源及气体能源企业在数量上发展到1/5，但在总营业收入中尚不足1%，在国际市场上更是微不足道。因此，鼓励发展多种形式的能源企业，带动新能源技术全面持续发展，是建设智能能源网的核心举措。

（2）促进水、电、气、热等有机形成复合能源网

• 风电等可再生能源难以成为主力能源。

进一步减少能源对于环境的压力，是在未来调整优化中国能源结构的重要出发点。

中国水电资源世界第一，但相对于未来需求总量依然无法满足。风电是目前除水电以外最成熟的可大规模利用的清洁可再生能源，但由于难以预测、难以控制、低利用率、低能量密度等技术经济特性，其在能源系统中的利用程度注定是有限的——如果没有更进一步的技术突破，水能、风能、太阳能不可能成为中国的主力能源。

一是系统安全性制约。2010年和2011年全国分别发生了80次和193次风机脱网事故，其中2011年2月24日甘肃酒泉一次事故中就有598台风机脱网，严重威胁电网安全；不单在远距离大规模输送风电的中国，即使在输送距离近、绝对数量少的欧洲国家，风电与系统的矛盾也不断显露，北欧电网的供电可靠性受到风电的影响日益显著，风电已经成为系统安全的不利因素。

二是社会经济性制约。2011年中国风电平均利用小时仅有1875小时，低于经济利用小时数，"三北"地区风电弃风电量高达123亿千瓦时，甘肃、蒙东、蒙西等省级电网弃风比例分别高达28%、26%及24%。为平衡风电出力、消纳风电

电量，国家已经采取了多种政策措施，可再生能源附加等补贴水平一再上调（如表26所示），但调峰、蓄能、远距离送出等技术措施不仅成本越来越高，而且在总的能力规模上注定是有限的，不可能容纳风电无限制发展，因此有关部门预计"十二五"期间我国风电并网问题将更加突出，弃风电量将累积可能达到1844亿千瓦时。不仅在社会承受能力有限的中国，即使在富裕的德国，因火电机组为风电调峰而产生的矛盾日益突出，因风电并网而发生的电网补偿费即将增加到1.2欧分/千瓦时、占到电价的20%。

表26　2011年可再生能源电价补贴情况

|  | 上网电量<br>(亿kW·h) | 标杆电价部分电费<br>(亿元) | 补贴部分电费<br>(亿元) | 实际支付补贴<br>(亿元) |
|---|---|---|---|---|
| 水力发电 | 4078 | 983 | 0.8 | 0.8 |
| 风力发电 | 690 | 217 | 124 | 66 |
| 生物质发电 | 142 | 53 | 37 | 32 |
| 太阳能发电 | 4.6 | 1.5 | 3.1 | 2.9 |
| 海洋能发电 | 0.07 | 0.2 | — | — |
| 合计 | 4915 | 1266 | 164 | 102 |

数据来源：电监会。
说明：由数据可见，水电是中国最主力的可再生能源，但所获补贴极少；风电等新能源获得很高比例的补贴，但在并网环节存在较大矛盾。

- 大力促进燃气网络化发展。

受到安全、技术、燃料等因素制约，核能不可能在中国能源结构中占有很高比重。因此，减少环境压力，调整中国能源结构的方向，除了发展可再生能源、核能之外，对于化石能源的不断优化必不可少，而且更为现实有效——而其中，除了继续攻克煤炭清洁燃烧课题之外，大力发展气体能源就成为在可以预见的历史阶段最有价值的战略措施——不论可再生能源还是核能在中国都无法完全替代煤炭，因此中国能源结构调整只能通过多元化来促进清洁化乃至低碳化。

在美国，2011年页岩气产量已达1751亿立方米，占到天然气总量的27%，不仅使天然气成为美国第一大能源，使美国成为世界第一大天然气生产国，而且页岩气的价格比2008年下降了85%，成本下降了大约45%，目前美国页岩气钻井费用只有中国的1/4，对于美国能源独立、制造业回潮，对于世界产业分工甚至政治军事格局都产生了深远影响。显然，美国"页岩气革命"是另一条更加值得借鉴的发展道路，BP等国际能源机构也大胆前瞻：人类将在2020—2030年进入以天然气为主的气体能源时代。

而在中国，虽然以风电、光伏为代表的可再生新能源还将继续延续一定的发展势头，但其注定难以在能源系统中成为支撑性的主力能源。若能借鉴美国"页岩气革命"的模式发展气体能源，可以充分利用中国可观的非常规气体资源，有利于加强中国能源的独立性。"十五"以来，气体能源已经成为中国增长最快的能源品种，但目前消费规模依然只有美国的1/8左右。但第三次油气资源评价及相关研究表明，中国的非常规天然气可采资源量35万亿～43万亿立方米，超过了常规天然气（22万亿立方米）；陆域页岩气可采资源潜力25万亿立方米（不含青藏高原），资源规模不低于美国；中国是世界第一煤炭产销大国，一方面煤层气开发利用不仅蕴涵巨大经济价值而且具有安全环保的社会价值，另一方面煤炭的气化不仅可提高能效减少排放而且具有新型储能运能效益。

而且，大力促进气体能源输配网络建设并通过与电网智能结合，可获得多种综合效益。中国的非常规气体能源并不匮乏，完全可在国家能源体系中占据更加重要的位置。如果"十二五"末期，全国气体能源消费量达到3000亿立方米以上，占全国一次能源消费比重从目前的4%提高到10%左右，燃气发电机组占到全国发电装机的5%，将对我国的能源体系产生革命性的良性影响：

一是可极大程度缓解电网系统调峰及燃气系统储气的双重难题，进一步保障系统安全；

二是发挥快速响应的技术特性，可进一步改善风能太阳能等清洁可再生能源并网发电的困境；

三是因其比（固体）煤炭更佳的燃烧效率与排放水平，可大幅改善城镇居民的用能质量与环境质量，并为进一步构建多种能源联产联调的智能能源网创造条件；

四是电力燃气拥有共同的服务对象，可以共用土地资源并在很多方面调剂互补，目前不论美国、日韩还是欧洲，电力+燃气的业务组合几乎成为一种共同的选择（详见附表36）。在中国，一大批基层电力、燃气企业也在迅速发展。

- 发展复合能源网统筹解决供水问题。

城镇水网，是与电力、燃气相类似的城镇基础网络与重要的公用系统。

中国水网的未来发展趋势，一是随着天然淡水资源的日益枯竭，依靠地下水、地表径流、包括地区之间调水等传统方式进行资源配置日益困难与昂贵，供水问题的最终解决迟早要走向工厂化生产、商品化经营的模式，与此同时也意味着水产品也将成为更加典型的载能产品，大规模海水淡化可望与海上风电等形成关联产业。二是随着水产品的工厂化生产、商品化经营，以及城镇供水的网络规模不断扩展，水网对于自动化、信息化、智能化的内在需求将不断增加，水从生产、储存、运输、使用到回收处理、安全监测的整个产业链将更加丰富、更加复杂同时更加紧凑、更加协调。三是随着水网的自动化、信息化、智能化水平不断提高，最终将具备与电网、气网及供热制冷等产业联供联调的条件，从单一网络发展到复合网络，共同构成未来智能能源网的主体。

总之，第三次工业革命语境下的"新能源技术"，不再仅指能源新品种而将扩展到更多的载能体，不再仅指能源开采与加工技术，而将扩展到能源的转换技术、贮存技术、控制技术、交易与管理技术等。因此，通过发展气体能源，提高城镇水网现代化水平，逐步实现分散能源、多联产、联合调度，最终从各自分裂的单一网络有机形成水、电、气、热复合能源网，应是推进智能能源网建设的政策要点。而在下放权限开放市场的同时，也应加强宏观政策引导与市场监管，形成更加清晰高效的中央与地方关系，如非常规气体能源的开发，如果开放多元市场主体进入，再难依靠企业自律，安全、环保、管道网络公平开放都必须专门的监管。

如表27所示，目前中国地方能源企业已经具备了比较丰富的组织形式与业务形态，具有推进水、电、气、热复合能源网发展的基础。只是目前中国企业"电力+燃气"、"电力+水务"、"电力+燃气+水务"、"电力+供热"等组合，更多还仅是资产层面的业务组合，真正实现水、电、气、热的联产、联调、联控，获得网络智能整合的系统性效益，还有待进一步的技术进步及相关政策推进。

表27 水、电、气、热组合业务典型企业

| 电力+燃气 | | 电力+水务 | | 电+气+水 | | 电力+供热 | |
| --- | --- | --- | --- | --- | --- | --- | --- |
| 企业 | 营收额（亿元人民币） | 企业 | 营收额（亿元人民币） | 企业 | 营收额（亿元人民币） | 企业 | 营收额（亿元人民币） |
| 浙能集团 | 470 | 广西水利 | 62 | 新奥股份 | 260 | 申能集团 | 253 |
| 粤电集团 | 430 | 河北建投 | 54 | 佛山公用 | 35 | 广州恒运 | 30 |
| 江苏国信 | 398 | 涪陵水利 | 54 | 乐山股份 | 18 | 青岛泰能 | 29 |
| 津能投资 | 151 | 武汉凯迪 | 34 | 郴电国际 | 17 | 吉电股份 | 25 |
| 深能集团 | 131 | 广西桂东 | 20 | 明星股份 | 8 | 新疆天富 | 19 |
| 湖北能源 | 113 | | | 广安爱众 | 8 | 深圳南山 | 16 |
| 广州发展 | 100 | | | | | 沈阳金山 | 14 |
| 安徽能源 | 86 | | | | | 青岛热电 | 13 |
| 山西国电 | 50 | | | | | 宁波热电 | 9 |
| 青岛泰能 | 29 | | | | | 大连热电 | 7 |

数据来源：《中国能源报》中国能源集团500强排行榜（2010年）及相关企业网站。

（3）以城市为结点广泛试点生态化智能能源网

如果说，鼓励各地方发展多种形式的能源企业主要针对管制问题，以新能源技术为核心建设智能能源网主要为抑制投资冲动，促进水、电、气、热等有机形成复合能源网主要为解决行业割据，那么，以城市为结点广泛试点生态化的智能能源网，则主要为了适应中国城市化发展这一重要背景。

1978年中国城镇人口仅占17.9%，到2011年这一比例提高到51.3%（详见附表45）；预计还需20年左右的时间，才能达到70%的通常"城市化"的国际标准。在过去的30年中，中国刚完成一半的城市化进程已经产生了大约5亿城市人口、建造了超过500亿平方米房屋、新增了上亿辆机动车，但与此同时，环境污染、交通堵塞、能源紧张、用水困难、基础设施与公共服务不足或不均等现代城市病也接踵而至，中国现代化城市化的发展进程面临增长极限与幸福指数的双重拷问。

十七届五中全会通过的《关于制定国民经济和社会发展第十二个五年规划的建议》，明确提出了"推进大中小城市交通、通信、供电、供排水等基础设施一体化建设和网络化发展"，这实际上勾勒出了通过智能能源网建设促进与优化中国城市化发展的线路图。

现代城市，是人群的聚集、财富的汇聚、信息的焦点、能量的重心，更是制度创新的中心。以城市为结点广泛试点生态化的智能能源网，一是通过信息网络技术把燃气机组、冰蓄冷、地源热泵、分布式太阳能等联系起来，使水、电、气、热、冷互调互济互转换，形成与大电网交互的分布式能源体系。二是利用系统集成的终端能源管理，充分利用建筑、交通、工业设施等终端内部的智能功能实现更加高效的能源管理与多网融合服务，使建筑、交通、工业设施等终端系统从能源的消费体系进一步提升为能源的储备系统、简单的生产体系和参与能源市场的交易者，最终形成体现未来生态文明的智能能源网。三是更重要的是建立以城市为核心的智能能源网建设机制，开放电力、油气产业的末端市场，下放城市微网的规划建设权限，试点建立地方性综合能源监管机制，让城市作为能源基础设施的建设与管理主体获得直接的利益驱动。

目前国内有100多个城市把"智能城市"、"智慧城市"等智能能源网建设的内容写入政府工作报告，或已进入规划环节。智能能源网在国内广泛开展了的案例示范，并根据不同地区的基本情况与未来需要呈现不同的类型。

• 在城市建设比较成熟地区，如上海市，研究编制了《上海智能能源网的发展模式和优先试点案例实施方案》，验证智能能源网与既有的电力、燃气、供水网络衔接能力和系统兼容性，设计了包括上海世博会智能电网示范工程在内的多个子方案;又如江苏常州市,研究编制了《常州智能能源网发展模式和实施方案》,主要包括开展"智慧城市"试点,提高清洁能源占比,提高全市能源利用效率,把握社会应用和产业发展两条主线,探索从传统能源管理到智能能源管理的整体转型。

• 在新建的城区或园区,如上海浦东新区,研究编制了《浦东智能能源网的发展模式和实施方案》,全面测试按照智能能源网架构搭建的城市公共用品供应网络的投资成本与收益、节能减排效益、用户满意程度等关键指标,在张江高科技园区引入新能源、分布式能源等微网系统的接入并网,实现各能源管网调峰、填谷、储能等智能化、互动化架构,同时探索建立相应的制度规范、标准体系、配套措施等。

• 在资源分布不均衡地区,如河北唐山地区,研究编制了《唐山智能能源网的发展模式和实施方案》,针对该地区电力充沛而水源缺乏的特点,为测试不同能源形式相互转换所带来的经济与社会效益、提升不同能源网的效率,将传统能源流程架构体系全面改造为智能化的能源生产、供应、消费交互架构,另外还将智能建筑、电动汽车等产业的培育和发展纳入区域智能能源网的发展内容。

中国城市的智能能源网建设,具有较好的产业基础。一类如广东佛山、四川乐山等中小城市,目前已经具备集电力、燃气、水务组合业务于一身的地方电力企业(佛山市公用事业控股公司、乐山电力股份公司);一类如北京、上海、广州、深圳等大城市目前都有不止一家实力非常强大的公用事业地方企业(详见附表66),一旦进行有效的重组整合与市场运作,将具有非常强的执行能力与市场影响力。因此,以城市为结点广泛试点生态化智能能源网,关键还是在统筹规划与智能政策,以及通过深化改革来实现制度创新。

### 3. 通过电力体制改革促进形成新的经济增长点

建设智能能源网,是新的历史时期最大的新经济增长点;而深化电力体制改革,则是智能能源网建设的必要条件与重要动力——由此,深化电力体制改革被寄予了促进形成新的经济增长点的重大意义。

智能能源网目前已经具有比较系统的理论体系,而电网,则是智能能源网最核心、最领先、最基础的行业网络,既是现代能源体系中的支柱产业、也是先导性产业。电力流是能源的基本通货,可使来自不同的能源基础设施具有共同的能量和信息基因,并推动不同基础设施之间和用能终端形成复杂化的螺旋世界。

> **"智能能源网"基本理论体系**
>
> - "发展智能能源网的总体目标",即:建设以智能化、互动化为目标,建立具备领先国际的生产和输送系统、储能系统、智能终端管理和智能服务网络的新型能源结构,注重改变电力单一性来自电网的传统格局,积极发展储能、智能微网、多联产、气电互动等分布式能源体系,实现试点城市不同能源网络的智能配置和智能交换,充分合理地解决多种能源的入网和送出,大力发展因地制宜、功能创新和以城市为主的能源网络配置平台和管理体系,探索建立国家能源公共能源信息和调度平台,推进能源市场的建设,推进以IPv6为主的能源设施体系建设,实现用户有效参与能源体系运转的新机制,实现安全、高效、经济、清洁、自愈、互动、开放目标的智能能源目标,力争2020年总体达到国际领先水平,建立国际上有代表性的能源架构体系和市场模式,具备制定主要国际标准的能力。
> - "四大系统",即将现有的集中科层制的能源结构分解转型为4个多元互动的产业系统,即:智能化的集中分层式能源生产和输送系统,先进的储能系统,智能终端能源系统,智能(智慧)能源服务系统。
> - "八大子网络",即通过将能源网络和能源载体均实现智能化,形成一个智能互动的、全新的能源产业体系,即:智能电网、智能燃气管网、智能水务网、智能热力网、智能建筑、智能交通、智能工业管理和虚拟交互管理网络。
> - "十大流程要素",即:生产、输送、分配、市场优化、运营、服务、客户、远期能源价格管理和监管、碳权利管理和不同能量网架间的优化互动。
> - "十二大重点战略性产业",即:智能电网产业,智能水网产业,智能油气网产业,先进储能产业,基于IPv6的智能网络,现代能源传感技术产业,建筑智能能源管理系统,智能交通能源管理,智能微网,新能源车辆能源系统,能源新材料,用户端能源综合管理系统及相关产业。
>
> 资料来源:引用自武建东。

电网的智能化发展,一是能够提高电网安全稳定水平,保障电力供应;二是提高电网资产效率,有利于吸引投资促进电网建设;三是有利于新能源发电,调整能源消费结构清洁发展;四是可带动数十个领域的关键技术谋求突破,引领制造业转型升级;五是能够扩大相关领域出口,把握新的国际分工主动权;第六则是，可推动电力体制改革的进一步深化，不断解放生产力，使电力发展从被动地满足使用需求、达到数量平衡，上升到主动适应第三次工业革命的需要，最终与信息产业一样，从传统的基础产业与公用事业提升为技术进步、经济增长、社会变革的主战场与正能量。

(1) 发挥地方积极性打破央企行业壁垒

国有企业是一种公共治理工具，中央与地方是一种客观分工，国有与私有资产的进入退出、分级分层的放权收权都具有一定的周期平衡规律。中国电力行业自1985年集资办电、1988年政企分开试点之后，在企业经营权方面，一是以分级管理为主，先为区域、省二级经营，后为中央、区域、省三级经营；二是政企分开、企业经营的规模逐步扩展，先区域性公司（1988年试点华东电力联合公司）而后全国性公司（1996年组建国家电力公司）；三是全国性电力公司均具有中央集权、简化层级的动向，1998—1999年国家电力公司曾经将东北等区域公司改为分公司而以省级公司为实体，2011年开始国家电网公司则通过"三集五大"等措施再次将各区域公司改为分公司并不断向省公司内部延伸管理权（详见附表22）。

不独电力行业，过去的10年，可以说是中央企业大举扩张的10年，虽然表面上企业数量有所压缩、产业阵线有所收缩，但绝大多数都进一步巩固了对于所在行业排他性基础资源、产业链关键环节及最核心市场的控制与垄断。而如前所述，随着第三次工业革命，能源产业运行机制，将从机械的工业管理传统模式，转变为具有信息化、跨行业融合、放松管理等特征的生态管理模式；能源发展方式，将从集中走向分散，从行政化走向市场化，从自上而下转变为上下互动。而对于这些新趋势新要求，垂直一体化的大型央企显然难以适应，庞大的既得利益更使其不断巩固市场特殊地位，日益成为产业融合、技术创新的障碍。以规模庞大的电网企业为例，一方面在"四网融合"、电动汽车等领域与各路垄断势力艰难混战，另一方面则在自己的特许地盘上对相关装置产业大肆侵蚀，以入网标准等名义清洗市场谋取利益，10年来已经成为这一市场领域中最强势的既得利益集团。

发挥地方积极性打破央企行业壁垒，是通过深化电力体制改革促进形成新的经济增长点的一个要点，一是通过调度（交易）独立可以剥夺电网企业利用公权力谋取利益的机会；二是通过拆分重组可以削弱其市场影响力、增加透明度；三是通过建立多买/多卖的新交易格局可以理顺其业务结构与价格机制、方便监管；四是通过组建省级电力营销服务公司、鼓励各地方发展多种形式能源企业，更将进一步提高与强化地方对于智能能源网建设的话语权。

当然，打破央企在电力、油气等领域的垄断壁垒，并不是一味地分拆缩水打压央企。在破除行业壁垒，抑制垄断行为的同时，大型央企同样也是建设智能能源网的重要力量，在完善现代企业制度、平等合作的基础上，存在合理扩大业务范围的机会。

（2）通过分散决策来分散风险鼓励创新

建设智能能源网是新的历史时期最大的新经济增长点，其巨大经济效益的来源则是技术进步与制度创新。第三次工业革命，源自能源、信息等基础技术领域的重大突破，但如前所述，其创新与突破的方向出现了对前两次工业革命技术与产业升级方式的根本性反动，如多元化、本土化的分布式能源，双向乃至多向的信息流通，数字化、个性化、就地化、分散合作式的生产方式，以及公共交通、住宅办公等低碳出行模式⋯⋯因此，第三次工业革命对于所有人来说都是高收益与高风险并存的，需要从单一集权制，转变为分级管理，进而实现多样化与复杂化。

一是传统的集中决策方式，无法适应新的决策需求，不仅响应速度缓慢而无法适应复杂多变的技术与市场发展，而且只能代表个别生产者而不可能满足广大多元化、本土化、个性化、就地化的需求，因此传统的集中决策方式必须要转变为基层分散决策与供需互动决策的新模式，否则不但难以实现创新与引领，连基本的跟随与生存都将出现困难。

二是传统的集中决策方式，无法承受决策失误的巨大责任，随着智能能源网网络化的扩展、信息的快速广泛多向流通，一些领域将逐步呈现赢者通吃、败者出局的IT领域竞争模式，类似爱立信、摩托罗拉在智能手机领域被逐步淘汰，中国电力发展史上煤机改油机、油机改煤机的案例如果在未来重演，后果将不可同日而语，对于电力这样庞大的基础网络与公用事业，这样的失误必将超越企业内部事务而上升为公共事件。

三是传统的集中决策方式，将呈现双向的发展方向，一个方向是从大型垄断企业转向分散决策的各类小企业，而前者将从直接决策者逐步转型为选择者；一个方向是从分散决策的各类小企业转向政府公共决策，由后者将前者的成功案例通过技术标准、准入标准等形式赋予公权力——无论哪种方向，都在市场垄断巨头与政府权威的夹缝中为各类小企业的分散决策树立了高收益的旗帜，使其所承担的高风险在概率论层面获得了补偿。

历史上的工业革命，往往源自能源、信息技术的重大突破，而第三次工业革命，新能源产业对于网络化信息化智能化提出了更高要求，同时以互联网为标志的信息技术也发展到了较高阶段，由此形成两大产业的密切结合，以至智能能源网的决策模式也从传统的能源产业决策模式，转而带有更多的IT信息产业决策机制的特点，这不仅是分散风险的需要，也是持续创新的必须。

电力领域的智能化发展是智能能源网建设的典型与领军，也将逐步出现上述大企业—小企业—政府不同角色共同参与的新型决策模式——分散、分级、多样化、复杂化，因此通过分散决策来分散风险鼓励创新，也应成为通过深化电力体制改革促进形成新的经济增长点的一个方向。通过拆分规模过大的电网企业，通过组建省级电力营销服务公司、鼓励各地方发展多种形式能源企业，无疑都将增加分散决策自主创新的活力；而将电力行业内的公共职能从企业中独立出来，则通过强化专业支撑体系来提高中央层面的决策力与管制力。

（3）提高自主性继续发挥比较竞争效益

中国幅员辽阔、国情复杂多样，普适性与针对性是永恒的矛盾。区域间比较竞争理论是政府管制经济学的一个重要内容，它为政府管制者促进地区性垄断经营企业间的竞争，刺激经济效率提供了理论依据。而在实践中，比较竞争机制是中国改革开放以来诸多政策措施及相应成就的重要基石，不仅在经济社会领域有效促进了地区发展，进而带动了全国形势；在企业层面，以电力行业为例，2002年厂网分开之后，资产、业务、企业使命高度同质化的大型发电集团，在比较竞争的制度激励下，在提高生产效率、快速规模发展、改进技术经济指标、内部挖潜增效等方面取得了巨大进步，特别是与依然缺乏比较竞争机制的垄断环节相比，在优化投入产出、控制工程造价、提高劳动生产率等方面更是取得了突出的优势（详见前述以及附表14和附表15）。

比较竞争机制，同样并且更加适合于第三次工业革命。一方面，第三次工业革命的重要特点就是重心在基层，技术突破与产业升级都指向本土化、就地化、分散化，一定数量（而非巨无霸或大一统）自主经营而又至少在初始阶段具有一定同质性的地方企业成为重要的市场角色，形成了比较竞争的基础，如国家能源局已公开明确现阶段中国智能电网发展以微网系统、电动车充电、电力系统储能等配电和用电环节为主。但另一方面，第三次工业革命的核心是能源产业与信息产业的革命，因此具有双重特性，既有信息产业垄断性竞争的特性，即在每一个IT细分市场，垄断都是竞争的核心动力与最终归宿；但同时也具有能源产业竞争性垄断的特性，即对于一定数量的特许经营的局部垄断者，都可以通过有效的管制形成一定程度的比较竞争机制——即使在市场角色众多、技术与产业变动频繁的智能能源网体系中，依然存在大量规模可观的公共环节，如基础网络与公用事业环节，在很多时候依然必须履行应尽的社会责任而不能完全采取优胜劣汰式的自由竞争，比较竞争等有限竞争性质的制度安排显然是更适合的。

因此提高自主性继续发挥比较竞争效益，更是通过深化电力体制改革促进形成新的经济增长点的重要内容，一是通过资产重组、拆分规模过大的电网企业，形成数省规模的4～6家区域性电网企业，其业务范围一致、资产大致相当、有相同的责任使命乃至统一的定价方式，完全可以由监管机构建立专业的信息收集与指标评价体系，形成有效的比较竞争机制不断提高电网企业的安全质量水平与资产效率。二是通过将电网企业的非电网业务与电网业务分开，下放电网终端营销服务及相应购、售电及收费权，整合省内所有地方供电企业，形成一定规模的省级电力营销服务公司，这30余家新型电力企业虽然市场容量不同，但"最后一千米"服务、权责对等的供电保障责任及普遍服务机制是相同的，同样可以形成有效的比较竞争机制。三是对各种形式的试验示范项目，应加强监管，形成比较竞争机制，企业的、地方的、特别是中央层面部署的，如《"十二五"可再生能源规划》提出的100个新能源示范城市、200个绿色能源县、30个新能源微网示范工程。

（4）同步加强宏观政策引导与市场监管

与前两次工业革命相比，政府公权力将在第三次工业革命中发挥无可替代、必不可少的重要作用。如果说第一次工业革命的主角是工程师与能工巧匠，第二次工业革命的主角是科学家与发明家，那么第三次工业革命的主角则可能是政治家或洞察社会变迁的优秀投资者。一方面，随着经济社会的发展，人类发展科技的主动性、目的性、预见性或曰功利性、战略性空前强化，不论是石油危机、金融危机还是"互联网泡沫"，都迫使国家间竞争的战场不断前移争夺先机、抢饮头一口汤。一方面，随着经济全球化与虚拟经济兴起，资本流动不断加快、国际分工日益鲜明、跨学科跨行业跨市场的洗牌屡见不鲜，而信息产业与能源产业融合而促成的第三次工业革命中，每一个国家都面临更加显著的外部影响，国家间的竞争将更加残酷。另一方面，信息与能源均是重要的公共领域，通信权、能源安全都属于一国人民最基本的生存权与发展权，面对美国总统奥巴马挑明"中国人不能像美国人一样消费能源"的现实，更加明确了第三次工业革命中各国特别是新兴市场各国政府的维权职责。

第三次工业革命端倪初现，而技术的成熟、产业的形成、制度的完善、观念的改变特别是原有体系的新陈代谢都需要一个缓慢的过程，因此在工业革命发酵的不同阶段，政府的使命必然是不同的，需要不同的政府部门履行各自不同的政府责任。一是在技术研发阶段，由于初期技术的不成熟性及研发活动本身的不确定性，使任何大规模建设的时间表与预算单都成为主观臆断，因此政策侧重点则放在应对风险，主要包括制定技术发展战略，监督指导电网、油气管网等成为开放的公共平台，提供技术研发所需的引致投资乃至直接组建基础研发的"国家队"，加强国际合作创造良好交流环境，等等。二是在投资建设阶段，由于新能源的清洁化高效化源自外部成本的内部化，其多元化本土化更是对不合理国际金融秩序的反动，因此政策侧重点应放在控制成本，主要包括制定合理的产业发展规划与发展模式，建立刚性的成本监测与约束机制，有意识地控制消费者负担包括从政策上兼顾不同阶层的消费能力，同时建立激励性的投资收益机制，引导企业不断改进技术提高效率、探索自己的持续经营模式。三是在运行完善阶段，由于网络规模的扩展、公共性质的加强、附加服务的提高、交易复杂性的升级，智能能源网在未来运行使用中的新增风险不可忽视，因此政策侧重点应放在加强监管，有针对性地加强安全监管与电网调度管理，对电网运行质量的监测与评价，继续推进电网公平开放，加强市场秩序特别是反垄断监管，适时扩展监管内涵并积极引进信息化等"智能监管"的手段。

同样，不论技术如何进步、社会需求如何变化，电力系统最基本的技术经济特性没有变，作为社会公用事业的公益性质也无可改变。随着电网智能化的发展，电网的设备规模与地理疆界将进一步扩展、社会公共性质与外部影响将进一步加强、与相关产业相结合的附加服务与附加价值不断提高、生产交易等各种行为的复杂性也同步升级，不仅依然需要政府管制，而且政府管制本身也需要不断强化与优化。因此，同步加强宏观政策引导与市场监管，是通过深化电力体制改革促进形成新的经济增长点不可缺少的重要侧面，一是组建国家电力规划及标准中心，统筹建设规划，统一技术标准，强化政府决策的专业支撑体系，提高决策质量与中央权威。二是组建国家调度及交易中心，加强系统安全管理、维护市场交易秩序，迅速提高中央层面的决策力与管制力，减少纠纷争议，为深化电改保驾护航。三是调整电网公共环节的产业布局，形成更佳的经济规模，同时加强监管，建立独立的输配电价机制，提高信息透明度，抑制垄断经营弊端并形成比较竞争机制。四是通过分批扩大用户直接购电对称放开购电侧，形成"多买/多卖"平衡有效的电力交易格局，并不断完善电力市场交易模式。五是通过电网业务与非电网业务分离，组建省级电力营销服务公司，下放购售电权及收费权、终端定价权，形成权责对等的地方电力（能源）保障机制。六是及时完善电力普遍服务政策，即使出台有关标准及配套转移支付政策，使全体国民享有相对均等化的电力设施与服务。

## 4. 从能源变革到文明变迁

如前所述，人类历史上大致出现过三次工业革命，由于能源、信息等领域的技术突破而引发生产方式、交通方式等多方面出现重大变革。但事实上"工业"在人类历史上出现很晚，如果进一步放大尺度还可发现，能源领域的发展变革不仅是工业革命的重要推手，甚至是人类文明变迁升级的基本动力。

目前能源、信息领域所酝酿的重大技术突破，不仅将引发第三次工业革命，而且将推动人类文明出现新的变迁与进一步升级，随着智能能源网的建设，有望帮助人类从目前的工业文明逐步走向新的生态文明（智能网络时代），从而推动人类历史迈上新的更高的台阶。

如表28所示，按照生产力发展的线索，人类文明可以划分为原始文明、农业文明、工业文明及未来可能出现的生态文明。随着文明的演进，不仅人类所利用

**表28 各文明阶段的能源**

| 能源类型 | 原始文明（旧石器时代） | 农业文明（新石器、青铜器、铁器时代） | 工业文明（手工工场、蒸汽机、电气、信息时代） | 生态文明（智能网络时代） |
|---|---|---|---|---|
| 生物能 | 薪柴、人力 | 薪柴、畜力 | 生物质燃料（液体、气体）；大规模种植、小规模发电 | 土地节约型生物质能源（基因技术） |
| 太阳能 | 直接热利用 | 直接热利用（晒盐） | 反射、集热；小规模发电 | 高效光电、热电；智能控制；空天采集 |
| 风能 | — | 机械能转化 | 小规模发电 | 智能控制；空天采集 |
| 水能 | — | 机械能转化 | 大规模发电；抽水蓄能 | 陆地水能开发殆尽，开始海洋水能的非常规资源开发 |
| 固体矿物能 | — | 少量煤炭热利用 | 大规模开发；可远距离运输；直燃、发电、化工 | 非常规资源大规模开发；综合利用；高效燃烧；清洁技术 |
| 液体矿物能 | — | — | 大规模开发；全球运输；直燃、发电、化工 | 非常规资源大规模开发；综合利用；高效燃烧 |
| 气体矿物能 | — | — | 大规模开发；全球运输；直燃、发电 | 非常规资源大规模开发；综合利用；高效燃烧 |
| 核能 | — | — | 核裂变；大规模发电 | 进一步提高安全性；小型化；核聚变 |
| 地热能 | — | — | 热利用；小规模发电 | 有待突破 |
| 潮汐能 | — | — | 机械能转化；小规模发电 | 有待突破 |
| 消费端等效能 | — | — | 小规模需求侧管理 | 通过智能能源网络，进一步推动实现更大规模的换能、调能、储能、节能 |

的能源种类越来越多，而且能源技术能源利用方式也不断进步优化——能源，是人类文明乐章的重要基调，文明画卷的重要底色，文明大戏的重要台柱，文明大厦的重要基石……

在原始文明时期，人类虽然告别了茹毛饮血，但原始的渔猎采摘活动对于能源的需求与利用规模非常少，且高度分散、就地平衡，以生物能、太阳能的直接使用为主。

在农业文明时期，一是随着灌溉、农产品加工、手工业等发展对于能源的需要逐步增加；二是虽然贸易通商已开始兴起，但能源产品的大规模交易及远距离运输还不成规模；三是能源利用的种类有所增加，风能、水能、煤炭都得到初步的利用；四是除了最天然的热能利用形式，出现了机械能这种新形式。

在工业文明时期，一是随着工业革命的爆发，大规模工业化生产的兴起，人类对于能源的需求规模爆发式增长；二是随着经济全球化发展，主力能源资源的不均衡分布形成大规模、远距离运输能源的客观需求；三是人类开发能源的主观意识空前强烈，对几乎所有能源种类都进行了开发或者试验探索；四是几乎所有能源都逐步走向安全可控的电能形式，进而通过电网相互联系起来并相互影响；五是能源技术进步推动专业分工，出现大规模集中开采、加工、运输、经营及管理能源的专门产业；六是以不可再生化石能源为主的能源结构，燃烧效率始终不高而且来自环境的压力越来越大。

可以发现，从石器文明到农业文明、再到工业文明，能源的发展呈现出非常清晰的主线，即需求的规模越来越大、运输的范围越来越广、开发的种类越来越多、利用的形式越来越可控、组织的分化越来越精细与此同时所隐含的资源环境外部性问题越来越突出……

那么下一步，随着人类文明的进一步升级，能源的发展是继续沿袭这样的发展线索？还是另辟蹊径实现新的突破与升华？当下的人类社会真的存在"能源危机"吗？未来的人类文明到底会搭配什么样的能源模式？

如图29所示，近年来，除中国等少数新兴市场以外，大部分国家与地区对于能源的需求增长已经放缓，不论是发达国家（经合组织国家）还是发展中国家，能源消费的增长速度在总体上已经低于GDP的增长速度，人类日益追求低耗高效的经济模式与生活方式，对于能源的总体需求规模有望不再无限制的增长，至少不再重演工业革命时期那种爆发式的增长。

但与此同时，在全球化的语境下，能源不再仅仅是一国范畴内的基础产业与公用事业，它更意味着技术产权、产业分工、市场权利、金融增值等一系列利

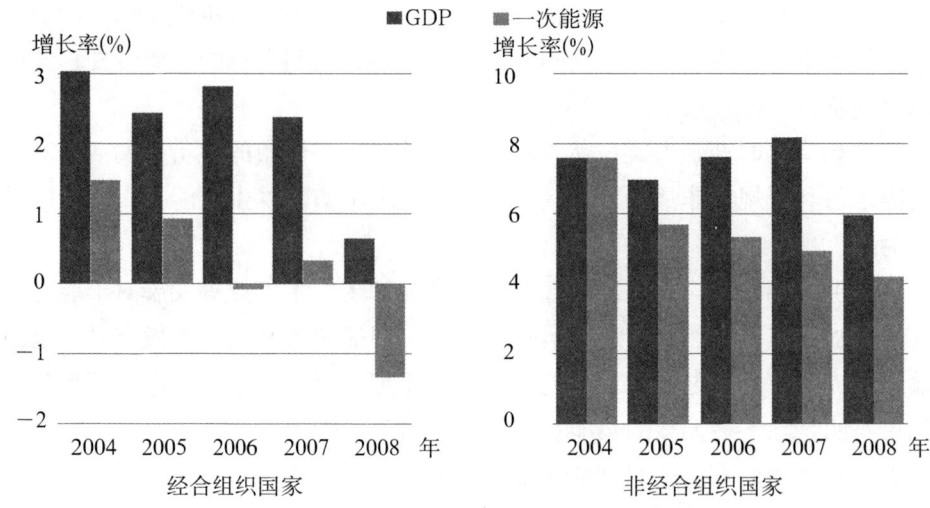

图29　全球GDP增长率与能源消费增长率

数据来源：引用自BP能源统计。

益与权力，能源安全的核心矛盾已经从"不够用"转化升级为"买不起"、"不赚钱"乃至"倒贴钱"，新兴国家的城镇化、工业化在现有能源模式下面临无法走到底的威胁。因此，在能源结构、贸易运输、系统控制、权力关系等领域，一场深刻的变革正在世界范围持续酝酿发酵中，能源发展势必从简单满足需求转变为全面提高效益维护权益。

工业革命以来，世界主要国家逐渐形成以化石能源为主的能源结构。如图30所示，在过去的20余年间，全球石油、天然气的年产量虽然持续增长，但它们的储采比（R/P）却分别长期基本稳定在40年与60年以上；而煤炭，2007年全球储采比约为133年，仅中国境内新的亿吨、百亿吨煤田近年依然在被不断发现。由此可见，传统化石能源一直在被人类孜孜不倦地勘探、精益求精地开采，在总体供给能力上并不存在直接的"能源危机"。

但另一方面，传统化石能源在燃烧时会排放大量硫化物、氮氧化物、粉尘、污水、重金属……随着人们的福利水平提高及相关领域公共化，如果把这些污染物造成的外部成本——不断攀升的医疗保险、社会保障及意外灾害赔偿——全部换算到价格上，传统化石能源昂贵的社会代价令人震惊。人类的环境意识在本质上依然属于一种经济意识，能源的"清洁"性本身就意味着一种社会经济价值，

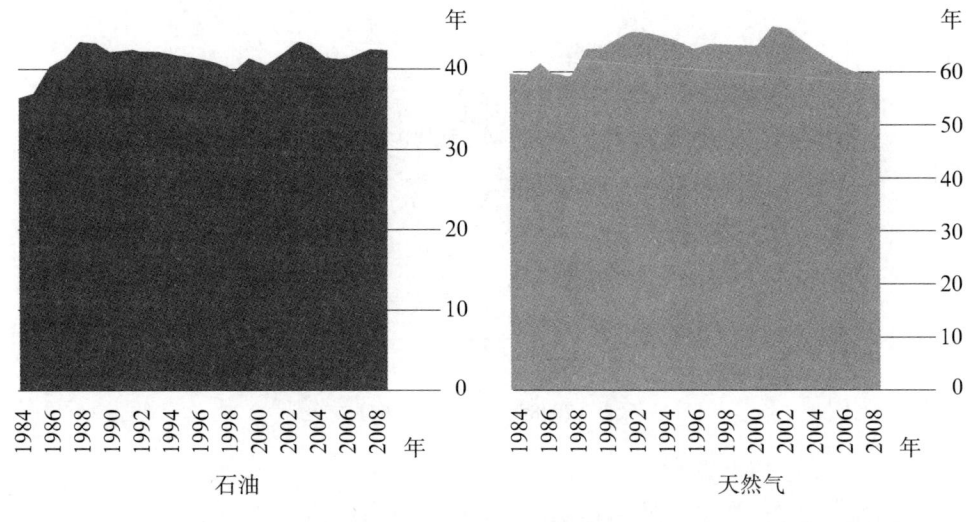

| 全世界探明储量 | 1988年 | 1998年 | 2008年 |
|---|---|---|---|
| 石油（亿桶） | 9984 | 10685 | 12580 |
| 天然气（万亿立方米） | 110 | 148 | 185 |

图30  全球油气资源探明储量与储产比

数据来源：引用自BP能源统计。

因此，以清洁能源替代传统化石能源日益具备强劲的内在动力。

传统化石能源在地球上的分布非常不均衡，如图31所示，中东地区油气资源储产比数倍于亚太地区。尚未包含前苏联地区，2008年跨国跨区域的能源贸易量已占到世界石油产量的69%、天然气产量的27%。随着现代金融的日益国际化杠杆化，这些可以大宗贸易、远距离运输的传统化石能源逐渐沦为国际金融炒作的载体，价格变动剧烈，市场操纵显著，对越来越多国家的经济安全构成威胁。

如图32所示，2007—2008年世界石油价格出现典型的"过山车"行情，进而油价带动煤价、国际带动国内，基本没有可以独善其身的净土——而价格的剧烈变动即意味着增加储备与浪费，增加经济社会的变数与风险，因此能源分散化、就地化本身同样意味着一种社会经济价值，因此，越来越多的国家为了降低传统化石能源大宗交易、远距离输送的弊端与风险，积极推进能源的多元化、本土化，包括发展非常规（化石）能源。

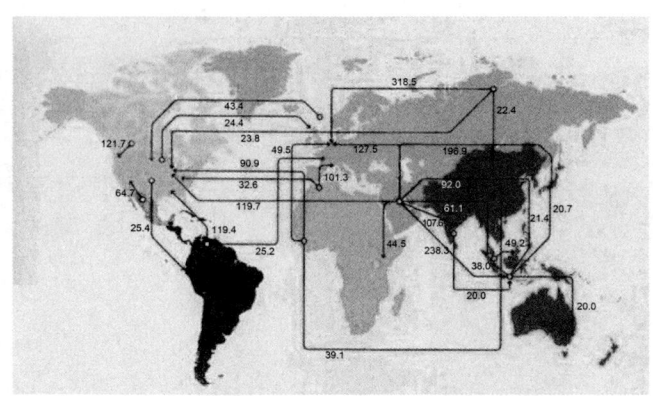

石油（2008年主要贸易流向）

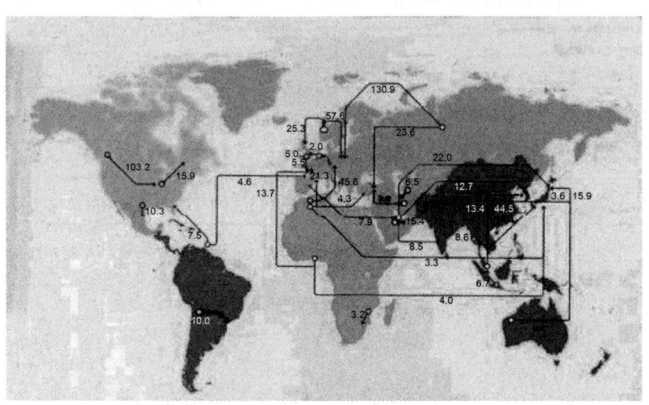

天然气（全球贸易流向）

| 区域储产比 | 石油 | 天然气 | 煤炭 |
|---|---|---|---|
| 北美洲 | 14.8 | 10.9 | 216 |
| 中南美洲 | 50.3 | 46.0 | 172 |
| 欧洲及欧亚大陆 | 22.1 | 57.8 | 218 |
| 中东 | 78.6 | 超过100 | 合并统计131 |
| 非洲 | 33.4 | 68.2 | |
| 亚太地区 | 14.5 | 37.4 | 64 |

**图31　主要传统化石能源的远距离大宗贸易格局**

数据来源：引用自BP能源统计。

物质不灭，能量循环，如附表68所示，能源的种类异常丰富，而且能源的利用形式与利用过程非常复杂并不断演进。通过提高对于能源的控制能力，可以极大地提高能源效率，在达到一定规模之时无异于从消费端获得了大量等效的能源。从最初的能源热转化到各类能源的机械能转化，从陆续实现各类能源的电转

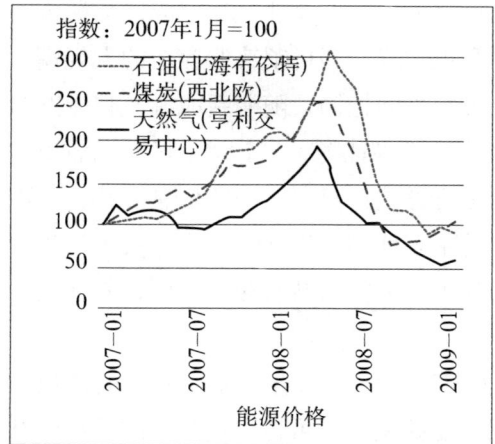

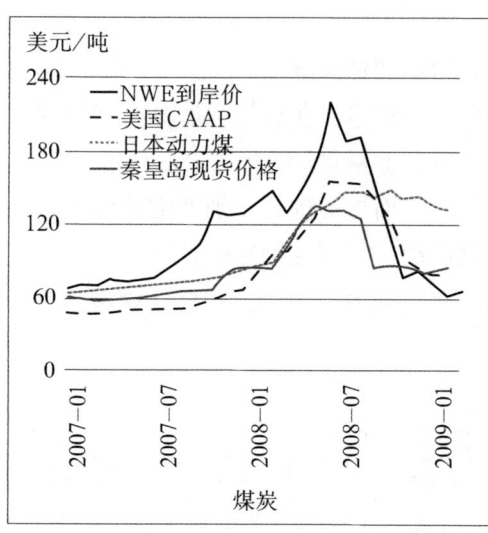
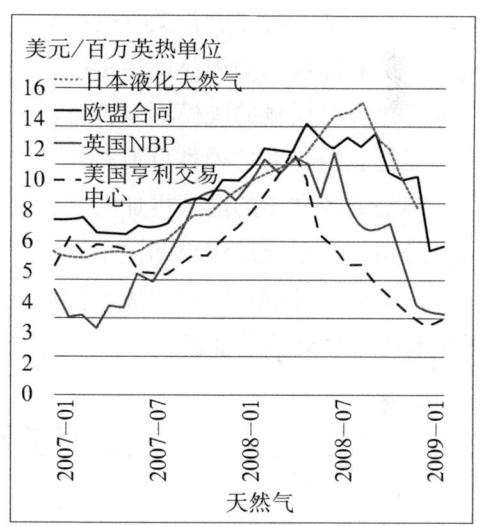

**图32 传统化石能源价格的"过山车"行情**

数据来源：引用自BP能源统计。

化到利用电网系统开始探索开发消费端等效（小规模需求管理），随着新能源及智能网络技术的发展，人类对于能源系统的控制能力可望出现重大突破，能源转化、调度、存储、节约等领域将进一步提高效率、压缩成本、扩大规模、灵活多样，因此，大力推进智能能源网建设、挖掘其中蕴涵的巨大价值成为很多国家的战略选择。

能源种类、形式、利用过程的复杂性，决定了能源组织体系的复杂性。能源系统的肇始、扩展、繁盛、变革与人类社会发展的轨迹相互交织，能源产业的组织方式、运行方式、信息方式、权力方式也与人类社会变迁互为呼应。从远古时期小型分散、自给自足、因地制宜的能源利用方式,到目前普遍存在的大规模生产、供给方配置资源、自上而下的集中决策与单向控制,随着新能源及智能网络技术的发展,能源产业可望出现重大的改变,新型能源"产销者"将大批涌现,带来更加多样化的组织方式、灵活柔性的运行方式、双向互动的信息方式、分散决策的权力方式,使整个能源系统走向新的生态体系。因此,在推进技术进步、产业升级的同时,兴利除弊、制度创新、为生产力的大解放松绑解困,同样是必不可少的战略举措。

能源是人与自然之间的重要纽带,如表29所示,随着智能能源网的建设,伴随农业文明、工业文明而搭建起来的现有能源模式,可望出现全面的反动与升华,为人类进入新的生态文明奠定基础:

一是能源需求的规模逐步走向平衡,同时更加注重效益;

二是能源运输的规模不再盲目扩展,而更强调本土化就近化的分布式能源;

三是能源开发的种类更加多元,尤其注重"非常规"资源的深度利用;

四是能源利用的形式更加网络化智能化,从而更好地开发消费端等效能;

五是能源系统组织更加民主开放,通过产销者实现互动化个性化;

六是能源外部约束问题成为推动变革的核心动力,通过大规模发展清洁、可再生能源来替代化石能源。

表29 引领文明变迁的能源变革

|  | 原始文明 | 农业文明 | 工业文明 | 生态文明(智能网络时代) |
| --- | --- | --- | --- | --- |
| 需求规模 | 规模极小 | 一定规模 | 规模增长空前爆发 | 供需平衡,进而提高效益维护权益 |
| 运输范围 | 就地分散,无须运输 | 距离很短,规模有限 | 远距离、大规模运输 | 本土化就近化的分布式能源 |
| 开发种类 | 因地制宜天然取能 | 种类有所增加 | 主动开发试验,品种多样 | 品种多元化,非常规资源开发 |
| 利用形式 | 热能等直接利用 | 出现机械能形式 | 出现电能及电网联网 | 网络化智能化,开发利用消费端等效能 |
| 组织系统 | 非专业 | 小型分工 | 大型集中专业化的产业形式 | 互动化个性化,向产销者开放 |
| 外部约束 | 与自然基本无矛盾 | 与自然矛盾很小 | 化石能源为主,与自然矛盾逐步突出 | 清洁、可再生能源替代化石能源,与自然相和谐 |

总之,智能能源网等新技术新产业的发展,将推动产生比历史上任何一次工

业革命都更加深刻的能源变革，帮助人类从目前的工业文明逐步走向新的生态文明（智能网络时代），在大约1万年之后再次与原始文明遥相呼应，推动人类历史再次迈上与自然环境和谐相处的台阶。

而通过深化电力体制改革来推动智能能源网建设，不仅是技术进步、产业升级的需要，也并不仅仅是着眼于塑造新的经济增长点，而是更有利于中华民族跟上历史发展的脚步，努力跻身未来文明变迁的主流，主动抓住文明升级的万年机遇，成为引领世界历史新潮流的主导者。

## 小结　推进电改的逻辑与策略

10年来，电力体制改革已经成为一个很热门的话题，同时也是一个没有门槛的话题，所有人都可以"说三道四"、"指点江山"。10年来，电改实践中的艰难曲折亦远非指责几句垄断利益集团、强势权力部门所能够解释。由此思考推进深化电改所必须坚持的逻辑与策略。

总的来说就是"分步造势，此消彼长，对称对等，有破有立"的推进策略：每一步骤，不但要有所阶段性成果与收益，而且要为下一步滚积条件制造声势，这样才能阻力越来越小而动力越来越大；要使相关各方最终形成相对对称的均衡格局，其中每一方的权利、义务同样也须对等平衡；在搞活时不忘管制、在放开时不忘增值、在"破"的时候别忘记"立"——人性本恶，权、利永恒。

也可以概括为"移石导水"的逻辑次序：产业链中的公共环节，如果制度安排不当必会阻碍行业的正常流程与发展活力，自主竞争的多元主体，只有经由一系列公共管理与服务才能保障良性竞争持续发展——滩石砌堤，疏淤自流，不滞不漫，有界才远；水有其动，石有其寿，辨性归位，因势利导。

兴建于2000余年前的都江堰，至今滋养着钟灵毓秀的天府之国，创造了人类工程史上无与伦比的奇迹。"深淘滩，低作堰"的治水三字经，体现了先人对于水—石—人三者辩证关系的智慧体察，"乘势利导、因时制宜"的八字格言，不仅使都江堰成为名副其实的生态工程，更为后人思考一切改革与发展的问题提供了哲学高度的启迪。

君不见，黄河之水天上来，奔流到海不复还——在新的历史时期深化电力体制改革，不过是历史长河中的又一瞬间；而每一次变革中的那些博弈与算计、坚守与权变、正能量与负智商，自有客观规律给予最终的评判与反馈……

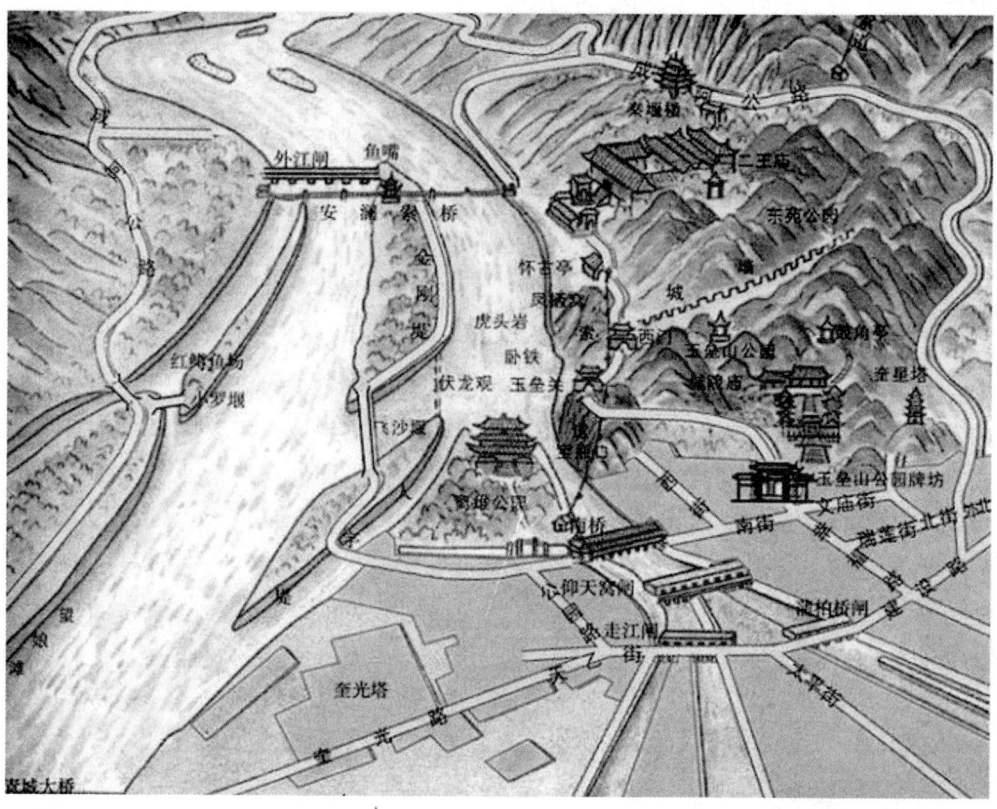

# 附　表

### 附表1　近年来世界典型大停电事故

| 地区 | 时间 | 基本情况 |
|---|---|---|
| 美加大停电 | 2003年8月14日16时 | 美国与加拿大相邻的一个变电站发生故障,后扩展为北美历史上最严重的大停电事故,5000万人饱受断电之苦 |
| 伦敦大停电 | 2003年8月28日 | 英国伦敦及英格兰东南地区发生大面积停电事故,伦敦地铁等交通系统受到严重影响 |
| 莫斯科大停电 | 2005年5月25日10时 | 俄罗斯首都莫斯科南部、西部及东南城区大面积停电,市内大约一半地区的工业、商业与交通陷入瘫痪 |
| 印尼大停电 | 2005年8月18日10时 | 印度尼西亚爪哇岛至巴厘岛的供电系统发生故障,造成首都雅加达至万丹之间的电力供应中断,将近1亿人口受到影响 |
| 洛杉矶大停电 | 2005年9月12日 | 美国西部最大城市洛杉矶发生大面积停电事故,事故引起交通堵塞,市区200多万人工作生活秩序受到影响 |
| 东京大停电 | 2006年8月14日晨 | 由起重机撞断电缆线引发,日本东京及其周边地区发生大面积停电,大约3000万人受影响,证交所银行停业,地铁公交严重受阻 |
| 巴西—巴拉圭大停电 | 2009年11月10日晚 | 由伊泰普水电站送出线路故障引发,巴西最大城市里约热内卢、圣保罗以及周边地区大停电,全国负荷损失40%,交通瘫痪,大约5000万居民受影响;临国巴拉圭全国停电15分钟 |
| 印度大停电 | 2012年7月30日、31日 | 30日凌晨2时,印度北部电网因事故基本全停,影响人口3.7亿;31日13时,北部、东部及东北部电网出现新一轮崩溃,影响人口6.7亿。全国38%发电机组停运 |
| 美国东部大停电 | 2012年10月29日 | 因飓风"桑迪"登陆,造成美国东部地区约740万户居民和商家停电。用于救灾恢复不利,在纽约部分地区一周后仍有百万家庭无电可用 |

资料来源:相关报道及报告。

说明:从发达国家到新兴经济体,均未根本解决好电力供应问题。

### 附表2　1980—2011年我国电力投资在全社会固定资产投资中的比例

| 年份 | 电力投资占比(%) | 年份 | 电力投资占比(%) | 年份 | 电力投资占比(%) |
|---|---|---|---|---|---|
| 1980 | 4.50 | 1991 | 5.65 | 2002 | 5.28 |
| 1981 | 3.54 | 1992 | 4.95 | 2003 | 5.21 |

(续表)

| 年份 | 电力投资占比（%） | 年份 | 电力投资占比（%） | 年份 | 电力投资占比（%） |
|---|---|---|---|---|---|
| 1982 | 3.41 | 1993 | 4.27 | 2004 | 4.66 |
| 1983 | 3.92 | 1994 | 4.26 | 2005 | 5.50 |
| 1984 | 3.93 | 1995 | 4.16 | 2006 | 4.81 |
| 1985 | 3.81 | 1996 | 4.25 | 2007 | 4.13 |
| 1986 | 4.26 | 1997 | 5.37 | 2008 | 3.66 |
| 1987 | 4.64 | 1998 | 5.01 | 2009 | 3.43 |
| 1988 | 4.52 | 1999 | 3.87 | 2010 | 2.67 |
| 1989 | 5.03 | 2000 | 2.90 | 2011 | 2.45 |
| 1990 | 5.98 | 2001 | 5.23 | | |

数据来源：国家统计局、中电联。

说明：电力投资占比近以来显著下降。

## 附表3　2006—2011年中国关停小电厂及新增装机容量

单位：万kW

| | 2006年 | 2007年 | 2008年 | 2009年 | 2010年 | 2011年 |
|---|---|---|---|---|---|---|
| 计划关停 | 400 | 1000 | 1300 | 1300 | 1000 | — |
| 实际关停 | 442 | 2336 | 1893 | 1813 | 1305 | 955 |
| 关停火电 | 368 | 2044 | 1851 | 1813 | 1305 | 955 |
| 次年新增装机 | — | 10424 | 10190 | 9202 | 8970 | 9124 |
| 次年新增火电 | — | 9207 | 8360 | 6555 | 6076 | 5831 |

数据来源：中电联。

说明：按照"上大"、"压小"3～6倍的比例估算，关停小机组已经在很大程度上成为近年来上马火电项目的重要动力。

## 附表4　2002—2011年中国电力主要技术经济指标

| 年份 | 发电煤耗（g/kW·h） | 厂用电率（%） | 线损率（%） |
|---|---|---|---|
| 2002 | 356 | 6.15 | 7.52 |
| 2003 | 355 | 6.07 | 7.71 |
| 2004 | 349 | 5.95 | 7.55 |
| 2005 | 343 | 5.87 | 7.21 |
| 2006 | 342 | 5.93 | 7.04 |
| 2007 | 332 | 5.83 | 6.97 |
| 2008 | 322 | 5.95 | 6.37 |
| 2009 | 320 | 5.69 | 6.39 |
| 2010 | 312 | 5.43 | 6.53 |
| 2011 | 308 | 5.39 | 6.52 |

数据来源：中电联。

## 附表5 2003—2011年中国电力建设投资额

单位：亿元

| 年份 | 电力建设总投资 | 电网投资 | 电源投资 |
| --- | --- | --- | --- |
| 2003 | 2894 | 1014 | 1880 |
| 2004 | 3285 | 1237 | 2048 |
| 2005 | 4884 | 1656 | 3228 |
| 2006 | 5288 | 2092 | 3195 |
| 2007 | 5677 | 2450 | 3226 |
| 2008 | 6302 | 2895 | 3407 |
| 2009 | 7702 | 3898 | 3803 |
| 2010 | 7417 | 3448 | 3969 |
| 2011 | 7614 | 3687 | 3927 |

数据来源：中电联。

## 附表6 2002—2011年中国发电装机容量与发电量

单位：万kW

| 年份 | 装机容量 | 发电量 | 年份 | 装机容量 | 发电量 |
| --- | --- | --- | --- | --- | --- |
| 2002 | 35657 | 16542 | 2007 | 71822 | 32644 |
| 2003 | 39141 | 19052 | 2008 | 79273 | 34510 |
| 2004 | 44239 | 21944 | 2009 | 87407 | 36639 |
| 2005 | 51718 | 24975 | 2010 | 96641 | 42278 |
| 2006 | 62370 | 28499 | 2011 | 105576 | 47217 |

数据来源：中电联。

## 附表7 2002—2008年世界主要国家发电装机容量

单位：百万kW

| 国家 | 2002年 | 2008年 | 国家 | 2002年 | 2008年[①] |
| --- | --- | --- | --- | --- | --- |
| 美国 | 975.22 | 1011.60 | 墨西哥 | 45.69 | 57.24 |
| 瑞典 | 32.51 | 33.94 | 韩国 | 58.95 | 79.86 |
| 日本 | 267.51 | 280.53 | 俄罗斯 | 212.77 | 223.97 |
| 法国 | 111.67 | 117.83 | 南非 | 39.24 | 42.73 |
| 德国 | 126.26 | 139.28 | 巴西 | 82.96 | 100.45 |
| 澳大利亚 | 50.29 | 55.51 | 印度 | 126.27 | 168.05 |
| 加拿大 | 114.98 | 127.64 | | | |
| 英国 | 77.09 | 85.61 | | | |

① 俄罗斯、南非、巴西和印度为2007年的数据。
数据来源：国际能源署（IEA）。

## 附表8  2003—2008年世界主要国家（地区）发电量

单位：百万kW·h

| 国家 | 2003年 | 2008年 | 国家（地区） | 2003年 | 2008年 |
|---|---|---|---|---|---|
| 英国 | 395937 | 385277 | 澳大利亚 | 227845 | 257099 |
| 法国 | 561775 | 570269 | 墨西哥 | 217867 | 258913 |
| 日本 | 1040574 | 1074958 | 韩国 | 344853 | 443935 |
| 德国 | 595646 | 631211 | OECD | 9866235 | 10676112 |
| 美国 | 4054353 | 4343818 | 南非 | 232308 | 255519 |
| 加拿大 | 589856 | 651213 | 俄罗斯 | 914328 | 1038431 |
| 意大利 | 283392 | 313526 | 巴西 | 364942 | 463370 |
| 瑞典 | 135377 | 149894 | 印度 | 635135 | 830126 |

数据来源：国际能源署（IEA）。

## 附表9  2002—2009年世界主要国家（地区）电煤价格

单位：美元/t

| 地区 | 2002年 | 2009年[①] | 国家 | 2002年 | 2009年 |
|---|---|---|---|---|---|
| 美国中部煤炭现货价格指数 | 33.20 | 68.08 | 法国 | 42.89 | 113.94 |
|  |  |  | 德国 | 45.70 | 110.10 |
| 西北欧煤炭基准价格 | 31.65 | 70.66 | 日本 | 39.59 | 90.00 |
|  |  |  | 美国 | 28.68 | 50.53 |
| 日本动力煤进口到岸价格 | 36.90 | 110.11 | 韩国 | 42.00 | 82.54 |
|  |  |  | 英国 | 44.47 | 84.86 |
|  | 2002年 | 2008年 | 意大利 | 56.00 | 102.90 |
|  |  |  | 加拿大 | 19.17 | 31.00 |
| OECD | 30.74 | 61.66 | 墨西哥 | 33.70 | 51.11 |

数据来源：国际能源署（IEA）。

## 附表10  2002—2009年世界主要国家（地区）销售电价

单位：美元/kW·h

| 国家（地区） | 生活电价 | | 工业电价 | |
|---|---|---|---|---|
|  | 2002年 | 2009年[①] | 2002年 | 2009年[①] |
| 美国 | 0.085 | 0.115 | 0.048 | 0.068 |
| 日本 | 0.174 | 0.228 | 0.115 | 0.158 |
| 德国 | 0.136 | 0.323 | 0.049 | 0.130 |
| 法国 | 0.105 | 0.159 | 0.037 | 0.107 |
| 英国 | 0.105 | 0.206 | 0.052 | 0.135 |
| 意大利 | 0.156 | 0.284 | 0.113 | 0.276 |
| OECD | 0.100 | 0.199 | 0.060 | 0.133 |

①OECD为2008年的数据。

数据来源：国际能源署（IEA）。

### 附表11  2002—2010年中国电力二氧化硫排放情况

| 年份 | 排放量（万吨） | 占全国比例（%） | 排放强度（g/kW·h） |
|---|---|---|---|
| 2002 | 820 | 42.6 | 6.1 |
| 2003 | 1000 | 46.3 | 6.3 |
| 2004 | 1200 | 53.2 | 7.2 |
| 2005 | 1300 | 51.0 | 6.4 |
| 2006 | 1350 | 52.1 | 5.7 |
| 2007 | 1200 | 48.6 | 4.4 |
| 2008 | 1050 | 45.2 | 3.7 |
| 2009 | 948 | 42.8 | 3.2 |
| 2010 | 956 | 42.4 | 2.8 |

数据来源：中电联。

### 附表12  2002—2009年世界主要国家风电装机容量[①]

单位：兆瓦

| 国家 | 2002年 | 2009年 | 国家 | 2002年 | 2009年 |
|---|---|---|---|---|---|
| 美国 | 4674 | 35159 | 德国 | 11968 | 25813 |
| 中国 | 473 | 25853 | 法国 | 183 | 4775 |
| 日本 | 468 | 2208 | 英国 | 570 | 4340 |
| 加拿大 | 270 | 3321 | 意大利 | 806 | 4845 |
| 澳大利亚 | 190 | 1886 | 瑞典 | 372 | 1537 |
| 印度 | 1702 | 10827 | | | |

①2011年中国风电装机已达46230兆瓦，为2002年的98倍。
数据来源：国际能源署（IEA）

### 附表13  2011年中国发电市场结构

单位：万kW

| | 装机容量 | | 装机容量 |
|---|---|---|---|
| 全口径发电装机容量 | 105576 | 华润电力 | 2524 |
| 一、五大发电集团 | 51472 | 中国长江电力股份有限公司 | 2510 |
| 中国华能集团公司 | 12538 | 国投电力公司 | 1749 |
| 中国大唐集团公司 | 11106 | 中国广东核电集团有限公司 | 980 |
| 中国国电集团公司 | 10601 | 中国核工业集团 | 645 |
| 中国华电集团公司 | 9534 | 新力能源开发有限公司 | 270 |
| 中国电力投资集团公司 | 7693 | 河北省建设投资公司 | 731 |
| 二、其他涉电央企（7家） | 13301 | 申能（集团）有限公司 | 627 |
| 中国神华集团有限责任公司 | 4623 | 安徽省能源集团公司 | 595 |

(续表)

| | 装机容量 | | 装机容量 |
|---|---|---|---|
| 湖北省能源集团有限公司 | 553 | 甘肃省电力投资集团公司 | 289 |
| 深圳市能源集团有限公司 | 544 | 广州发展集团有限公司 | 247 |
| 江苏国信 | 542 | 宁夏发电集团公司 | 196 |
| 三、地方主要电力集团（15家） | 10613 | 江西省投资集团公司 | 150 |
| 广东省粤电集团有限公司 | 2481 | 万家寨水利枢纽 | 150 |
| 浙江省能源集团有限公司 | 2206 | 山西国际电力集团有限公司 | 140 |
| 北京能源投资（集团）有限公司 | 1164 | 四、其他地方发电企业 | 30190 |

数据来源：中电联。

## 附表14  2003—2011年中国电力建设投入产出情况

| 年份 | 电网建设投资（亿元） | 新增110kV及以上线路长度（km） | 新增110kV及以上变电容量（kVA） | 电源建设投资（亿元） | 新增发电装机容量（万kW） |
|---|---|---|---|---|---|
| 2003 | 1014 | 45095 | 13453 | 1880 | 3483 |
| 2004 | 1237 | 41158 | 15011 | 2048 | 5323 |
| 2005 | 1656 | 36123 | 15902 | 3228 | 7129 |
| 2006 | 2092 | 51781 | 20196 | 3195 | 10424 |
| 2007 | 2450 | 62030 | 24994 | 3226 | 10190 |
| 2008 | 2895 | 67592 | 31878 | 3407 | 9202 |
| 2009 | 3898 | 69217 | 36115 | 3803 | 9667 |
| 2010 | 3448 | 76574 | 35335 | 3969 | 9124 |
| 2011 | 3682 | 58452 | 28251 | 3712 | 9041 |

数据来源：中电联。

## 附表15  2002—2010年中国电力工程单位造价一览

| | | | 2002 | 2003 | 2004 | 2005 | 2006 | 2007 | 2008 | 2009 | 2010 |
|---|---|---|---|---|---|---|---|---|---|---|---|
| 火电（元/kW） | | 概算 | 4642 | 4248 | 3952 | 4049 | 4251 | 4068 | 4039 | 4045 | 3934 |
| | | 决算 | 4762 | 3562 | 3506 | 3564 | 3815 | 3693 | 3708 | 3779 | 3745 |
| 交流送电（万元/km） | 概算 | 110kV | 40.43 | 41.99 | 50.59 | 54.52 | 46.76 | 53.97 | 58.06 | 61.02 | 70.85 |
| | | 220kV | 68.03 | 93.36 | 77.45 | 91.68 | 85.33 | 104.90 | 111.56 | 107.85 | 116.46 |
| | | 330kV | 82.90 | 80.62 | 83.55 | 104.15 | 87.20 | 87.62 | 88.68 | 109.53 | 123.33 |
| | | 500kV | 189.06 | 163.94 | 197.94 | 166.25 | 197.19 | 174.88 | 200.84 | 258.99 | 265.48 |
| | 决算 | 110kV | 38.57 | 38.56 | 47.02 | 48.61 | 44.86 | 51.50 | 54.40 | 56.35 | 61.51 |
| | | 220kV | 63.56 | 83.44 | 69.59 | 99.76 | 81.60 | 100.46 | 104.19 | 98.32 | 103.12 |
| | | 330kV | 77.09 | 76.97 | 77.90 | 99.76 | 86.53 | 81.40 | 86.36 | 101.40 | 108.85 |
| | | 500kV | 155.93 | 138.84 | 185.09 | 251.28 | 186.98 | 165.02 | 191.35 | 238.85 | 245.10 |

(续表)

| | | | 2002 | 2003 | 2004 | 2005 | 2006 | 2007 | 2008 | 2009 | 2010 |
|---|---|---|---|---|---|---|---|---|---|---|---|
| 变电工程（元/kVA） | 概算 | 110kV | 325.37 | 346.34 | 350.68 | 350.67 | 358.25 | 376.08 | 362.81 | 371.65 | 392.68 |
| | | 220kV | 266.89 | 273.32 | 292.22 | 279.46 | 310.13 | 311.56 | 300.76 | 295.00 | 313.86 |
| | | 330kV | 271.61 | 378.48 | 240.99 | 367.38 | 340.12 | 323.53 | 359.13 | 305.16 | 278.60 |
| | | 500kV | 234.47 | 259.08 | 219.15 | 222.29 | 210.05 | 208.72 | 190.83 | 186.65 | 197.66 |
| | 决算 | 110kV | 299.59 | 318.46 | 317.30 | 318.16 | 334.83 | 346.91 | 328.98 | 313.15 | 319.59 |
| | | 220kV | 246.21 | 243.78 | 263.83 | 230.96 | 292.24 | 285.24 | 273.35 | 251.00 | 260.52 |
| | | 330kV | 241.09 | 357.91 | 225.22 | 363.87 | 311.16 | 300.85 | 341.21 | 276.64 | 242.05 |
| | | 500kV | 191.88 | 216.69 | 191.24 | 193.22 | 195.38 | 198.58 | 182.80 | 167.84 | 180.16 |

数据来源：电监会。

## 附表16 2001—2011年中国发电机组的平均单机容量

单位：万kW

| 年份 | 火电机组平均 | 水电机组平均 |
|---|---|---|
| 2001 | 5.44 | 4.60 |
| 2002 | 5.50 | 4.54 |
| 2003 | 5.62 | 4.78 |
| 2004 | 5.82 | 4.84 |
| 2005 | 6.20 | 5.33 |
| 2006 | 7.17 | 4.98 |
| 2007 | 8.54 | 5.13 |
| 2008 | 9.41 | 5.04 |
| 2009 | 10.31 | 5.51 |
| 2010 | 10.88 | 5.61 |
| 2011 | 11.40 | 5.66 |

数据来源：中电联，统计范围6000kW及以上。

## 附表17 改革开放以来中国三类电荒情况对比

| | 第一类 | 第二类 | 第三类 |
|---|---|---|---|
| 年代 | 1978—1996年 | 2003—2006年 | 2008年至今 |
| 电荒表现 | 长期习惯性缺电，"开三停四"甚至"开二停五"，需求长期被压制 | 26个省份严重缺电，拖累沿海经济复苏，"电荒"成为社会现象 | 一半以上省份时段性缺电，破坏经济社会秩序，影响扩大内需与招商引资，缺乏根治对策，拖为慢性"癌症" |
| 社会背景 | 1978年"改革开放"之后，经济恢复增长，用电需求爆发 | 1997年亚洲经济危机之后，重化工业崛起，中国成为"世界工厂" | 国际金融危机之后，扩内需上马"铁公基"；不同地区产业转移与升级，民生保障的要求也越来越高 |

(续表)

| 年代 | 第一类<br>1978—1996年 | 第二类<br>2003—2006年 | 第三类<br>2008年至今 |
|---|---|---|---|
| 主要矛盾 | 计划经济独家办电——投资匮乏 | "三年不上新电厂"——装机缺乏 | 电厂因亏损不购煤不发电不投资——有效交易缺失 |
| 解决对策 | 多元投资——通过"集资办电"打破独家垄断，通过"两分钱"基金等进行社会融资 | 放松管制——默许地方"违规"上马电站（至今仍有6000万千瓦"违规机组"），通过"厂网分开"引进竞争提高投资效益 | （1）管制电煤价格（控制产能、限制中间加价）；（2）"人为滞后型"煤电价格联动；（3）发电企业内部挖潜；（4）纵向一体化联营；（5）其他：煤炭交易市场、较大规模煤炭储备、电煤长期合约、增加输电规模、由政府控制电煤供应链进行计划分配、从煤价中抽取基金补贴火电厂等 |
| 实施效果 | 中央+地方+外资投资公司数十家，基金750亿元+债券数百亿元+50余家上市 | 2002—2007年增加3.6亿千瓦机组，"五大集团"等大型投资集团，若干指标世界先进 | （1）基本无效<br>（2）短期效果<br>（3）与（4）效果有限<br>（5）初步尝试预期不佳 |

资料来源：《中国式电荒的演进与应对》等。

## 附表18　1978—2011年中国发电设备利用小时数

单位：小时

| 年份 | 平均利用时间 | 火电利用时间 | 年份 | 平均利用时间 | 火电利用时间 |
|---|---|---|---|---|---|
| 1978 | 5149 | 6018 | 1995 | 5216 | 5454 |
| 1979 | 5175 | 5956 | 1996 | 5033 | 5418 |
| 1980 | 5078 | 5775 | 1997 | 4765 | 5114 |
| 1981 | 4955 | 5511 | 1998 | 4501 | 4811 |
| 1982 | 5007 | 5542 | 1999 | 4393 | 4719 |
| 1983 | 5101 | 5513 | 2000 | 4517 | 4848 |
| 1984 | 5190 | 5748 | 2001 | 4588 | 4900 |
| 1985 | 5308 | 5893 | 2002 | 4860 | 5272 |
| 1986 | 5388 | 5974 | 2003 | 5245 | 5767 |
| 1987 | 5392 | 6011 | 2004 | 5455 | 5991 |
| 1988 | 5313 | 5907 | 2005 | 5425 | 5865 |
| 1989 | 5171 | 5716 | 2006 | 5198 | 5612 |
| 1990 | 5041 | 5413 | 2007 | 5020 | 5316 |
| 1991 | 5030 | 5451 | 2008 | 4648 | 4885 |
| 1992 | 5039 | 5462 | 2009 | 4546 | 4865 |
| 1993 | 5068 | 5455 | 2010 | 4660 | 5031 |
| 1994 | 5233 | 5574 | 2011 | 4731 | 5294 |

数据来源：中电联。

## 附表19  2006—2010年五大发电集团基本经营情况

|  | 2006年 | 2010年 |
|---|---|---|
| 折旧（亿元） | 424 | 863 |
| 财务费用（亿元） | 204 | 699 |
| 发电成本（亿元） | 2367 | 5436 |
| 燃料成本（亿元） | 1409 | 3718 |
| 燃料成本/发电成本（%） | 59.5 | 68.4 |
| 资产（亿元） | 10790 | 25906 |
| 负债（亿元） | 8247 | 22043 |
| 资产负债率（%） | 76.4 | 85.1 |

数据来源：国家电监会。

## 附表20  2004—2011年中国电源投资结构

单位：亿元

| 年份 | 电源总投资 | 水电 | 火电 | 核电 | 风电 | 其他 |
|---|---|---|---|---|---|---|
| 2004 | 2048 | 554 | 1437 | 40 | 13 | 4 |
| 2005 | 3228 | 862 | 2269 | 32 | 45 | 20 |
| 2006 | 3195 | 783 | 2230 | 93 | 64 | 25 |
| 2007 | 3226 | 859 | 2005 | 164 | 171 | 27 |
| 2008 | 3407 | 849 | 1679 | 329 | 527 | 23 |
| 2009 | 3803 | 867 | 1544 | 585 | 782 | 25 |
| 2010 | 3969 | 819 | 1426 | 648 | 1038 | 39 |
| 2011 | 3712 | 940 | 1050 | 740 | 829 | 153 |

数据来源：中电联。

## 附表21  2003—2011年中国煤炭与火电行业利润总额

单位：亿元

| 年份 | 煤炭 | 火电 | 年份 | 煤炭 | 火电 |
|---|---|---|---|---|---|
| 2003 | 140 | 458 | 2008 | 2348 | −267 |
| 2004 | 350 | 455 | 2009 | 2208 | 599 |
| 2005 | 561 | 480 | 2010 | 3447 | 437 |
| 2006 | 691 | 666 | 2011 | 4337 | 206 |
| 2007 | 1022 | 719 |  |  |  |

数据来源：中信证券《电力行业投资策略》。

## 附表22　新中国成立以来中国电力行业管理权演变情况

| 年份 | 体制演变 | 权力变动 | 结构特点 |
| --- | --- | --- | --- |
| 1949 | 成立燃料工业部 | — | — |
| 1952 | 收编各大区电业管理局；成立石油管理总局、煤炭管理总局、电业管理总局和水力发电建设总局等负责建设、运营；相关司局直接管理规划、计划、财务、人事等 | 行政集权 | 中央—区域分级管理，中央为主 |
| 1955 | 撤销燃料工业部，成立电力工业部 | — | — |
| 1956 | 撤销电业管理总局和各大区电业管理局，电力部直接领导各省电力工业 | 高度集权 | 中央—省分级管理，中央为主 |
| 1958 | 合并水利部与电力工业部，成立水利电力部 | — | — |
| 1958 | 电力企业全部下放给省级政府，水利电力部只负责跨省电网（京津唐、东北） | 高度分权 | 中央—省分级管理，省为主 |
| 1961 | 管理权力上收，重新以中央为主 | 行政集权 | 中央—省分级管理，中央为主 |
| 1961—1965 | 形成京津唐、华北、东北、华东、中原和西北5个大区管理局 | 行政分权 | 中央—区域—省分级管理，中央为主 |
| 1967 | "文化大革命"军管，电管权下放地方政府，除东北电网由沈阳军区领导外，华北、华东、中原各区均分给各省级革委会领导 | 高度分权 | 以省为主 |
| 1970 | 结束军管，撤销西北电业管理局，分别下放各省领导，本来直管的广东、四川也下放省管 | 高度分权 | 以省为主 |
| 1975 | 恢复水利电力部建制；大区电业管理局分片管理，为水电部派出机构；省级电业局受区域局及所在省的双重领导，区域局为主 | 行政集权 | 中央—区域—省分级管理，中央为主；省级双重领导 |
| 1979 | 撤销水利电力部，成立电力部和水利部；明确跨省的和一省范围内的电网，由电力部统一管理，电力供应由国家统一分配 | 行政集权 | 中央—区域—省分级管理，中央为主 |
| 1979—1981 | 先后成立华北、华东、华中、西南电业管理局及山东电力局，除新疆、内蒙古、西藏、福建、广西、广东仍归各省领导以外，电力部统一管理各网省；区域电管局是电力部的派出机构；各省设电力工业局，由电力部或其指定的网局领导 | 行政集权 | 中央—区域—省分级管理，中央为主；部分地方为主 |
| 1982 | 将水利部、电力部合并为水利电力部 | — | — |
| 1983—1984 | 先后成立西北电管局、福建电力局、新疆电力局、华南电网办公室；形成中央和地方双重领导、以中央为主、按大区分片管理的管理体制。截至1985年，只有广东、内蒙古、西藏以地方为主管理 | 行政集权 | 中央—区域—省分级管理，中央为主；个别地方为主 |

(续表)

| 年份 | 体制演变 | 权力变动 | 结构特点 |
|---|---|---|---|
| 1985 | 开始推行集资办电,由全行业统收统支改为网局、省局、发电厂三级经济核算,电网内实行国家和地方两种管理体制 | 经营分权 | 网局—省局—发电厂分级经营(核算) |
| 1988 | 撤销西南电管局,成立西南电网办公室;网局所在省也成立省电力工业局 | 行政集权 | 中央—区域—省分级管理,中央为主 |
| 1988 | 华东电网改革试点——"政企分开、省为实体、联合电网";成立华东电力联合公司和江、浙、沪、皖4家省级电力公司,与华东电业管理局和4省(市)电力工业局双轨制运行 | 政企、央地分权 | 中央—区域—省分级经营,省为实体 |
| 1988 | 成立能源部,撤销水利电力部 | — | — |
| 1988 | 将网局改建为联合电力公司,省电力局改建为省电力公司(两者双轨制运行),都是独立核算、自负盈亏的法人实体<br>联合电力公司由能源部归口管理,独立的省电力公司由能源部和省政府双重领导、并接受能源部委托行使所在地区电力工业的行业管理职能 | 政企、央地分权 | 中央—区域—省分级经营,省为实体,双重领导 |
| 1993 | 将东北、华东、华北、华中、西北等五大电力联合公司改组为电力集团公司,连同华能公司,在国家计划中单列,由能源部管理 | 经营分权 | 中央—区域—省分级经营 |
| 1993 | 撤销能源部,成立电力工业部 | — | — |
| 1995—1996 | 通过《电力法》等,明确国务院电力管理部门负责全国电力事业的监督管理,县级以上地方政府经济综合主管部门是本行政区内的电力管理部门 | 行政分权 | 中央—区域—省分级管理,省为实体 |
| 1996 | 组建国家电力公司,与电力部两块牌子、两套班子双轨运行<br>发、输、配、供垂直一体化,拥有全国总装机容量的60%和总售电量的77%,经营管理电力部全部电力企业集团公司、省级电力公司及其他电力企业的股权 | 政企分权 | 中央—区域—省分级经营 |
| 1998 | 撤销电力工业部,将电力工业部和水利部的行政管理职能移交国家经贸委,行业管理职能移交中电联 | 行政分权 | 中央—省分级管理,省为实体 |
| 1998 | 取消价外加价与电力工程贴费。开始农网"两改一同价",将原来由地方政府承担的农网建设转交电力企业,输配合一,扩大交叉补贴。使一批地方电力企业得到壮大 | 政企分权 | — |
| 1998年底 | 改组或设立独立法人资格的黑龙江、吉林、辽宁省电力公司,将东北电力集团公司改组为国家电力公司的分公司 | 经营集权 | 中央—省分级经营 |

(续表)

| 年份 | 体制演变 | 权力变动 | 结构特点 |
|---|---|---|---|
| 1999—2000 | 东北试点后,先后将南方电力联营公司、华东、华中、西北电力集团公司改组为分公司,只保留了中国华能和华北两个集团公司 | 经营集权 | 中央—省分级经营 |
| 2002 | 对原国家电力公司拆分重组,组建五大发电集团、两大电网公司和四大电力辅业集团<br>5号文件要求国网公司负责组建5家区域电网公司,性质为有限责任公司或股份有限公司,享有法人财产权,承担资产保值增值责任,省级电力公司为其分公司或子公司 | 经营分权 | 中央—区域—省分级管理,区域为核心 |
| 2002 | 成立国家电监会(正部级);撤销国家经贸委,其原来承担的职能移交发改委、电监会<br>在中央层面形成以发改委、电监会为主,国资委、财政部等部门相配合的管电体系 | 行政集权 | — |
| 2003 | 中央电网企业向地方电力的经营区域渗透,并通过代管、合股、无偿上划等多种形式扩大市场,地电与央电之间的矛盾日益突出 | 经营集权 | 中央电网企业既独家批发,又直接介入零售竞争 |
| 2004 | 电监会开始陆续组建垂直管理的派出机构,包括6个区域监管局及省级监管办、业务办 | 行政集权 | 中央—区域—省分级管理,中央为主 |
| 2008 | 设立国家能源局(副部级) | 行政集权 | 中央—省分级管理,中央为主 |
| 2011 | 国网公司陆续将区域电网公司改组为分公司,并通过"三集五大"介入省及以下电力企业经营管理 | 经营集权 | 中央—省分级经营,中央为主 |

资料来源:《中国电力管理体制的演变与分析》、《从集资办电到电力体制改革》等。

## 附表23 2012年全国无电人口调查数据[①]

单位:人

| 地区 | 无电户 | 无电人口 | 地区 | 无电户 | 无电人口 |
|---|---|---|---|---|---|
| 新疆 | 277573 | 1082279 | 甘肃 | 4051 | 13857 |
| 四川 | 249743 | 1056327 | 山西 | 917 | 3110 |
| 西藏 | 129268 | 613000 | 广东 | 711 | 3012 |
| 青海 | 112047 | 456300 | 福建 | 227 | 960 |
| 云南 | 81401 | 331101 | 海南 | 259 | 855 |
| 内蒙古 | 47229 | 164754 | 湖南 | 154 | 616 |
| 广西 | 9791 | 39211 | 贵州 | 75 | 192 |

①全国合计:无电乡镇256个、无电村3917个、无电户913446户,无电人口3765587人。
数据来源:国家电监会。

### 附表24 1990—2007年世界主要国家发电设备利用小时数

单位：小时

| 国家 | 平均利用时间 | 火电利用时间 | 国家 | 平均利用时间 | 火电利用时间 |
|---|---|---|---|---|---|
| 世界 | 4328 | 4247 | 加拿大 | 4986 | 4312 |
| 中国 | 4979 | 5358 | 意大利 | 3574 | 4072 |
| 美国 | 4260 | 4056 | 俄罗斯 | 3710 | 3600 |
| 日本 | 4181 | 4123 | 瑞典 | 4514 | 1377 |
| 法国 | 4640 | 2045 | 澳大利亚 | 4570 | 5156 |
| 德国 | 4744 | 4590 | 巴西 | 4517 | 3048 |
| 英国 | 4797 | 4590 | 印度 | 4515 | 4884 |

数据来源：国际能源署（IEA）。

### 附表25 中国、美国、日本输电网效率指标比较

| | 中国（2010年） | 美国（2007年） | 日本（2008年） |
|---|---|---|---|
| 发电装机（万kW） | 96641 | 99588 | 28053 |
| 发电量（亿kW·h） | 41999 | 39219 | 10749 |
| 输电线路长度（km）① | 432110 | 263842 | 35730 |
| 线路装机比（kW/km） | 2236 | 3775 | 7851 |
| 线路电量比（万kW·h/km） | 972 | 1486 | 3008 |

①输电线路长度为220kV及以上，但不包括中国的特高压线路

数据来源：国际能源署（IEA）。

### 附表26 世界主要经济体电力（能源）市场结构①

| 排名 | 美国 | | | 欧洲 | | | 日本 | | | 中国 | | |
|---|---|---|---|---|---|---|---|---|---|---|---|---|
| | 公司 | 销售额（亿美元） | 比第一（%） | 公司 | 销售额（亿美元） | 比第一（%） | 公司 | 销售额（亿美元） | 比第一（%） | 公司 | 销售额（亿元人民币） | 比第一（%） |
| 1 | 联合能源 | 198 | 100 | 德国意昂 | 1207 | 100 | 东京电力 | 549 | 100 | 国家电网 | 15288 | 100 |
| 2 | 爱克斯龙 | 189 | 95 | 法苏伊士 | 1156 | 96 | 关西电力 | 269 | 49 | 南方电网 | 3686 | 24.1 |
| 3 | 南方电力 | 171 | 86 | 法国电力 | 895 | 74 | 中部电力 | 244 | 44 | 华能集团 | 2280 | 14.9 |
| 4 | 佛州照明 | 164 | 83 | 意—国电 | 829 | 69 | 东北电力 | 181 | 33 | 大唐集团 | 1754 | 11.5 |
| 5 | 多米尼 | 163 | 82 | 德国莱茵 | 662 | 55 | 九州电力 | 149 | 27 | 国电集团 | 1624 | 10.6 |
| 6 | 爱依斯 | 161 | 81 | 西—伊德 | 351 | 29 | 中国电力 | 111 | 20 | 华电集团 | 1302 | 8.5 |
| 7 | 太平洋 | 146 | 74 | 英国森特 | 312 | 26 | 四国电力 | 62 | 11 | 中电投 | 1270 | 8.3 |
| 8 | 美国电力 | 144 | 73 | 苏—南方 | 303 | 25 | 电力开发 | 59 | 11 | 内蒙古电力 | 477 | 3.1 |

(续表)

| 排名 | 美国 公司 | 美国 销售额(亿美元) | 美国 比第一(%) | 欧洲 公司 | 欧洲 销售额(亿美元) | 欧洲 比第一(%) | 日本 公司 | 日本 销售额(亿美元) | 日本 比第一(%) | 中国 公司 | 中国 销售额(亿元人民币) | 中国 比第一(%) |
|---|---|---|---|---|---|---|---|---|---|---|---|---|
| 9 | 爱迪国际 | 141 | 71 | 德国巴符 | 227 | 19 | 北海电力 | 57 | 10 | 浙能集团 | 470 | 3.1 |
| 10 | 英迪斯 | 140 | 71 | 英国国电 | 219 | 18 | 北陆电力 | 48 | 9 | 中核集团 | 445 | 2.9 |
| 11 | 第一能源 | 136 | 69 | 葡—能源 | 193 | 16 | | | | 粤电集团 | 430 | 2.8 |
| 12 | 统一爱迪 | 136 | 69 | 意爱迪生 | 154 | 13 | | | | 华润电力 | 417 | 2.7 |
| 13 | 大众服务 | 133 | 67 | 瑞士阿匹 | 119 | 10 | | | | 江苏国信 | 398 | 2.6 |
| 14 | 杜克能源 | 132 | 67 | 意—A2A | 102 | 8 | | | | 葛洲坝 | 370 | 2.4 |
| 15 | 安特吉 | 131 | 66 | 西—UF | 100 | 8 | | | | 长江三峡 | 291 | 1.9 |
| 16 | 可靠能源 | 126 | 63 | 捷克策斯 | 94 | 8 | | | | 申能集团 | 253 | 1.7 |
| 17 | 森帕能源 | 113 | 57 | 芬兰富腾 | 79 | 7 | | | | 中广核 | 191 | 1.2 |
| 18 | 卓越能源 | 112 | 57 | 希腊公共 | 75 | 6 | | | | 北能集团 | 171 | 1.1 |
| 19 | 佩科股份 | 107 | 54 | 英国国际 | 54 | 4 | | | | 津能投资 | 151 | 1.0 |
| 20 | 卡尔派 | 99 | 50 | 意—Acea | 37 | 3 | | | | 深能源 | 131 | 0.9 |

①本表数据为前20名大企业的规模对比（第1名=100）。
数据来源：福布斯杂志"全球企业2000强排行榜"（2009年）、《中国能源报》"中国能源集团500强排行榜"（2010年）、电监会"电力监管年度报告"等。

## 附表27　世界主要国家电力产业公共环节的制度安排

| 国家 | 调度、交易、电网（输电）三大公共机构安排 | 电网环节安排 |
|---|---|---|
| 英国 | 交易机构分离，调度、输电保持一体（TSO模式） | 配电环节传统上即独立分散状态，改革后电网环节实行输配产权分开——输电公司与配电公司没有产权关联 |
| 德国 | 交易机构分离，调度、输电保持一体（TSO模式） | 传统上配电环节独立分散状态，电网环节改革前即为输配产权分开或至少治权分开 |
| 法国 | 交易机构分离，调度、输电保持一体（TSO模式） | 原为垂直一体化，改革后电网环节实行输配治权分开——法国电力公司虽依然发、输、配、售一体，但输电公司、配电公司均为独立法人机构，与集团公司仅股权关系，总裁由政府任命 |
| 日本 | 交易机构分离，调度、输电保持一体 | 原为区域垂直一体化，改革后电网环节实行输配财务分开——10大公司虽依然发、输、配、售一体，但按《电力事业法》要求实行功能分离，输配等各环节均财务分开核算 |
| 美国 | 调度、交易打捆分离，输电业务独立运营（ISO、RTO模式） | 原各公用电力公司垂直一体化，改革后电网环节实行输配财务分开——各公用电力公司虽仍发、输、配、售一体，但通过《公用事业统一会计制度》进行环节细分的财务核算 |

(续表)

| 国家 | 调度、交易、电网（输电）三大公共机构安排 | 电网环节安排 |
|---|---|---|
| 阿根廷 | 调度、交易打捆分离，输电业务独立运营（CAMMESA模式） | 原为垂直一体化，改革后电网环节实行输配产权分开——输电公司禁止购售电、禁止从事发电或配电，发电、配电及其他私人公司禁止控股输电公司 |
| 俄罗斯 | 调度、交易、输电三者各自独立 | 原为发电、输电一体化而配电环节与地方参股，改革后电网环节实行输配产权分开——联邦政府为输电企业出资人，在配电公司也占有重要股份，但各为独立的企业 |
| 巴西 | 调度、交易、输电三者各自独立 | 原为垂直一体化，改革后电网环节实行输配产权分开——在发、输、配电分开的基础上，私人资本可通过竞标方式进入发电和配电领域，并禁止输电公司参与电力买卖 |
| 印度 | 调度、交易、输电三者各自独立 | 原各级均垂直一体化，改革后电网环节实行输配产权分开——输电公司不允许从事电力交易，发、输、配各自独立 |
| 中国 | 调度、交易、输电三者合一 | 原为发、输、配、售一体化，改革后电网环节依然输配不分——并通过"三集五大"等措施进一步集约管理 |

资料来源：相关调研考察报告及专著。

## 附表28　改革开放以来中国电价政策及价格水平变动情况

| 时期 | 年份 | 电价政策 | 电价水平 |
|---|---|---|---|
| 低水平稳定期 | 1975—1985年 | • 目录电价——始于1975年颁布的《电热价格》，明确了基本的电价水平和销售电价分类；1993年以后，对分类等进行过一些调整 | 以目录电价为基础逐步取消优惠，总体变动很小，平均0.08元/kW·h |
| 快速扩张期 | 1986—1995年 | • 还本付息电价——始于1985年，也称集资办电价，是针对贷款建设的集资电厂的上网电价政策，有利于吸引多元投资，缓解电荒。<br>• 燃运加价——1985—1993年期间为配合煤炭行业改革，明确规定了燃运加价的范围和计算方法。<br>• 电力建设基金——从1988年开始，为筹集电力建设资金，对全国所有企业用电征收每千瓦时2分钱的电力建设基金，用于地方电力基本建设；1996年调整，1分钱用于地方电力基本建设，1分钱由中央电力企业用于电网建设 | 因燃运价格上涨、单位造价攀升，电价水平增长较快，年均增长13%左右，至1995年国家电力公司组建前，系统平均销售电价0.262元/kW·h |
| 控制转折期 | 1996—2001年 | • 经营期电价——20世纪90年代末，为约束电力建设成本，将按还贷定价改为按项目经营期（经济寿命周期），按项目个别成本定价改为按社会平均先进成本定价，使新建项目的上网电价平均降低0.05元/kW·h | 电力供大于求，出现降价要求，电价年均增长不足9%，至2002年全国平均销售电价不足0.4元/kW·h |

(续表)

| 时期 | 年份 | 电价政策 | 电价水平 |
|---|---|---|---|
| 持续博弈、多元目标期 | 2002年至今 | • 标杆电价——从2004年开始，新建发电项目统一执行区域或省提前公布的上网标杆电价，从按个别成本定价，改进为按照区域社会平均成本实行统一定价，不再一机一价。<br>• 竞价上网——1999年浙江、山东、上海及东北三省，2004年东北区域，2006年华东区域曾经开展竞价上网试点性，后因故中止。<br>• 煤电联动——从2004年开始，为应对电煤价格持续上涨，发布了上网电价、销售电价与电煤价格联动的政策。<br>• 其他节能环保电价政策——近年相继出台脱硫电价、差别电价、可再生能源电、小火电机组上网电价、峰谷丰枯电价等政策。<br>• 阶梯电价——从2012年开始，对居民用电实行正向阶梯电价 | 2002年至今，发电装机与电量快速增长，一次能源价格持续攀升，因装机不足、煤电矛盾等引起的电荒长期延续，但仍长期坚持人为压制电价的政策，虽然多次调价但年均增长不足5%，至2010年年底全国平均销售电价约为0.571元/kW·h |

资料来源：《中国电价改革回顾与展望》等。

## 附表29  1978—2011年中国发电装机、发电量增速及机组利用小时数

| 年份 | 发电装机增速(%) | 发电量增速(%) | 机组利用时间(小时) | 年份 | 发电装机增速(%) | 发电量增速(%) | 机组利用时间(小时) |
|---|---|---|---|---|---|---|---|
| 1978 | — | — | 5149 | 1995 | 8.66 | 8.51 | 5216 |
| 1979 | 10.33 | 9.9 | 5175 | 1996 | 8.89 | 7.20 | 5033 |
| 1980 | 4.52 | 6.6 | 5078 | 1997 | 7.48 | 5.08 | 4765 |
| 1981 | 5.00 | 3.00 | 4955 | 1998 | 9.07 | 2.07 | 4501 |
| 1982 | 5.00 | 6.00 | 5007 | 1999 | 7.75 | 6.51 | 4393 |
| 1983 | 6.00 | 7.00 | 5101 | 2000 | 6.88 | 10.98 | 4517 |
| 1984 | 4.81 | 7.29 | 5190 | 2001 | 6.00 | 8.43 | 4588 |
| 1985 | 8.65 | 8.94 | 5308 | 2002 | 5.34 | 11.48 | 4860 |
| 1986 | 7.78 | 9.47 | 5388 | 2003 | 9.77 | 15.17 | 5245 |
| 1987 | 9.68 | 10.61 | 5392 | 2004 | 13.02 | 15.18 | 5455 |
| 1988 | 12.24 | 9.61 | 5313 | 2005 | 16.91 | 13.81 | 5425 |
| 1989 | 9.65 | 7.26 | 5171 | 2006 | 20.60 | 14.11 | 5198 |
| 1990 | 8.88 | 6.26 | 5041 | 2007 | 15.15 | 14.54 | 5020 |
| 1991 | 10.07 | 9.05 | 5030 | 2008 | 10.34 | 5.18 | 4648 |
| 1992 | 9.92 | 11.39 | 5039 | 2009 | 10.26 | 6.67 | 4546 |
| 1993 | 9.82 | 10.71 | 5068 | 2010 | 10.56 | 14.85 | 4650 |
| 1994 | 9.11 | 11.06 | 5233 | 2011 | 9.95 | 11.89 | 4730 |

数据来源：中电联。

## 附表30　新中国成立以来中国电力管理体制沿革

| 主要管电部门 | 时间 | 内容 |
|---|---|---|
| 燃料工业部 | 1949—1955年 | 成立燃料工业部，统一管理全国煤炭、石油、电力工业 |
| 电力工业部 | 1955—1958年 | 撤销燃料工业部，分别成立电力工业部以及煤炭部、石油部 |
| 水利电力部 | 1958—1979年 | 合并水利部与电力工业部，成立水利电力部。其中"文化大革命"期间（1967—1975年）实行军管，即军管会领导 |
| 电力工业部 | 1979—1982年 | 撤销水利电力部，分别成立电力工业部和水利部。期间1980年成立国家能源委（国务院副总理兼主任），协调管理水利部、电力部、石油部和煤炭部，2年后解散 |
| 水利电力部 | 1982—1988年 | 将水利部、电力部合并为水利电力部。1985年开始大力推行集资办电；1988年国务院批复同意华东电网"政企分开、省为实体、联合电网"电力体制改革试点，拉开电力政企分开的序幕 |
| 能源部 | 1988—1993年 | 成立能源部，撤销水利电力部以及煤炭部、石油部、核工业部，改组为石油总公司、煤炭总公司、核工业总公司和中国电力企业联合会。能源部是国务院统管全国电力工业的行政主管部门，对全国电力实行全行业管理。明确行业管理、规划、政策、协调、立法以及技术标准、定额、行业规章等职权。将网局改建为联合电力公司，省电力局改建为省电力公司（两者双轨制运行），都是独立核算、自负盈亏的法人实体。国务院印发《电力工业管理体制改革方案》，明确"政企分开、省为实体、联合电网、统一调度、集资办电"、"因地因网制宜"等方针。另成立电力企业联合会，根据能源部委托，协助行使相应的行业管理职能 |
| 电力工业部 | 1993—1998年 | 撤销能源部，成立电力工业部和煤炭部。明确指导思想：政企分开，简政放权，由部门管理转向行业管理，加强规划、协调、监督、服务职能。下放和转移了对企业人、财、物及经营管理的职能，加强了电力行业发展战略、规划、政策、法规和体制改革，监督国有资产保值增值，协调电力生产、建设和集资办电中的重大问题等宏观管理职能。1995年通过《电力法》，其后陆续颁发《电力供应与使用条例》及配套管理办法。1996年组建国家电力公司，与电力部两块牌子、两套班子双轨运行。电力部继续行使对电力工业的行政管理职能，国有资产经营职能和企业经营管理职能移交给国家电力公司 |
| 国家经贸委+国家计委 | 1998—2002年 | 撤销电力工业部，将电力工业部和水利部的行政管理职能移交国家经贸委，行业管理职能移交中电联；分别组建中石油和中石化两大集团；煤炭部降为煤炭工业局，煤矿大部分划归地方。经贸委电力司负责电力规划、立法、产业政策、技术标准、技改项目等职能；国家计划委负责基建审批、专项规划、电价制定及检查等；财政部、水利部以及环保、安监、工商、技监等其他部门也有一些管电职能。各省均不设立专门的电力管理部门，原省电力局（公司）承担的行政管理职能移交给地方综合经济管理部门。2000年成立国务院电力体制改革协调领导小组，办公室设在国家计委 |

(续表)

| 主要管电部门 | 时间 | 内容 |
|---|---|---|
| 国家发改委+国家电监会 | 2002—2008年 | 国务院印发国发〔2002〕5号文件,实施新一轮电力体制改革。<br>成立国务院电力体制改革工作小组,办公室设在电监会。<br>对原国家电力公司进行拆分重组,组建了五大发电集团、两大电网公司和四大电力辅业集团。<br>成立国家电监会（正部级）；撤销国家经贸委,其原来承担的行业管理、技改投资等职能移交发改委,市场监督职能移交电监会。国家电监会行使行政执法职能,并依照法律法规统一履行全国电力监管职责,主要包括电力安全监管、市场监管、供输电监管、业务许可等。在中央层面形成以国家发改委、国家电监会为主,国资委、财政部、环保、技监等部门相配合的管电体系。<br>国务院办公厅印发《电价改革方案》（〔2003〕63号）,建立煤电联动机制；颁布《电力监管条例》,在东北、华东以及南方开展区域电力市场模拟,在吉林、广东等地逐步启动大用户直购电试点。<br>2005年成立国家能源领导小组（国务院总理兼组长）,作为高层议事协调机构；下设"国家能源办公室"（简称"能源办"）,作为日常机构挂靠国家发改委 |
| 国家能源局+国家电监会 | 2008年至今 | 设立国家能源局（副部级）,为国家发改委管理的国家局（前身为2003年发改委内设的"能源局"）。国家能源局负责有关战略规划、项目审批、行业管理以及能源立法与产业政策等；但电价审批等管电职能仍然在发改委其他司局。<br>2010年成立国家能源委员会（国务院总理兼主任）,作为中国能源领域的最高战略决策和统筹协调机构；办公室主任由发展改革委主任兼任,副主任由能源局局长兼任,办公室具体工作由能源局承担。<br>2011年深化主辅分开改革,组建中能建、中电建两大辅业集团 |

资料来源：《中国电力管理体制的演变与分析》、《从集资办电到电力体制改革》等。

## 附表31 世界主要国家现行电力（能源）管理体制[①]

| 国家 | 宏观政策<br>——能源产业政策；能源安全与外交；资源管理（国有资产管理） | 经济性监管<br>——价格、准入、质量；反垄断 | 社会性监管<br>——环保；核安全 |
|---|---|---|---|
| 美国 | 能源部、能源资源局、内政部矿产管理局 | 联邦能源监管委员会；各州公用事业委员会 | 环保署；核监管委员会 |
| 英国 | 能源与气候变化部 | 天然气和电力市场局 | 环境、食品与乡村事务部 |
| 德国 | 联邦经济与技术部、能源署 | 网络传输监管局；卡特尔办公室、国家竞争局、垄断委员会 | 环境署；联邦环境、自然保护与核安全部 |
| 法国 | 工业、能源与数字经济部（下设能源总局、气候与能效局）；原子能委员会 | 能源监管委员会 | 生态、可持续发展、交通与住房部；核安全管理局 |
| 日本 | 政监合一：经济产业省（下设资源能源厅） | | 环境省及其原子能安全厅；经济产业省（下设核能与工业安全厅） |

(续表)

| 国家 | 宏观政策<br>——能源产业政策；能源安全与外交；资源管理（国有资产管理） | 经济性监管<br>——价格、准入、质量；反垄断 | 社会性监管<br>——环保；核安全 |
|---|---|---|---|
| 俄罗斯 | 能源部、自然资源与环境部 | 联邦能源委员会、油气管道委员会 | 自然资源与环境部 |
| 印度 | 电力部、煤炭部、石油和天然气部、核能部、新能源与可再生能源部 | 中央电力监管委员会；州电力监管委员会、油气监管委员会 | 环保部 |
| 巴西 | 国家能源政策委员会，矿产能源部（矿业生产局） | 矿产能源部（油气与生物能管理局、电力管理局） | 环境局 |
| 中国 | 国家能源委员会、发改委（能源局）、水利部、国家原子能机构；国土资源部、国防科工局；<br>另还涉及：国资委、财政部；外交部、科技部、工信部、商务部、交通部、建设部、农业部；有关行业协会 | 发改委（能源局），电监会、水利部；<br>（反垄断）商务部、国家工商总局 | 环保部；国家安监总局，国家核安全局，国家煤炭安全监管局 |

① "世界主要国家"——取舍范围为5个经济规模最大的发达国家，与代表新兴经济的"金砖四国"。
资料来源：《国外能源立法与能源体制研究》、《能源管理体制研究报告》等。

## 附表32  2003—2010年世界500强电力（能源）企业国别变动情况

| 年份 | 中国 | 日本 | 韩国 | 法国 | 德国 | 英国 | 西班牙 | 意大利 | 瑞典 | 葡萄牙 | 俄罗斯 | 美国 | 加拿大 | 墨西哥 |
|---|---|---|---|---|---|---|---|---|---|---|---|---|---|---|
| 1995 | — | 6 | 1 | 1 | 1 | — | | 1 | — | | | 3 | | |
| 1996 | — | 6 | 1 | 1 | 1 | — | | 1 | — | | | 3 | | |
| 1997 | — | 5 | 1 | 2 | 1 | 1 | — | 1 | — | | | 6 | 1 | — |
| 1998 | — | 5 | 1 | 2 | 1 | 1 | — | 1 | — | | | 8 | 1 | — |
| 1999 | 1 | 5 | 1 | 2 | 1 | 1 | 1 | 1 | — | | | 9 | 1 | — |
| 2000 | 1 | 5 | 1 | 2 | 1 | 1 | 1 | 1 | — | | | 12 | 1 | — |
| 2001 | 1 | 5 | 1 | 2 | 1 | 1 | 1 | 1 | — | | | 17 | 1 | — |
| 2002 | — | 5 | 1 | 2 | 1 | 1 | 1 | 2 | 1 | | | 14 | — | — |
| 2003 | 1 | 5 | 1 | 2 | 2 | 2 | 2 | 1 | 1 | | | 9 | | |
| 2004 | 2 | 5 | 1 | 3 | 2 | 3 | 2 | 1 | 1 | — | 1 | 6 | — | 1 |
| 2005 | 2 | 4 | 1 | 3 | 2 | 4 | 2 | 1 | | 1 | 1 | 4 | — | 1 |
| 2006 | 2 | 3 | 1 | 3 | 2 | 3 | 3 | 1 | 1 | — | 1 | 5 | — | 1 |
| 2007 | 2 | 3 | 1 | 2 | 3 | 3 | 2 | 1 | 1 | | | 4 | | 1 |
| 2008 | 3 | 3 | 1 | 3 | 3 | 3 | 2 | 1 | 1 | — | 1 | 2 | — | 1 |

(续表)

| 年份 | 中国 | 日本 | 韩国 | 法国 | 德国 | 英国 | 西班牙 | 意大利 | 瑞典 | 葡萄牙 | 俄罗斯 | 美国 | 加拿大 | 墨西哥 |
|---|---|---|---|---|---|---|---|---|---|---|---|---|---|---|
| 2009 | 6 | 4 | 1 | 3 | 3 | 3 | 2 | 1 | 1 | — | — | 1 | — | — |
| 2010 | 6 | 4 | 1 | 2 | 3 | 3 | 2 | 1 | 1 | — | — | — | — | 1 |

资料来源：《财富》杂志"世界500强排行榜"。

## 附表33 世界大型电力（能源）企业跨国经营情况

| 企业名称 | 主要跨国市场 |
|---|---|
| EDF，法国电力集团 | 法国、亚洲约3国、欧洲约11国、美国 |
| GDF，法国燃气苏伊士集团 | 法国、亚洲约9国、欧洲约12国、美洲约10国 |
| 法国阿海珐（核电）集团 | 法国、世界40余国 |
| 英国森特理克集团 | 英国、欧洲约4国 |
| 苏格兰和南方能源公司 | 英国、爱尔兰 |
| 英国国家电力供应公司 | 英国、美国（新英格兰、纽约） |
| 苏格兰电力公司 | 英国、美国、加拿大 |
| 德国意昂集团 | 德国、欧洲约14国、美国 |
| 德国莱茵集团 | 德国、欧洲约11国 |
| 西班牙恩德萨国家电力公司 | 西班牙、欧洲4国、美洲5国 |
| 西班牙伊维尔德罗拉公司 | 西班牙、葡萄牙、英国、美洲约5国 |
| 葡萄牙能源公司 | 葡萄牙、欧洲4国、巴西 |
| Enel，意大利国家电力公司 | 法国、欧洲约8国、美洲约7国 |
| 瑞典大瀑布能源集团 | 瑞典、欧洲4国 |
| 日本东京电力公司 | 日本、美国、澳大利亚 |
| 韩国电力公司 | 韩国、亚洲3国、非洲2国、欧洲、美洲、大洋洲各1国 |
| 美国星座（联合）能源集团 | 美国（马里兰州）、加拿大、巴西、新西兰 |
| 美国杜克能源公司 | 美国（南、北卡罗来纳州）、澳大利亚、美洲 |

资料来源：《世界500强比较分析报告》及有关企业网站等。

## 附表34 世界主要国家电力市场化改革前后市场格局

| 国家 | 改革之前 | 改革内容 | 改革之后 |
|---|---|---|---|
| 英国 | 原为发电、输电环节一体化经营，配电环节传统上即独立分散状态 | 发电、输电分开，形成市场竞争 | 发电领域，虽然已经开放竞争，但Centrica等大公司仍占有主要市场；输电领域，有3个国家级输电公司；配电领域，有14个区域级电力公司为配电许可运营商 |
| 德国 | 原为发电、输电环节一体化经营，配电环节传统上即独立分散状态 | 发电、输电分开，形成市场竞争 | 发电领域，虽然已经开放竞争，但意昂、莱茵等能源巨头仍占有主要市场；输电领域，主要有ENBW等4家输电商；配电领域，传统上独立且高度分散，企业多达800余家，竞争充分 |

(续表)

| 国家 | 改革之前 | 改革内容 | 改革之后 |
|---|---|---|---|
| 法国 | 原为法国电力公司（EDF）垂直一体化统一经营 | 发电侧完全开放竞争，用户可自主选择配电商 | 发电领域，虽然已经开放竞争，但法国电力公司仍占据较大市场份额；<br>输电领域，绝大多数由法国电力公司的输电子公司（RTE）运营；<br>配电领域，95%由法国电力公司的配电子公司（ERDT）运营，另约150家独立配电商 |
| 日本 | 原十大电力公司均为区域垂直一体化经营 | 分批放开大用户直接购电，允许独立发电商与发、售电一体公司 | 发电领域，由于资源稀缺、发展缓慢，独立发电商（IPP），发、售电（PPS）数量较少，十大电力公司仍是最主要的市场主体；<br>输配电领域，仍由十大电力公司区域垂直一体化垄断；<br>但一般认为，在分批放开大用户直购方面比较成功 |
| 美国 | 原为各公用电力公司垂直一体化经营 | 出现大量独立发电商，基本实现发电竞争，但配电侧变动很少 | 发电领域，独立发电商多达数百家，但高度分散，最大发电商装机份额外不足4%，前20家大发电公司也仅45%左右；<br>输电领域，幅员辽阔，全国分8～10片区域市场，各州采取不同的市场竞争模式；<br>配电领域，电网公司超过500家，2/3为垂直一体化的公用电力公司，垄断本地配电业务 |
| 阿根廷 | 原为垂直一体化统一经营 | 发电、配电侧都形成多家竞争 | 发电领域，形成大约40家独立发电公司，单个份额不超过10%；<br>输电领域，形成1家国家输电公司、6家地方输电公司；<br>配电领域，有国家、地方等多种形式配电公司 |
| 俄罗斯 | 原为俄罗斯统一电力系统股份公司（RAO）在发电、输电环节一体化经营，在配电环节与地方参股，并初步具备包括大用户在内的电力市场 | 发电、输电、配电各自分开，进一步形成多元竞争 | 发电领域，将发电资产重组为6个独立发电公司，1个水电公司，14个地区性热电公司；<br>输电领域，因幅员辽阔分欧洲、西伯利亚、远东3个大区，组建了联邦电网公司，下设6个区域输电公司与1个跨区输电公司；<br>配电领域，以地区为基础，组建12个地区性配电公司 |
| 巴西 | 原为垂直一体化统一经营 | 发电、配电侧都形成多家竞争 | 发电领域，有60多家多元化公司；<br>输电公司，从事输电业务的有16家公司；<br>配电领域，各类配电公司也有60多家 |
| 印度 | 分中央、地区、邦三级并以邦为主体，各级均垂直一体化经营 | 发、输、配逐步分开，输电公司不允许从事电力交易 | 发电领域，有中央、邦、私人等多元化市场主体，邦一级的比例最大；<br>输电领域，主要有1个国家电网公司与5个区域电网公司；<br>配电领域，主要由各邦电力公司环节分开并引进私人投资而形成 |

(续表)

| 国家 | 改革之前 | 改革内容 | 改革之后 |
|---|---|---|---|
| 中国 | 原国家电力公司为发、输、配、售一体化经营，发电、配电侧各有部分地方企业 | 厂网分开、多元投资，但未实现竞价上网；电网环节依然输配不分 | 发电领域，企业数量多达数千，但规模最大的27家占有70%以上份额；输电领域，全国分为6个区域电网32个省级电网，3家输电企业分别拥有26个省、5个省和1个省；配电领域，3000余家县级供电企业中地方独立公司不足1/3，其他均由两大电网公司直属或代管 |

资料来源：相关调研考察报告及专著。

## 附表35　2003—2010年世界500强电力（能源）企业资产与营业收入

单位：亿美元

| 年份 | 资产额（平均值） | 营业收入（平均值） |
|---|---|---|
| 2003 | 571 | 242 |
| 2004 | 645 | 266 |
| 2005 | 563 | 296 |
| 2006 | 650 | 349 |
| 2007 | 829 | 425 |
| 2008 | 900 | 486 |
| 2009 | 960 | 470 |
| 2010 | 1053 | 543 |
| 均增速 | 8.0% | 8.3% |

数据来源：根据《财富》杂志"世界500强排行榜"的数据计算。

## 附表36　世界大型电力（能源）企业混业经营情况

| 企业名称 | 主要业务领域 |
|---|---|
| EDF，法国电力集团 | 电力，燃气，能源相关服务，能源贸易，热力供应 |
| GDF，法国燃气苏伊士集团 | 燃气，水务，电力，能源服务+环境服务，碳交易 |
| 法国阿海珐（核电）集团 | 核电，输配电 |
| 英国森特理克集团 | 发电，燃气，能源相关服务，金融，电信 |
| 苏格兰和南方能源公司 | 电力，燃气，能源相关服务，电信，工程 |
| 英国国家电力供应公司 | 电力，燃气 |
| 苏格兰电力公司 | 电力，燃气 |
| 德国意昂集团 | 电力，燃气，能源相关服务，贸易、运输 |
| 德国莱茵集团 | 电力，燃气，环境服务，矿业、石化、电信、工程 |
| 德国巴登—符腾堡州能源公司 | 电力，燃气，能源服务+环境服务 |
| 西班牙恩德萨国家电力公司 | 电力，煤炭 |
| 西班牙伊维尔德罗拉公司 | 电力，燃气 |
| 葡萄牙能源公司 | 电力，燃气 |

(续表)

| 企业名称 | 主要业务领域 |
|---|---|
| Enel，意大利国家电力公司 | 电力，燃气，能源相关服务 |
| 瑞典大瀑布能源集团 | 电力，热力，煤矿，能源交易 |
| 日本东京电力公司 | 电力，燃气交易，能源、环境，设备，房地产，通信，运输 |
| 日本关西电力公司 | 电力，能源服务、环境服务，通信，商贸 |
| 日本中部电力公司 | 电力，信息，教育 |
| 韩国电力公司 | 电力，燃气，通信 |
| 美国星座（联合）能源集团 | 电力，燃气，能源相关服务，煤炭，物流 |
| 美国爱克斯龙（核电）公司 | 电力，燃气 |
| 美国佛罗里达电力照明公司 | 电力，新能源 |
| 美国多米尼（道明尼）公司 | 电力，燃气，石油，电信 |
| 美国太平洋电力燃气集团 | 电力，燃气 |
| 美国电力公司 | 电力，环境服务 |
| 美国爱迪生国际公司 | 电力，金融，电建 |
| 美国俄州—宾州第一能源公司 | 电力，燃气，能源服务 |
| 美国大众服务集团 | 电力，公共服务 |
| 美国杜克能源公司 | 电力，燃气 |

资料来源：《世界500强比较分析报告》及有关企业网站等。

## 附表37　1980—2011年中国电力与经济周期相关性指标

| 年份 | GDP增速(%) | 用电量增速(%) | 发电数（小时） | 发电小时数增速(%) | 发电装机增速(%) |
|---|---|---|---|---|---|
| 1980 | 7.8 | 7.0 | 5078 | −1.9 | 4.5 |
| 1981 | 5.2 | 4.8 | 4955 | −2.4 | 4.95 |
| 1982 | 9.1 | 5.9 | 5007 | 1.0 | 4.67 |
| 1983 | 10.9 | 7.3 | 5101 | 1.9 | 5.64 |
| 1984 | 15.2 | 7.4 | 5190 | 1.7 | 4.81 |
| 1985 | 13.5 | 7.2 | 5308 | 2.3 | 8.65 |
| 1986 | 8.8 | 9.3 | 5388 | 1.5 | 7.78 |
| 1987 | 11.6 | 10.7 | 5392 | 0.1 | 9.68 |
| 1988 | 11.3 | 9.3 | 5313 | −1.5 | 12.0 |
| 1989 | 4.1 | 7.5 | 5171 | −2.7 | 9.65 |
| 1990 | 3.8 | 6.3 | 5041 | −2.5 | 8.88 |
| 1991 | 9.2 | 9.3 | 5030 | −0.2 | 10.1 |
| 1992 | 14.2 | 11.3 | 5039 | 0.2 | 9.92 |
| 1993 | 14 | 10 | 5068 | 0.6 | 9.82 |
| 1994 | 13.1 | 10.3 | 5233 | 3.3 | 9.11 |

(续表)

| 年份 | GDP增速(%) | 用电量增速(%) | 发电数(小时) | 发电小时数增速(%) | 发电装机增速(%) |
|---|---|---|---|---|---|
| 1995 | 10.9 | 9.3 | 5216 | −0.3 | 8.66 |
| 1996 | 10.0 | 6.9 | 5033 | −3.5 | 8.89 |
| 1997 | 9.3 | 4.4 | 4765 | −5.3 | 7.48 |
| 1998 | 7.8 | 2.8 | 4501 | −5.5 | 9.1 |
| 1999 | 7.6 | 6.6 | 4393 | −2.4 | 7.75 |
| 2000 | 8.4 | 11.4 | 4517 | 2.8 | 6.88 |
| 2001 | 8.3 | 9.0 | 4588 | 1.6 | 6.0 |
| 2002 | 9.1 | 11.6 | 4860 | 5.9 | 5.3 |
| 2003 | 10.0 | 15.3 | 5245 | 7.9 | 9.77 |
| 2004 | 10.1 | 15.2 | 5455 | 4.0 | 13.0 |
| 2005 | 10.4 | 14.2 | 5425 | −0.5 | 16.9 |
| 2006 | 11.1 | 14.2 | 5198 | −4.2 | 20.6 |
| 2007 | 11.4 | 14.8 | 5020 | −3.4 | 15.2 |
| 2008 | 9.0 | 5.2 | 4677 | −6.8 | 10.3 |
| 2009 | 8.7 | 5.96 | 4527 | −3.2 | 10.0 |
| 2010 | 10.3 | 11.1 | 4660 | 2.9 | 13.2 |
| 2011 | 9.2 | 11.7 | 4731 | 1.5 | 9.25 |

资料来源：国家统计局、中电联等。

## 附表38　1978—2011年中国能源消费及电力消费弹性系数

| 年份 | 能源消费弹性 | 电力消费弹性 | 年份 | 能源消费弹性 | 电力消费弹性 |
|---|---|---|---|---|---|
| 1978 | 0.78 | 1.29 | 1995 | 0.63 | 0.85 |
| 1979 | 0.33 | 1.39 | 1996 | 0.59 | 0.69 |
| 1980 | 0.37 | 0.9 | 1997 | — | 0.47 |
| 1981 | — | 0.92 | 1998 | — | 0.36 |
| 1982 | 0.48 | 0.65 | 1999 | — | 0.87 |
| 1983 | 0.59 | 0.67 | 2000 | 0.42 | 1.36 |
| 1984 | 0.48 | 0.49 | 2001 | 0.40 | 1.08 |
| 1985 | 0.60 | 0.53 | 2002 | 0.66 | 1.28 |
| 1986 | 0.62 | 1.06 | 2003 | 1.53 | 1.53 |
| 1987 | 0.62 | 0.92 | 2004 | 1.60 | 1.51 |
| 1988 | 0.65 | 0.82 | 2005 | 0.93 | 1.37 |
| 1989 | 1.03 | 1.83 | 2006 | 0.76 | 1.28 |
| 1990 | 0.48 | 1.66 | 2007 | 0.59 | 1.3 |
| 1991 | 0.56 | 1.01 | 2008 | 0.41 | 0.58 |
| 1992 | 0.37 | 0.8 | 2009 | 0.57 | 0.69 |

(续表)

| 年份 | 能源消费弹性 | 电力消费弹性 | 年份 | 能源消费弹性 | 电力消费弹性 |
|---|---|---|---|---|---|
| 1993 | 0.45 | 0.71 | 2010 | 0.57 | 1.08 |
| 1994 | 0.44 | 0.79 | 2011 | 0.76 | 1.27 |

数据来源：中电联。

## 附表39　1978—2009年中国电能占终端能源消费比重及电力消费能源在一次能源中比重

单位：%

| 年份 | 电能占终端能源消费比重 | 电力消费能源在一次能源中的比重 | 年份 | 电能占终端能源消费比重 | 电力消费能源在一次能源中的比重 |
|---|---|---|---|---|---|
| 1978 | — | 20.90 | 1994 | 11.9 | 31.36 |
| 1979 | — | 21.62 | 1995 | 12.4 | 31.88 |
| 1980 | 6.4 | 22.03 | 1996 | 12.3 | 31.81 |
| 1981 | 6.7 | 22.79 | 1997 | 13.7 | 34.08 |
| 1982 | 6.7 | 23.00 | 1998 | 14.6 | 36.11 |
| 1983 | 6.8 | 22.95 | 1999 | 15.8 | 36.86 |
| 1984 | 6.8 | 22.78 | 2000 | 17.9 | 38.87 |
| 1985 | 6.9 | 22.93 | 2001 | 19.1 | 40.95 |
| 1986 | 7.1 | 23.69 | 2002 | 19.7 | 42.56 |
| 1987 | 7.4 | 24.56 | 2003 | 19.9 | 41.70 |
| 1988 | 7.5 | 24.94 | 2004 | 19.8 | 41.12 |
| 1989 | 7.7 | 25.41 | 2005 | 19.2 | 41.39 |
| 1990 | 8.1 | 26.58 | 2006 | 20.3 | 43.10 |
| 1991 | 10.1 | 27.63 | 2007 | 21.8 | 44.12 |
| 1992 | 10.8 | 29.00 | 2008 | — | 40.94 |
| 1993 | 11.4 | 29.95 | 2009 | — | 40.96 |

数据来源：中电联。

## 附表40　1990—2007年世界主要国家电力消费"两个比重"

单位：%

| | 年份 | 中国 | 美国 | 日本 | 德国 | 法国 | 英国 | 加拿大 |
|---|---|---|---|---|---|---|---|---|
| 电能占终端能源消费比重 | 1990 | 8.1 | 17.24 | 22.10 | 15.83 | 17.85 | 16.23 | 22.22 |
| | 1995 | 12.4 | 18.79 | 22.66 | 16.21 | 18.86 | 16.53 | 21.62 |
| | 2000 | 17.9 | 19.24 | 23.10 | 17.47 | 19.58 | 17.62 | 21.72 |
| | 2005 | 19.2 | 20.07 | 23.74 | 17.97 | 20.88 | 18.38 | 21.57 |
| | 2007 | 21.8 | 20.72 | 25.40 | — | 22.20 | 20.59 | — |

(续表)

|  | 年份 | 中国 | 美国 | 日本 | 德国 | 法国 | 英国 | 加拿大 |
|---|---|---|---|---|---|---|---|---|
| 电力消费能源在一次能源中的比重 | 1990 | 26.6 | 40.8 | 45.9 | 33.7 | 44.9 | 34.7 | 56.8 |
|  | 1995 | 31.9 | 41.5 | 46.1 | 35.8 | 49.1 | 34.6 | 57.6 |
|  | 2000 | 38.9 | 43.9 | 46.8 | 39.1 | 47.7 | 34.8 | 57.2 |

数据来源：国际能源署（IEA）。

## 附表41　1997—2011年中国单位GDP的能耗与电耗（2000年不变价）

| 年份 | 单位GDP能耗（吨标煤／万元GDP） | 单位GDP电耗（kW·h／万元GDP） | 年份 | 单位GDP能耗（吨标煤／万元GDP） | 单位GDP电耗（kW·h／万元GDP） |
|---|---|---|---|---|---|
| 1997 | 1.78 | 1383 | 2005 | 1.43 | 1568 |
| 1998 | 1.59 | 1335 | 2006 | 1.42 | 1578 |
| 1999 | 1.46 | 1346 | 2007 | 1.36 | 1619 |
| 2000 | 1.4 | 1357 | 2008 | 1.3 | 1568 |
| 2001 | 1.33 | 1362 | 2009 | 1.27 | 1532 |
| 2002 | 1.3 | 1367 | 2010 | 1.22 | 1571 |
| 2003 | 1.36 | 1465 | 2011 | 1.19 | 1607 |
| 2004 | 1.43 | 1470 |  |  |  |

数据来源：国家统计局、中电联。

## 附表42　中国主要能源资源与世界水平对比（2008年）

| 种类与指标 |  | 中国 | 世界 | 中国/世界 | 中国人均/世界人均 |
|---|---|---|---|---|---|
| 石油 | 储产比 | 11.1 | 42 | 1∶3.78 | — |
|  | 探明储量（亿吨） | 21 | 1708 | 1.23%∶100% | 1∶16.11 |
| 天然气 | 储产比 | 32.3 | 60.4 | 1∶1.87 | — |
|  | 探明储量（$10^{12}m^3$） | 2.46 | 185.02 | 1.33%∶100% | 1∶14.90 |
| 煤炭 | 储产比 | 41 | 122 | 1∶1.98 | — |
|  | 探明储量（亿吨） | 1145 | 8260 | 13.86%∶100% | 1∶1.43 |
| 水力发电 | 理论发电能力（亿kW·h/年） | 60830 | 286960 | 21.20%∶100% | 1∶0.93 |
| 铀矿 | 估计储量（吨） | 21700 | 1272685 | 1.71%∶100% | 1∶11.59 |

数据来源：根据BP能源统计的数据折算。

## 附表43　1990—2008年世界主要国家人均（一次）能源消费

单位：吨标准油/人

| 年份 | 美国 | 日本 | 德国 | 加拿大 | 法国 | 英国 | 澳大利亚 | 中国 | 世界 |
|---|---|---|---|---|---|---|---|---|---|
| 1990 | 7.8464 | 3.5049 | 4.41 | 8.953 | 3.7648 | 3.704 | 5.064 | 0.6004 | 1.5472 |
| 2000 | 8.1781 | 4.0366 | 4.0273 | 9.8078 | 4.1975 | 3.8037 | 5.5008 | 0.7618 | 1.5353 |
| 2005 | 7.8897 | 4.0698 | 3.9292 | 10 | 4.1706 | 3.7363 | 5.7645 | 1.1988 | 1.6342 |
| 2006 | 7.764 | 4.0701 | 3.982 | 9.8009 | 4.1139 | 3.664 | 5.9558 | 1.3066 | 1.6559 |
| 2007 | 7.8122 | 4.0388 | 3.7564 | 9.8848 | 4.0113 | 3.5373 | 5.8184 | 1.404 | 1.6801 |
| 2008 | 5.6744 | 3.9746 | 3.7784 | 9.9578 | 4.0344 | 3.472 | 5.5845 | 1.5083 | 1.6858 |

数据来源：根据BP能源统计的数据折算。

## 附表44　1997—2011年世界主要国家单位GDP的能耗与电耗（2000年不变价）

| | 年份 | 中国 | 美国 | 日本 | 德国 | 法国 | 世界 | 加拿大 |
|---|---|---|---|---|---|---|---|---|
| 单位GDP的能耗（吨标准煤/千美元） | 1990 | 2.77 | 0.39 | 0.15 | 0.33 | 0.29 | 0.51 | 0.55 |
| | 2000 | 1.30 | 0.33 | 0.16 | 0.25 | 0.27 | 0.44 | 0.50 |
| | 2006 | 1.24 | 0.29 | 0.15 | 0.24 | 0.26 | 0.44 | 0.45 |
| | 2007 | 1.17 | 0.29 | 0.14 | 0.23 | 0.25 | 0.43 | 0.44 |
| | 年份 | 中国 | 美国 | 日本 | 德国 | 法国 | 英国 | 加拿大 |
| 单位GDP的电耗（kW·h/千美元） | 1990 | 1310 | 414 | 195 | 341 | 320 | 271 | 836 |
| | 1995 | 1170 | 423 | 208 | 302 | 344 | 263 | 831 |
| | 2000 | 1050 | 395 | 217 | 294 | 337 | 248 | 732 |
| | 2005 | 1230 | 370 | 211 | 300 | 336 | 229 | 681 |
| | 2006 | 1270 | 361 | 206 | 293 | 325 | 220 | 645 |
| | 2007 | 1200 | 357 | 208 | 286 | 320 | 211 | 645 |

数据来源：国际能源署（IEA）。

## 附表45　1978—2011年中国城镇化率、工业化率以及人均GDP

| 年份 | 城镇化率(%) | 工业化率(%) | 人均GDP(元/人) | 年份 | 城镇化率(%) | 工业化率(%) | 人均GDP(元/人) |
|---|---|---|---|---|---|---|---|
| 1978 | 17.9 | 44.1 | 379 | 1983 | 21.6 | 39.9 | 579 |
| 1979 | 19.0 | 43.6 | 417 | 1984 | 23.0 | 38.7 | 691 |
| 1980 | 19.4 | 43.9 | 461 | 1985 | 23.7 | 38.3 | 852 |
| 1981 | 20.2 | 41.9 | 489 | 1986 | 24.5 | 38.6 | 956 |
| 1982 | 21.1 | 40.6 | 524 | 1987 | 25.3 | 38.0 | 1103 |

(续表)

| 年份 | 城镇化率(%) | 工业化率(%) | 人均GDP(元/人) | 年份 | 城镇化率(%) | 工业化率(%) | 人均GDP(元/人) |
|---|---|---|---|---|---|---|---|
| 1988 | 25.8 | 38.4 | 1355 | 2000 | 36.2 | 40.4 | 7828 |
| 1989 | 26.2 | 38.2 | 1508 | 2001 | 37.7 | 39.7 | 8592 |
| 1990 | 26.4 | 36.7 | 1633 | 2002 | 39.1 | 39.4 | 9368 |
| 1991 | 26.9 | 37.1 | 1881 | 2003 | 40.5 | 40.5 | 10510 |
| 1992 | 27.5 | 38.2 | 2298 | 2004 | 41.8 | 40.8 | 12299 |
| 1993 | 28.0 | 40.2 | 2981 | 2005 | 43.0 | 42.2 | 14012 |
| 1994 | 28.5 | 40.4 | 4022 | 2006 | 43.9 | 43.1 | 16122 |
| 1995 | 29.0 | 41.0 | 5019 | 2007 | 44.9 | 43.0 | 18885 |
| 1996 | 30.5 | 41.4 | 5816 | 2008 | 45.7 | 42.9 | 22640 |
| 1997 | 31.9 | 41.7 | 6388 | 2009 | 46.6 | 40.1 | 25125 |
| 1998 | 33.4 | 40.3 | 6765 | 2010 | 49.7 | 46.9 | 28860 |
| 1999 | 34.8 | 40.0 | 7129 | 2011 | 51.3 | 46.8 | 34999 |

数据来源：国家统计局。

## 附表46　1970—2006年世界主要国家供电煤耗

单位：g/kW·h

| 年份 | 美国 | 日本 | 法国 | 英国 | 澳大利亚 | 中国 | 俄罗斯 |
|---|---|---|---|---|---|---|---|
| 1970 | 378 | 342 | 352 | — | — | 501 | 367 |
| 1975 | 373 | 337 | 344 | 392 | — | 489 | 340 |
| 1980 | 378 | 337 | 350 | 383 | — | 448 | 328 |
| 1985 | 376 | 337 | 371 | 373 | 383 | 431 | 326 |
| 1990 | 398 | 331 | 343 | 362 | 356 | 427 | 325 |
| 1995 | 368 | 330 | 356 | 339 | 346 | 412 | 312 |
| 2000 | 369 | 316 | 307* | 339 | 370 | 392 | 341 |
| 2001 | 366 | 301* | 301* | 343 | 367 | 385 | 338 |
| 2002 | 360 | 300* | 305* | 338 | 368 | 383 | 337 |
| 2003 | 359 | 299* | 329* | 337 | 379 | 380 | 336 |
| 2004 | 359 | 300* | — | 339 | 363 | 376 | 334 |
| 2005 | 361 | 300* | — | 342 | 360 | 370 | 333 |
| 2006 | 356 | 312* | — | 338 | 360 | 367 | 333 |

数据来源：IEA。其中，法国1996年后、日本2001年后为发电煤耗数据，其他均为供电煤耗；德国、加拿大无供电煤耗数据；中国、俄罗斯为全国数据，其他国家为公用电业或最主要电力公司数据。

## 附表47 1990—2007年世界主要国家电厂用电率

单位：%

| 年份 | 美国 | 日本 | 德国 | 加拿大 | 法国 | 英国 | 澳大利亚 | 中国 |
|---|---|---|---|---|---|---|---|---|
| 1990年 | 5.86 | 5.82 | 7.53 | 2.99 | 4.75 | 6.13 | 5.74 | 6.90 |
| 1995年 | 5.83 | 5.77 | 7.15 | 3.08 | 4.43 | 5.32 | 5.82 | 6.78 |
| 2000年 | 5.82 | 3.71* | 6.62 | 3.14 | 4.43 | 4.32 | 5.82 | 6.28 |
| 2001年 | 3.32 | 3.65 | 6.36 | 3.29 | 4.31 | 4.45 | 5.80 | 6.24 |
| 2002年 | 4.75 | 3.67 | 6.21 | 3.19 | 4.33 | 4.44 | 6.54 | 6.15 |
| 2003年 | 4.86 | 3.58 | 5.80 | 3.22 | 4.34 | 4.57 | 6.75 | 6.07 |
| 2004年 | 4.04 | 3.66 | 6.37 | 3.25 | 4.30 | 4.33 | 7.45 | 5.95 |
| 2005年 | 4.81 | 3.81* | 6.28 | 3.19 | 4.51 | 4.49 | 5.50 | 5.87 |
| 2006年 | 4.72 | 3.86 | 6.22 | 3.10 | 4.47 | 4.67 | 5.64 | 5.93 |
| 2007年 | 3.66 | 3.80 | 6.07 | 3.31 | 4.46 | 4.47 | 6.16 | 5.83 |

数据来源：国际能源署IEA。
*为数据统计口径变更。

## 附表48 1990—2007年世界主要国家线损率

单位：%

| 年份 | 美国 | 日本 | 德国 | 加拿大 | 法国 | 英国 | 澳大利亚 | 中国 |
|---|---|---|---|---|---|---|---|---|
| 1990 | 9.26 | 4.12 | 4.66 | 7.30 | 7.76 | 8.08 | 7.44 | 8.06 |
| 1995 | 7.35 | 4.05 | 5.02 | 8.18 | 7.54 | 8.62 | 7.07 | 8.77 |
| 2000 | 6.00 | 4.67 | 4.75 | 8.59 | 6.89 | 8.37 | 7.79 | 7.70 |
| 2001 | 5.89 | 4.61 | 4.72 | 8.12 | 6.77 | 8.54 | 7.84 | 7.55 |
| 2002 | 6.43 | 4.93 | 4.74 | 8.79 | 6.86 | 8.26 | 6.95 | 7.52 |
| 2003 | 5.99 | 5.00 | 5.35 | 5.95 | 6.76 | 8.13 | 7.15 | 7.71 |
| 2004 | 6.68 | 4.76 | 6.05 | 6.62 | 6.61 | 8.92 | 6.47 | 7.55 |
| 2005 | 6.60 | 4.84 | 5.18 | 7.34 | 6.66 | 8.13 | 6.82 | 7.21 |
| 2006 | 6.52 | 4.81 | 5.04 | 8.10 | 6.65 | 8.11 | 7.22 | 7.04 |
| 2007 | 6.38 | 4.74 | 5.15 | 9.12 | 6.58 | 7.40 | 7.50 | 6.97 |

数据来源：国际能源署IEA。

## 附表49 近年中国非化石能源用于发电的比重

| 能源类型 | 2008年 能源产品量 | 2008年 折标准煤能源量（万吨标煤） | 2010年 能源产品量 | 2010年 折标准煤能源量（万吨标煤） |
|---|---|---|---|---|
| 固体生物燃料 | 50万吨 | 25 | 100万吨 | 50 |
| 沼气 | 140亿m³ | 1000 | 190亿m³ | 1365 |
| 生物乙醇 | 165万吨 | 250 | 200万吨 | 300 |

(续表)

| 能源类型 | 2008年 能源产品量 | 2008年 折标准煤能源量（万吨标煤） | 2010年 能源产品量 | 2010年 折标准煤能源量（万吨标煤） |
|---|---|---|---|---|
| 生物柴油 | 50万吨 | 75 | 20万吨 | 30 |
| 太阳能热利用 | 1.3亿m² | 2366 | 1.5亿m² | 2730 |
| 地热 | — | 300 | — | 400 |
| 非发电类合计 | — | 4016 | — | 4875 |
| 水电 | 5655万kW | 18209 | 6867万kW | 21425 |
| 核电 | 692万kW | 2228 | 747万kW | 2331 |
| 风电 | 131万kW | 422 | 494万kW | 1541 |
| 太阳能及其他 | 1.7万kW | 6 | 2.7万kW | 8 |
| 发电类合计 | 6480万kW | 20866 | 212280 | 25305 |
| 非化石能源用于发电的比重（%） | 84.68% | | 83.68% | |

数据来源：发改委能源研究所、中电联等。

## 附表50 1978—2011年中国非化石能源发电量占比

| 年份 | 全口径发电量（亿kW·h） | 非化石能源发电量比例（%） | 年份 | 全口径发电量（亿kW·h） | 非化石能源发电量比例（%） |
|---|---|---|---|---|---|
| 1978 | 2566 | 17.4 | 1995 | 10069 | 19.8 |
| 1979 | 2820 | 17.8 | 1996 | 10794 | 18.6 |
| 1980 | 3006 | 19.4 | 1997 | 11342 | 18.4 |
| 1981 | 3093 | 21.2 | 1998 | 11577 | 18.9 |
| 1982 | 3277 | 22.7 | 1999 | 12331 | 18.5 |
| 1983 | 3514 | 24.6 | 2000 | 13684 | 19.0 |
| 1984 | 3770 | 23.0 | 2001 | 14839 | 18.83 |
| 1985 | 4107 | 22.5 | 2002 | 16542 | 18.26 |
| 1986 | 4496 | 21.0 | 2003 | 19052 | 17.12 |
| 1987 | 4973 | 20.1 | 2004 | 21944 | 17.50 |
| 1988 | 5451 | 20.0 | 2005 | 24975 | 18.17 |
| 1989 | 5847 | 20.3 | 2006 | 28499 | 16.70 |
| 1990 | 6213 | 20.3 | 2007 | 32644 | 16.66 |
| 1991 | 6775 | 18.4 | 2008 | 34510 | 18.78 |
| 1992 | 7542 | 17.4 | 2009 | 36639 | 16.65 |
| 1993 | 8364 | 18.2 | 2010 | 42278 | 19.19 |
| 1994 | 9279 | 19.5 | 2011 | 47217 | 17.56 |

数据来源：中电联。

## 附表51　1990—2008年世界主要国家非化石能源发电量比例

单位：%

| 年份 | 美国 | 日本 | 德国 | 加拿大 | 法国 | 英国 | 澳大利亚 | 中国 | 世界 |
|---|---|---|---|---|---|---|---|---|---|
| 1990 | 30.47 | 36.45 | 31.95 | 77.51 | 88.69 | 22.81 | 9.55 | 20.30 | 36.84 |
| 1995 | 31.19 | 40.40 | 34.48 | 78.47 | 92.25 | 31.38 | 9.60 | 19.80 | 37.81 |
| 2000 | 28.40 | 40.90 | 37.18 | 72.62 | 90.73 | 25.49 | 8.64 | 19.00 | 35.60 |
| 2003 | 28.71 | 34.26 | 36.64 | 71.57 | 90.09 | 25.23 | 7.96 | 17.12 | 33.58 |
| 2004 | 28.61 | 37.33 | 37.75 | 73.77 | 90.69 | 24.10 | 7.73 | 17.50 | 33.84 |
| 2005 | 27.89 | 37.30 | 37.12 | 74.49 | 89.24 | 25.57 | 7.47 | 18.17 | 33.50 |
| 2006 | 28.66 | 38.29 | 38.36 | 75.44 | 90.29 | 24.35 | 7.44 | 16.70 | 33.10 |
| 2007 | 28.01 | 32.63 | 37.33 | 74.01 | 90.01 | 21.61 | 7.48 | 16.66 | 31.90 |
| 2008 | 28.38 | 32.94 | 39.12 | 75.63 | 90.44 | 19.87 | 6.96 | 18.78 | — |

数据来源：根据IEA数据折算。

## 附表52　2005—2011年中国跨省、跨区电量交换情况

| 年份 | 跨区 交换电量（亿kW·h） | 跨区 占比（%） | 跨省 交换电量（亿kW·h） | 跨省 占比（%） | 全国发电量（亿kW·h） |
|---|---|---|---|---|---|
| 2005 | 804 | 3.22 | 2748 | 11.00 | 24975 |
| 2006 | 815 | 2.86 | 3054 | 10.72 | 28499 |
| 2007 | 949 | 2.91 | 3927 | 12.03 | 32644 |
| 2008 | 1049 | 3.04 | 4560 | 13.21 | 34510 |
| 2009 | 1213 | 3.30 | 5245 | 14.25 | 36812 |
| 2010 | 1492 | 3.53 | 5879 | 13.91 | 42278 |
| 2011 | 1680 | 3.56 | 6323 | 13.39 | 47217 |

数据来源：中电联。

## 附表53　2010年世界500强营业收入、资产及员工规模前50名的行业分布

单位：家

| 营业收入TOP 50 | | 资产TOP 50 | | 雇员数TOP 50 | |
|---|---|---|---|---|---|
| 行业分类 | 企业数 | 行业分类 | 企业数 | 行业分类 | 企业数 |
| 食品消费品 | 1 | 食品消费品 | 0 | 食品消费品 | 6 |
| 商业零售 | 2 | 商业零售 | 0 | 商业零售 | 8 |
| 电气电子 | 6 | 电气电子 | 1 | 电气电子 | 8 |
| 汽车及相关服务 | 8 | 汽车及相关服务 | 0 | 汽车及相关服务 | 2 |

(续表)

| 营业收入TOP 50 | | 资产TOP 50 | | 雇员数TOP 50 | |
|---|---|---|---|---|---|
| 油气开采冶炼 | 11 | 油气开采冶炼 | 0 | 油气开采冶炼 | 2 |
| 电力（能源） | 3 | 电力（能源） | 0 | 电力（能源） | 2 |
| 邮政电信 | 4 | 邮政电信 | 1 | 邮政电信（投递） | 8 |
| 银行（金融投资） | 9 | 银行（金融投资） | 41 | 银行（金融投资） | 7 |
| 保险与健康 | 6 | 保险与健康 | 7 | 保险与健康 | 0 |
| — | — | — | — | 铁路、航空、兵器、钢铁、环境等 | 7 |
| 其中的电力（能源）企业为中国国网、德国意昂、法国GDF，分别位列第7位、第29位和第38位 | | 其中电力（能源）企业无一进入TOP50，排名最高的法国电力、中国国网分别位列第75位和第59位 | | 其中的电力（能源）企业为中国国网、中国南网，分别位列第3位和第32位 | |

数据来源：《财富》杂志"世界500强排行榜"。

## 附表54　2003—2010年世界500强电力（能源）企业的资产负债率

单位：%

| | 2003年 | 2004年 | 2005年 | 2006年 | 2007年 | 2008年 | 2009年 | 2010年 |
|---|---|---|---|---|---|---|---|---|
| 国家电网 | 63.29 | 64.43 | 63.07 | 62.39 | 61.69 | 64.88 | 66.61 | 63.39 |
| 南方电网 | — | 61.06 | 62.05 | 61.72 | 60.11 | 63.83 | 66.55 | 67.73 |
| 上榜电力企业平均 | 78.24 | 72.90 | 69.61 | 72.11 | 71.98 | 75.47 | 77.81 | 75.88 |

数据来源：根据《财富》杂志"世界500强排行榜"的数据折算。

## 附表55　"十一五"期间中国输配电网增长速度

单位：%

| 年份 | 交流线路长度同比增速 | | 变电设备容量同比增速 | |
|---|---|---|---|---|
| | 输电750~220kV | 配电110~35kV | 输电750~220kV | 配电110~35kV |
| 2006 | 12.9 | 3.2 | 19.2 | 12.8 |
| 2007 | 14.7 | 4.7 | 22.4 | 8.8 |
| 2008 | 9.3 | 4.1 | 20.0 | 10.7 |
| 2009 | 7.0 | 2.5 | 15.9 | 12.3 |
| 2010 | 12.5 | 7.4 | 16.0 | 9.6 |
| 比"十五"末期总增长 | 70.4 | 23.8 | 135.4 | 67.2 |

数据来源：电监会。

### 附表56　中国六大区域电网业务规模（2011年）

|  | 东北 | 华北 | 西北 | 华东 | 华中 | 南方 |
|---|---|---|---|---|---|---|
| 省份数 | 3 | 6 | 5 | 5 | 7 | 5 |
| 发电装机（万kW） | 7.38 | 24.00 | 10.08 | 20.57 | 20.40 | 17.56 |
| 用电量（亿kW·h） | 6.99 | 24.83 | 8.53 | 24.44 | 18.53 | 16.67 |

数据来源：中电联。

### 附表57　1995—2010年"世界500强排行榜"上榜门槛

| 年份 | "世界500强"上榜门槛 | | 电力（能源）企业上榜门槛 | | |
|---|---|---|---|---|---|
|  | 第500名企业 | 销售收入（亿美元） | 最后一名 | 排行序位 | 销售收入（亿美元） |
| 1995 | 巴西TELEBRAS | 87 | 美国南方 | 480 | 92 |
| 1996 | 意大利BMDPDS | 92 | 日本中国 | 497 | 92 |
| 1997 | 美国SUN | 90 | 美爱迪生 | 487 | 92 |
| 1998 | 美国NORTHROP GRUMMAN | 89 | 韩国电力 | 444 | 101 |
| 1999 | 英国LIMITED | 97 | 美埃—帕 | 465 | 106 |
| 2000 | 法国SODEXHO ALLIANCE | 103 | 美国卓越 | 453 | 116 |
| 2001 | 日本TAKENAKA | 101 | 美国南方 | 495 | 102 |
| 2002 | 日本KAWASAKI HEAVY INDUSTRIES | 102 | 美多米尼 | 496 | 102 |
| 2003 | 加拿大TORONTO-DOMINION BANK | 108 | 西—伊—德 | 490 | 111 |
| 2004 | 美国MASCO | 124 | 美国星座 | 492 | 126 |
| 2005 | 美国耐克 | 138 | 苏—电力 | 484 | 142 |
| 2006 | 加拿大BOMBARDIER | 149 | 美国核电 | 484 | 157 |
| 2007 | 美国FLUOR | 167 | 美国核电 | 444 | 189 |
| 2008 | 日本Mitsui OSK Lines | 186 | 美国核电 | 489 | 189 |
| 2009 | 日本Dai Nippon Printing | 171 | 美国核电 | 491 | 173 |
| 2010 | 中国台湾WISTRON | 195 | 日本东北 | 488 | 200 |

数据来源：《财富》杂志"世界500强排行榜"。

### 附表58　中国电力用户结构（电量占比）

| 电压等级 | 220kV及以上 | 110kV | 35kV | 10kV | 10kV以下 |
|---|---|---|---|---|---|
| 电量占比 | 5.6% | 15.8% | 14.9% | 34.1% | 29.6% |
| 用户类型 | 工业大用户 | 商业大用户 | 非普大用户 | 其他大用户 | 其他小用户 |
| 电量占比 | 50.3% | 2.7% | 5.5% | 11.8% | 29.6% |

数据来源：电监会。

### 附表59　2003—2011年中国电力各环节电价

单位：元/kW·h

| 年份 | 销售电价 | 上网电价 | 输配电价 |
|---|---|---|---|
| 2003 | 0.435 | 0.272 | 0.126 |
| 2004 | 0.458 | 0.284 | 0.142 |
| 2005 | 0.485 | 0.304 | 0.147 |
| 2006 | 0.499 | 0.318 | 0.153 |
| 2007 | 0.514 | 0.327 | 0.161 |
| 2008 | 0.523 | 0.347 | 0.158 |
| 2009 | 0.531 | 0.365 | 0.151 |
| 2010 | 0.571 | 0.372 | 0.187 |
| 2011 | 0.583 | 0.397 | 0.187 |

说明：销售电价不含政府性基金与附加，上网电价统计范围为五大发电集团，输配电价含线损。
数据来源：电监会。

### 附表60　2002—2009年世界主要国家居民与工业电价差价

单位：美元/kW·h

| 国家（地区） | 2002年 | 2003年 | 2004年 | 2005年 | 2006年 | 2007年 | 2008年 | 2009年 |
|---|---|---|---|---|---|---|---|---|
| OECD | 0.040 | 0.042 | 0.065 | 0.065 | 0.063 | 0.069 | 0.066 | 0.060 |
| 美国 | 0.037 | 0.036 | 0.037 | 0.037 | 0.042 | 0.043 | 0.045 | 0.047 |
| 日本 | 0.059 | 0.064 | 0.069 | 0.066 | 0.061 | 0.060 | 0.067 | 0.070 |
| 德国 | 0.087 | 0.111 | 0.121 | 0.128 | 0.128 | 0.154 | 0.160 | 0.160 |
| 法国 | 0.068 | 0.082 | 0.092 | 0.092 | 0.093 | 0.064 | 0.059 | 0.052 |
| 英国 | 0.053 | 0.061 | 0.071 | 0.062 | 0.069 | 0.089 | 0.085 | 0.071 |

数据来源：国际能源署（IEA）。

### 附表61　2003—2010年中国居民电价与平均销售电价

单位：元/kW·h

| 年份 | 平均居民电价 | 平均销售电价 | 电价差 |
|---|---|---|---|
| 2003 | 0.444 | 0.438 | 0.006 |
| 2004 | 0.447 | 0.458 | −0.011 |
| 2005 | 0.448 | 0.485 | −0.037 |
| 2006 | 0.460 | 0.499 | −0.039 |
| 2007 | 0.471 | 0.509 | −0.038 |
| 2008 | 0.469 | 0.523 | −0.054 |
| 2009 | 0.467 | 0.531 | −0.064 |
| 2010 | 0.475 | 0.571 | −0.096 |

数据来源：电监会。其中，平均居民电价为含税到户价，平均销售电价含税但不含各类政府性基金与附加。

## 附表62 2007—2011年各省居民电价

单位：元/kW·h

| 地区 | 2007年 | 2008年 | 2009年 | 2010年 | 2011年 |
|---|---|---|---|---|---|
| 北京 | 0.439 | 0.475 | 0.473 | 0.472 | 0.474 |
| 天津 | 0.450 | 0.488 | 0.488 | 0.488 | 0.488 |
| 河北（北网） | 0.412 | 0.483 | 0.484 | 0.485 | 0.487 |
| 河北（南网） | 0.428 | 0.487 | 0.485 | 0.487 | 0.485 |
| 山西 | 0.374 | 0.465 | 0.465 | 0.464 | 0.463 |
| 山东 | 0.460 | 0.504 | 0.520 | 0.519 | 0.529 |
| 内蒙古（东部） | 0.411 | 0.455 | 0.432 | 0.448 | 0.476 |
| 内蒙古（西部） | 0.386 | 0.385 | 0.386 | 0.368 | 0.362 |
| 辽宁 | 0.470 | 0.495 | 0.496 | 0.497 | 0.497 |
| 吉林 | 0.478 | 0.521 | 0.521 | 0.522 | 0.522 |
| 黑龙江 | 0.446 | 0.463 | 0.460 | 0.459 | 0.458 |
| 陕西 | 0.375 | 0.475 | 0.496 | 0.497 | 0.498 |
| 甘肃 | 0.457 | 0.483 | 0.489 | 0.487 | 0.484 |
| 青海 | 0.338 | 0.345 | 0.344 | 0.356 | 0.357 |
| 宁夏 | 0.434 | 0.448 | 0.457 | 0.452 | 0.451 |
| 新疆 | 0.485 | 0.494 | 0.499 | 0.500 | 0.501 |
| 上海 | 0.523 | 0.543 | 0.541 | 0.537 | 0.542 |
| 浙江 | 0.500 | 0.528 | 0.526 | 0.527 | 0.527 |
| 江苏 | 0.337 | 0.504 | 0.504 | 0.503 | 0.504 |
| 安徽 | 0.485 | 0.553 | 0.549 | 0.545 | 0.550 |
| 福建 | 0.421 | 0.471 | 0.473 | 0.474 | 0.475 |
| 湖北 | 0.500 | 0.559 | 0.560 | 0.563 | 0.564 |
| 河南 | 0.494 | 0.544 | 0.545 | 0.546 | 0.546 |
| 湖南 | 0.445 | 0.528 | 0.526 | 0.530 | 0.529 |
| 江西 | 0.549 | 0.598 | 0.599 | 0.599 | 0.600 |
| 四川 | 0.465 | 0.507 | 0.507 | 0.508 | 0.510 |
| 重庆 | 0.460 | 0.517 | 0.517 | 0.517 | 0.518 |
| 西藏 | — | 0.563 | 0.532 | 0.497 | 0.489 |
| 广东 | 0.607 | 0.634 | 0.599 | 0.628 | 0.629 |
| 广西 | 0.444 | 0.490 | 0.442 | 0.518 | 0.540 |
| 云南 | 0.422 | 0.452 | 0.421 | 0.452 | 0.453 |
| 贵州 | 0.406 | 0.487 | 0.408 | 0.438 | 0.440 |
| 海南 | 0.578 | 0.601 | 0.571 | 0.600 | 0.601 |

数据来源：电监会。其中，平均居民电价为含税到户价，平均销售电价含税但不含各类政府性基金与附加。

## 附表63　2006—2011年各省平均销售电价

单位：元/kW·h

| 地区 | 2007年 | 2008年 | 2009年 | 2010年 | 2011年 |
|---|---|---|---|---|---|
| 北京 | 0.624 | 0.650 | 0.672 | 0.704 | 0.711 |
| 天津 | 0.543 | 0.561 | 0.581 | 0.607 | 0.609 |
| 河北（北网） | 0.468 | 0.454 | 0.468 | 0.479 | 0.493 |
| 河北（南网） | 0.459 | 0.472 | 0.494 | 0.519 | 0.564 |
| 山西 | 0.395 | 0.415 | 0.424 | 0.452 | 0.478 |
| 山东 | 0.505 | 0.520 | 0.540 | 0.557 | 0.616 |
| 内蒙古（东部） | 0.317 | 0.342 | 0.433 | 0.453 | 0.438 |
| 内蒙古（西部） | 0.334 | 0.334 | 0.360 | 0.389 | 0.393 |
| 辽宁 | 0.520 | 0.540 | 0.582 | 0.596 | 0.603 |
| 吉林 | 0.495 | 0.511 | 0.529 | 0.542 | 0.543 |
| 黑龙江 | 0.472 | 0.482 | 0.511 | 0.532 | 0.544 |
| 陕西 | 0.417 | 0.431 | 0.456 | 0.476 | 0.505 |
| 甘肃 | 0.363 | 0.377 | 0.368 | 0.397 | 0.401 |
| 青海 | 0.293 | 0.312 | 0.299 | 0.333 | 0.450 |
| 宁夏 | 0.374 | 0.389 | 0.375 | 0.411 | 0.399 |
| 新疆 | 0.396 | 0.412 | 0.472 | 0.473 | 0.454 |
| 上海 | 0.657 | 0.680 | 0.698 | 0.720 | 0.712 |
| 浙江 | 0.572 | 0.592 | 0.616 | 0.625 | 0.633 |
| 江苏 | 0.579 | 0.556 | 0.585 | 0.598 | 0.605 |
| 安徽 | 0.487 | 0.522 | 0.509 | 0.534 | 0.553 |
| 福建 | 0.483 | 0.502 | 0.516 | 0.536 | 0.532 |
| 湖北 | 0.512 | 0.533 | 0.556 | 0.585 | 0.609 |
| 河南 | 0.419 | 0.433 | 0.444 | 0.478 | 0.504 |
| 湖南 | 0.496 | 0.514 | 0.526 | 0.558 | 0.588 |
| 江西 | 0.504 | 0.547 | 0.563 | 0.573 | 0.595 |
| 四川 | 0.459 | 0.483 | 0.500 | 0.493 | 0.506 |
| 重庆 | 0.481 | 0.518 | 0.538 | 0.559 | 0.561 |
| 西藏 | — | 0.502 | 0.570 | 0.625 | 0.600 |
| 广东 | 0.701 | 0.706 | 0.699 | 0.707 | 0.712 |
| 广西 | 0.438 | 0.458 | 0.471 | 0.495 | 0.508 |
| 云南 | 0.366 | 0.389 | 0.383 | 0.407 | 0.428 |
| 贵州 | 0.356 | 0.384 | 0.388 | 0.415 | 0.460 |
| 海南 | 0.615 | 0.644 | 0.661 | 0.682 | 0.716 |

数据来源：电监会。其中，平均居民电价为含税到户价，平均销售电价含税但不含各类政府性基金与附加。

## 附表64  2010—2011年中国能源500强企业排行榜

|  | 央属国有企业 | 地方国有企业 | 民营企业 |
|---|---|---|---|
| 2011年上榜企业数（家） | 30 | 192 | 278 |
| 2011年总营业收入（亿元） | 82000 | 18000 | 25000 |
| 占比（%） | 66 | 19 | 15 |
| 企业平均营业收入（亿元） | 2733 | 94 | 90 |
| 2010年上榜企业数（家） | 33 | 330 | 137 |
| 2010年总营业收入（亿元） | 62000 | 24000 | 9000 |
| 占比（%） | 64 | 27 | 9 |
| 企业平均营业收入（亿元） | 1879 | 73 | 66 |

数据来源：《"中国能源集团500强"分析评价报告》、《中国能源报等》。

## 附表65  中国电力企业典型业务组合

| 电力+燃气 | 电力+水务 | 电+气+水 | 电力+供热 | 电+煤炭综合利用 | 电+新能源 |
|---|---|---|---|---|---|
| 浙能集团 | 广西水利 | 新奥股份 | 申能集团 | 神华集团 | 国电集团 |
| 粤电集团 | 河北建投 | 佛山公用 | 广州恒运 | 淮南矿业 | 宁夏发电 |
| 江苏国信 | 涪陵水利 | 乐山股份 | 青岛泰能 | 山西国能 | 杭州锦江 |
| 津能投资 | 武汉凯迪 | 郴电国际 | 吉电股份 | 山西潞宝 | 中粮生化 |
| 深能集团 | 广西桂东 | 明星股份 | 新疆天富 | 山东铁雄 | 新天绿能 |
| 湖北能源 |  | 广安爱众 | 深圳南山 | 济源金马 | 上海汇通 |
| 广州发展 |  |  | 沈阳金山 | 鲁微山湖 | 川投能源 |
| 安徽能源 |  |  | 青岛热电 | 新疆焦煤 | 中风集团 |
| 山西国电 |  |  | 宁波热电 |  |  |
| 青岛泰能 |  |  | 大连热电 |  |  |

资料来源：有关报道及企业网站。

## 附表66  2005—2011年中国风电发展情况

| 年份 | 总装机（万kW） | 当年新增装机（万kW） | 年发电量（亿kW·h） | 投资额（亿元） | 占电源投资比例（%） |
|---|---|---|---|---|---|
| 2005 | 106 | 42 |  | 45 | 1.4 |
| 2006 | 207 | 101 | 26 | 64 | 2.0 |
| 2007 | 420 | 213 | 57 | 171 | 5.3 |
| 2008 | 839 | 419 | 131 | 527 | 15.5 |
| 2009 | 1860 | 921 | 276 | 782 | 20.6 |
| 2010 | 2958 | 1198 | 494 | 1037 | 26.1 |
| 2011 | 4505 | 1547 | 732 | 829 | 22.3 |

数据来源：中电联。

## 附表67　中国主要城市公用事业公司的营业规模与业务

| 地区 | 公司名称 | 营业额（亿元） | 业务 |
|---|---|---|---|
| 北京 | 北京能源投资集团 | 171 | 电力（1164万元），热力供暖，节能 |
| | 北京市燃气集团 | 121 | 天然气 |
| | 北京京煤集团有限公司 | 117 | 煤炭 |
| | 北京市自来水集团 | 30 | 供水、污水处理 |
| | 北京市排水集团 | 10 | 排水、污水处理、沼气发电、污水源热泵 |
| 上海 | 上海绿地能源集团 | 263 | 石油，煤炭 |
| | 申能（集团）有限公司 | 253 | 电力能源（627万元），燃气，交通，投资 |
| | 上海爱使股份公司 | 19 | 燃气，煤炭，清洁能源 |
| | 上海汇通能源股份 | 15 | 新能源（风电） |
| | 各片区自来水公司 | — | 市南、市北、闵行、浦东各片区供水 |
| | 上海市城市排水公司 | — | 排水、污水处理 |
| 天津 | 天津市津能投资公司 | 151 | 电力（544万元），供热，油气，新能源 |
| | 天津市燃气集团 | 48 | 天然气，供热 |
| | 天津滨海能源发展公司 | 7 | 电力，热力，装备 |
| | 天津市热力公司 | — | 热力供应 |
| | 天津市自来水集团公司 | — | 供水 |
| 广州 | 广州发展集团有限公司 | 100 | 电力（247万元），燃气，新能源，煤炭 |
| | 广州大优煤炭销售公司 | 51 | 煤炭 |
| | 广州恒运企业集团公司 | 30 | 电力（117万元），热力 |
| | 广州市水务投资集团 | — | 供水，污水处理 |
| 深圳 | 深圳能源集团股份公司 | 131 | 电力（544万元），新能源，燃气 |
| | 深圳市燃气集团股份 | 66 | 燃气 |
| | 深圳南山热电股份公司 | 16 | 供电，供热 |
| | 深圳市广聚能源股份 | 14 | 石油，燃气，电力，物流 |
| | 深圳市水务集团公司 | — | 供水，污水处理 |

资料来源：有关报道及企业网站。

## 附表68  能源种类分类表

| 名称 | | 分类依据 | | | | |
|---|---|---|---|---|---|---|
| 类 | 项 | 能量来源 | 循环利用 | 环境污染 | 碳排放 | 技术成熟度 |
| 核能 | 聚变 | 地球自身 | 不可再生 | 清洁能源 | | 常规能源 |
| | 裂变 | | | | | 新能源 |
| 地热能 | — | | 可再生 | | | 新能源 |
| 太阳能 | 太阳光能 | 太阳等地球外部天体 | 可再生 | 清洁能源 | 非化石能源 | 新能源 |
| | 太阳热能 | | | | | |
| 风能 | — | | 可再生 | 清洁能源 | | 新能源 |
| 水能 | 陆地水能 | | 可再生 | 清洁能源 | | 常规能源 |
| | 波浪能 | | | | | 新能源 |
| | 海流能 | | | | | |
| 生物能 | 传统薪柴 | | 可再生 | 污染型 | | 常规能源 |
| | 新型生物质能 | | | 不同类型均有 | | 新能源 |
| 矿物能 | 煤炭 | | 不可再生 | 污染型 | 化石能源 | 常规能源 |
| | 煤层气 | | | 清洁能源 | | 新能源 |
| | 石油 | | | 污染型 | | 常规能源 |
| | 油页岩 | | | 污染型 | | 新能源 |
| | 天然气 | | | 清洁能源 | | 常规能源 |
| 潮汐能 | — | 地球和其他天体相互作用 | 可再生 | 清洁能源 | 非化石能源 | 新能源 |

# 附　录

## 拆分国家电网　启动新一轮电力体制改革

2012年9月27日笔者收到国际智能电网联盟的邮件，获知开始讨论美国智能电网立法草案，而且计划2013提交美国国会讨论，立法的目的就是对目前的政策和规定进行改变，以吸引下一轮的投资，并推动网络化能源在多领域实现成为可能。可以预计奥巴马总统2013年1月20日就职演说仍将再次讨论这场新产业变革的总体愿景，此前一年，奥巴马2012年1月24日已在美国国会发表国情咨文时表示，"毕竟，创新是美国的根本"，"谈到创新的前途，没有任何一个领域比美国能源产业更有希望"。我们也可以进一步判断，以力争能源自给，实现能源产业新变革，实施能源高科技创新计划，甚至推动类似阿波罗、阿帕网的高科技战略工程将成为美国三位一体的能源政策实施主体。

目前来看，韩国、印度、欧盟诸国、澳大利亚、以色列、日本等都很关注这场以电网体系发展模式的重大创新和与之相适应体制的变革，能源、特别是电力产业正在成为全球创新的前沿舞台，世界将在能源领域找寻到科技创新和经济增长的活力。

值此全球能源互联网革命之际，恰逢中国电力体制改革十年之时，笔者认为：中国的根本出路就是要推动能源领域的产业革命和实施能源体制变革，而电力体制改革位居首位。从中国现代化的逻辑进化路线图来看，继解决粮食问题之后需要进一步解决能源问题；继中国农村体制改革之后需要实现战略大产业领域的第二次生产力大解放，才能从容确立我国市场经济的宏观架构，而且，市场经济唯有在能源领域内取得主导地位，我国市场经济的完整体系才能站稳脚跟，市场经济是中国成为强国唯一通道！

- 现行电力体制管理模式需要颠覆

对现代中国电力史而言，打开了电力体制改革通道的战略转折点就是《电力体制改革方案》，这个标志性文件是2002年国务院印发的国发〔2002〕5号文件，通常称为五号文。值此电力改革十年，业界都在广泛思考它的历史定位，有否定的，有肯定的；有失望的，有从中挖掘政治遗产并创造希望的。我想它的历史成就之一就是开辟了对中国电力体制可以实施总体改革并实现大发展的模式，有人也称之为休克疗法，但是，后一个称谓不一定准确。根据五号文，它拆分了国家电力公司，实施了厂网分开，重组了中国发电和电网企业，将国家电力公司管理的资产按照发电和电网两类业务划分，并分别进行了资产、财务和人员的重组，即使在今日，这也是当之无愧、震魂摄魄的改革。自此，总体改革和渐进改革成为中国电力改革的两种手段、两种模式，而实施总体改革成为历史的里程碑、成为检验改革能力的社会标志，它决定着改革的幅度、高度、影响力，以及进步效果。我想五号文的历史局限性之一就是在电力平台的建设上，它选择了以厂网为中枢、尤以做大电网为核心的解决方案，这是一种集权解决模式；而不是选择了实现电力消费者和生产者直接互动、电网提供居间输送服务的市场生态模式。就二者区别而言，前者具有集权、垄断化的经济特色，后者属于市场化的经济模式；前者的中心角色是电网，后者的中心是生产者和消费者的互动；选择后一个模式将营建市场化的中国电力体系，选择前一个模式造就的是一个历史过渡体，需要二次改革。就电力流程而言，厂网两元流程仅位居发电、输电、配电、用电的前半部位置，电网核心论使得电网错位配置，并可以统治着输电、配电、用电多个可以分离的要素流程，直接造就了国家电网带病运行机制。

  目前来看，就集中分层制的国家电网公司论略，从劳动分工而言，这是一种单边垄断体制，生产者和消费者之间属于非均衡性的社会关系，强制控制和突然解体是它的天然属性；从消费社会而言，这是一种消费代议制体制，或者在现代电力产业中展现的间接民主，即：电网企业根据它的主观调查和分析为用户提供电力商品和电力服务。在这里，口号里可以呼喊"顾客是上帝"、"用户是中心"，但是，实际上电力用户不过是电力产业等级体系里的社会底层节点，电力消费终究是被电网控制的劳动形式，电力消费者也是被电力企业控制的劳动者，这是中国能源低效的根本原因之一。

  因此，电力体制改革需要新的"杀手级平台的集成"，颠覆旧的电力体制管理模式，实现13亿电力消费者与电力生产者两端对称的直接互动，其中推动占全国70%电力消费的200万大用户进入电力市场直接购电，推动3000万以上电力用户开展智能微网、节能管理的运营创新等就是焕发需方生产力的重要举措，政府需要为这些发展提供激励政策和发放有关牌照。电力体制改革的中心角色也应该从电网为主转换为电力消费者和生产者的互动，电网中枢为王的时代行将过去，集万千宠爱为一身的电网企业需要优化、重组、拆分，电网是电力的输送者、服务者，由电网主导消费者和生产者的时代扭曲了电力生产力和电力市场秩序。

市场经济需要进一步推进电力产业的政企分开，实现电力调度、规划、交易、结算等电力公权机构的独立运行；分拆政企贸科四维合一的国家电网，改变国网公司的垄断经营业态，优化电网规模，实现电网从集权垄断型到服务型的职能转变，重新确立电网是电力的输送者、服务者的产业地位，实现从不平等的电力社会模式转向智能生态化的电力社会模式；实现中央和地方电价管理、电力投资、电力政策扶植权力的合理分配和更加高端的运转，以推动新产业革命和构建新的产业制度！电网主导消费者和生产者的时代扭曲了电力生产力和电力市场秩序，这个体制是不可持续的。

就电力体制改革的发展模式而论，我国至少可以也有五条路径选择，一是以国家电网为主导的内部转型的改革；二是以国家能源主管机构、地方政府为主导的展开电价市场化、再建新型电力市场交易体系的改革；三是以修改电力法为契机、松绑地方电力体制为主的改革；四是以国家能源监管机构为主导实施政企分开的改革，此举需要拆分国家电网；五是以2002年电力体制改革为蓝本，实施以中央统筹主导的整体改革。客观上说，操作机制上，改革主导者的层级越高，效率越高，改革成本越小；改革运作上，条条大路通罗马，不同的改革路径可以殊途同归，前呼后应。不同的改革者可能因应不同的位置表达不同程度的改革意愿，以及付诸不同的行动，这都是我国电力体制改革的生命系统，它们具有相互进化、生态涌现、集成发展的互动结构，具有蝴蝶效应的社会机制。

就电力体制改革的投入成本而论，电力体制既不似卫生、社保、保障房等领域，需要中央政府财政较大投入才能实施改革，也不似铁路大跃进带来的沉重财政负担，消纳被动，中国的电力产业具有世界上最旺盛的市场需求，从电力产业实际运营来看，推动新一轮电力体制改革，不需要中央财政承担较大负担，宜于抓住有利时机及时启动改革，而且，没有电力的现代化就不可能确保中国小康社会的建成。

就电力体制改革与国家电网的未来发展格局而言，其战略发展模式可能有三个：一是按照我国经济体系和自然禀赋的特点组建若干跨产业、跨平台的新型能源网络，实现电网企业的政企分开，实现电网管理现代化；二是保留一个经过大转型、大分立、集中从事输电业务的国家电网；三是重组为多个区域性电网企业，分区运营电网业务。我想无论电力体制改革以何种方式展开，明天的电力产业机遇比今天更大;电力从业人员的发展空间比今天还大;电力产业的利益比今天更大。为此,我们也主张应以制造更大的增长体系和文明能力、兼并和重组目前的中国电力体系为新一轮电力改革的战略坐标点。

● 电网成改革理想的战略突破口

通过改革开放30多年的发展,我国形成了以国家电网为代表的超级电力企业模式,这是一个政企贸科四维合一的机构,它的超级体系的根源不是市场的力量,而是体制的力量,从不同的参考系我们可以确定它的不同价值。它既是经济组织,也履行着政府职能,还主宰着电力市场交易;它既拥有私权,也行使着社会公权,还主宰着电力创新的秩序。国家电网公司集其大成,聚合了我们整个电力中枢的调度管理、电力输送、市场交易、价格上行、电力投资的主导权力,形成了类似人民公社的"超级电力公社"业态。这个体系采取自上而下的集权分层制,主导着国家电力运行。一方面,消费者成为其下游产业的内部社员,消费者无法与生产者实现正常的市场互动,政企贸科四维合一的电网与用户之间属于等级化、不平等的市场关系;另一方面,生产者也成为其上游捆绑的加工厂,生产者不能对消费者的合理需求直接有效互动,政企贸科四维合一的电网与电厂之间属于扭曲了、屏蔽了的生产方式,也可以说,国网公司的强权体制拦截了我国5万亿度电力消费能力与10亿千瓦电力装机总量之间市场互动的巨大活力,改革是必然的、迟早的。

实际上,这个现象不是电网企业管理团队的主观意志的结果,而是长期计划经济、权力经济的惯性因袭,也是高速城市化、工业化阶段急病就医的临时体系使然,也注定了这个体制必将成为电力历史发展的过渡阶段。这种格局既体现了高度强制性的管制特征,也抑制了分布式柔性能源生态系统的发展,更造就了低活力、高排放、非市场机制运行、消费者被动消费的生产方式居于中国电力产业的统治地位。因此,化解这个局面就客观上成为中国电力体制改革理想的战略突破口。解决方案如下:

其一就是要实现对国网公司公权机构的分立。

采取电力公权与私权分治措施,加快实现从政企贸科四维合一的现行电网体制之中,分立出电力调度、电力规划、电力结算系统等公权机构,组建产权、治权独立的相应的国家中心,从政企合一、公权力与私权力不分的电力体制转向职能分工合理的市场经济产业体系。

其二就是要实现电力市场交易网络与电力输送网络产权、治权的分离。

积极促进电力市场的消费者和生产者的市场化互动,通过类似农村土地承包责任制的改革，加快实现从政企贸科四维合一的现行电网体制之中，分立出全国独立运行的电力市场交易体系，实现电力市场(即：贸的部分)与电力输送网络产权、治权的分离，全面建设与电力体系相对称、规模甚至更大、层级更高的第二个、第三个电力网络——电力市场交易网络和智能网络，实现13亿电力消费者与电力生产者两端对称的直接交易。中国是世界用电量最高的国家，也应该成为世界电力市场化最高、交易最为活跃的强国。与此同时，加快推动对全国电力用户的10%，即大约3000万电力用户实行政策扶植，支持其开展智能微网、节能管理的运营创新，成立电力合作社，或者转变为其他的初级电力合作组织，并可向电网售电，实现其与电网的双向流动。

其三就是要实现对电网企业规模的分拆，建设国际通行的分区电网体制。

加快推动政企贸科四维合一的现行电网体制的重组，实现对电网企业规模的科学管理，实现对占有过多社会公共资源电网企业的重组优化，建立与我国经济体系和自然禀赋相适应的电网服务体制。

其四就是要实现电力科技的社会化创新。

积极推动电力领域的新产业技术创新，从政企贸科四维合一的现行电网体制之中，加快实现电力科技的社会化创新，大力推动类似乡镇企业发展、民营企业建设类型的电力创新企业的快速发展，积极推动实现互联网与能源网、包括电力网的融合，引领新的产业革命，大力发展智能能源网、大数据管理等先进产业建设。力争建设适合中国600亿平方米建筑的智能建筑能源网络；加快建设适合1亿辆各类车辆的智能交通网络；力争建立适合30亿工业部件的智能工业网络；力争建立多种能源互动的智能能源网，达到我国能源利用的高端结构。

其五就是要实现电力服务的社会化，实现电力能源消费的创新化。

积极推动电力产业服务的社会化，加快实现从政企贸科四维合一的现行电网体制之中，实现电力服务的社会化、虚拟化、高端化，普及电力的第三方电力管理服务，实现电力能源消费的创新化。

电力改革不仅是利益重组，也是为了一个民族的能源生存。因此，能源体制改革将是中国继农村体制改革之后的第二次生产力的解放。电力体制改革也将决定中国经济发展方式的正确性、包容性和可持续性增长能力，应该成为中国发展的最理想的创新机遇，而且，能源市场经济的水平决定一个国家的真正的核心竞争力。

● 背景——电力体制改革关系中国未来国际产业地位

作为世界上最大的经济体，1971年美国尼克松总统便宣布了追求"能源独立"的目标。但是，40年来，世界上超大型经济体没有一个能够实现能源独立的，相反，这些大体量的超级经济区却基本实现了电力独立，形成了"一次能源不独立VS二次能源电力独立的二维背反的不对称架构"。溯其根本，能源独立是增长与资源的平衡，能源资源价格具有全球性定价的基本属性；电力独立是能源消费和能源生产能力的平衡，电力产品和服务具有本国或本区定价的根本属性。对世界上经济大国或者联盟而言，拥有能源能力是第一位的，属于知识型能力实现；拥有能源资源是第二位的，属于资源型产品实现；前者是工业成熟度，后者是地理资源优势；前者决定后者。

为此，对于能源改革的战略重点以及先后顺序而言，必然是优先二次能源，次后一次能源；先电力产业，后油气产业；前者程序简单、定价机制易行，后者牵涉国际、定价机制全球化；前者改革的基础是国家高端工业能力实现且技术当头，后者主要是解决国际资源分工且贸字为先。因此，电力体制改革必然成为能源战略改革的第一步，电力是决定一个国家经济体系世纪转换和文明变迁能力的核心机制，这也使得电力体制具有先于能源体制优先改革的社会基础，这也是电力成熟度与国家现代化的关系。

电力独立，也可以称为电力产业成熟度，主要是指一个国家具有二次能源完整的利用能力，对自身的电力市场拥有相对独立的电力定价权和分级价区，然而技术标准和产业流程具有国际通用性，它归根结底是一个国家能力、特别是高级工业能力的成熟度，以及实现了一个国家电力能源消费和电力生产能力的智能化生态平衡。经济体量越大这种要求越高，反之亦然；电力消费总量越大，市场化程度越高，电价的定价权属地性也越强，相反亦然。这也使得追求二次能源电力系统的体制平衡较之追求能源独立成为各国更为现实的增长目标。GDP的增长和人民生活水平的提高都需要现实的能源能力支撑；而且，GDP的增长与电力需求增长保持相同趋向；电力也是多种能源中伴随着GDP增长比较稳定、甚至长期价格相对有所下跌的品类，追求电力独立是国民经济增长大有作为的积极选项。没有电力现代化就没有工业化、城市化、村镇现代化，电力独立为世界核心经济体在创新和增长的优势方面提供了基础；电力独立也使这些国家在技术上对世界行使相关的主导权成为可能。

21世纪电力革命和电力独立的本质是拥有高端工业能力和生态化市场交换网络，电力革命和电力独立应该成为中国现代化追求的基本目标，也是中国发展高端工业能力和全局性产业市场的标志，应该成为新一届中国政府施政的战略基准点之一，中国既需要电力革命，也需要电力独立，这是一个现实的、可持续实现的改革目标！为此，我们可以认识到电力革命和电力独立的双重作用，即：从集中分层制电力系统转向柔性社会生态系统是它的思想起点；实施全社会参与的电力革命，改变现代化发展线路是它的引擎；实现电力知识经济、电力绿色经济、电力智能网络经济则是它富有生命力的主干；将电力消费者的权项转变为其财产性收入，转向更加清洁、更为高效的电力能源利用是它发展的必然结果。

电力是支持一个国家发展的战略增长杠杆，大型经济体每年需要维持相当于GDP 1%比例以上规模的投资，用于新建电力系统和维持电力能源公共政策的平衡。这个投资已经具备扭转、改变国民经济能力的水平，撬动它，不但改变电力产业版图，而且改变经济增长能力，投资方向对了，增强经济能力；投资方向错误了，将会造成国家经济功能的紊乱。推动电力体制改革攸关中国每年8000亿元人民币电力投资的取向，对整个国民经济发展至为关键，也是中国新一届政府撬动经济的战略杠杆，电力体制改革理应为转变经济结构提供广阔的机遇。

对于中国而言，基层电力网络建设是中国新的经济增长点和最有战略意义的爆发点，电力产业的网络化直接造就村镇城市化、城市移民郊区化、甚至倒流进村镇的趋势，它将修改中国从农村到城市的城市化的过程，实现分散化生产、实现分散式生态居住和养老模式，以此极大地提高中国城市化的水平。与此同时，电力的发展也将改变人们财富的增长，电力革命将以世界性的规模实现有效地利用能源资源、特别是可再生能源，提高能源效率，这使得整个社会的电力用户终端能源设施、能源可利用空间、电力能源储存能力、电力能源使用与其他商品的交换架构空前扩大，这些资产可以转为用户的财产性收入，而且所有社会成员都将在大小不等的程度上获益，这将使得全世界最重要的产业——电力产业的工业价值重新获得分配！

电力体制改革又是间接的国际关系体系，主要表现为较低的电价可以依靠高污染排放的煤炭发电维持，并且这种能源消费支持低成本的工业能力，还可以通过全球化交换其他商品，控制通胀。低碳的高价能源与高碳的低价能源形成了巨大的国际套利空间。电力体制改革为此提供了战略出路，就是要推动主要经济体实现能源资源定价权的改革，实现低碳能源新的全球分工，实现高碳或者低碳电力体制的道德、环保、气候的社会约束力，这使得电力体制改革的机制又是复杂的，理应具有国际合作的前沿性。

电力改革也是全球新产业革命的起点，2008年全球金融危机之后，世界范围内展开了四大能源产业转换：即从高排放的旧有化石能源系统到低排放的清洁能源系统、特别是可再生能源系统的新型转换；第二大转换就是从以生产者为中心的大规模产业体系的运转转换到生产者和消费者、微型产销者良性互动电网的体系，需方生产力将超过生产侧的生产力，实现超级爆发，需方的集体智能也将建立新的结构性架构，生态柔性电力网络将取代传统的工业系统；第三大转换就是电力能源的战略生存力量，将从以资源获取为基础转换为发展清洁能源的工业技术能力和创新体系为核心；第四大转换就是互联网发展将转换为能源网与互联网相互融合的智能网发展，货币、能量、信息将并列成为三大通货，或者次生通货。能量网络将实现洲际型全球化开发，新通货将匡正信用货币的不稳定性。据此，先进的全球电力能源有了3个来源：化石能源、可再生能源以及能源效率。谁带领世界进入这个新的革命层次谁就将位居全球分工的制高点！目前来看，各个主要经济体基本处于一个起跑线上，而中国电力体制改革的复杂性位居全球的前沿。电力改革具有战略性、机遇性、前沿性、跨越性的特点，电力体制改革必然成为中国能源改革的第一步。

综上，从西方到东方，包括中国在内的电力改革因应时代的变迁都实施了重大改革，可以说近20年的改革超过了此前电力工业百年的变化。但是，这些改革的主题主要是围绕着等级化的电力专业体制的完善，而没有颠覆这个等级制、集权化的电力结构，转向新型的以生产者和消费者互动为中心的交换网络，这两者之间判若云泥，霄壤之别，具有完全不同的社会性格。前者是封闭的专业系统和专业组织，后者是开放的社会网络和复杂组织；前者应对的社会主体是专业组织，后者应对的是电力产业的复杂组织；前者仍然主要是传统的电力生产方式和生活方式，后者是创建更大规模的社会网络；前者中赋予消费者与生产者交换的资源非常有限，后者赋予消费者与生产者交换的资源非常多样，例如，用户使用了谷歌、百度的资源，也实现了谷歌、百度广告的展示，电力系统转变为交换网络之后，也可能推动消费者和生产者之间实现更高端、更丰富的价值交换，多网融合将导致电力使用费用的综合下降，使用免费电力能源交换其他商业机会也将成为选项。在交换网络之中，既包括生产侧的力量，也包括需求侧的力量，需方具备与产方同等的生产力，需方自组织的集体智能具备新型结构化的巨大开发潜力，这个新型、智能化、可持续的电力互动网络迫切需要超前的体制设计，前瞻的改革实践。

因此，是否推进电力革命和电力独立的历史变革，关系着中国在全球新产业革命中的地位；关系着中国能否再次改写人类创新的历史。对手主要不是其他国家，而是我们的心智！

对于电力体制改革的历史时机我们可以有三个选择：建成小康社会之前先期

实施，边建设边改革的伴随型实施，建成之后的总结清算型实施。比权量力，先期实施改革是最理想的道路和付出最小代价，2013年就具备启动改革设计的宏观条件，应该尽快纳入新一届政府战略改革任务的日程表，越早启动电力改革，社会代价越小。这个主题也是全球最核心的共同关切，具有国内外协调发展的先进性！它在产业上可靠；体制决策上有足够保障并可以彰显中国模式的巨大潜力；技术上可以有效实现；财政及资金上成本低廉并有坚强保障；政治上可以实现反垄断，调动地方积极性，广泛汇聚创新力量推动经济结构战略性转变！电力产业是位居中国重要领域改革最前沿的组元，需要新一届中央集体以更大的政治勇气和智慧，不失时机实现电力体制进一步的变革。

武建东

中国经济体制改革研究会电力体制改革研究组组长

（原载《中国经营报》2013年1月14日）

# 参考文献暨数据来源

A. 中国电力基本情况与统计

1. 历年《国民经济和社会发展统计公报》，国家统计局
2. 《改革开放三十年统计资料汇编》，国家统计局
3. 《能源数据手册》，国家能源局
4. 历年《电力监管统计资料汇编》，国家电监会
5. 历年《电力监管统计数据分析手册》，国家电监会
6. 历年《电力工业统计资料汇编》，中电联
7. 历次《电力工业统计月报》，中电联
8. 历年《中国电力工业统计数据分析》，中电联
9. 历年《中国电力年鉴》，中国电力出版社
10. 历年《电力监管年度报告》，国家电监会
11. 历年《中国电力行业年度发展报告》，中电联
12. 《改革开放三十年的中国电力》，中电联
13. 历年《年度会议总经理工作报告》，两大电网公司、五大发电集团

B. 中国电力部分专题情况报告

14. 《全国大型发电企业调查报告》，国家电监会
15. 《五大发电集团发展研究》，国资委
16. 《五大发电集团多元化发展研究》，中电联
17. 历年《电力企业财务决算报告》，两大电网公司、五大发电集团
18. 《全国地方电力企业调研报告》，国家电监会
19. 《县级供电企业现状调研报告》，国家电监会
20. 《全国电力大用户、独立配电企业基本情况调查分析报告》，电监会
21. 《全国企业自备电厂情况通报》，国家电监会

22. 历年《供电服务监管报告》，国家电监会

23. 《新疆、西藏及四省藏区电力发展调研报告》，国家电监会

24. 《全国无电村、无电户基本情况》，国家电监会

25. 《全国无电地区、无电人口有关情况监管报告》，国家电监会

26. 历年《电力安全监管报告》及《电力安全生产情况通报》，国家电监会

27. 《（电力）工程建设标准强制性条文执行情况监管报告》，国家电监会

28. 历年《电价执行情况分析报告》，国家电监会

29. 历年《电力工程项目造价情况通报》，国家电监会

30. 《煤炭的社会全真实成本》，中国可持续能源项目

31. 历年《电力"三公"调度交易及电费结算情况通报》，国家电监会

32. 《跨区跨省电能交易检查情况通报》，国家电监会

33. 《跨省跨区通道电能交易价格监管报告》，国家电监会

34. 《交流特高压输电调研报告》，国家电监会

35. 《"十一五"电网运营情况调研报告》，国家电监会

36. 《2010年及"十一五"电力行业节能减排情况通报》，国家发改委

37. 历年《电力企业节能减排情况通报》，国家电监会

38. 《再生能源电量收购和电价政策执行情况专项检查通报》，国家电监会

39. 《可再生能源发电全额保障性收购情况调查报告》，国家电监会


C. 中国电力发展研究

40. 《关于我国能源战略及"十二五"能源规划的建议》，中国能源研究会（俞燕山）

41. 《能源发展"十二五"规划》，国家能源局

42. 《中国能源发展年度报告》，中国科学技术出版社

43. 《中国电力中长期发展战略研究》，中国工程院

44. 《电力工业"十二五"规划滚动研究报告》，中电联

45. 《"十二五"电力发展若干问题研究》，中国电力出版社

46. 《中国"十二五"电力发展战略》，厦门大学（林伯强）

47. 《智能电网重大科技产业化工程"十二五"专项规划》，科技部

48. 《健全与社会主义市场经济相适应的电力管理体制研究报告》，厦门大学（林伯强）

49. 《贯彻实施20%节能目标的若干政策建议》，中国可持续能源项目

50. 《我国可再生能源发展战略的若干问题》，发改委能源研究所（韩文科）

51. 《探索有中国特色的低碳道路》，中国科学院

52. 《我国能源运输方式研究》，国务院发展研究中心
53. 《关于我国能源战略纲要的思考》，原电力部（黄毅诚）
54. 《谁对电力供应负责？》，原电力部（朱成章）
55. 《"中国能源集团500强"分析评价报告》，《中国能源报》等
56. 《国家电网公司社会责任报告》，国网公司
57. 《国家电网公司绿色发展白皮书》，国网公司
58. 《国家电网公司"公司的价值"白皮书》，国网公司
59. 《中国电力与能源》，国家电网（刘振亚）
60. 《冰雪灾害对我国电力规划、建设和发展的几点启示》，南方电网（肖鹏）
61. 《电力与经济发展的阶段性特征及其"十二五"发展趋势研究》，中电联
62. 《对我国电力适度超前发展的初步评价及再认识》，中电联（王志轩）
63. 《"十二五"电力节能减排目标及途径》，中电联（王志轩）
64. 《电力行业投资策略》，中信证券（吴非）
65. 《"中国能源集团500强"分析评价报告》，《中国能源报》
66. 《我国用电量季节特性的研究与应用》，电监会（吴疆）
67. 《电力消费与经济周期》，电监会（吴疆）
68. 《通过电力消费弹性系数的国际对比研究再认识电力消费与宏观经济的相关性》，电监会（吴疆）
69. 《低碳旗帜下的电力行业未来10年技术经济指标体系》，电监会（吴疆）

D. 中国电力体制改革研究

70. 《电力体制改革方案》（国发〔2002〕5号），国务院文件
71. 《电价改革方案》（国办发〔2003〕62号），国务院办公厅文件
72. 《电力体制改革课题研究成果汇编》，国家电监会
73. 《有必要启动新一轮电改》，国务院研究室（范必）
74. 《加快能源管理体制改革，建立现代监管制度》，国务院发研中心（冯飞）
75. 《国外监管制度演变和中国改革实践分析》，国务院发研中心（高世楫）
76. 《监管制度法律基础》，中国社会科学院（周汉华）
77. 《监管热的冷思考》，中国社会科学院（余晖）
78. 《电力改革输配分开应三思而后行》，中国政法大学（刘纪鹏）
79. 《从集资办电到电力体制改革》，原电力部（陈望祥）
80. 《如何打破电力体制改革僵局？兼论消除电网垄断权力的路径选择》，国家能源

局（何勇健）

81．《中国电价改革何去何从？》（又名"什么是水火同价？"），国家能源局（王骏）

82．《电力的市场化与行政化》，电监会、中电国际（刘宝华，王冬容等）

83．《电力市场建设的几个本质问题探讨》，电监会、中电国际（刘宝华，王冬容等）

84．《中国电力管理体制的演变与分析》，电监会（李创军）

85．《中国电价改革回顾与展望》，电监会（黄少中）

86．《我国电煤供应机制改革历程》，电监会（研究室）

87．《加快非电量市场建设》，电监会（陈大宇）

88．《美国输配分开界面的确认方法及启示》，电监会（邢翼腾）

89．历届《电力监管论坛论文汇编》，电监会

90．《电改十年，解方案之秘》，南方能源观察

91．《电改，十年成败论》，《经济观察报》

92．《电网调度，电力监管的一个抓手》，电监会（吴疆）

93．《中国式电荒的演进与应对》，电监会（吴疆）

94．《从国际比较　看中国电改》，电监会（吴疆）

E. 世界电力（能源）基本情况与统计

95．《各国能源概揽》，国土资源部

96．《能源管理体制研究报告》，中国能源研究会

97．《国外能源立法与能源体制研究》，华北电力大学

98．《美国的电力监管政策》，美国联邦能源监管委员会（Joseph T. Kelliher）

99．《美国能源管理制度》，缅因州公用事业监管委员会（David Moskovitz）

100．《全球温室气体减排的成本曲线》，麦肯锡公司

101．历年《BP世界能源统计》，BP公司

102．历年《国际能源与电力统计手册》，国家电网公司

103．历年《世界能源与电力发展状况分析报告》，国网能源研究院

104．历年《国际能源与电力价格分析报告》，国网能源研究院

105．历年《世界500强比较分析报告》，国网能源研究院

106．《世界21家特大型电力企业的比较》，原电力部（姜绍俊）

107．历年"世界500强排行榜"，《财富》杂志

108．历年"福布斯2000排行榜"，《福布斯》杂志

109．《"世界500强"中的中国电力企业》，电监会（吴疆）

### F. 世界电力发展与体制改革

110.《关于赴日本、韩国考察电价情况的报告》，国家发改委

111.《赴美加电力考察报告》，中电联

112.《美国电网公司成本监管及其启示》，华北电力大学（胡军峰）

113.《国外电力市场化改革分析报告》，国网能源研究院

114.《美国电力市场》，中国电力出版社

115.《欧洲、澳洲电力市场》，中国电力出版社

116.《南美、亚洲、非洲各国电力市场化改革》，中国电力出版社

117.《国外电力财务监管研究》，国家电监会

118.《美国电力监管的基本情况及实习考察体会》，国家电监会

119.《美国、加拿大能效与供电监管考察报告》，国家电监会

120.《美国PJM、加拿大安大略省电力市场有关情况考察报告》，国家电监会

121.《美国日本电力财务监管带给我们的启示》，国家电监会

122.《日本电力公司及电力市场化改革概况》，国家电监会

123.《日本电力市场化改革取得实效的关键》，国家电监会

124.《香港"管制计划协议"考察报告》，国家电监会

125.《英、法、德三国电力市场建设》，国家电监会

126.《赴英国和挪威电力监管考察报告》，国家电监会

127.《俄罗斯：坚定不移地推进电力市场化改革进程》，国家电监会

128.《中东欧及独联体国家的电力改革与监管》，国家电监会

129.《俄罗斯、捷克电力市场化改革及输配电体制考察报告》，国家电监会

130.《东欧电力监管及市场运营考察报告》，国家电监会

131.《阿根廷、巴西电力市场化改革及输配电体制考察报告》，国家电监会

132.《印度7.30、7.31大停电事故报告》，南方电网公司

### G. 智能能源网相关理论

133.《十二五智能能源网规划总论》，武建东

134.《中国智能电网产业发展环境及政策建议战略报告》，武建东

135.《当代国际能量通货本位制创新发展战略研究》，武建东

136.《气体能源推进中国能源结构的跨越式转变》，武建东

137.《发展超级互联网的体系模式和战略路径》，武建东

138.《中国绿色建筑创新发展战略报告》，武建东

139.《如何认识与构建智能能源网》，武建东

140.《加快中国能源智能化高端产业发展的战略思考》，武建东

141.《如何认识与构建21世纪新型能源结构》，武建东

142.《加快我国能源战略升级转型》，武建东

143.《美国能源转型与中国对策》，武建东

144.《造就下一代能源管理体系》，武建东

145.《智能电网1.0、2.0、3.0版本的来世今生》，武建东

146.《跳出单纯发展智能电网模式，创新发展智能能源网》，武建东

147.《发展以电力为核心的智慧能源网络》，武建东

148.《谁将拥有智能电网新的历史制高点》，武建东

149.《中国智能互动电网发展战略报告》，武建东

150.《互动电网再造高端信息化中国》，武建东

151.《互动电网：下一代全球电网的基本模式》，武建东

152.《制高点型中国电网现代化战略》，武建东

# 索 引

**插图索引**

| | | |
|---|---|---|
| 图1 | 2002—2011年中国电力主要技术经济指标 | 4 |
| 图2 | 2002—2010年中国电力二氧化硫排放情况 | 7 |
| 图3 | 2011年中国发电市场结构情况 | 8 |
| 图4 | 2003—2011年中国电源、电网建设投入产出对比 | 8 |
| 图5 | 2001—2011年中国发电机组之平均单机容量 | 10 |
| 图6 | 1978—2011年中国发电设备利用小时数 | 11 |
| 图7 | 2003—2011年中国煤炭、火电行业利润总额 | 14 |
| 图8 | 中国、美国、日本输电网效率指标比较 | 18 |
| 图9 | 电力（燃煤发电）价值结构流程示意 | 28 |
| 图10 | 1978—2011年发电装机审批效果 | 33 |
| 图11 | 1980—2011年中国电力与经济周期相关性示意 | 57 |
| 图12 | 1978—2010年中国电气化发展主要指标 | 60 |
| 图13 | 1997—2011年中国单位GDP的能耗与电耗 | 62 |
| 图14 | 1978—2011年我国城镇化率、工业化率及人均GDP | 63 |
| 图15 | 1978—2011年中国非化石能源发电量占比 | 65 |
| 图16 | 智能电网十要素流程 | 66 |
| 图17 | 2005—2011年中国跨省、跨区电量交换情况 | 71 |
| 图18 | 世界主要经济体电力（能源）市场结构 | 100 |
| 图19 | 2003—2010年世界500强电力（能源）企业的资产负债率 | 105 |
| 图20 | "十一五"期间中国输配电网增长速度对比 | 107 |
| 图21 | 中国电力用户结构（电量占比） | 122 |
| 图22 | 2003—2011年中国电力各环节电价走势 | 125 |

| 图23 | 2002—2009年世界主要国家居民与工业电价差价 | 140 |
| 图24 | 2003—2010年中国居民电价倒挂情况 | 141 |
| 图25 | 2007—2011年典型省市居民电价倒挂情况 | 141 |
| 图26 | 2010—2011年中国能源企业500强分布 | 144 |
| 图27 | 2005—2011年中国风电发展情况 | 152 |
| 图28 | 化石燃料发电之能耗流程图 | 157 |
| 图29 | 全球GDP增长率与能源消费增长率 | 172 |
| 图30 | 全球油气资源探明储量与储产比 | 173 |
| 图31 | 主要传统化石能源的远距离大宗贸易格局 | 174 |
| 图32 | 传统化石能源价格的"过山车"行情 | 175 |

**表格索引**

| 表1 | 2002—2008年世界主要国家电力装机变动情况 | 5 |
| 表2 | 2003—2008年世界主要国家发电量变动情况 | 5 |
| 表3 | 2002—2009年世界主要国家电煤价格变动情况 | 6 |
| 表4 | 2002—2009年世界主要国家销售电价变动情况 | 6 |
| 表5 | 2002—2009年世界主要国家风电装机变动情况 | 7 |
| 表6 | 2002—2010年中国电力工程单位造价变动情况 | 9 |
| 表7 | 2006—2010年五大发电集团价格—成本变动情况 | 11 |
| 表8 | 2010年与2011年五大发电集团利润结构典型分析 | 12 |
| 表9 | 2004—2011年中国电源投资比例 | 12 |
| 表10 | 2010年五大发电集团的基本业务结构 | 13 |
| 表11 | 中国跨省跨区交流输电线路利用情况 | 18 |
| 表12 | 2004—2010年两大电网公司财务指标对比 | 19 |
| 表13 | 各类电力价格形成机制及管制机制 | 30 |
| 表14 | 中国电力(能源)管理体制分类改革前瞻 | 39 |
| 表15 | 2003—2010年中国国网与世界500强电力企业规模对比 | 46 |
| 表16 | 世界主要国家调度贸易、输电分合与领土面积的关系 | 93 |
| 表17 | 2011年国家电网、南方电网及内蒙古电力公司基本规模 | 98 |
| 表18 | 2007—2011年国家电网、南方电网输配电价 | 102 |
| 表19 | 2011年中国六大区域电网业务规模 | 117 |
| 表20 | 终端电价形成之不同模式 | 124 |

| 表21 | 电价管制及深化改革的线路图 | 128 |
|---|---|---|
| 表22 | 2011年中国各地电力供需平衡情况 | 132 |
| 表23 | 美国输、配电确认的规则与应用情况 | 133 |
| 表24 | 人类历史上的三次工业革命 | 150 |
| 表25 | 2006—2010年可再生能源电价附加理论规模 | 153 |
| 表26 | 2011年可再生能源电价补贴情况 | 159 |
| 表27 | 水、电、气、热组合业务典型企业 | 161 |
| 表28 | 各文明阶段的能源 | 170 |
| 表29 | 引领文明变迁的能源变革 | 176 |

# 后　记

**其一**

　　武建东，中国能源经济战略学家，智能能源网络学说创始人。从2009年结识武兄开始，即为其经典的知识分子气质所折服：不但具有国人少见的跨界能力与战略思维，而且对于学术狂热、敏锐、精力超人、一往无前，更难得的是儒雅谦和不乏"人不知而不愠"的大家气度——其互动电网、智能电网、智能能源网、超级智能网等系列学说，当年多被看做天书奇谈，至今亦少真正耐心领其智慧者，笔者幸运地成为少数识珠者。

　　电力体制改革是多年来的热门话题，笔者自然也长期关注，但为避曝光始终很少纵笔放言，本次应武兄之托执笔"白皮书"课题，概为其狂热诚意所感而已。及至动笔，很多问题点一旦细究并不容易确认至少让自己满意的答案，中间甚至曾经耽搁拖延数月，亦是感于武兄的宽容善意才迫使自己坚持下来。最终提炼万言上报稿[①]时，终因与武兄思想能力差异太大而肯请其亲自统稿画龙点睛；笔者这20万字的初稿作为素材，也算为武兄最终的神笔升华奠定些许地基——今刊印示人，既是本人多年来对于中国电改问题的系统阐发，更以纪与武兄此节很珍贵的合作之缘。

**其二**

　　中国传统哲学里有"知行合一"一说，但现实中往往"知易行难"。为什么？愚以为盖因最终决定"行"的，通常并不仅仅是"知"，更多"势"与"利"的因素，往往在重大决策过程中占有更大的权重。此客观现实而已，并无很多道德口舌可嚼，不知为何"知行合一"四字，却常幻化为那一类严以律人的咒语，

---

①　详见附录2：拆分国家电网　启动新一轮电力体制改革。

让笔者生厌。因此个人心目中一直不以王明阳为一流大家，唯心不说了，格局这样小，噫，唯岛国僻地最与其心灵相通矣。

至于"知易行难"又当如何呢？笔者到电监会研究室报到第一天，俞燕山主任即有妙论：重大问题往往经历三重斟酌，一是学术研究层面，负责描绘理想，回答"应该"怎么办？二是政策研究层面，负责设计选项，回答"可以"怎么办？三是政治决策层面，负责承担责任，最终拍板"只能"怎么办……至此笔者彻底抛弃"知行合一"的枷锁，不以抄书本放洋屁为能，不以解读传布上意为势，安心做好自己的一份事。

电力体制改革，虽受关注广泛，实际讨论泛泛，人人张嘴五条八条，逻辑性、依据性、专业性、目的性天差地别。笔者这个层面的政策研究，不过为决策层提供支撑，天时、地利、人和的扎实基础是必需的，安天妙策则是撞大运。具体对于电改课题，"天时"即未来10年经济社会包括科技发展新形势新要求，需要分析预测、广泛联系；"地利"即电力行业内在的客观规律，不仅要概念理论，更需过去60年中国电力体制演变及世界电力市场化的实证归纳，目前唯欠与金融电信等类似管制体系之横向对比借鉴；而"人和"则是上一轮电改10年得失及当前深层矛盾，需要真材实料、系统梳理；总之，不必吸引眼球，而只需要数据、逻辑、诚实、勇气……

## 其三

自幼好书，而立之后尤喜著述，至今累逾百万字，不仅受益于前贤，更愿分享于大众。但同时始终深有自知而定位颇低：一非高位名人，二非消息人士，唯以数据搜集分析为乐，以逻辑演绎归纳为乐，以不唯上不唯书为乐，以独成一家之言为乐，总之属于典型的自娱自乐。

长期脑耕华发早生，非为科举仕途，但求一个"真"而已。而求"真"则必然"累"，以笔者的研究定位，唯以海量数据+严密逻辑立论发声，不仅带来干眼症+腰肌劳损，连电脑键盘上的字符都被手指磨蚀。而求"真"则必然"独"，既不想哗众取宠，又要发出独立的声音，有时只能自费出书笔名发文，墨守"静而不空，万相才消"之偈。

20世纪90年代即发论不应以计算机程序替代真实市场行为，2006年系统阐述调度独立，2009年数据对比中美智能电网政策反对盲目投资，2011年系统演算电网企业规模经济推论拆分重组……这些虽均被相关势力所控制所影响的媒体自觉不自觉地封杀抑制，但更坚定独立研究的自信与乐趣。

中国电力行业自有其百年文化与风骨,特高压等热点话题的正反方PK纠结,在笔者看来实是一种值得尊重珍惜的科学决策过程,远胜于高铁两年瓜分2万亿元留下一屁股"屎"的行业大狂欢。三十年河东,三十年河西,物极必反,矫枉过正,从历史的维度来看,那些过于强势庞大的体系,自身必然孕育颠覆之因子,其所豢养的那些没有自由灵魂的"砖家"们终笑柄耳。

学电搞电研究电20余年,感谢这个时间空间丰富多彩的大行业,虽然青春年华飞逝幸而尚未辜负儿时理想,主动降薪而选择为公共机构公共利益服务,只因相信并坚持——除了"人民电业为人民"、"安全第一,预防为主"、"经济发展,电力先行"、"团结治网"等行业优秀传统,作为重要基础产业与公用事业,中国电力终应以"只见光明不见我"为最高境界。

诗云:

《匣剑鸣》——通宵计算数据撰写书稿偶感

皓首穷经求一真,孤灯陋室数海深
腰僵眼干键符蚀,隐名垫资异声存

市场岂可程序代,调度独立公器本
智网怎成羊头幌,巨头拆分历史轮

拧巴较劲书生意,边缘独行小知魂
帝国巍峨刺客隐,砖家必输自由人

学子本色二十春,韶华电去未负卿
只见光明不见我,天下为公赤子心

"LOVE, UNTIL IT HURT."

爱到受伤

甜到忧伤

伤是命

死是运

呵呵……